はじめてでも失敗しない！

いちばんていねいな
野菜づくり図鑑

加藤義貴［監修］

ナツメ社

はじめてでも失敗しない！

いちばんていねいな野菜づくり図鑑 〈もくじ〉

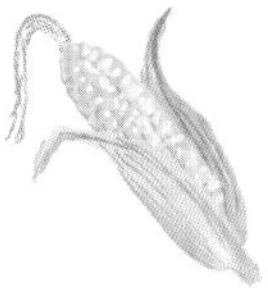

3章 葉茎もの野菜

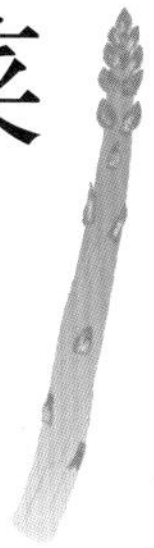

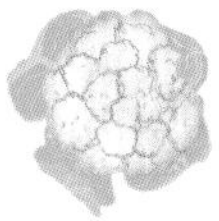

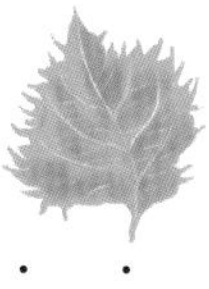

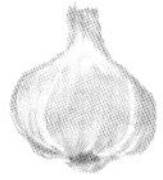

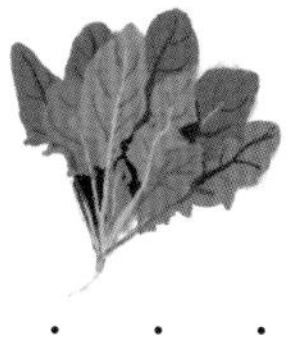

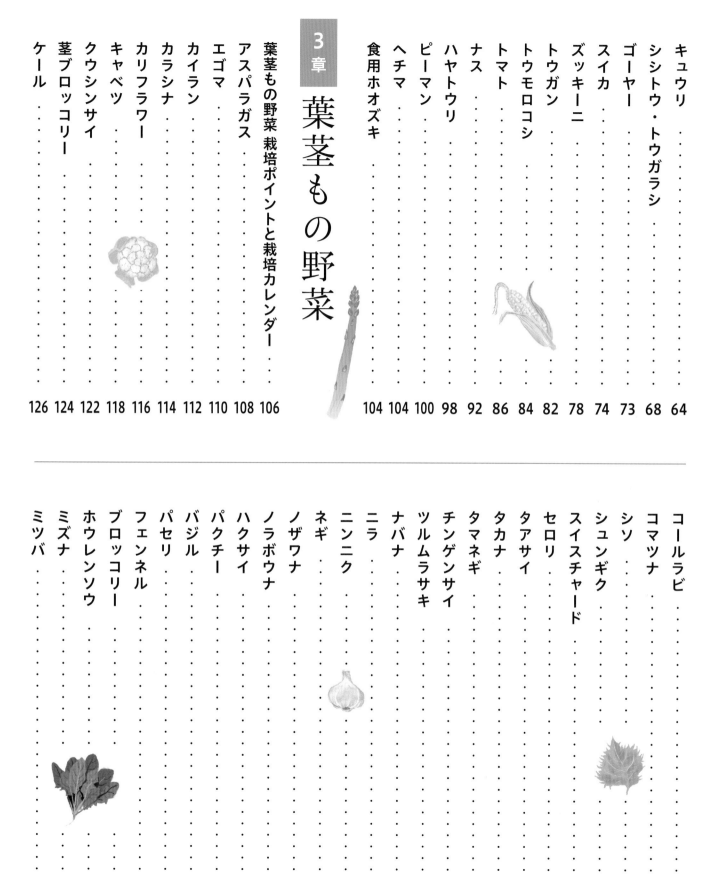

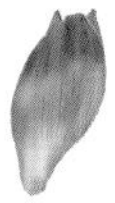

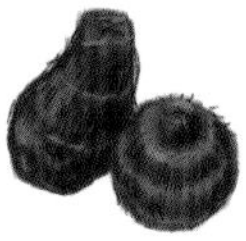

4章 根もの野菜

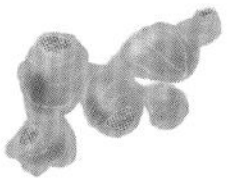

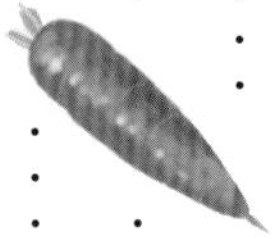

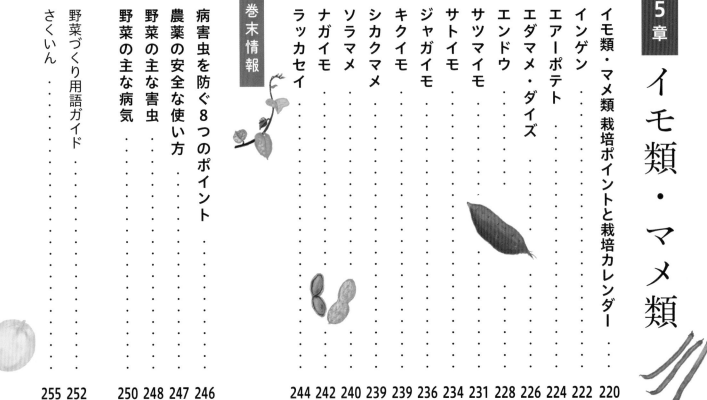

5章 イモ類・マメ類

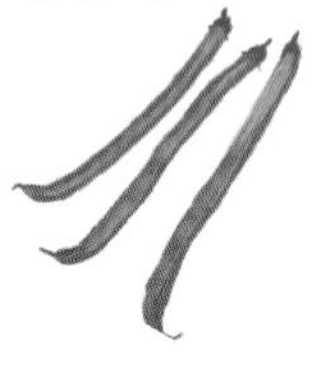

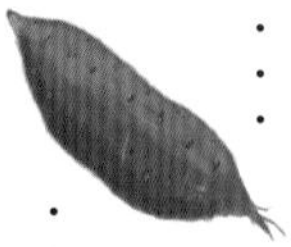

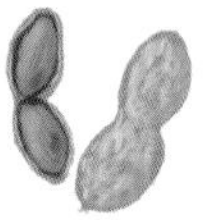

巻末情報

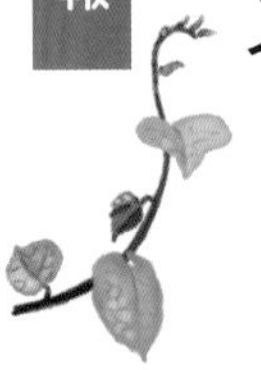

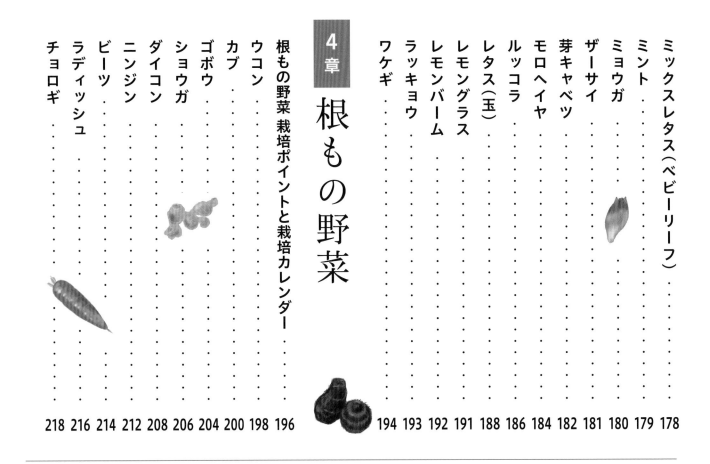

本書の使い方

- 1章では野菜づくりに必要な基本を紹介しています。はじめて野菜を育てるかたは、1章から読みましょう。
- 2章・3章・4章・5章では野菜ごとの栽培法を紹介しています。「実もの野菜」「葉茎もの野菜」「根もの野菜」「イモ類・マメ類」の順に、章の中では基本的にアイウエオ順に並んでいます。
- 病害虫や農薬については、巻末の P246～251で紹介しています。

栄養と食べ方
野菜の主な栄養素と、食べ方のヒントを紹介。

栽培のポイント
野菜の特徴や栽培のコツを紹介。

野菜の漢字名・野菜の科

栽培の手順
「種まき」「植えつけ」「間引き」「摘芯」「追肥」「収獲」などを、栽培手順の流れに沿って解説しています。

栽培のしやすさ
栽培の難易度を表示。
★★★＝やさしい
★★☆＝ふつう
★☆☆＝むずかしい

栽培カレンダー
種まき、植えつけ、収獲などの適期を、それぞれの月の上旬、中旬、下旬で表示。本書では東京都練馬区（中間地）の気候を基準にしています。

畑の準備
畑の土づくりに使う肥料の種類や量、畝の種類、マルチのあるなしのほか、その野菜を育てるために必要な栽培スペースの目安を紹介。

栽培データ
原産地、おすすめの品種、主な病害虫を紹介。

プランター栽培①
プランターで育てる場合の容器の大きさの目安や、栽培のポイントを紹介しています。

株の大きさ
その野菜1株が生育したときの大きさの目安をイラストで表示。

プランター栽培②
プランターで育てる場合の手順を写真とともに解説。

病害虫
発生しやすい病気や害虫について写真をまじえて解説。

品種
メインで紹介しているもの以外の品種を紹介しています。

ポイント
栽培を成功させるコツや、収穫量アップのポイントなどを紹介。

※本書で紹介している栽培カレンダーは目安です。地域や年によって変動するので、参考として使ってください。
※本書で紹介している肥料の量は目安です。畑によって質や酸度などが違い、野菜の品種や天候によっても必要な量は変化します。自分の畑や野菜に適した量を見つけましょう。

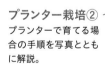

はじめに

自分で育てた野菜のおいしさは格別です！

野菜づくりは、とても楽しいものです。青空の下で体を動かすことは健康にもよく、野菜が成長していくのを見ると心も高鳴ります。なにより、とれたての新鮮でおいしい野菜を味わうことができるのは、野菜づくりの醍醐味といえるでしょう。自分が育てた野菜は愛情もいっぱい詰まっていて、それがまた一層、おいしさを引き立ててくれます。

「どんな野菜をつくろうかな？」「野菜の品種は何にしようかな？」と、育てる野菜を選ぶだけでも、なんだかわくわくしませんか？　野菜の品種はさまざまで、多いものでは数百以上も品種数がある野菜もあります。また、野菜を収穫したあとは、「どう料理しよう。サラダにしようかな？　炒めようかな？」などと考えたり、「たくさん収獲できたから誰かにあげよう！」など、楽しさがつづきます。

しかし、野菜をつくるのは、大変なこともあります。「虫に食べられてしまった！」「枯れてしまった！」など、初心者の方は、どうしても失敗してしまうこともあるでしょう。野菜を育てたことがあるなら、「うまく育てられなかった…」そんな経験をお持ちの方も多いと思います。

私は「井頭体験農園」という農業体験農園を開いています。農業体験農園は市民農園とはちがい、種のまき方、肥料のあげ方、野菜の管理の仕方など、すべて農家が直接教える農園です。そこでは、老若男女問わず、多くの人が野菜づくりを楽しんでいます。農園では、私の講習を聞いてもらい、初心者でも失敗しないように、栽培のコツやポイントをていねいに伝授しています。野菜づくりはかんたんではありませんが、少しの知識とコツさえわかれば、誰でもじょうずに育てられるようになるのです。

野菜をつくるにあたって一番大事なのは、ずばり「土づくり」。土づくりをしっかり行うことは、栽培の成功率を上げます。とはいえ「土」は、1gに10億以上の微生物がいる、とても神秘的なところです。土の中で何が行われているのか、土を見ただけでは何もわかりません。それがまた、土づくりへの情熱をかきたてます。

昔から「野菜は足音で育つ」といわれています。それは、日々、畑に通い、野菜の状態をよく観察することが、野菜づくりが上達するための近道だからです。

種をまくと芽が出ます。これだけでもうれしいことですが、それを一生懸命育て、花が咲き、やがて実ができ、いよいよ収穫を迎えます！　そんなわくわくや感動を、ぜひ一人でも多くの人に味わっていただきたいと思います。

本書が、少しでもみなさんの野菜づくりのお役にたてれば幸いです。

加藤義貴

1章

野菜づくりの基本

野菜を育てるための基礎知識

野菜づくりを始めよう！

野菜づくりをスタートするには、何から始めたらよいでしょうか。
家庭菜園を始める前に知っておきたい、野菜づくりの基礎を学びましょう。

はじめての家庭菜園 どんな野菜を育てる？

野菜づくりを始めるときに考えたいのは、どんな野菜をつくりたいの か、ということ。「新鮮でおいしい野菜を味わいたい」「青果店では見かけない、珍しい品種をつくりたい」「自然を感じながら農作業を楽しみたい」など、野菜をつくりたいと思ったきっかけがあるはずです。それぞれの目的に合わせた畑づくりを目指しましょう。

初心者で、何をつくったらよいか分からない場合は、栽培期間が短くて育てやすく、失敗の少ないものからスタートするのがおすすめです。

種から？ 苗から？ 野菜に合わせた育て方

野菜の栽培は、種をまく、または苗や種イモなどを植えることでスタートします。野菜にはそれぞれに適した栽培時期があり、収穫の時期や栽培期間はいろいろ。

春はもちろん、秋から育てられるものもたくさんあります。ラディッシュのように種まきから1か月足らずで収穫できるものもあれば、アスパラガスのように、一度植えつけると10年近く、続けて収穫できるものも。育てたい野菜の特色を知ることで、畑の栽培プランが立てやすくなります。

野菜づくりを成功させるには、野菜のことをよく知ることが大切。

▶▶代表的な野菜の栽培適期

春から夏に栽培する主な野菜		秋から冬に栽培する主な野菜			数年間収穫可能な野菜
《実もの野菜》 オクラ　カボチャ キュウリ　ゴマ　スイカ ズッキーニ　トウガラシ トウモロコシ　トマト ナス　ゴーヤー　ピーマン	《葉茎もの野菜》 エゴマ　キャベツ　クウシンサイ シソ　シュンギク　セロリ チンゲンサイ　ツルムラサキ バジル　ブロッコリー モロヘイヤ　レタス	《葉茎もの野菜》 シュンギク コマツナ タアサイ　セロリ キャベツ チンゲンサイ　ネギ タマネギ　ハクサイ ブロッコリー ホウレンソウ ミズナ　ルッコラ レタス	《根もの野菜・イモ類》 カブ　ジャガイモ ダイコン ニンジン ニンニク　ビーツ ラディッシュ	《マメ類》 エンドウ ソラマメ	アスパラガス ニラ ミツバ ミョウガ
《根もの野菜・イモ類》 カブ　ゴボウ　サツマイモ サトイモ　ジャガイモ ショウガ　ニンジン ナガイモ　ラディッシュ	《マメ類》 インゲン　エダマメ　ソラマメ ラッカセイ				

連作障害と輪作とは？

同じ科の野菜を、毎年同じ場所で続けて栽培することによって、病気になったり、収穫量が落ちたりすることを「連作障害」といいます。

本来、土壌には多様な微生物が生息していますが、連作すると特定の病原菌のみが増えたり、特定の養分の過不足が起こり、土壌中の環境バランスが崩れてしまいます。その結果、作物が生育不良を起こし、病害虫に侵されやすくなるのです。

この障害を防ぐのが、異なる科の野菜をローテーションして栽培する「輪作」。野菜の種類によって、連作障害が出やすいものと出にくいものがあり、連作障害を避けるために植えつけしない方がよい「輪作年限」も異なります。

連作障害の出にくい野菜をうまく取り入れたり、実もの野菜や葉もの野菜の後は、深く土を動かす根菜類にするなど、しっかり考えた上で輪作のプランを立てるのが、栽培プランの基本です。

代表的な野菜の科 野菜の科を知った上で菜園プランをたてよう。

実もの野菜・マメ類

《ナス科》 トウガラシ トマト ナス ピーマン		《ウリ科》 キュウリ カボチャ ゴーヤー スイカ	
《イネ科》 トウモロコシ	《アオイ科》 オクラ	《バラ科》 イチゴ	《ゴマ科》 ゴマ
《マメ科》 インゲン エダマメ エンドウ スナップエンドウ ラッカセイ			

葉茎もの野菜

《アブラナ科》 カリフラワー キャベツ コマツナ タアサイ チンゲンサイ ハクサイ		《セリ科》 セロリ パセリ ミツバ	《ヒガンバナ科》 タマネギ ニラ ネギ ワケギ
《キク科》 シュンギク レタス	《キジカクシ科》 アスパラガス	《シソ科》 エゴマ シソ バジル	
《シナノキ科》 モロヘイヤ	《ショウガ科》 ミョウガ	《ヒルガオ科》 クウシンサイ	《ツルムラサキ科》 ツルムラサキ

根もの野菜・イモ類

《アブラナ科》 カブ ダイコン ラディッシュ	《セリ科》 ニンジン	《ナス科》 ジャガイモ	《キク科》 ゴボウ
《サトイモ科》 サトイモ	《ヒガンバナ科》 ニンニク	《ヒルガオ科》 サツマイモ	《ショウガ科》 ウコン ショウガ

主な野菜の輪作年限

連作障害が出やすい野菜は、輪作年限の期間中、同じ場所に同科の野菜を植えつけないようにする。
野菜名の下の年数は、連作障害を避けるためにあける期間を表している。

ナス科	ウリ科	マメ科	アブラナ科		その他	
ジャガイモ 2〜3年	ズッキーニ 1〜2年	ラッカセイ 2〜3年	ダイコン 1〜2年	カリフラワー 2〜3年	サツマイモ（ヒルガオ科） 1〜2年	ツルムラサキ(ツルムラサキ科) 1〜2年
ピーマン 3〜4年	ヘチマ 2〜3年	インゲン 2〜3年	コマツナ 1〜2年	キャベツ 2〜3年	トウモロコシ（イネ科） 1〜2年	ネギ（ヒガンバナ科） 1〜2年
トマト 4〜5年	ゴーヤー 2〜3年	エダマメ 3〜4年	タアサイ 1〜2年	ブロッコリー 2〜3年	ホウレンソウ（ヒユ科） 1〜2年	モロヘイヤ（シナノキ科） 1〜2年
ナス 4〜5年	キュウリ 3年	ソラマメ 5年	ハクサイ 2〜3年	芽キャベツ 2〜3年	レタス（キク科） 2年	ショウガ（ショウガ科） 4〜5年
	スイカ 5年	エンドウ 5年	カブ 2〜3年	ラディッシュ 2〜3年	サトイモ（サトイモ科） 4〜5年	ゴボウ（キク科） 5年

連作障害が出にくい野菜

同じ場所で続けて育てても、連作障害が出にくい野菜類。
連作障害が出やすい野菜をつくった場所には、翌年は別の科の野菜や、連作障害が出にくい野菜を植えつけるようにしよう。

カボチャ	クウシンサイ	アスパラガス	シソ	ミント	ニンニク	ミョウガ

菜園プランをたてる

つくりたい野菜の種類が決まり、栽培適期や科が分かったら
連作障害や日当たりなどを考慮に入れた、輪作プランをたてましょう。

区画を4～5つに分ける

連作障害を避けるには、計画的に輪作することが大切。適切に輪作を行うには、畑をブロック分けして、作物を移動させて栽培します。

ナス科やマメ科、ウリ科の野菜は、輪作年限が4～5年と長いため、ブロック数は4～5つにするのがおすすめ。再び同じ場所で同じ野菜を育てるのは、4～5年後ということになり、どんな野菜をつくっても連作障害を防ぐことができます。

・畝《うね》の向きは南北が基本！

野菜の多くは日当たりのよい環境を好みます。

すべての作物にまんべんなく日光が当たるよう、畝は南北方向に伸ばして立てるのが基本です。しかし家庭菜園の場合、必ずしも南北方向にスペースが取れるとは限りませんし、東西方向の方が日当たりが確保できることも。そんなときは、東西方向でもOKです。

・草丈も考えよう

南北に畝をたてたとき、日当たりを好む野菜をつくる際は、南に草丈が低いもの、北側に高く成長するものを配置して、どの野菜にもしっかり日が当たるようにします。

東西方向の畝の場合は、東側に草丈の低いもの、西側に高いものを配置しましょう。

4年間の菜園プラン例

4つの区画を春夏と秋冬で4年間、輪作する場合の例を紹介。輪作は「科」をもとにプランを立てる。4年で1周し、5年後は1年目に戻る。

4年目

春～夏	イネ科	マメ科	ウリ科	ナス科
	トウモロコシ	エダマメ	キュウリ	トマト
		インゲン	ズッキーニ	ナス
秋～冬	アブラナ科	セリ科	アブラナ科	ヒユ科
	キャベツ	ニンジン	ハクサイ	ホウレンソウ
		アブラナ科		アブラナ科
	ブロッコリー	カブ	ダイコン	コマツナ
		チンゲンサイ		

3年目

春～夏	マメ科	イネ科	ナス科	ウリ科
	エダマメ	トウモロコシ	トマト	キュウリ
	インゲン		ナス	ズッキーニ
秋～冬	セリ科	アブラナ科	ヒユ科	アブラナ科
	ニンジン	キャベツ	ホウレンソウ	ハクサイ
	アブラナ科		アブラナ科	
	カブ	ブロッコリー	コマツナ	ダイコン
	チンゲンサイ			

2年目

春～夏	ウリ科	ナス科	イネ科	マメ科
	キュウリ	トマト	トウモロコシ	エダマメ
	ズッキーニ	ナス		インゲン
秋～冬	アブラナ科	ヒユ科	アブラナ科	セリ科
	ハクサイ	ホウレンソウ	キャベツ	ニンジン
		アブラナ科		アブラナ科
	ダイコン	コマツナ	ブロッコリー	カブ
				チンゲンサイ

1年目

春～夏	ナス科	ウリ科	マメ科	イネ科
	トマト	キュウリ	エダマメ	トウモロコシ
	ナス	ズッキーニ	インゲン	
秋～冬	ヒユ科	アブラナ科	セリ科	アブラナ科
	ホウレンソウ	ハクサイ	ニンジン	キャベツ
	アブラナ科		アブラナ科	
	コマツナ	ダイコン	カブ	ブロッコリー
			チンゲンサイ	

春～夏の菜園プラン（1年目）

春夏に育てたい実もの野菜をメインに、エダマメやインゲン、トウモロコシを育てるプラン。

ズッキーニは大きくなるので畝の中央に2株、植えています。トウモロコシは2列植えにしましょう。

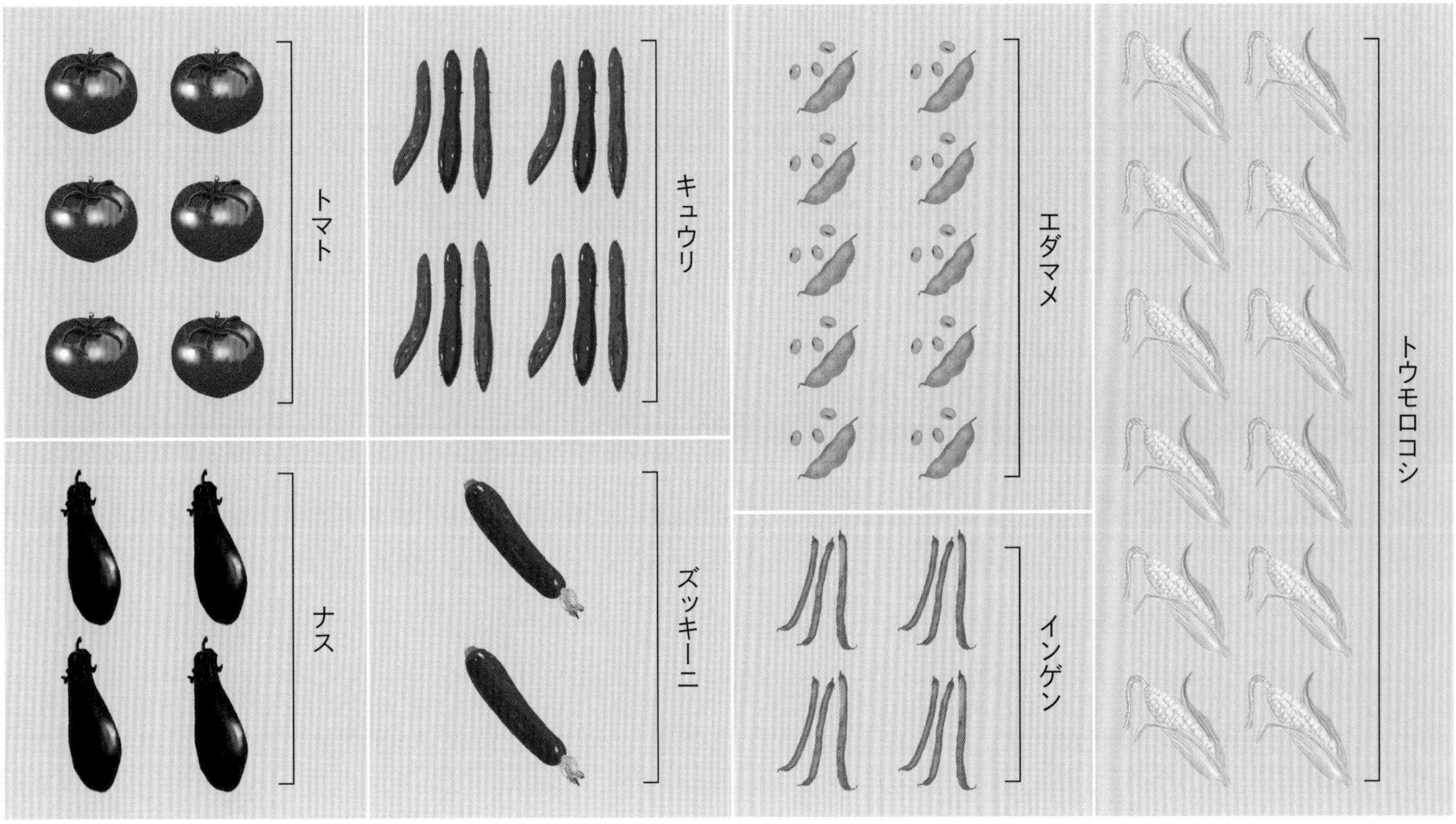

秋～冬の菜園プラン（1年目）

秋から冬に育てたい、根もの野菜を育てながら、アブラナ科の葉野菜を植えるプラン。

キャベツやブロッコリー、カブ、チンゲン菜などのアブラナ科はほかの野菜にしてもＯＫです。

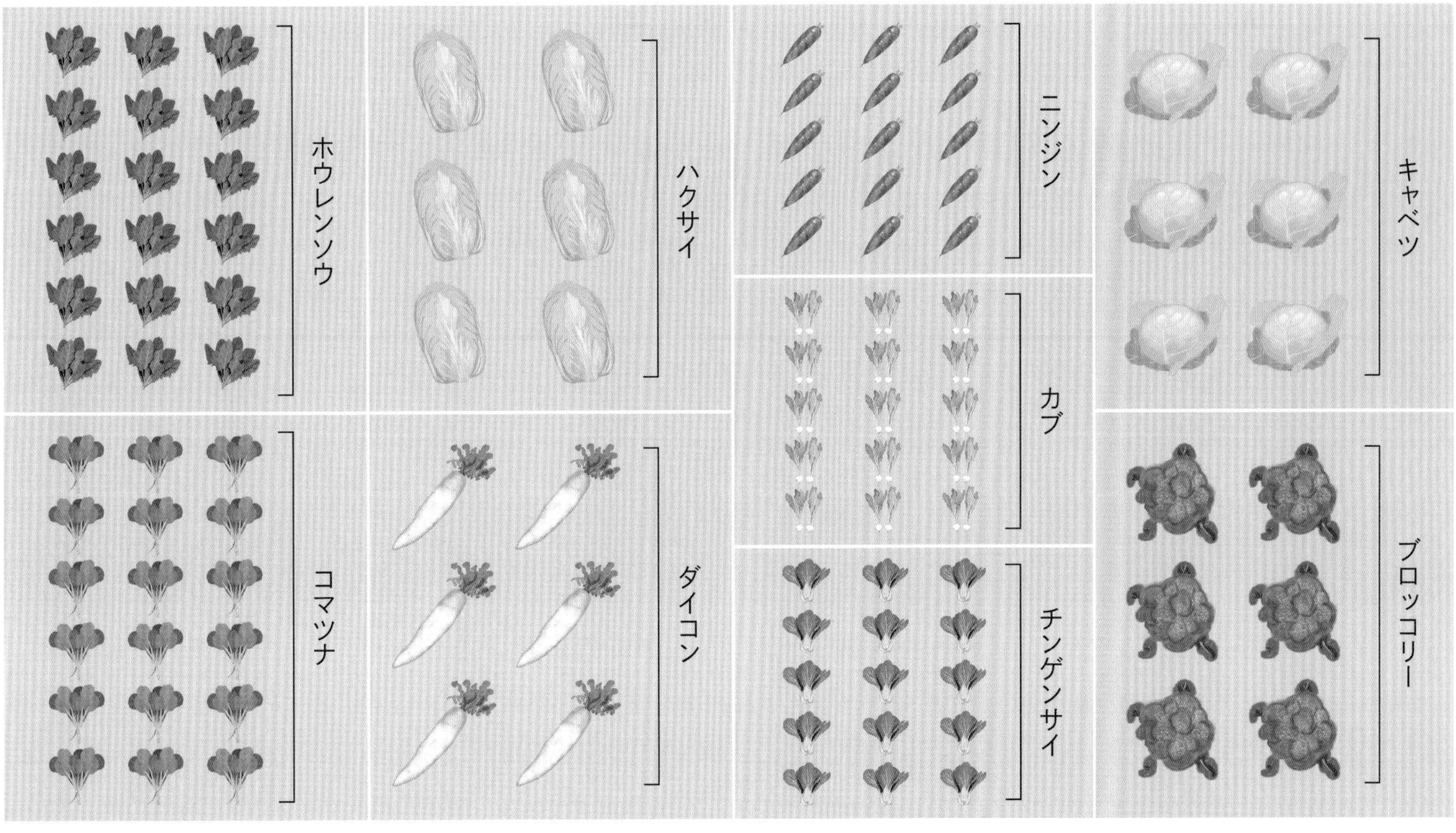

どんな土が畑に向く？

野菜づくりを始めるには、事前に畑の環境を整えることが大切です。
畑の土の状態を調べて、野菜の成長に向く土をつくりましょう。

家庭菜園はどこでやる？

家庭菜園の場所を確保するには、自宅の庭のほか、市町村が主催する市民農園や民間の体験農園、休耕地などを借りる方法が考えられます。どこで野菜づくりをするか、通いやすさも考えた上で探しましょう。

・自宅の庭

最大の利点は近くにあること。毎日手入れができ、収穫のタイミングも逃しません。

ただし、庭の土は硬いことが多く、事前にしっかりとした開墾が必要です。堆肥や腐葉土などを加えてしっかり土づくりをしましょう。

・市民農園や体験農園など

庭がない人や都会に住んでいる人も気軽にスタートできるのが市民農園です。

1～5年ほどの単位で区画を借りるスタイル。前年に借りた人がどれだけ肥料を使っていたかによっても、土の状態が異なります。施肥は作物の生育状況を見ながら行いましょう。

・休耕地

かつて畑として使われていた休耕地であれば、団粒《だんりゅう》構造のよい土である可能性も大。肥料分が足りないときは、施肥をしながら栽培していきましょう。

畑向きの土ってどんな土？

野菜を栽培する準備でもっとも大切なのは土づくり。土壌を野菜にとって快適な環境に整えておかないと、よい野菜をつくることはできません。野菜づくりに適した土の条件としては、適正な肥料分が含まれ、病原菌がいないこと、また土の酸度が適正であることも大切です。

成長に適したふかふかの土

さらによい土の条件として、水はけと水持ち、通気性がよいことが挙げられます。この条件を満たした土は、団粒構造でふかふかとやわらかいのが特徴。これに対し、水はけや通気性が悪い土は、土の粒子が集積して固まった単粒《たんりゅう》構造をしており、作物の成長に適していません。

団粒構造とは？

土の粒子同士がくっついて団粒となり、さらに団粒が集まって大きな粒になった状態をいいます。水やりをすると、水と空気が団粒の隙間を通り、隙間に肥料分と水が蓄えられます。

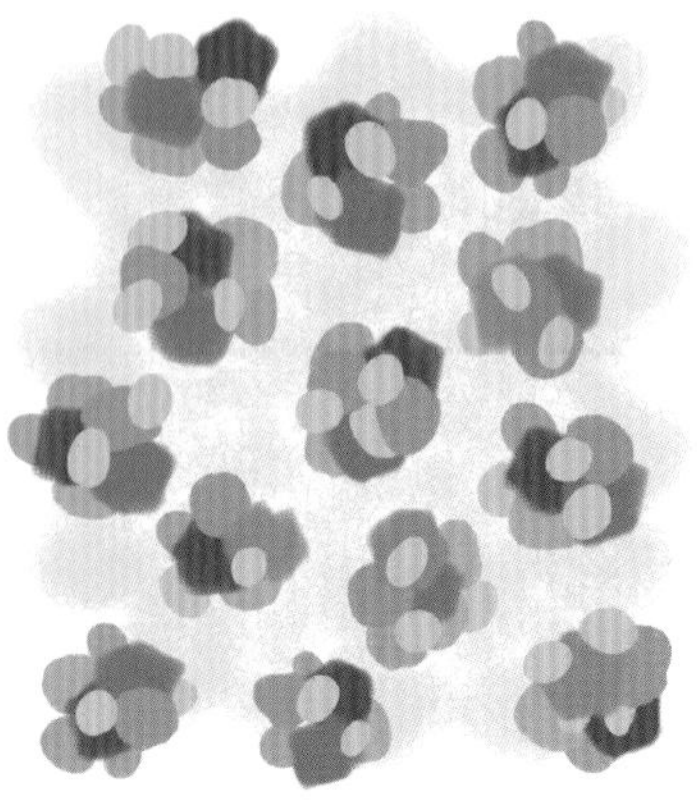

団粒構造

軽く湿らせて強く握ったものを指で押すと、すぐ形が崩れる。このような土は団粒構造をしているといえる。根が団粒の隙間にある水分や養分を吸収できるため、生育がよくなる。

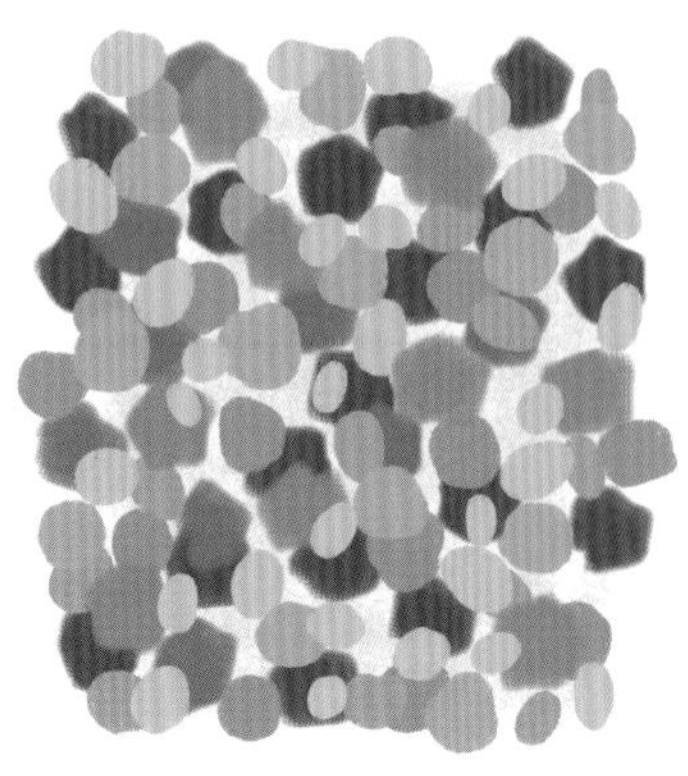

単粒構造

強く握っても固まらなかったり、固まったものを指で押しても崩れなかったりする。土の粒子が小さく、粒子同士がくっつくと固くなるため、水はけと通気性が悪く、根の呼吸や生育が妨げられる。

pHを調べよう

土の酸度を調べるには、酸度計や酸度測定キットを使用。園芸店やホームセンターなどで手に入れることができ、簡単に調べられる。

酸度計を使う

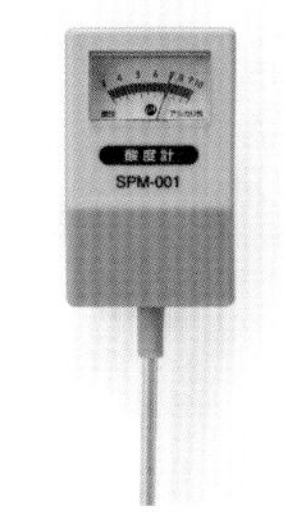

❶簡易酸度計。土に挿して使う。

❷土に挿し、約30分後に目盛りをチェック。

測定キットを使う

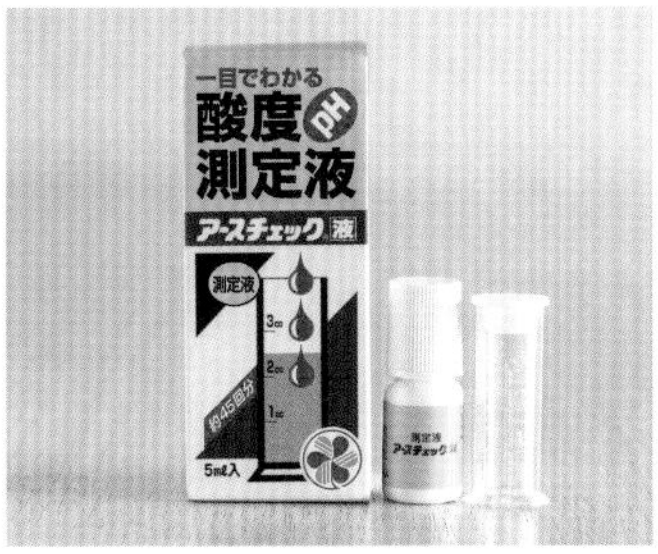

❶薬液と容器がセットになっている。

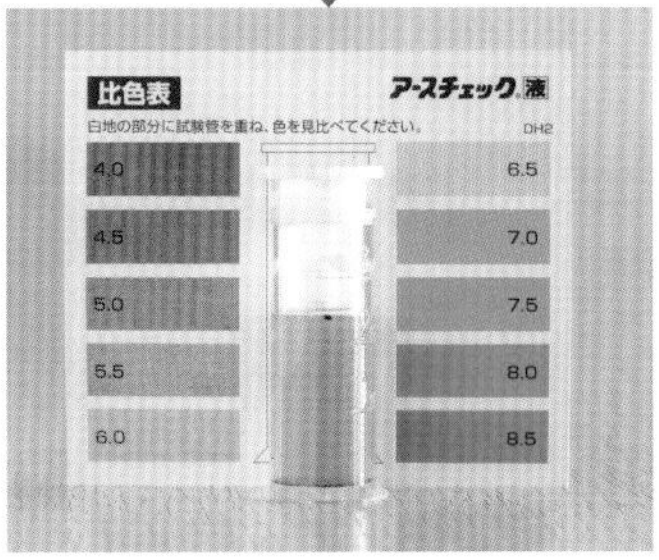

❷土と水をよく混ぜ、上澄みをとり、試験薬を入れて色をチェックする。

近所に市民農園があるか探してみよう。

土の酸度を調べて調整しよう

土づくりでは酸度を調整することが重要です。土の性質には酸性、中性、アルカリ性があり、ほとんどの野菜はpH6.0～6.5程度の微酸性を好みます。

酸性、もしくはアルカリ性に傾きすぎると生育が悪くなり、病気が出ることも。栽培を始める前に、酸度計や酸度測定液などを使って土の酸度を計測しましょう。その数値に応じて石灰を施し、酸度の調整を行います。

野菜別の最適pH

野菜によって適したpHが違うので、あらかじめ知っておこう。

pH	実もの野菜・マメ類	葉茎もの野菜	根もの野菜
微酸性～中性 6.5～7.0	エンドウ	ホウレンソウ	
微酸性 6.0～6.5	インゲン　エダマメ オクラ　カボチャ キュウリ　スイカ ソラマメ トウモロコシ トウガラシ　トマト ナス　ピーマン ラッカセイ	アスパラガス カリフラワー サニーレタス シュンギク　セロリ タカナ　ナバナ ニラ　ネギ ハクサイ　パセリ ブロッコリー ミツバ　ミョウガ モロヘイヤ　レタス	サトイモ　ヤマイモ
微～弱酸性 5.5～6.5	イチゴ	キャベツ　コマツナ チンゲンサイ	コカブ　ゴボウ ダイコン ニンジン
弱酸性 5.5～6.0			サツマイモ　ショウガ ニンニク ジャガイモ　ラッキョウ

育てながら肥料の量を判断する

市民農園などでは、借りた区画によって土の状態が異なることが多いものです。酸度調整や施肥をしても、実際に野菜を育てたとき、よく育たないことがあります。

生育中は作物をよく観察し、状態に合わせて肥料を施しましょう。

生育を見ながら追肥する。

畑の準備

畑の準備は、種まきや植えつけの2～4週間前から始めます。
クワを使って土を起こし、施肥し、野菜を植える準備をしておきましょう。

クワの使い方

ダメな例

×

クワを振り上げると余計な力が必要になり、すぐに疲れてしまう。また、狙いとは違うところに当たる可能性があり危険。クワを上げるのは膝の高さまでにし、クワの重さを利用して下ろす。

×

体の正面でクワを扱うと、クワが体から離れてしまい、腰が引けてクワに力が伝わらない。

○

柄の真ん中よりやや上を利き手で持ち、反対の手で柄の先端を持つ。利き手側の足を半歩前にし、反対側の肩を後ろに向ける。

クワの角度

土が硬いとき

土が硬いときは、クワの刃と地面の角度を浅くし、土の表面を削るように刃先を土に入れる。いっぺんに掘り起こそうとはせず、少しずつ耕す。

通常

クワの刃は地面と45度になる角度にして土に入れる。いったんクワを入れたら、そのまま土を持ち上げ、土を落とす。土を手前に引き寄せると、土の量に偏りが出てしまうため注意。

畑の場所を決めて耕す

❶耕す範囲を決めて、四隅に目印となる棒を立てる。

❷立てた棒の内側や周辺の雑草を取る。

❸雑草を抜き終えたところ。

❹棒の内側を耕す。荒地で土が硬い場合はスコップで掘り起こす。

❺クワで土を起こして全面を耕す。

❻耕し終えたら、全体を平らにならして畑の準備が完了。

肥料の種類と土づくり

**野菜が成長し、花が咲き実をつけるには、栄養となる肥料が欠かせません。
まずは元肥を入れて畑の土づくりをしましょう。全面施肥と溝施肥を紹介します。**

肥料の3大要素とは

植物は成長するために、土壌中の養分を根から吸収し、栄養やエネルギーをつくり出します。必要とする養分はチッ素、リン酸、カリウム、マグネシウム、カルシウム、イオウ、鉄など13種類。なかでもとくに大量に必要なチッ素、リン酸、カリウムは、肥料の3大要素といわれます。

・元肥と追肥

肥料には有機物からつくられた有機質肥料と、化学合成された無機質肥料があります。タネまきや植えつけ前に施す肥料を「元肥《もとひ》」といいます。まずは元肥を入れて土づくりをしますが、土にしっかりとなじませる期間が必要です。有機肥料の牛ふん堆肥《たいひ》や腐葉土は植えつけの2～4週間前に、無機質肥料の化成肥料の場合は1～2週間前に施します。

「追肥《ついひ》」は、栽培途中で失われた肥料分を補い、その後の生育を促すために施す肥料のこと。肥料は効果の現れ方に違いがあり、じわじわと長期間効果のある肥料を「緩効性《かんこうせい》肥料」、施して間もなく効果が現れる肥料を「速効性《そっこうせい》肥料」といいます。追肥はすぐに効果を出したいため、速効性のある追肥用の肥料を使いましょう。

肥料の3大要素

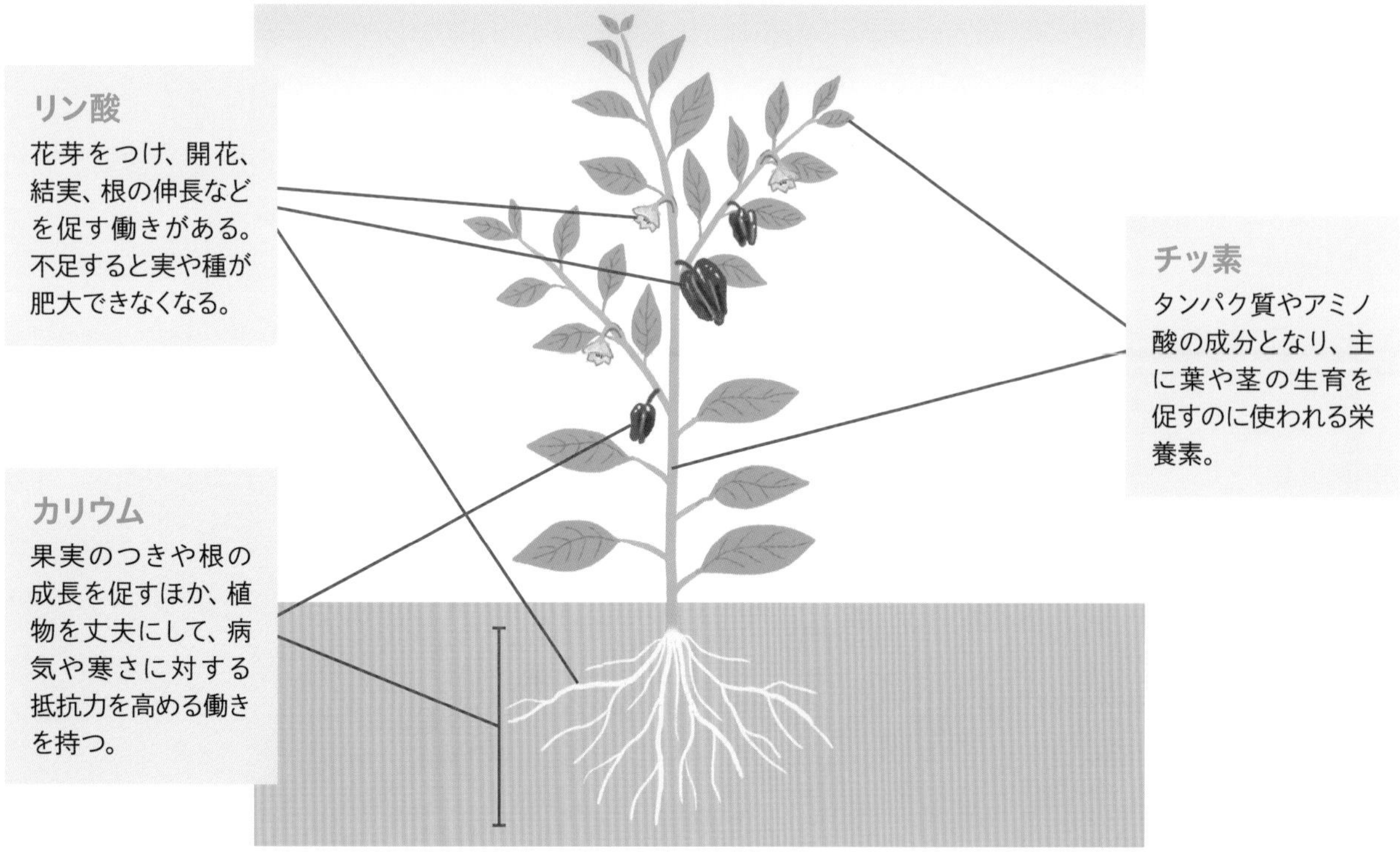
リン酸
花芽をつけ、開花、結実、根の伸長などを促す働きがある。不足すると実や種が肥大できなくなる。
チッ素
タンパク質やアミノ酸の成分となり、主に葉や茎の生育を促すのに使われる栄養素。
カリウム
果実のつきや根の成長を促すほか、植物を丈夫にして、病気や寒さに対する抵抗力を高める働きを持つ。

基本の肥料

配合肥料
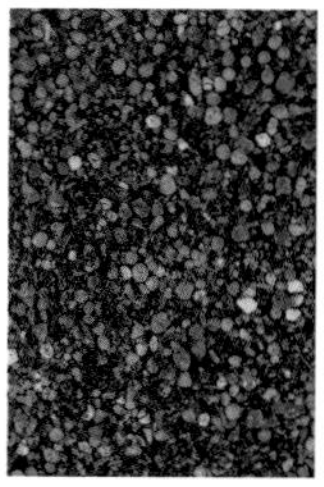
堆肥《たいひ》や鶏《けい》ふん、油かす、骨粉など、長期間効く有機肥料をベースに、速効性のある化成肥料を混ぜ合わせたもの。主に元肥として使用。

化成肥料
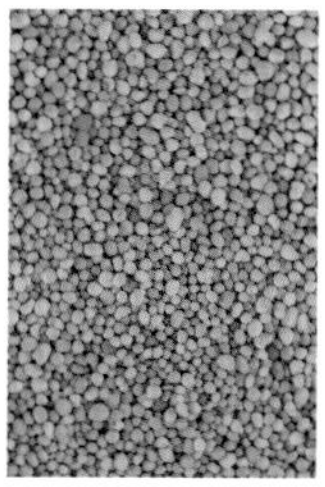
複数の肥料分を含み、元肥、追肥に使用。元肥にはチッ素、リン酸、カリウムの比率が8：8：8のもの、追肥にはリン酸が少ないものがよい。

腐葉土

広葉樹の落ち葉を堆積させ、発酵・腐熟したもの。肥料としての効果はあまりないが、土をふかふかにし、通気性や保水性、排水性を高める。

牛ふん堆肥《たいひ》
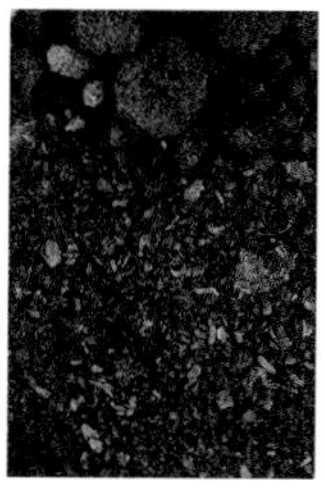
牛ふんを発酵させた動物性堆肥。元肥としてだけでなく、土をふかふかにし、通気性や保水性、排水性を高める。

化学肥料

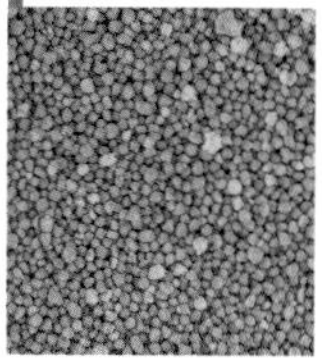
硫酸マグネシウム
葉緑素を増殖させ、光合成を促進、丈夫な作物を育てる。酸度調整剤としても使われる。水溶性のマグネシウムを含み、速効性が高い。

尿素
チッ素分主体で葉や茎を育てる。中性で土壌の酸度を変化させない。液肥として葉面に散布してもよいが、過剰施肥に注意。追肥向け。

過リン酸石灰（過石）
水溶性のリン酸を主体とする、速効性肥料。花芽を増やし、果菜類の結実、色つやなどに効果を表す。元肥、追肥として使用。

熔成リン肥（ようりん、熔リン）
果菜類の元肥として使用する遅効性肥料。水に溶けにくく、根から出る有機酸によってゆっくり溶け出し、吸収される。

硫酸アンモニウム（硫安）
硫酸とアンモニアが結合した、チッ素分主体の肥料。葉や茎の生長に効果がある。元肥、追肥に使用する。

硫酸カリ
カリウム分主体で、水に溶けやすく速効性がある。副成分の硫酸が残り、土壌を酸性にする性質があるため注意が必要。

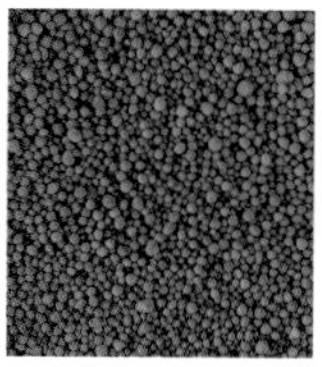
苦土入り石灰
酸性に傾いた土壌を中和させる目的で使用。酸度調整と同時に、マグネシウム（苦土）の補給もできる。

有機質肥料

魚粉
魚を乾燥させ粉末状に砕いたもの。チッ素とリン酸を含み、果菜類の元肥として使用する。骨粉に比べて分解されやすく、効果が早い。

醗酵油かす
植物の種子などから油を絞ったかす。チッ素分を多く含む。元肥、追肥として使用する。醗酵させているため、肥料焼けが少ない。

貝化石
数千年前の海中に生息した貝類、魚類などが化石化したもの。酸性土壌を中和し、カルシウムなどのミネラルを補給する。

骨粉《こっぷん》
窒素やリン酸、カルシウムを多く含む。肉を取り除いた牛、豚、鶏に熱処置を施し乾燥、粉砕したもの。元肥として使用する。

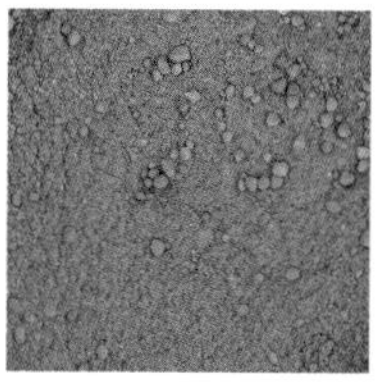
草木灰《そうもくばい》
落ち葉やワラ、枯れ草などの灰。土をアルカリ性に傾ける効果があり、速効性肥料として利用。防虫や果実や球根を太らせる効果も。

鶏ふん
鶏のふんを発酵・乾燥させたもの。チッ素、リン酸、カリウムをバランスよく含む。元肥、追肥に使用する。

肥料の使いすぎはＮＧ！　適量を使ってこその効果

肥料をたくさん施したからといって野菜の出来がよくなるわけではありません。肥料の与えすぎは、さまざまな弊害があります。とくにチッ素過多にすると、茎葉ばかりが旺盛に育ち、花つき、実つきが悪くなる「樹《き》ボケ」という状態になったり、地下水を汚染する可能性も。

反対に肥料不足は、生育不良の原因に。施肥をする際は、適切な量を与えるように心がけましょう。

有機栽培とは？

有機栽培とは、農薬や除草剤、化学肥料、遺伝子組み換え技術などを使わず、環境への負担をできる限り低減させて農作物をつくる栽培法のこと。

化学肥料の代わりに堆肥や腐葉土、牛ふん、鶏ふん、油かすなどを使い、良質な土で野菜を育てるのが基本です。

農薬や除草剤を使わないため害虫や雑草も発生しますが、畑の規模が小さい家庭菜園では、害虫の駆除や雑草とりも、それほどの手間ではありません。

有機栽培は家庭菜園向きの農法といえるでしょう。

全《ぜん》面《めん》施《せ》肥《ひ》

「全面施肥」とは、畝(P20) 全体に堆肥や肥料を施すこと。

多くの野菜に適しますが、とくに栽培期間が短い葉物類や、根の浅い果菜類、ダイコンなどの根菜類に向く方法です。

石灰を入れる

土の酸度 (P13) が酸性の場合は、植えつけの2週間前までに石灰を施し pH 値を上げる。pH 値は一度上げると下げるのは難しいため、育てる野菜の好む酸度を調べておこう。

❶ 畝全体に石灰を均等にまく。

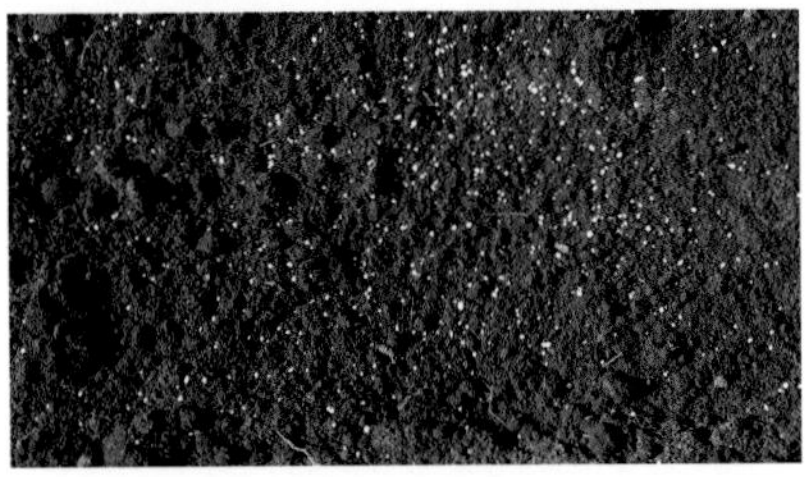

❷ 1か所に固まらないように気をつけながら、少しずつばらくまくようにして、まんべんなくまく。

❸ クワで土とよく混ぜ、石灰を土にすき込む。クワの側面で土をならし、平らにする。

元肥を入れる

堆肥と配合肥料を畝全体に入れ、野菜の成長に必要な養分を与える。堆肥は種まきや植えつけの3〜4週間前、配合肥料は1〜2週間前に施すのが理想的だが、まとめて1〜2週間前に施肥しても OK。

❶ 土を耕し、畝幅を決める。ここでは畝幅70㎝。

❷ 野菜に合わせた量の堆肥を用意(各品種のページを参照)。ここでは牛ふん堆肥を使用。

❸ 畝全体に均等にまく。それまで畑ではなかった荒地の場合は、畝だけでなく畑全面に堆肥をまく(4kg /㎡が目安)。

❹ クワで土とよく混ぜ、堆肥を土にすき込む。

❺ 約2週間後、配合肥料または化成肥料を均等にまく。

❻ 土とよく混ぜ、肥料を土にすき込む。クワの側面で土をならし、平らにする。

溝《みぞ》施《せ》肥《ひ》

畝の中央に溝を掘り、堆肥や肥料を施す方法を「溝施肥」と呼びます。
栽培期間が長く根が深く伸びる果菜類や、大型の葉菜類に向いています。

置き肥

ジャガイモなどのイモ類は、種イモの間に「置き肥」をして育てるとよい。あらかじめ堆肥と配合肥料を混ぜ、植えつけ時に施す。写真はジャガイモの例。

❶スコップやクワで深さ10㎝の溝を掘る。溝の深さは育てる野菜に合わせる。

❷種イモを置く。肥料と種イモが直接触れると生育が悪くなるため、先に種イモに土をかぶせる。

❸イモとイモの間に、混ぜておいた堆肥と配合肥料を置く。

❹クワで土をかぶせる。

待ち肥

トマトやナスなど生育期間が長い果菜類や、キャベツやハクサイなど大型の葉菜類に。植物の根の真下に肥料分を置くことで、養分を効率よく吸収させることができる。

❶畝の中央に、スコップやクワで深さ30㎝程度の溝を掘る。

❷溝の中にまんべんなく堆肥をまく。

❸溝の中にまんべんなく配合肥料をまく。

❹土を埋め戻す。植えつけは1～2週間後に行う。

畝をたてる

元肥を施し土づくりが終わったら、畑の土を盛り上げて「畝」をつくります。
育てる野菜の種類に合わせ、平畝、高畝を使い分けましょう。

畝をたてるときにあると便利なグッズ

畝をたてる際に大切なのは、作物が生育するのに適した、快適な場所にすること。畝のサイズや高さ、株間をきちんと計測し、正確に仕上げるのに便利な道具を紹介。

はかり棒
10㎝間隔で印をつけたもの。畝幅を決めるときなどに利用する。

メジャー
畝幅や株間をはかるときなどに利用する。

支柱
作付けする場所を測り、四隅に立てて目印にする。

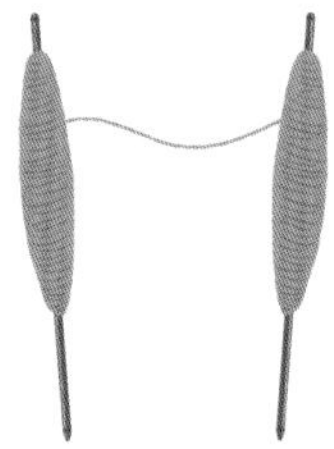

さくりヒモ
ヒモを伸ばして畝の両端に挿す。畝をまっすぐたてるのに使う。

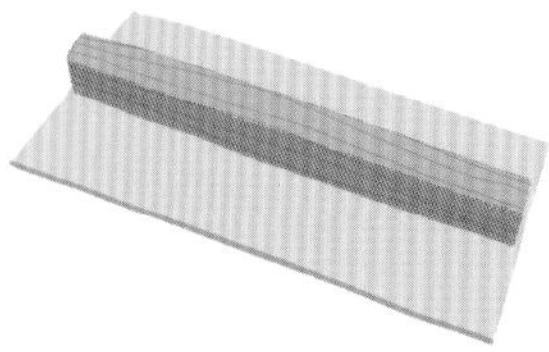

土ならし
畝の表面をならし、平らに仕上げるためにあると便利。長方形の板に角材を釘やネジでとめ、持ち手をつくると使いやすい。

レーキ
畝の表面をならすために使う。

畝とは

「畝」は、野菜を育てるためのスペースのこと。作業用の通路と明確に分け、限られた菜園の敷地を有効に利用します。平畝は基本的に60～80㎝の幅をとり、長さは菜園の広さによって決まります。畝と畝の間は60～80㎝程度あけると作業しやすいでしょう。

　畝の高さや株間によって、株の成長具合が左右されるので、野菜の種類に合わせて畝をたてることが大切です。

なぜ畝をたてるのか？

栽培計画が立てやすくなる。

根の成長スペースが確保できる。

栽培場所と通路との区別がつき、追肥や収穫など、日々の管理や作業がしやすくなる。

周囲より土が高い畝の場合、水はけがよくなる。

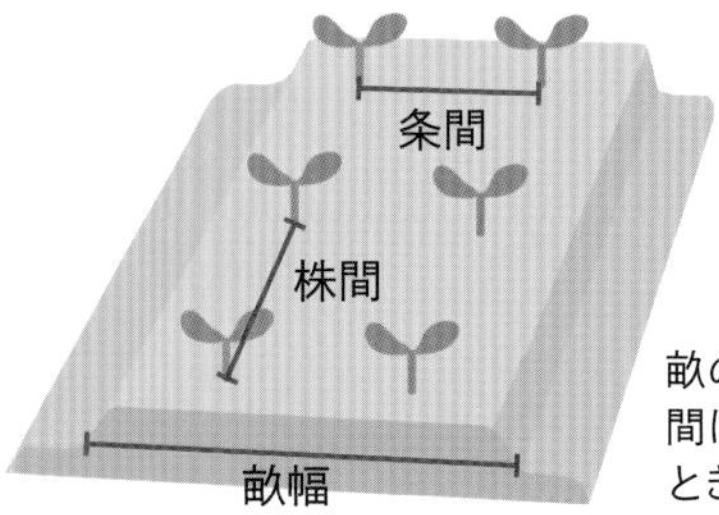

畝の幅が畝幅、株と株の間は株間、何列か植えたときの間が条間。

高畝をたてる

❶ クワの側面を使い、畝をつくる場所の外周の土を掘り、すくいあげる。畝の中央を盛り上げて20～30cmの高さにする。

❷ 畝の反対側も同様にし、最後にクワの背面を使って土をならす。畝の断面がかまぼこ型になるイメージ。

❸ 高畝が完成。高畝は平畝にくらべて水はけがよい。本書では、キャベツやブロッコリーなどアブラナ科の栽培で高畝にしている。

平畝をたてる

❶ 全面施肥しておいた場所(P18)を、クワで軽く耕し、平らにならす。

❷ 畝幅と畝の長さに合わせて支柱を四隅に立てる(さくりヒモを使ってもよい)。畝幅に合わせて別の支柱を置いて押し、印をつける。

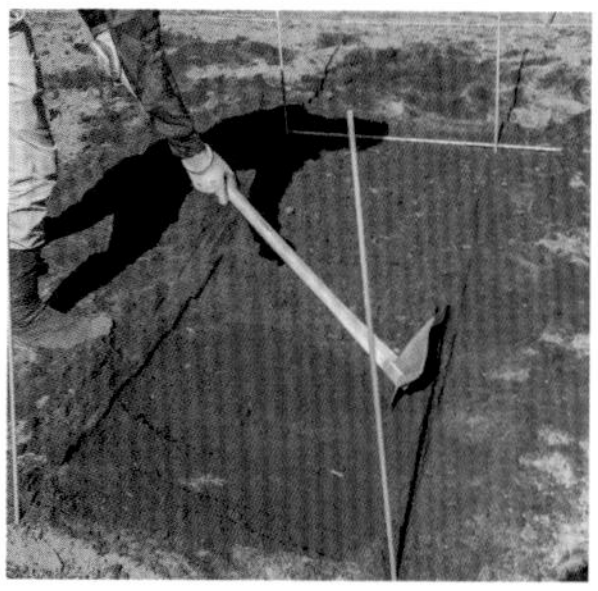

❸ クワの側面を使い、印の内側全体を平らにならす。この後マルチをきれいに張るために大切な作業。

❹ 印をつけたラインにクワの側面を当て、外側に向かって土をかき上げる。

❺ 土の表面をならし、きれいに平らにする。高低差があると、マルチを張った際、土との間に隙間ができてしまう。

❻ 印として四隅に差した支柱を外し、畝が完成。

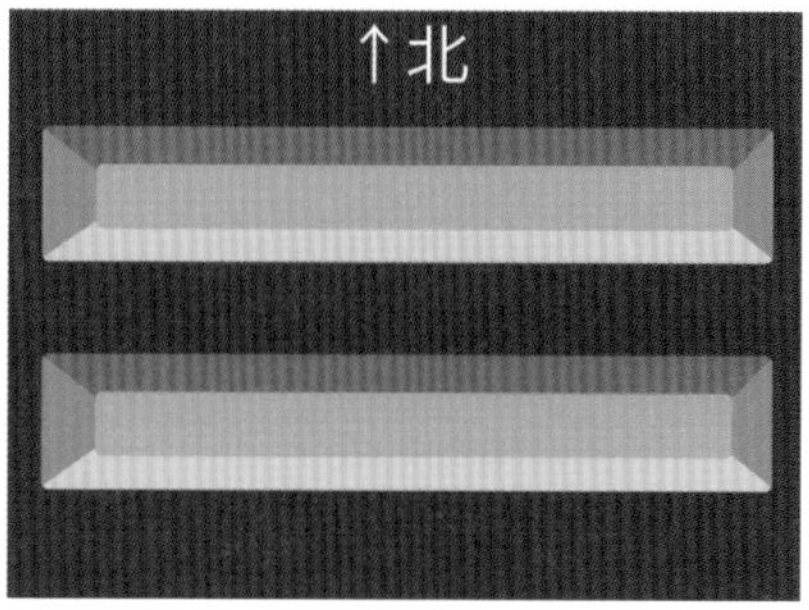

東西畝
背の低い葉茎野菜や、東西方向から強風が吹く畑などに。

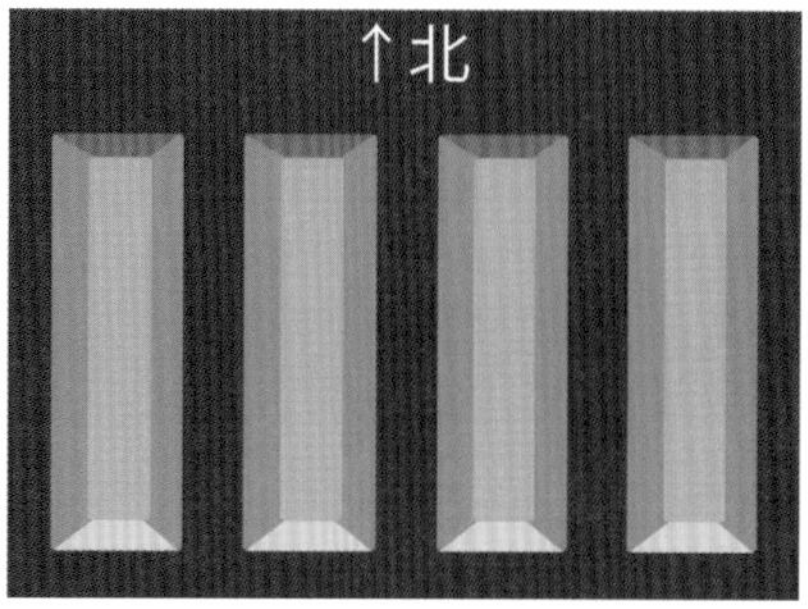

南北畝
すべての野菜の栽培に向くが、とくに背が高くなる実もの野菜に。

畝の方向

畝の向きは、栽培している作物すべてにまんべんなく日が当たるように、南北に長くたてるのが基本。南北畝なら午前中は東から、午後は西から日があたり、生育に影響が出にくくなります。

秋冬に育てる葉茎野菜は草丈が低いため、東西畝でもよいでしょう。

マルチを張る

**雑草防止や土の乾燥防止など、さまざまな利点がある「マルチ」。
マルチを使いこなして、野菜の品質や収穫量をアップさせましょう。**

マルチとは？

畝の表土をシートなどで覆うことを、マルチング（マルチ）といいます。
マルチの素材は、ポリエチレンフィルムが主流ですが、目的によってワラやもみ殻など、昔ながらの資材が使われることもあります。
さまざまな効果のあるマルチを、うまく使いこなしましょう。

マルチの種類

用途によって種類がいろいろ。サイズにも種類があり、70㎝までの畝幅なら95㎝のものを、それ以上の畝幅では135㎝幅を用意。穴あきと穴なしがあり、穴なしは自分で穴を開けて使おう。

黒マルチ
多くの作物で季節を問わず使用可能。光を通さないため、雑草防止になる。

透明マルチ
日光を通し、土の温度を高める効果があるので、寒い時期の栽培に有効。ほかの素材より雑草が生えやすい。

シルバーシート
つるが絡みやすく、地這性の野菜の栽培に向く。泥はね、乾燥、アブラムシなどを防止する効果がある。

敷きワラ
株元を稲ワラで覆う方法。地温の上昇や雑草を防ぐ効果がある。自然素材のため、栽培後は土にすき込める。

なぜマルチを張るのか？

土の乾燥を防ぐ。

雑草の繁茂や病害虫を予防。

土や肥料分の流出防止。

雨や水やりなどによる
泥はねを防ぎ、
病気を予防する。

暑さや寒さによる、
地中の急激な温度変化を
やわらげる。

根の張りがよくなる。

Q　マルチなしだとどうなりますか？

A　マルチがなくても野菜は栽培できます。しかし、マルチには右記のようにさまざまな効果があるため、使うと作物の生育がよくなり、収穫量のアップが可能に。また雑草も防げるため、日々の管理作業がラクになります。

マルチに穴をあける

穴あけグッズを使う

❶穴あけ器をマルチに押し当て、土に押し込む。

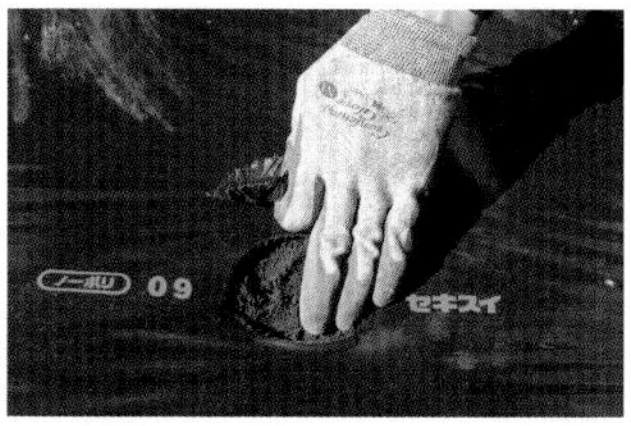

❷切り取られたマルチを取り除く。

❸植え穴が完成。育てる野菜に合わせて株間をとり、次の穴をあける。

ハサミを使う

❶ハサミを使い、マルチシートに切れ目を入れる。

❷1の切れ目と十字になる角度で、切れ目を入れる。

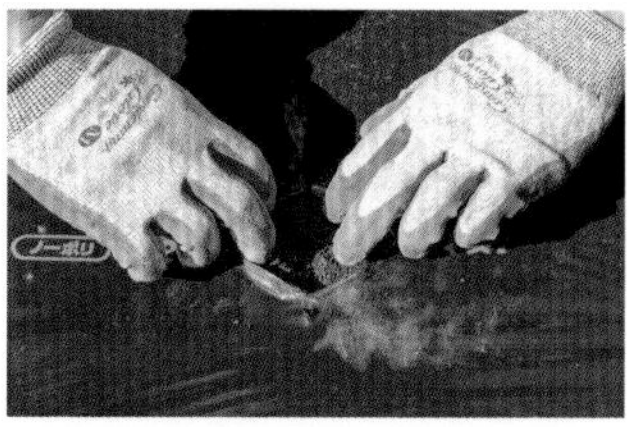

❸種や苗が植えられる大きさまで、穴を押し広げる。

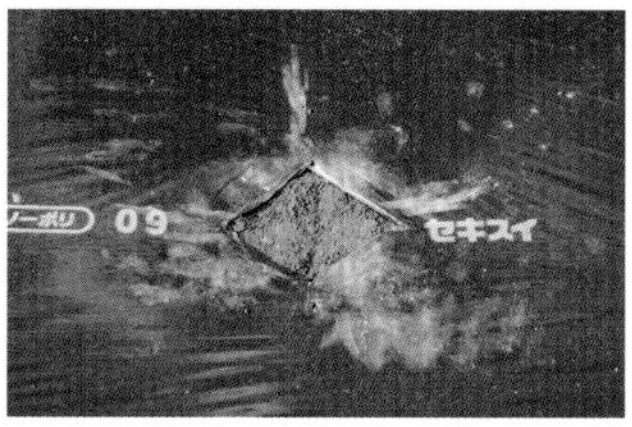

❹植えつけ用の穴が完成。

マルチの張り方

❶作成した平畝(P21)の端にマルチの端を合わせて置く。

❷端に土を仮置きし、マルチにたるみが出ないよう引っ張りながら、畝に敷く。

❸途中まで敷いたら足でマルチを踏んで押さえ、クワで土をのせて固定。

❹同様にマルチを引っ張りながら畝に敷き、畝の端まできたらカッターなどでマルチを切る。

❺足でマルチを踏んで押さえ、クワで土をのせる。

❻さらに足で土を踏んでマルチをしっかり固定する。

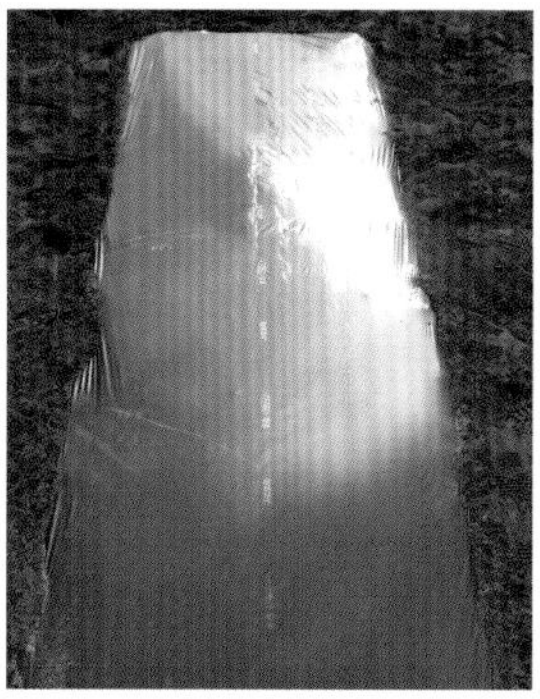

❼完成。たるみがあったら引っ張って調整し土で固定。

マルチはピンと張る

ポイント！

マルチにたるみがあると、土とマルチの間に隙間ができ、風の影響を受けて苗を傷めることも。また、マルチの上に水がたまると病気の原因にも。畝を平らに仕上げることと、マルチを引っ張りながら設置することが大切。

種の選び方とまき方

**野菜を栽培する環境を整えたら、いよいよ「種まき」を行います。
よい種を選び、野菜づくりのスタートを切りましょう。**

種を選ぶ

種苗店やホームセンターの種コーナーにずらりと並ぶ野菜の種。同じ野菜でも品種によって、大きくなるもの、小ぶりのもの、早く成長するもの、ゆっくり育つものなどいろいろ。家庭菜園の野菜づくりは、種を選ぶところから始まっています。

種の寿命は1年程度です。種袋の裏を見ると、種の有効期限が書かれているので、購入時に必ず確認しましょう。種が古いと発芽率が落ちるため、種まきは有効期限内にするのが原則です。また、その野菜が発芽、生育するために適温になる時期にまくことも大切です。

発芽適温との温度差があっても、多少であれば問題なく発芽する。

発芽適温とは

種が発芽するために適した温度のことで、適温は野菜の種類によって異なります。注意したいのは、この場合の温度は気温ではなく、地温であること。畝をマルチで覆っている場合は、気温より地温の方が高くなる場合があります。正確な地温を知りたい場合は地温計を使うとよいでしょう。

耐病性とは

病気になりにくく、発病しても軽度で済む性質をもつ品種を「耐病性品種」、特定の病害虫などに強いものを「抵抗性品種」と呼びます。トマトやキャベツ、ハクサイ、ダイコンなどの種袋に、「CR（根こぶ病抵抗性）」「YR（萎黄《いおう》病抵抗性）」と表示されていたり、品種の特長として記載されていることがあります。

F_1種と固定種

「固定種」は、同じ特徴を代々受け継いでいる種のこと。選抜によって生まれたものと、自然淘汰によって生まれたものがあります。地方野菜として昔から続いている在来種・伝来種も固定種です。

「F_1種」は異なる性質をもつ、純粋な親同士のかけ合わせで生まれた雑種1代目のこと。両親の優性の形質のみが表れます。ただしそれは1代目のみで、2代目からは性質も見た目もバラバラに。F_1種で種をとっても、親と同じ形質は受け継がれません。

種袋に「××交配」や「××育種」と表示があるものは、F_1種のしるし。

種袋の見方

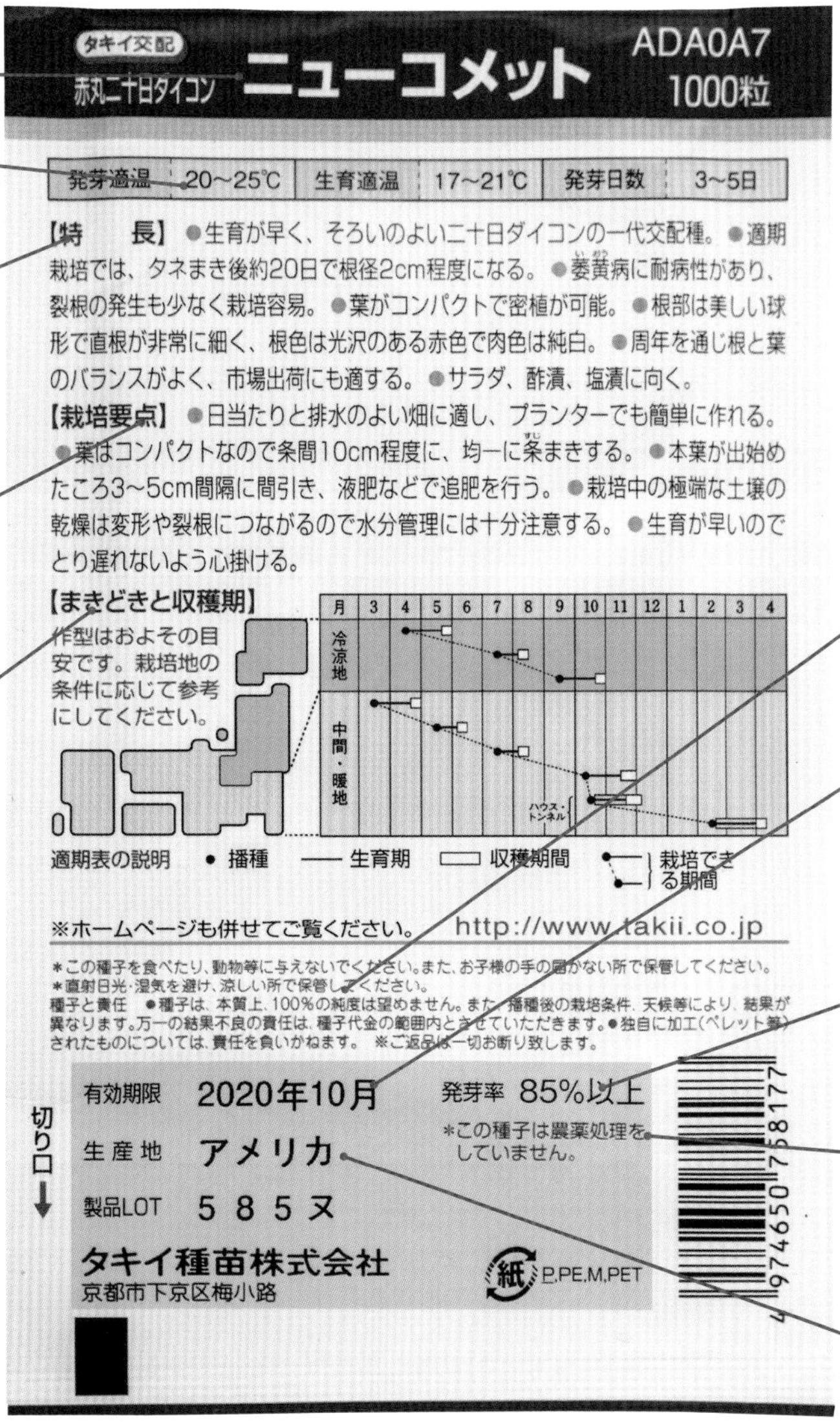
タキイ交配
赤丸二十日ダイコン
ニューコメット
ADA0A7
1000粒
発芽適温 20～25℃ 生育適温 17～21℃ 発芽日数 3～5日
【特　長】●生育が早く、そろいのよい二十日ダイコンの一代交配種。●適期栽培では、タネまき後約20日で根径2cm程度になる。●萎黄《いおう》病に耐病性があり、裂根の発生も少なく栽培容易。●葉がコンパクトで密植が可能。●根部は美しい球形で直根が非常に細く、根色は光沢のある赤色で肉色は純白。●周年を通じ根と葉のバランスがよく、市場出荷にも適する。●サラダ、酢漬、塩漬に向く。
【栽培要点】●日当たりと排水のよい畑に適し、プランターでも簡単に作れる。●葉はコンパクトなので条間10cm程度に、均一に条《すじ》まきする。●本葉が出始めたころ3～5cm間隔に間引き、液肥などで追肥を行う。●栽培中の極端な土壌の乾燥は変形や裂根につながるので水分管理には十分注意する。●生育が早いのでとり遅れないよう心掛ける。
【まきどきと収穫期】
作型はおよその目安です。栽培地の条件に応じて参考にしてください。
月 3 4 5 6 7 8 9 10 11 12 1 2 3 4
冷涼地
中間・暖地
ハウス・トンネル
適期表の説明 ● 播種 ── 生育期 ▭ 収穫期間 栽培できる期間
※ホームページも併せてご覧ください。 http://www.takii.co.jp
＊この種子を食べたり、動物等に与えないでください。また、お子様の手の届かない所で保管してください。
＊直射日光・湿気を避け、涼しい所で保管してください。
種子と責任 ●種子は、本質上、100%の純度は望めません。また、播種後の栽培条件、天候等により、結果が異なります。万一の結果不良の責任は、種子代金の範囲内とさせていただきます。●独自に加工(ペレット等)されたものについては、責任を負いかねます。 ※ご返品は一切お断り致します。
有効期限 2020年10月
発芽率 85%以上
＊この種子は農薬処理をしていません。
切り口
生産地 アメリカ
製品LOT 585ヌ
タキイ種苗株式会社
京都市下京区梅小路
紙 P,PE,M,PET

品種名

発芽適温・生育適温・発芽日数
発芽までの適温、生育するための適温、発芽までの日数の目安。

特長
品種の特長。F_1種か在来種か、耐病性や抵抗性、味や色の特長、開発者などについて記載。

栽培要点
栽培方法とそのポイントを記載。

まきどきと収穫期
種まきや生育期、収穫時期のおおよその目安。栽培地域の適期を確認する。

注意点
種の扱い方や保管方法などを記載。

有効期限
記載された発芽率が保てる期間。日数が経ったもの、保管方法が悪いものは発芽率が下がる。

発芽率
開封していない状態での発芽率。

農薬処理
種子消毒を行っているかどうか。行っている場合は農薬の種類と行った回数が記される。

生産地

ニューコメット

ニンジン
味良し!!色良し!!香り良し!!
アロマレッド

品種名の近くに書いてあるのは、種苗会社がもっとも伝えたいこと。味が優れている、育てやすい、早く収穫できるなど。

「ペレット種子」とは、粒が小さい種に被覆材を施して大きくし、まきやすくしたもの。

Q 種に色がついているのはなぜ？

A 種がウイルスや細菌に侵されると、病気になることがあります。そのため、感染を防ぐための殺菌剤を付着させているのです。青や赤など、鮮やかな色で着色されているのは、殺菌剤が使われていることを示すためです。

種子消毒されたズッキーニの種。

早生《わせ》、中生《なかて》、晩生《おくて》とは

「早生」や「晩生」とは、種まきから収穫までの期間のこと。短期間のものから極早生、早生、中早生、中生、中晩生、晩生となります。同じ作物でも品種により早晩性が異なり、収穫までの日数が短い方が病害虫のリスクが少ないといえます。しかし成長が早いと老化も早く、腐りやすいという欠点も。

種まき

畑に直接、種をまくのが「直まき」で、「すじまき」と「点まき」を紹介。
まき溝の深さは種によりますが、種の大きさの2～3倍が基本です。

点まき マルチ穴にまくときなどに向く。

❶種を用意する。写真はダイコンの種。

❷土に指を挿し、まき穴をつくる。まき穴の深さは種の2～3倍程度。

❸まき穴に種を1粒ずつ入れる。

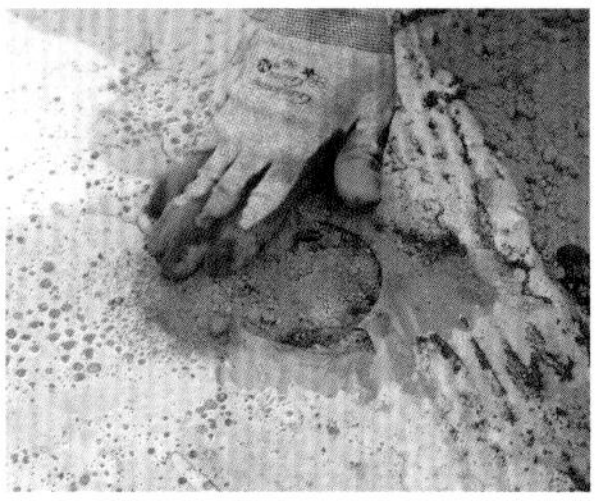

❹まき穴が覆われるよう、土をかぶせる。

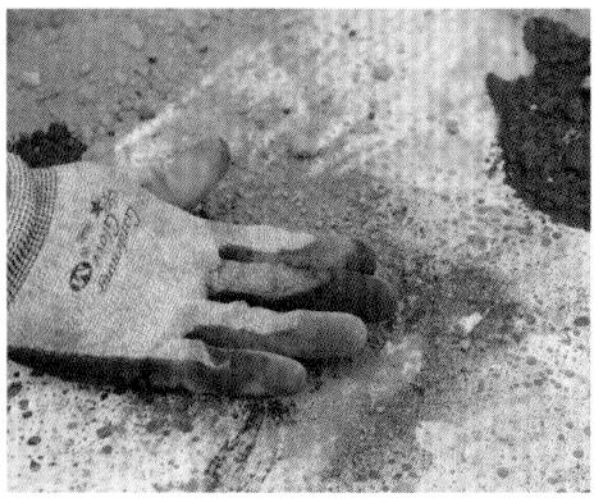

❺手の平で押さえ、種と土をなじませる。

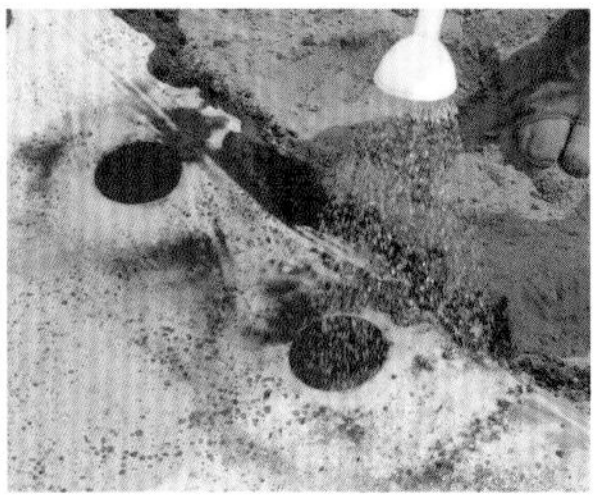

❻たっぷりと水やりをする。

すじまき 葉茎もの野菜や根もの野菜を1列に育てるときなどに向く。

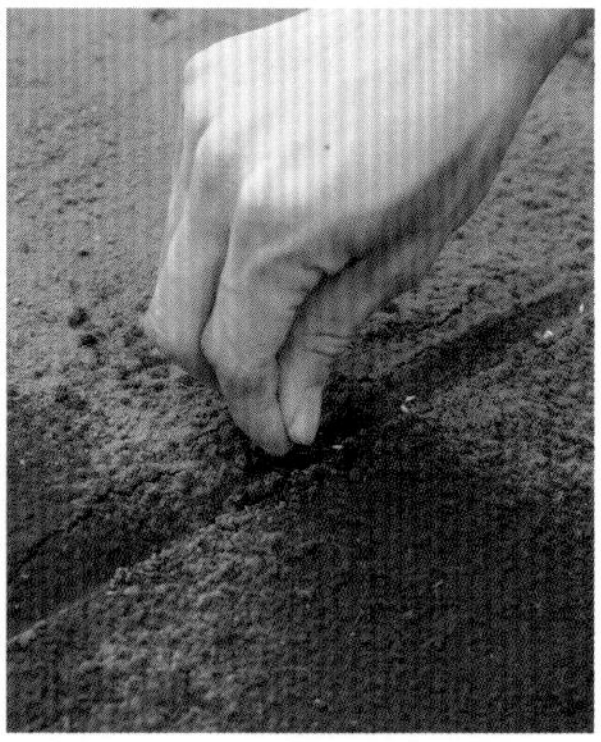

❶棒などでまき溝をつけ、均等にまく。間隔は種の大きさによるが、1～2㎝が目安。写真はレタスの種。

❷園芸用ふるいで土をかける。ふるいの目はなるべく細かいものがよい。

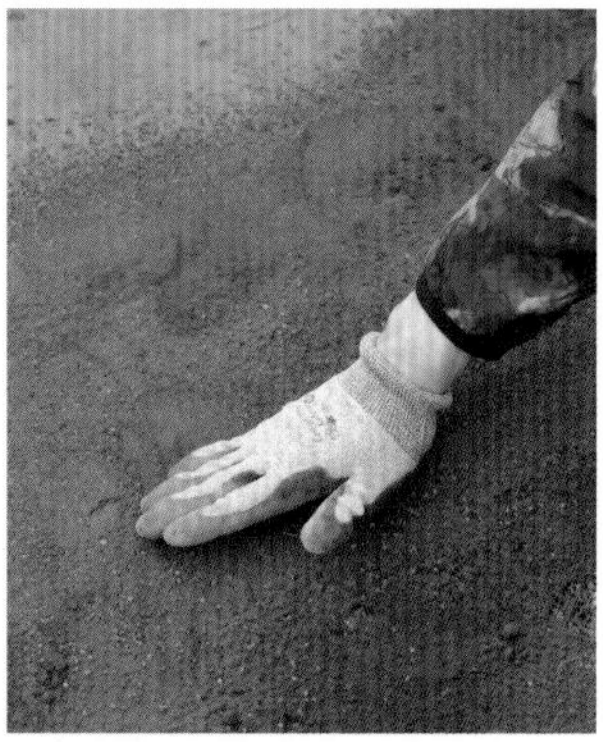

❸土の表面を手で押さえ、しっかり鎮圧して種を土になじませる。

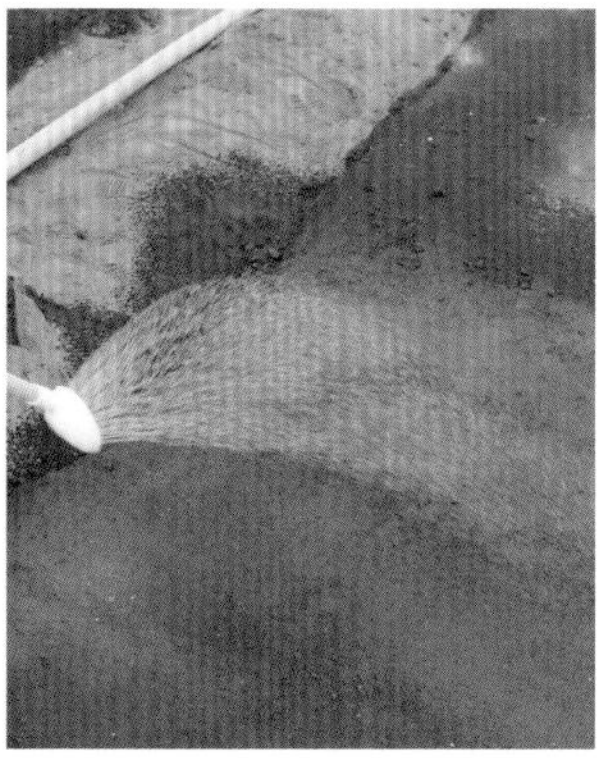

❹たっぷりと水やりをする。

発芽率を上げるコツ

・水につける

ゴーヤーやオクラなど、皮が硬い「硬実種子」は、種を布に包んで一晩水に浸してから種をまくと、発芽しやすくなります。

・まき溝の深さを種に合わせる

ニンジンやレタスなど光を好む好《こう》光性《こうせい》種子の覆土は薄く、嫌光性《けんこうせい》種子はまき穴を深く覆土を厚めにするなど、種子の性質に合わせましょう。

・水やり&乾燥防止

種をまいたらたっぷりと水やりし、不織布をかけて温度と水分を維持する。種まき後の不織布のかけ方はP31を参照してください。

余った種はどうする？

種は温度が上がると呼吸をするため、寿命が短くなってしまう。保存は密閉袋などに入れて湿気の少ない環境へ。冷蔵庫の野菜室で保存するのがおすすめ。

苗づくり

あらかじめ苗を育てると、鳥の食害防止や病害虫の防除などがラクになり、植えつけ後の成功率があがります。

また、苗を買うよりコストが抑えられるメリットも。

セルトレイまき たくさん苗を育てたいときに。水切れに注意。

❶ セルトレイを用意。つくる苗に合わせて大きさを選ぶ。

❷ セルトレイに種まき用土を入れる。仕切りの高さまでたっぷりと入れる。

❸ 手で種まき用土をなじませ、用土の高さをそろえる。

❹ 土に指を挿し、まき穴をつくる。まき穴の深さは種の2～3倍程度。

❺ まき穴に種を1粒ずつまく。

❻ ふるいを使い、種の上に土をかぶせる。

❼ 底から水がしみ出るまでたっぷり水やりする。発芽するまで土が乾かないようにする。

ポットまき ポットで苗を育ててから畑に定植するときに。

❶ ポットの八分目まで、種まき用土を入れ、水やりしておく。

❷ 土に指を挿し、まき穴をつくる。まき穴の深さは種の2～3倍程度。

❸ まき穴に種を1粒ずつ入れる。数は2～4粒程度。写真はエダマメの種。

❹ 種の上に土をかぶせる。土の厚さは野菜の種類によって異なる。

❺ 底から水がしみ出るまでたっぷり水やり。発芽まで土が乾かないようにする。

温度管理をする

苗づくりでは、発芽や生育に適した温度を保つ必要があります。春植えの野菜は、定植時期より早い時期に育苗することが多いため、人工的に暖かい環境をつくり、温度管理して育てましょう。家庭菜園でも簡易的な方法で温室環境をつくることができます。

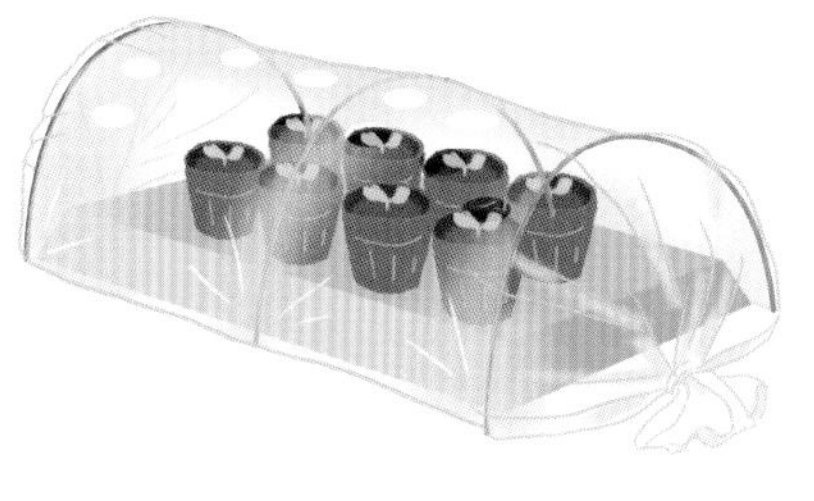

ビニールトンネル
畑の一角にビニールトンネルをかけて育苗する。トンネルは通気性のある穴あきタイプがおすすめ。

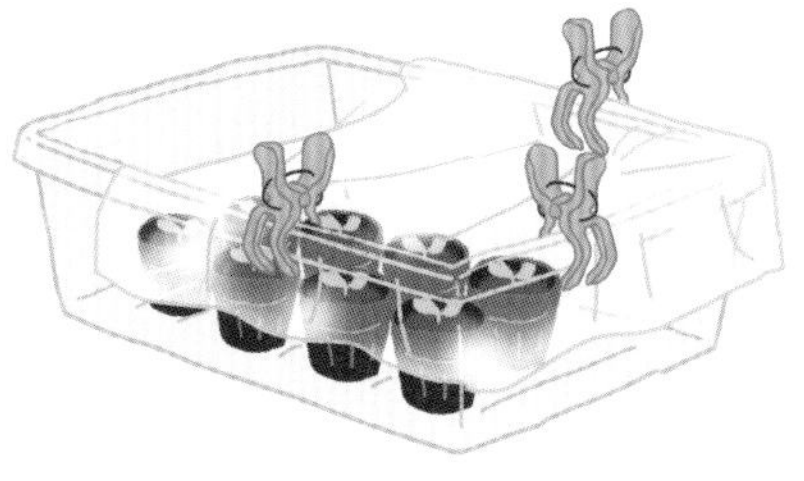

衣装ケース
衣装ケースにビニールをかけ、温度が上がりすぎるときはビニールを外す。夜間は屋内に取り込むとよい。

植えつけ

よい苗を選べるかどうかは、野菜づくりの成功を左右します。元気な苗を手に入れて、正しい方法で植えつけましょう。

健康でよい苗を選ぶ

種苗店やホームセンターの店頭に並ぶ苗のなかから、よい苗を選ぶには、いくつかポイントがあります。

葉色や病害虫の有無などをチェックするのはもちろんですが、苗のサイズにも注目。苗は大きく成長したものほどよい気がしますが、ポットの中で大きく成長しすぎたものより、若い苗がおすすめ。若い苗ほど植えつけ後の根張りがよく、成長が盛んになります。また、できれば入荷したての新しい苗を入手したいもの。お店で苗の入荷日を聞くのもよいでしょう。

ナス科やウリ科の果菜類には、接ぎ木でつくられた苗があります。接ぎ木苗は病気に強い台木を利用しているので、病気に強いのが特徴。接ぎ木苗はラベルなどに記載があることが多いですが、わからない場合はお店の人に確認しましょう。

よい苗を見分ける

よい苗

葉色が濃く、枯れた葉がないこと、葉の間隔がしっかりつまっている。虫食いや病気の痕がない。

悪い苗

虫食いのある苗や、葉と葉の間隔が間延びした徒長苗、下葉が黄色く枯れた老化した苗は避ける。

植えつけの深さ

苗の土と畑の土の高さは同じくらいになるように植えつけるのが基本。苗と畑の土の間に隙間ができないように土を入れてなじませます。土をかぶせすぎたり、植え穴が大きすぎて苗が沈み込んだりしないように注意しましょう。

悪い植えつけ②

苗の土と畑の土が高さをそろえないと、株元の土がくぼむ。

悪い植えつけ①

根鉢に土がかぶりすぎると蒸れの原因になる。

よい植えつけ

苗の根鉢の上に、少しだけ土をかぶせる。

植えつけの手順

野菜に合わせた畝たてやマルチ張りを終えたら、苗を植えつけます。
株の根や茎を傷めないよう手早く、そしてやさしく行いましょう。

❶ 植えつける苗を用意する。写真はキュウリの接木苗。

❷ 穴あけ器やハサミなどで植え穴をあける。

❸ 根鉢がすっぽりと入る深さまで、移植ゴテで植え穴を掘る。

❹ ポットを水につけ、持ち上げたとき底から水が出るまでしっかり吸水させる。

❺ 根鉢を崩さないよう、ポットを逆さにしてやさしく苗を出す。

❻ 植え穴に苗を植えつけ、隙間ができないようにまわりに土を寄せる。

❼ 必要に応じて仮支柱を立て、たっぷり水やりをする。

ポイント!

苗にとって強風や大雨、低温はストレス要因。植えつけは風のない日を選ぶ。

トンネルをかける

植えたての苗は、強風や害虫、低温などから守るため、トンネルをかけるのがおすすめ。トンネルをかけたまま収穫まで育てられる野菜もありますが、成長した株がトンネルの天井につきそうになったり、つるをどんどん伸ばし始めたら、トンネルをはずして本格的な支柱を立てましょう。

仮支柱を立てる

植えつけたばかりの苗は風に弱いので、本格的な支柱に誘引するまでは、仮支柱で支えるのがおすすめ。ここでは割り箸を2本使用。

❶仮支柱は割り箸2本をテープなどでつないでおく。

❷植えた株の根を傷つけないように仮支柱を斜めに挿す。

❸麻ヒモなどで仮支柱に株をゆったり結びつける。

トンネルをかける

トンネルとは苗を植えた畝を寒冷紗などで覆うこと。季節や目的により使用する種類が異なります。用途に合わせて上手に利用しましょう。

トンネルで苗を守る

トンネルの役割は、主に害虫の侵入防止や保温、強風や霜よけなど。トンネルなしでも野菜を栽培することは可能ですが、適したトンネルをかけることで種の発芽や成長がよくなり、害虫や鳥の食害を防ぐことができます。

トンネルがけは、種まきや植えつけと同時に行います。外すタイミングは、株がしっかりしてきた頃。支柱を立てるものや大きく成長するものは、トンネル上部に株がつく前が目安です。草丈が低いものなど、収穫時までかけたままにしてもよい野菜もあるので、育てる野菜や季節に適した方法で管理しましょう。

トンネルの目的

- 防虫ネットで害虫や鳥などの侵入を防ぐ。
- 寒冷紗や不織布で強い光や風を遮る。
- 寒冷紗やビニールトンネルで保温や保湿をする。

被覆素材の種類

ビニールフィルム
保温性が高く、防寒対策に使用。穴のあるタイプとないタイプがあり、穴のないものは、より保温効果が高いが、換気が必要。

寒冷紗(白)
荒い平織りの薄い布で、トンネル資材として広く使われる。防虫や霜よけのほか、夏の直射日光や強風などを避けることができる。

ポットキャップ
保温効果があり、強風や鳥の食害を防ぐ効果も。1株ごとにかぶせ、付属のUピンで土に挿して固定。株数が少ない場合に有効。

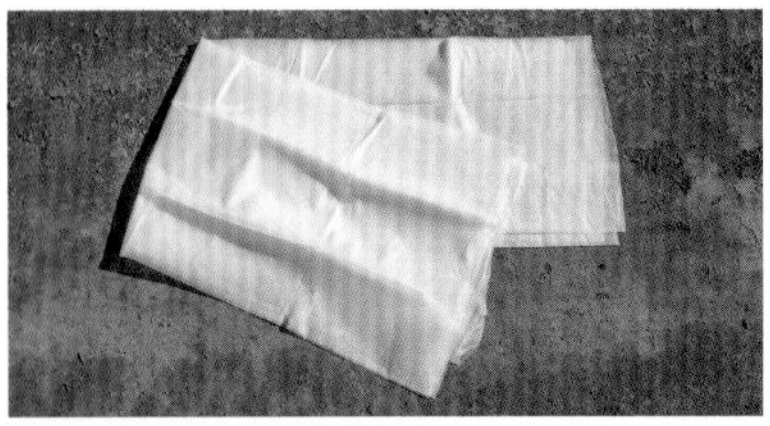

不織布
薄く柔らかい布で、通気性、吸湿性、保温性がある。レタスなど好光性種子の種まき後に畝にベタがけし、乾燥や種の流出を防ぐ。

寒冷紗(黒)
直射日光を遮り、遮光率は50%程度。遮熱の効果も高いため、主に夏に利用される。防虫や防風、乾燥防止にも利用される。

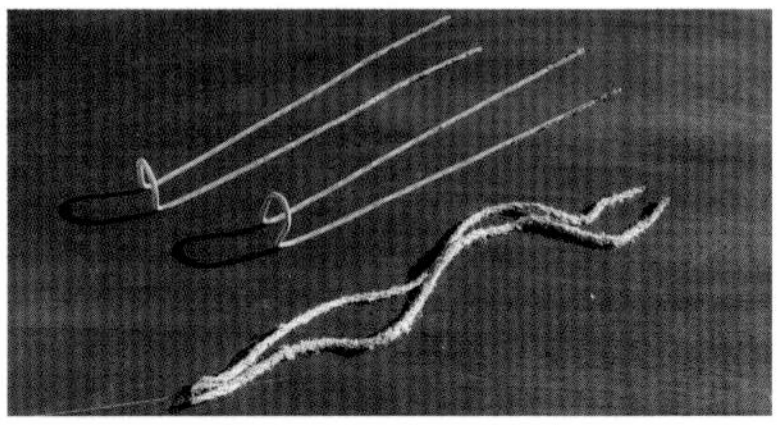

留め具とヒモ
被服資材の両端はヒモでしっかり縛り、留め具を土に挿してトンネルを固定する。

トンネルをかける手順

害虫防止や防風など、トンネルをかけると栽培の成功率が上がります。
ネットにゆるみが出ないように張り、周囲に土をかけてしっかり固定すること。

❶畝の片側にトンネル用の支柱を50～80㎝間隔で挿す。支柱の向きはやや内側に傾ける。

❷支柱を畝の反対側に渡して土に挿す。トンネル用の支柱には土に挿す深さを示す線が引かれているものがあるので、目安にするとよい。

❸ネットの片側をまとめてヒモで結ぶ。

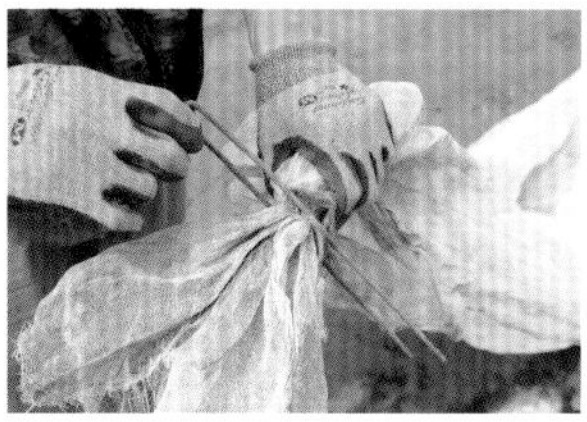

❹結び目の上から留め具を挿す。

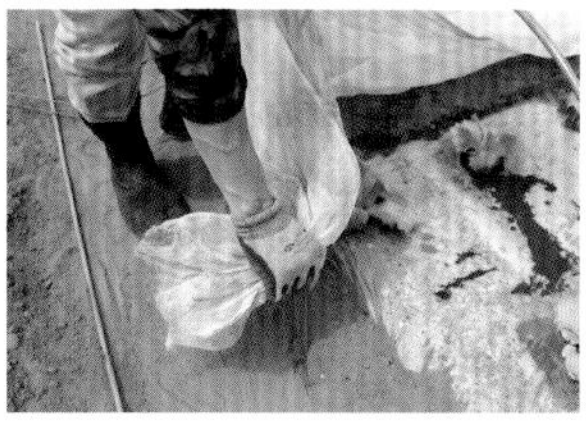

❺留め具を土に挿す。

❻ネットをトンネル状にした支柱の上にかぶせる。

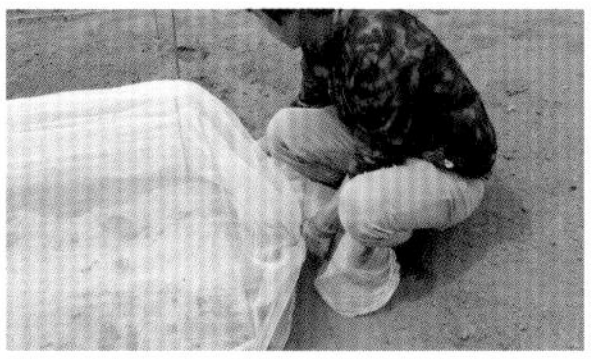

❼反対の端に回り、ネットがたるまないよう引っ張りヒモで結ぶ。留め具で土に固定。

❽ネットの端を足で踏んで押さえながら、クワで土をかけネットを固定する。隙間があると虫が入り込むので注意。

❾ネットが風で外れないよう、ネットの外側に2本支柱を挿して固定。

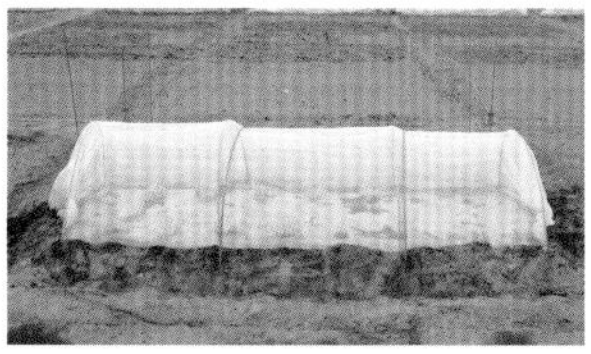

❿トンネルが完成。

ポイント!

ネットを支柱にかぶせたら、支柱とネットを洗濯バサミでとめると、風にあおられず作業がしやすい。

不織布をベタがけする手順

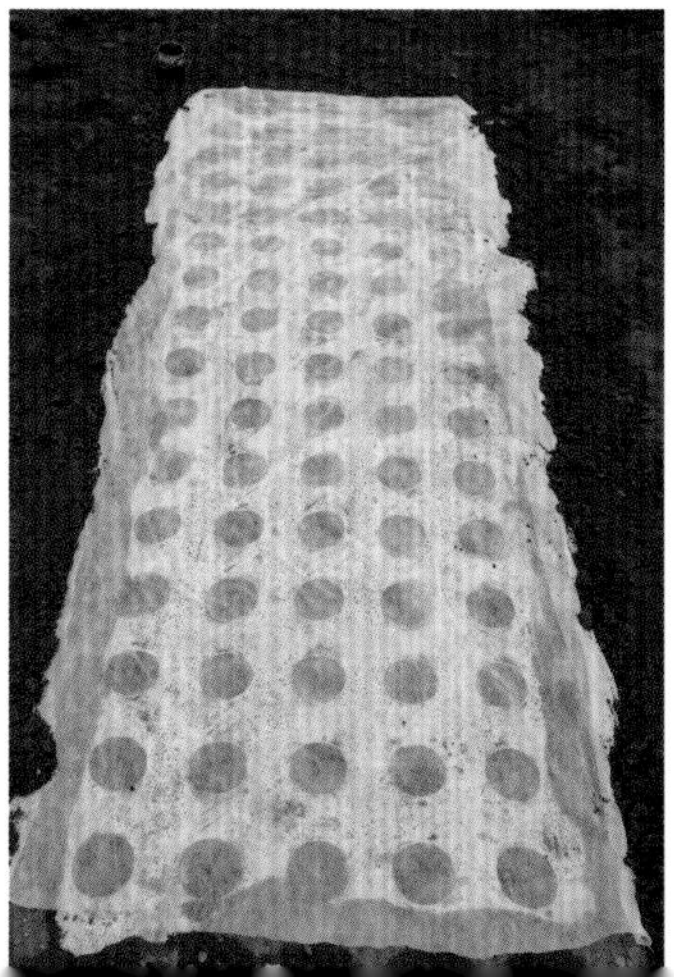

畝に直接、不織布などの資材をかけることを「ベタがけ」といいます。
種まき後の土の乾燥や、種の流出防止に効果的です。

❶種まき後、畝全体に不織布をかける。

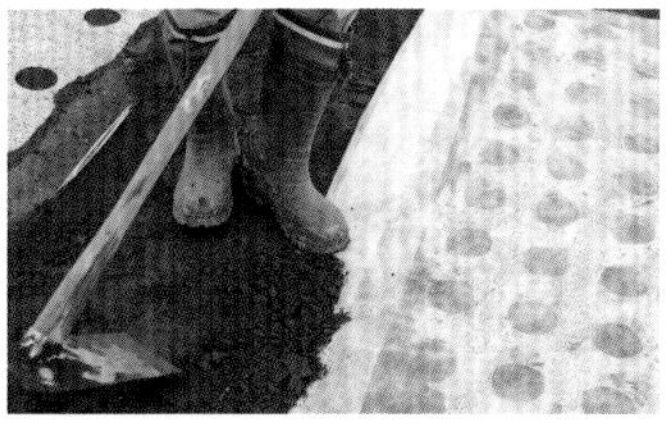

❷足で不織布を踏んで押さえ、クワで土をのせ固定する。

❸水やりがまだなら、完成後に不織布の上から水をやる。発芽がそろったら不織布を外す。

間引き

種まきは、すじまきでも点まきでも、多めにまきましょう。
収穫まで複数回間引きし、丈夫なよい株だけを大きく育てます。

間引きとは？

畑に種を直まきする場合は、全部が発芽するとは限らないので多めにまくのが基本です。そして、発芽後、込み入った部分の株を引き抜いたり、ハサミで切り、よい苗だけを残します。これが「間引き」です。

間引きをすることで株間にゆとりができ、残した株はのびのびと成長できます。

間引きを複数回に分けて行うのは、生育途中に風で倒れたり、虫の食害にあうなど、株が減る可能性があるためです。

間引くときは、元気に大きく育っているものを残し、元気がないものや小さいものを間引くのが基本です。

間引きの目的

丈夫な株を残し、大きく成長させる。

株間を開けて通気よくし、病害虫を予防する。

抜くとほかの株の根を傷めそうな場合は、株をハサミでカットするとよい。

間引きのコツ

間引きは収穫までの間に1～3回行う。

病害虫の被害がある株や、葉や茎が傷んだ株、生育の悪い株を間引く。

残す株を傷めないよう、株元を押さえながら抜くか、ハサミで切る。

ニンジンやカブなどの根菜類、葉菜類は、間引きした株も立派な収穫物。間引き野菜を味わえるのは、家庭菜園の楽しみのひとつです。

すじまきの間引きの手順

多めにすじまきした場合、複数回に分けて間引きし、葉が重なり合わないようにします。

例はニンジンですが、コマツナやカブなどをすじまきした場合も同様です。

1回目の間引き

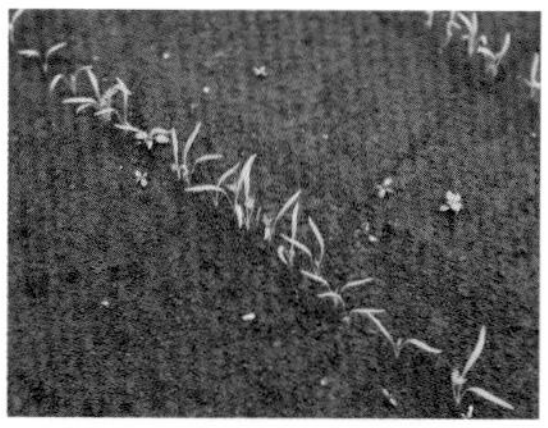

❶1回目の間引きは、双葉が出そろった頃に行う。

❷株間が約3cmになるように引き抜く。

❸間引きを終えたところ。

2回目の間引き

❶本葉が2〜3枚出てきた頃に2回目の間引き。

❷株間が約6cmになるように引き抜く。

3回目の間引き

❶株間が約12cmになるように引き抜く。

❷引き抜いたニンジンはミニキャロットとして楽しもう。

点まきの間引きの手順

ハクサイ、カブ、ダイコンなど、ひとつのまき穴に複数の種をまいた場合は、
最終的にひとつの穴に1株のみ残すのが基本。写真はハクサイの例です。

1回目の間引き

❶ひとつのまき穴に3〜4個の種をまき、すべてが発芽した状態。

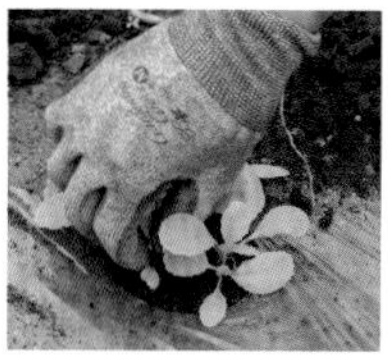

❷1〜2株を引き抜く。

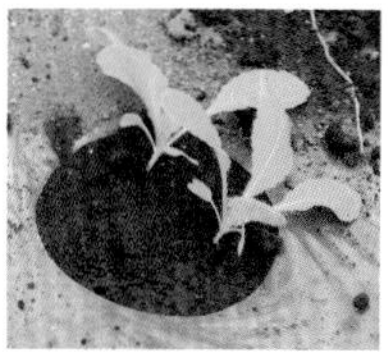

❸2つの株を残す。

2回目の間引き

❶本葉が4〜5枚になった頃に2回目の間引き。

❷大きな株を残し、小さい株を引き抜く。

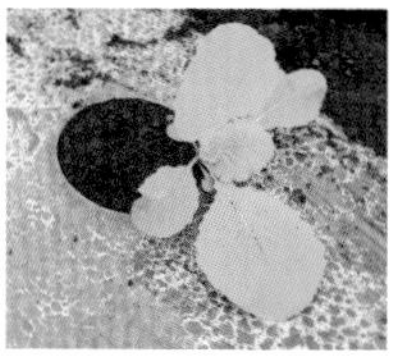

❸間引きが終了。この株を最後まで大きく育てる。

支柱立てと誘引《ゆういん》

草丈が高くなる果菜類やつる性の野菜を育てる場合は、補助となる支柱を立てます。株が倒れないようにするための大切な作業です。

支柱の種類

果菜類やつる性の苗の植えつけ後、もしくは草丈が高くなってきたら、支柱を立てて茎やつるを誘引します。支柱は、野菜の育つ形やスペースの条件に合わせて選びましょう。場所をとらない1本仕立て、頑丈な合掌仕立て、つる性の野菜に向くスクリーン仕立てやアーチ仕立て、2本の支柱で支えるV字仕立てなどがあります。

支柱の上部を持って土に挿すと途中で折れやすいため、下の方を持つこと。支柱の向きを直す場合も、一度抜いて挿し直しましょう。地面が硬い場合は、設置する地面を10cmほど掘り、穴に水を注ぎ入れてから挿すと挿しやすくなります。

支柱の目的

株を補助的に支え、
株が倒れないようにする。

支柱に誘引して立体的に育てる
ことで風通しと日当たりを確保。

▶▶ 1本仕立て

株の脇にまっすぐに立て、ヒモで主枝を支柱に結びつける。スペースが狭い場合に向く。草丈が1m程度までのピーマン、シシトウなどに。

支柱の向き

支柱には上下があり、片側の先端は土に挿しやすいよう尖っている。太さや長さに種類があるので、育てる野菜に合わせて選ぼう。

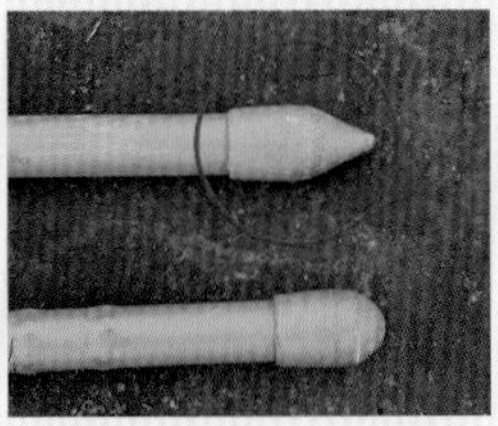

園芸用ネット

スクリーン仕立てやアーチ仕立て用の園芸用ネット。キュウリやゴーヤーなど、つる性の野菜に使用する。

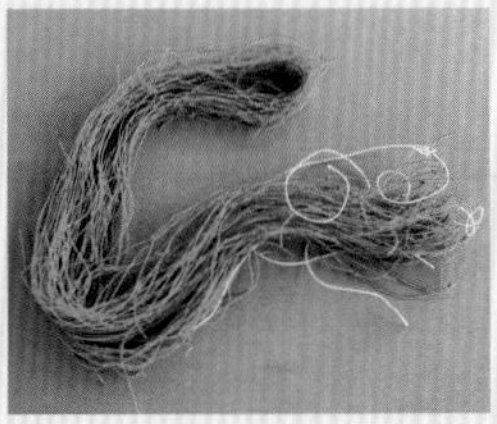

誘引

茎やつるをヒモに固定。茎が太くなることを考え、ゆとりを持って結ぶこと。

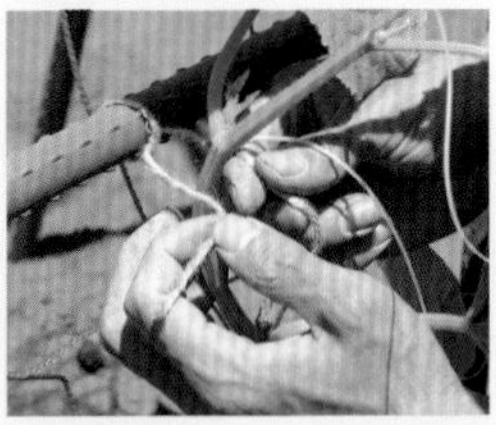

V字仕立て

畝の両脇から支柱を1本ずつ、内側に向けて斜めに挿し、株のそばの低い位置でクロスさせる。ナスなど横に広がって育つ野菜向き。

合掌仕立て

畝の両脇から支柱を内側に向けて挿し、上部で交差させて固定。さらに上部に支柱を渡しているため頑丈。トマトやキュウリ、インゲンなどに。

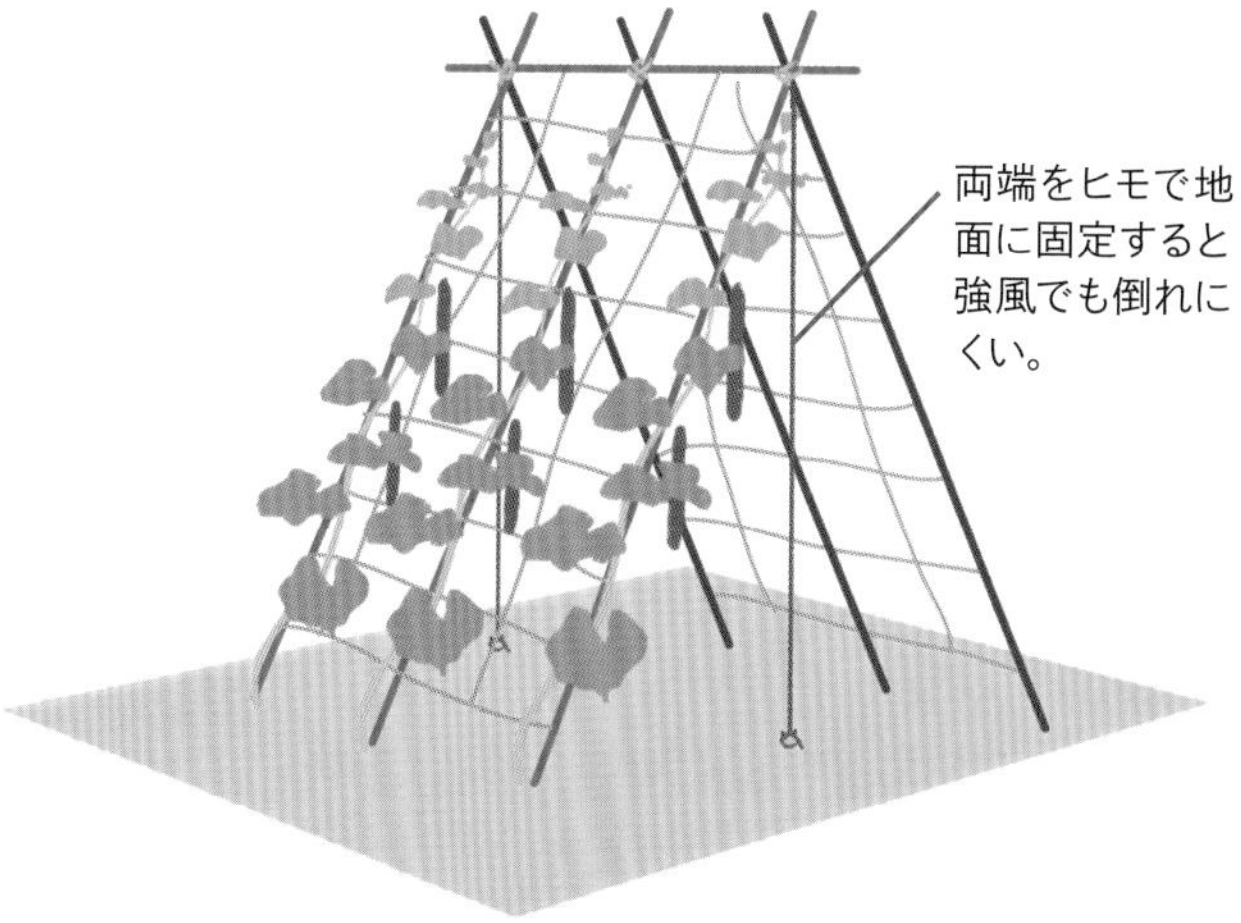
両端をヒモで地面に固定すると強風でも倒れにくい。

アーチ仕立て

アーチ型の支柱を1m間隔で立て、園芸用ネットを張ったもの。1株でたくさん実をつけるトウガンやハヤトウリ、ゴーヤーなどに向く。

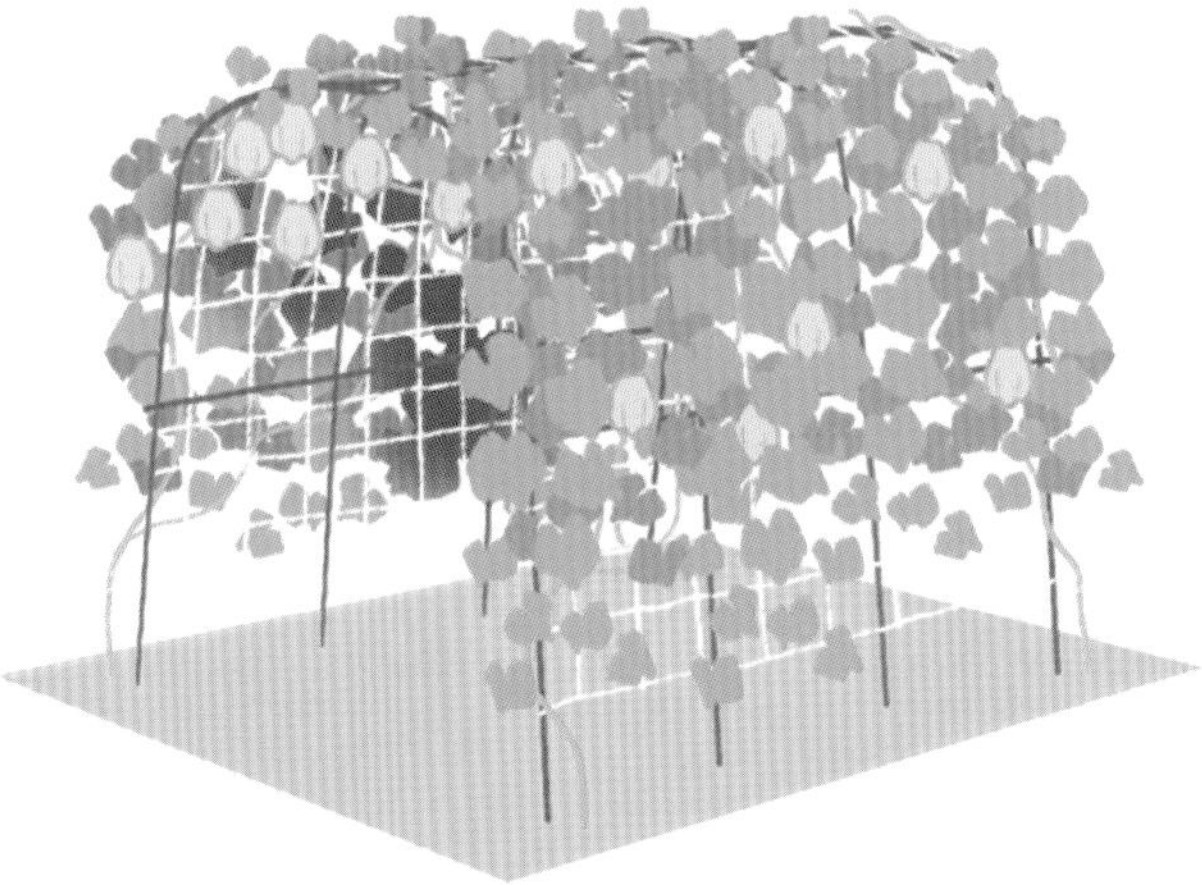

スクリーン仕立て

つる性の野菜の巻きヒゲをネットに誘引し、絡ませることで株を固定。ゴーヤーやキュウリ、エンドウなどに。

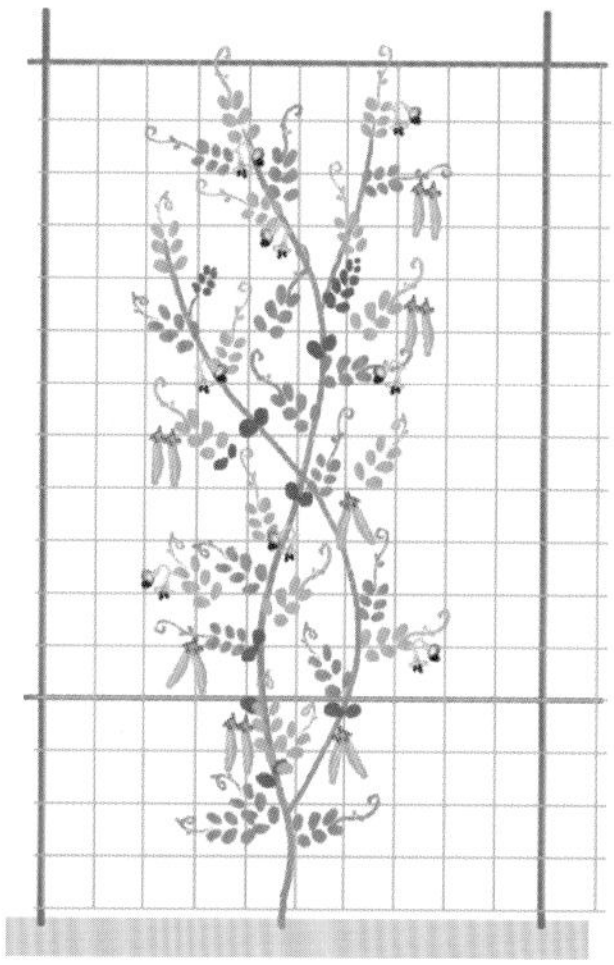

追肥《ついひ》・土寄せ・中耕《ちゅうこう》

野菜づくりでは、成長に合わせた管理作業が必要です。
「追肥」や「土寄せ」、「中耕」の方法を紹介します。

追肥とは

「追肥」は、生育に応じて施す肥料のこと。ただし、肥料が多すぎると、害虫がついたり、葉ばかりが茂り実つきが悪くなることもあります。肥料は適期に適量与えることが大切です。追肥に必要なのは主に、チッ素とカリウム。単肥のチッ素とカリウムをブレンドしてもＯＫです。

追肥の目的

肥料切れを防ぐ。

雨や水やりで流出したり、成長過程で使われたりした養分を土に補給し、その後の成長を促す。

追肥のタイミング

生育状態を見ながら、2〜4週間に一度の頻度で行うことが多い。

実もの類は実のつき始めなど。葉菜類は間引きや摘芯後、結球し始めの頃。

土寄せとは

株元に土を寄せることを「土寄せ」といいます。土寄せは追肥とセットで行うのが基本です。

施肥後に土寄せをすると、株が安定し、土と肥料分がよくなじんで根が肥料分を吸収しやすくなります。追肥後は土寄せをするようにしましょう。

土寄せの目的

風雨で株が倒れるのを防ぐ。

根に空気を送り、肥料分を吸収させ、収量をアップさせる。

ジャガイモの緑化を予防したり、ネギを軟白化させる。

土寄せのタイミング

間引き後や追肥をした後に行うのが基本。

施肥後に土寄せすると、肥料分が根に吸収されやすくなる。

中耕とは

野菜を栽培していると、株間や畝間の土が、雨や水やりなどによって徐々に硬くなります。硬くなった土を耕して空気を送り、やわらかくするのが「中耕」です。

根張りをよくするため、根が伸びている先を耕すと効果的。中耕と同時に除草も行うとよいでしょう。

中耕の目的

通気性や水はけを改善し、追肥した肥料分を根に届けやすくする。

根張りをよくする。

雑草の繁茂を防ぐ。

中耕のタイミング

追肥と同時に行う。

追肥、土寄せ、中耕、雑草取りをセットで行うとよい。

追肥

マルチなしの場合

❶畝に沿って均一に肥料をまく。写真はネギ。

❷肥料の上にクワで土をかける。同時に土寄せも行う。

マルチの畝の外に施す場合

❶２回目以降の追肥では、根が畝の外まで張ってるので、畝の外にまく。畝に沿って均一に肥料をまく。写真はナス。

❷肥料の上にクワで土をかける。

マルチ穴に施す場合

株が小さい場合はマルチ穴にまく。写真はタマネギ。

マルチの畝の肩に1回目に施す場合

❶マルチをめくる。写真はキュウリ。

❷根の張り具合を確認する。

❸畝の肩に肥料をまく。根の先に施肥するとよい。

❹マルチを戻し、土をかぶせて再び固定する。

中耕

クワを使う

畝間は土が硬くなりやすい。クワで耕し、根に空気を送り、土を柔らかくする。

小クマデでを使う

発芽して間もない場合や条間が狭い場合は、小クマデが便利。土寄せも行う。

土寄せ

株元に土を寄せる土寄せは、クワで行う。株の近くの土をクワで少し掘り、クワの上に乗った土を株元に置くように寄せる。ジャガイモやサトイモ、ネギなどに。

芽かきや摘芯《てきしん》などの管理作業

**芽かきや摘芯など、株が成長してきた頃に行う作業は、実のサイズや質、収穫量に影響します。

きちんと手をかけておいしい野菜をつくりましょう。**

芽かき

必要以上に葉が茂ると風通しが悪くなり、花や実つきも悪くなり、病害虫の原因にも。

脇芽を適宜つみ、日当たりをよくして余分な栄養を使わせないようにしつつ、実に養分を集中させよう。

ピーマンの場合

❶主枝と葉の間のつけ根から、脇芽が出ている。

❷ハサミは使わず手でつむのが基本だが、手でつめない硬い茎などはハサミを使うとよい。

❸芽かきを終えたところ。

トマトの場合

❶葉のつけ根から出ている不要な脇芽は、見つけ次第つむ。

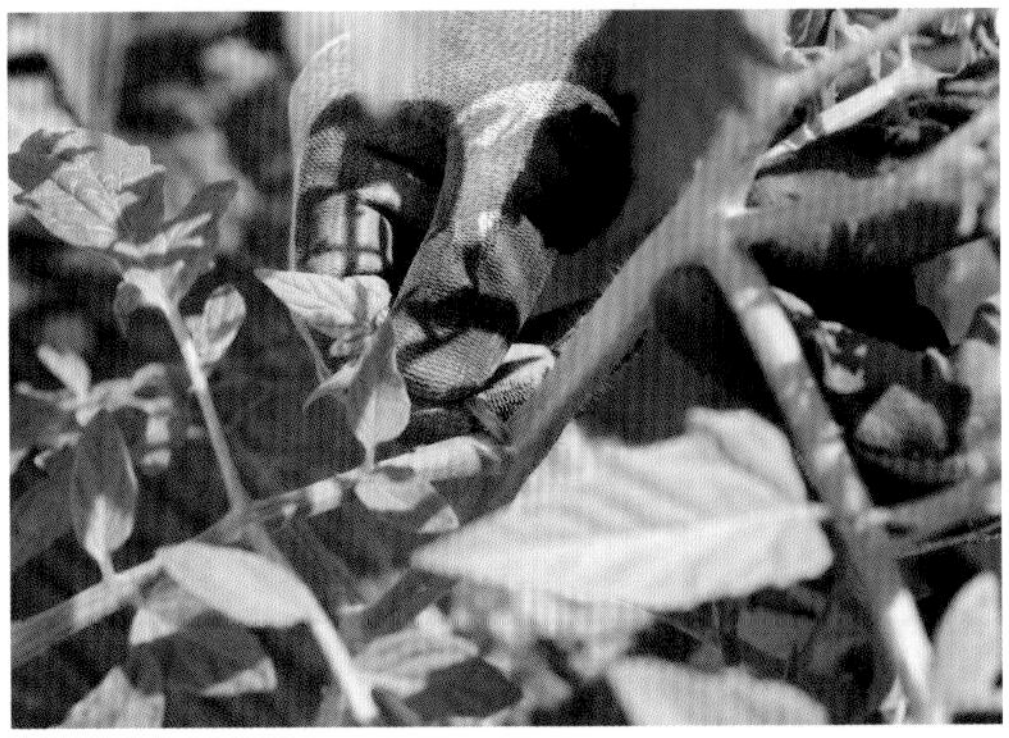

❷ハサミは使わず、手で折るようにつむ。ハサミを使うと切った株がウイルス病などに侵されていた場合、次々に感染してしまうため、手で行う。

❸脇芽をつみ終えたところ。

摘葉《てきよう》

不要な下葉を取り除くのが「摘葉」。養分が実に行き渡り、長期間の収穫が可能に。風通しと日当たりもよくなり、病気の予防にも。

収穫後、ズッキーニの下部の葉を折り取り、風通しをよくする。

摘芯《てきしん》

主枝の先端「頂芽《ちょうが》」をつみ、生育をとめるのが「摘芯」。頂芽をつむと、脇芽の数が増えてよく育ち、葉がよく茂り実つきがよくなる。モロヘイヤやシュンギク、ツルムラサキ、シソ、エゴマ、バジルなどに。また、つるを増やしたいゴーヤーやキュウリにも。

キュウリの摘芯

支柱の上まで伸びた主枝を摘芯し、子づるや孫づるを充実させる。

ツルムラサキの摘芯

頂芽を切り、脇芽を増やす。

摘果《てきか》

実をつんで1株につく実の数を減らす「摘果」で、よい実を収獲しよう。実が小さいうちに行うのがポイント。

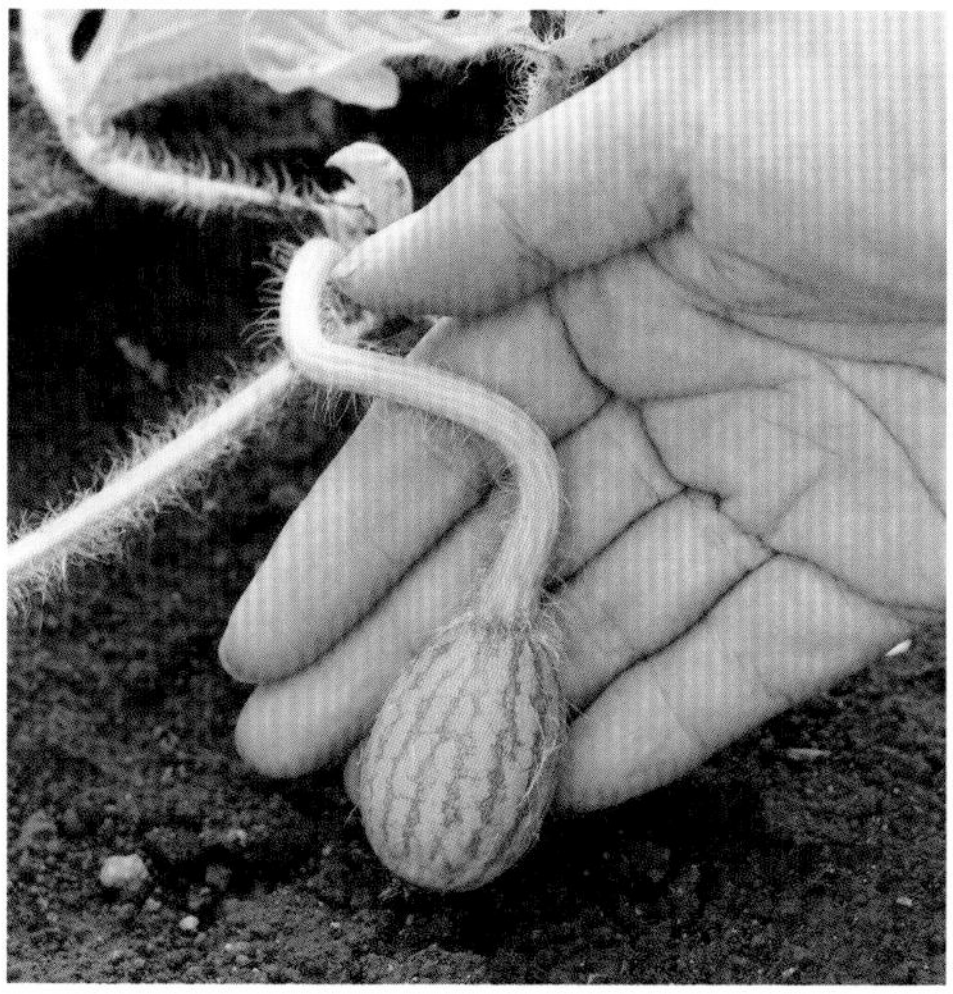

小玉スイカは子づる1本に対し1個の実をつけるのが基本。それ以外は小さいうちにハサミで切って摘果する。

摘花《てきか》

花をつみ、1株につく実の数を減らすことで、残した実を充実させる。

トマトは主枝に近い実が大きくなるので、先端の花をつむ。

乾燥に弱いショウガなどは敷きわらで乾燥防止を。

苗の植えつけ時はたっぷり水やりし、根の活着を促進させる。

水やりは必要？

種まきや植えつけ直後は水やりが必要ですが、畑で栽培中の野菜に水やりは基本的に不要です。水やりをすると、根が地表に近いところで成長し、ずっと水やりが必要に。

種まきや植えつけは、天気予報をしっかり確認し、雨が降ったあとや、降る前がおすすめ。晴天が続き畑の土が乾燥しすぎた場合は、可能な範囲で水やりするとよいでしょう。

人工授粉と収穫

家庭菜園でもっとも楽しい作業は、なんといっても収穫。
収穫の適期を見極めて、新鮮でおいしい野菜を存分に味わいましょう。

人工授粉

受粉は昆虫の働きで自然に行われますが、昆虫が少ない環境では、人工授粉が必要です。畑でも人工授粉をすれば、確実に収穫量がアップします。

人工授粉は、カボチャやゴーヤー、スイカ、ズッキーニなどウリ科の野菜のほか、2列以上植えないと受粉しにくいトウモロコシでも行います。

❷スイカの雄花。花の下にふくらみがない。

❶スイカの雌花。花のすぐ下に小さいふくらみがある。

❸新鮮な雄花をつみ、雌花のめしべに雄花のおしべをこすりつける。

収穫のポイント

食べごろの野菜が収穫でき、新鮮なうちに味わえるのは、家庭菜園の醍醐味といってよいでしょう。

大切なのは、野菜の種類ごとの収穫適期を見極めること。適期を逃すと、大きくなりすぎて固くなったり、風味や味が落ちたりします。また種が熟してしまうと、その後の実つきが悪くなることもあります。

夏野菜は生育が早いので、とりごろを逃さないように収穫しよう。

根もの野菜

ダイコンやカブは、収穫が遅れるとスが入って味が落ちたり、表面が割れたりする。大きくなりすぎると収穫作業自体も大変に。適期に収穫しよう。

掘る
ゴボウの収穫。株のまわりを深めに掘り、根を切らないよう、根のまわりの土を崩していく。

手で抜く
カブは茎を持ち、手で引き抜いて収穫。

イモ類

抜く
株を引き抜き、土の中に残ったイモは手で探って収穫。掘り残しに注意。

マメ類

ハサミで切る
インゲンは、さやに入った豆の形が目立たない頃が、柔らかくておいしい。

実もの野菜

実もの野菜は熟れすぎて実が割れたり、大きくなりすぎたりする前に収穫を。とくにキュウリやズッキーニなどは放置するとどんどん大きくなるので注意。

キュウリ
開花から1週間程度でとりごろに。キュウリの茎やナスのヘタにはトゲがあるのでハサミで切る。

トマト
真っ赤に色づいたものから収穫。ヘタの上を手で折るようにするとハサミを使わなくても収穫できる。

葉茎もの野菜

クウシンサイ、モロヘイヤは株を大きくしながら、必要な分を収穫。コマツナやホウレンソウは、葉が柔らかな若めの株が美味。大きくなりすぎると葉が硬くなる。

包丁を使う
レタスやハクサイ、キャベツなどは根元が太いため、包丁を使うとよい。

手で抜く
コマツナやホウレンソウは手で引き抜いて収穫。株元にハサミを入れて根を切ってもよい。

野菜の保存と利用

**野菜がたくさんできたら、野菜ごとに適した方法で上手に保存しましょう。
干す、漬けるなど加工保存するのもおすすめです。**

保存する

カボチャやトウガンは切らなければ常温で長期保存可能。ダイコンなどの根菜は土に埋める、タマネギは吊るすなど、野菜によって保存方法は異なります。

タマネギを吊るす

タマネギやトウガラシ、ニンニクは、風通しがよく、雨と日当たりのない場所に吊るして保存。

ハクサイをしばって冬越し

外側の葉で内側の結球部分を包み、ヒモで縛り霜を防ぐと、畑でそのまま冬越しできる。外葉は枯れても中は厳冬期もおいしく食べられる。

ダイコンを干す

風通しがよい場所に吊るす。丸ごと干す方法のほか、縦半分に切る場合や割り干しにする場合も。干したダイコンは、たくあんなどに加工する。

ダイコンを埋める

深さ30～50㎝程度の穴を掘り、横に並べ、土をかけておけば春まで保存可能。必要なときに随時掘り上げる。ニンジンも同様に保存できる。

加工する

野菜はピクルスやオイル漬けなど、さまざまな加工法が楽しめます。
干し野菜はトマト、ズッキーニなど夏野菜でつくるのもおすすめです。

たくあん

干したダイコンを、ぬかや塩などとともに樽に入れ、昔ながらのたくあん漬けに。食べ頃は約1か月後。

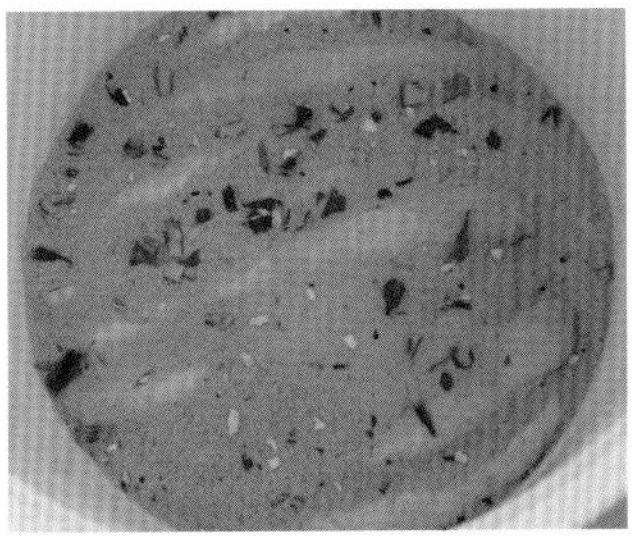

漬ける

漬け物は野菜加工品の代表格。ダイコン、キュウリ、ナス、ハクサイ、タカナなど、さまざまな野菜でつくってみよう。写真はノザワナ。しっかり重石をかけるのがおいしく漬けるポイント。

薬酒にする

ウコンやショウガなどは、生のままホワイトリカーに漬けて薬酒にする方法もある。写真はウコン。好みで氷砂糖を加えるとよい。飲み頃は2～3か月以降。

干す

ダイコンを均等に切って天日干しし、切り干し大根に。輪切りや細切りなど、形や干し加減を変えると、食感や歯ごたえの変化を楽しめる。

プランターで育てる

**プランター栽培の利点は、広い畑がなくても野菜を育てられること。
ベランダや庭など、日当たりのよい場所を見つけて気軽に始めましょう。**

プランターでの育て方

　プランターは畑に比べると小さな空間ですが、さまざまな野菜を育てることができます。ただしサトイモ、ゴボウ、ヤマイモなど、根を深く伸ばすものや草丈が高くなるものは不向きです。

　プランターは土の量が限られているため、水切れや肥料切れしやすい環境です。土の表面が乾いたらたっぷり水やりし、肥料をしっかり与えて育てましょう。

プランター向きの野菜

果菜類	葉菜類		根菜類
イチゴ	コマツナ	ホウレンソウ	小カブ
シシトウ	シソ	ミツバ	ミニニンジン
トウガラシ	シュンギク	ルッコラ	ラディッシュ
ナス	パクチー	レタス	など
ピーマン	バジル	ニラ	
ミニトマトなど	パセリ	ワケギなど	

▶▶培養土と鉢底石《はちぞこいし》

培養土は通気性があって水はけと水もちがよいものが理想。元肥の入った野菜用の培養土などがおすすめ。

鉢底石

水はけをよくするために、プランターの底に鉢底石を入れる。

培養土

元肥入りかどうか、購入時に肥料成分をチェック。

鉢底石はネット状の袋に入れておくとよい。栽培後、培養土と鉢底石を分別しやすい。

▶▶プランターを用意する

プランターは横長、丸、正方形などがある。素材はプラスチック製、素焼き、木製、紙製など。木製や素焼きは通気性に優れ、紙製、プラスチック製は軽量。

深さ30㎝ほどの大型プランターは、いろいろな野菜を育てやすい。大きくなるものは1株で育てよう。

横にも大きな大型プランターは、土がたっぷり入るのでベランダ菜園向き。プラスチック製で扱いやすい。

苗を植える場合

トマトやナスなど、栽培期間の長い果菜類は株が大きくなります。
スペースが限られているため、ひと鉢に植える苗数は1株が基本。

❶プランターに、鉢底石を入れる。

❷プランターの八分目まで培養土を入れる。

❸苗の植え穴をあける。苗の根鉢よりもやや大きめに。

❹苗を水につける。ポットの底から水が出るくらいが目安。

❺苗をポットから出し、植え穴に植える。

❻土を寄せ、苗の周囲を軽く押さえ土を苗になじませる。

❼鉢底穴から水が流れ出るまで、たっぷり水やりする。

❽支柱を立てて完成。

種をすじまきする場合

すじまきをするのはシュンギクやルッコラなど、葉菜類が中心。
コカブやミニニンジンなど、サイズの小さな根菜類の種もすじまきが向きます。

❶プランターに鉢底石、培養土を入れる。

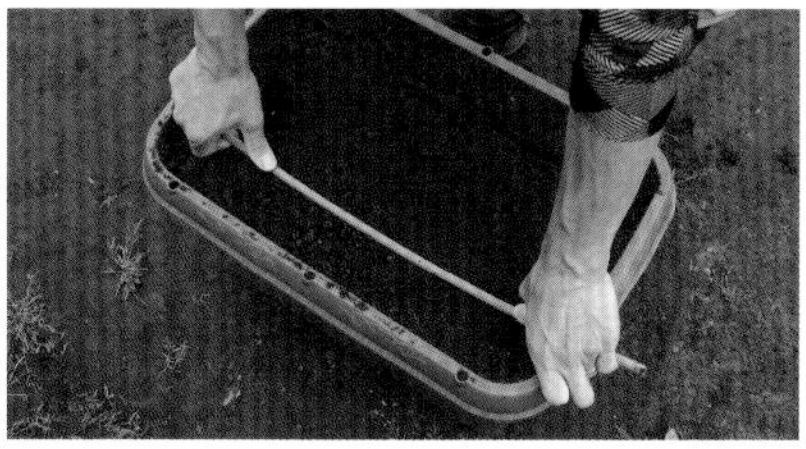

❷棒を土に押しつけ、深さ1㎝程度のまき溝をつくる。

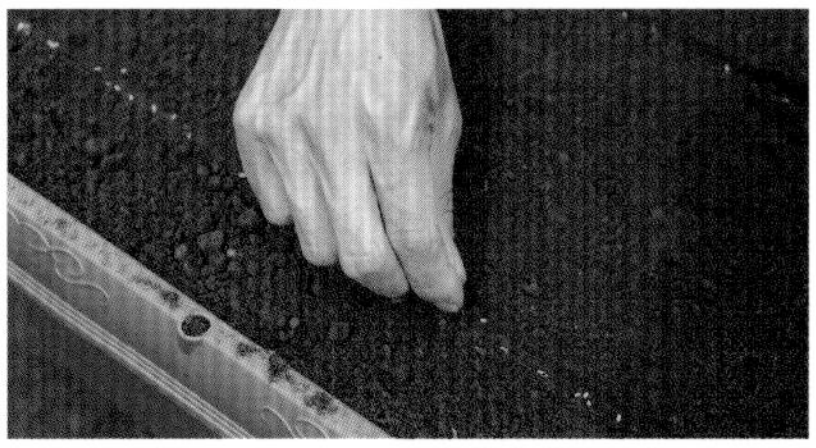

❸1～2㎝の間隔で種を落とす。写真はニンジンの種。

❹種に土をかぶせ、軽く押さえる。

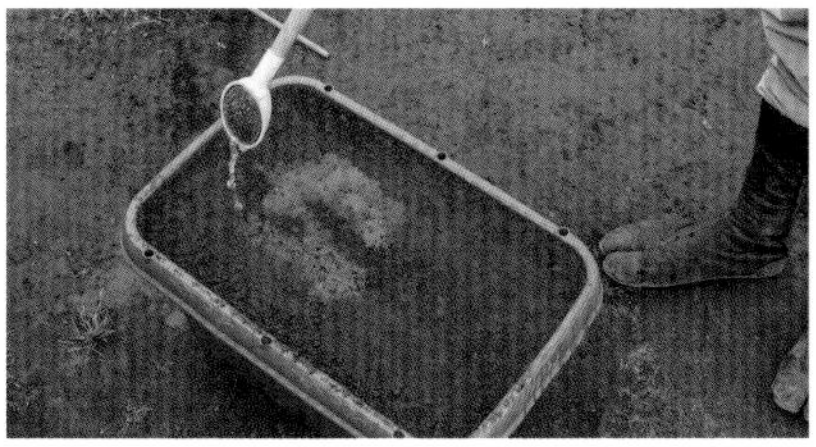

❺鉢底穴から水が流れ出るまで、たっぷりと水やりをする。

ポイント！

ミニニンジンであっても成長すると20㎝くらいの長さになる。なるべく深めのプランターを選ぼう。

野菜づくりに必要な道具

畑作業を効率よくこなすには、道具や小物類の選び方が大切です。
野菜づくりに使う道具は、園芸店やホームセンターなどで手に入ります。

スコップ

硬い土を砕くときや土を掘り起こしたり、深く掘ったりする場合に使用する。刃先がまっすぐな「角スコ」ではなく、尖っている「剣スコ」がおすすめ。クワとともに、畑仕事には欠かせない道具。

クワ

土を耕す、ならす、溝を掘る、土を寄せて畝をたてるなどの作業には欠かせない道具。土の表面をかいて除草する際にも重宝する。刃の形、サイズ、重さなどを確かめながら、自分に合ったものを選ぶ。

移植ゴテ

苗の植え穴を掘るときや、植え穴に土をかぶせるときに使用する。土をポットに入れる際にも便利。

レーキ

耕したあとの土の表面を平たくならしたり、雑草や野菜クズなどをかき集めたりするのにも重宝する。

ハサミ

間引き、摘芯、収穫など、さまざまな作業で使用する。細かな作業をする際は、先端が細いものがおすすめ。

ジョウロ

種まき後や苗の植えつけ後など、水やりをする際に使う。たっぷり与える必要があるため大容量タイプが便利。水を入れると重くなることを考慮し、自分が使いやすいサイズ、素材のものを選ぶ。

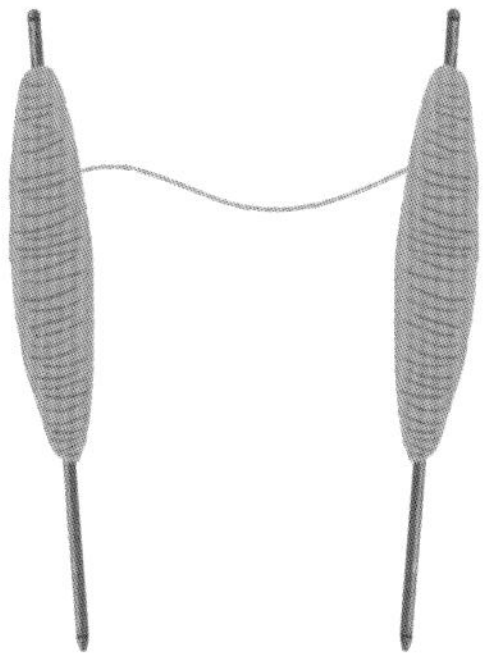

さくりヒモ

棒2本を長いヒモでつないだもの。棒を土に挿してヒモを張り、畝立てや種まきの目安にする。

小クマデ

硬くなった土を柔らかくしたり、雑草を抜くのに使う。条間が狭い場合や株元近くの土を耕すときにも重宝する。

支柱

支柱は野菜の茎を支えるために使用する。つる性の野菜を誘引するための、ネットを張ったりする際にも使う。

カマ

雑草を刈り取るとき、硬く太い茎を切るときなどに使用。

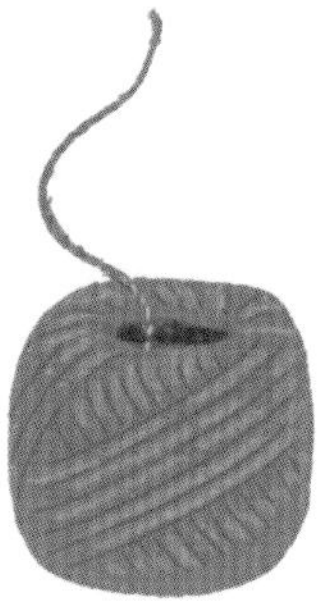

ヒモ
支柱への誘引や固定のために、支柱とつる、もしくは茎と結びつける。支柱を立てる際、支柱同士を固定するのにも使う。素材は土に埋めても分解される麻がおすすめ。

バケツ
苗の植えつけ時に、苗のポットを水につけるのに使う。堆肥や肥料などを運ぶ際にも。

一輪車
土、堆肥、収穫物など、重いものを運ぶのに使う。

はかり棒
10㎝間隔で印をつけたもの。畝幅や株間、条間などをはかるときに使う。支柱にビニールテープを巻いてつくるとかんたん。

包丁
収穫時、キャベツやハクサイのように地際で切る必要がある場合や、ブロッコリーなど太くて硬い茎を切るときに使う。

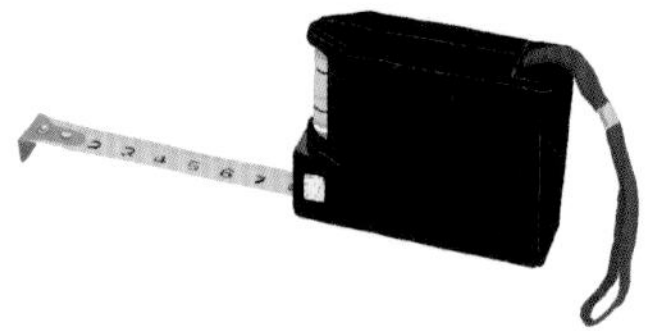

メジャー
畝の長さ、幅などをはかるときに使用。

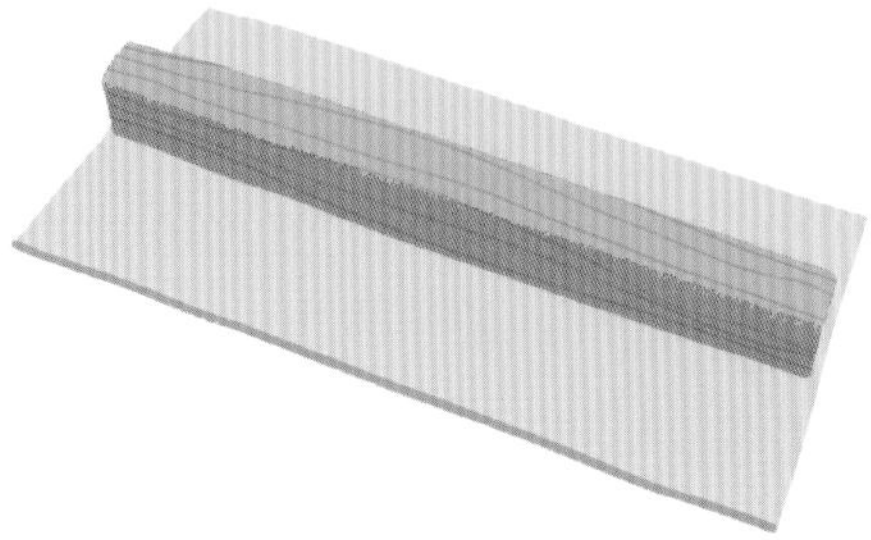

土ならし
畝をたてる際など、土を鎮圧して平らにする。板に持ち手を打ちつければよいので、簡単に手づくりできる。

2章

実もの野菜

果菜類の育て方

実もの野菜
栽培ポイントと栽培カレンダー

野菜づくりのなかでも育てたい野菜としてまず思いつくのが実もの野菜。
おいしい実もの野菜を栽培するポイントと栽培に適した時期を紹介します。

4つのコツを守っておいしい野菜を収穫！

家庭菜園でまず育ててみたい野菜といえば、トマトやナス、キュウリなどの実もの野菜でしょう。畑で完熟させたトマトや、収穫したてのナスやキュウリは、とてもみずみずしく、おいしさは格別です。

しかし、定番野菜とはいえ、実もの野菜を育てるには、ちょっとしたコツが必要な品種が多いということを知っておきましょう。初心者でもおいしく育てるには、次の4つが大切です。

- 種まきや植える時期を守る
- 支柱立てや誘引など管理作業をしっかり行う
- 病気や害虫をこまめにチェック
- 追肥のタイミングを守る

これらのポイントを守って育てれば、きっとおいしい野菜を収穫できるでしょう。

また、カボチャやウリ、スイカ、トウガンなど、つるが広い範囲に伸びていく作物もあります。これらは丈夫な支柱や、広い栽培スペースが必要になります。あらかじめ、育てる場所をよく考えてから栽培しましょう。

何を育てる？ 実もの野菜編

栽培のしやすさ、栽培スペースを参考に、おすすめの品種を紹介します。

まずはこれから育てよう

イチゴ　オクラ　キュウリ
シシトウ・トウガラシ
ゴーヤー　ズッキーニ
ミニトマト・中玉トマト
ナス　ピーマン

プランターでもOK

イチゴ　ミニトマト
ゴーヤー
ナス　ピーマン
食用ホオズキ

珍しい品種・伝統品種を作りたい

オクラ（丸オクラ・スターオブデイビッド）
カボチャ（バターナッツ・ミニカボチャ）
シシトウ・トウガラシ（ハバネロ・ヒモトウガラシ）
ズッキーニ（黄・丸）
ナス（賀茂ナス・長緑ナス・ゼブラナス・白ナス）
食用ホオズキ

広い栽培スペースか丈夫な支柱で作る

ウリ　カボチャ
スイカ
トウガン　ハヤトウリ
ヘチマ

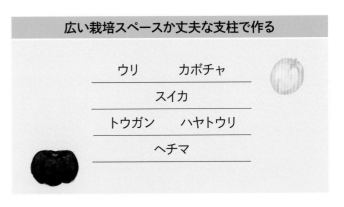

実もの野菜・栽培カレンダー

●種まき　●植えつけ　●収穫

	品種名	科	輪作年限	掲載ページ
春&秋植え野菜	イチゴ	バラ科	2年	P52
春まき・春植え野菜	ウリ	ウリ科	2～3年	P54
	ゴマ	ゴマ科	2～3年	P55
	オクラ	アオイ科	1～2年	P56
	カボチャ	ウリ科	なし	P60
	キュウリ	ウリ科	3年	P64
	シシトウ・トウガラシ	ナス科	3～4年	P68
	ゴーヤー	ウリ科	2～3年	P73
	スイカ	ウリ科	5年	P74
	ズッキーニ	ウリ科	1～2年	P78
	トウガン	ウリ科	3～4年	P82
	トウモロコシ	イネ科	1～2年	P84
	トマト	ナス科	4～5年	P86
	ナス	ナス科	4～5年	P92
	ハヤトウリ	ウリ科	3～4年	P98
	ピーマン	ナス科	3～4年	P100
	ヘチマ	ウリ科	2～3年	P104
	食品ホオズキ	ナス科	3～4年	P104

1月
2月
3月
4月
5月
6月
7月
8月
9月
10月
11月
12月
一季なり種・四季なり種
四季なり種

苺・バラ科

イチゴ

栽培のしやすさ ★★☆

栽培のポイント

- 一季なり種と四季なり種があるので、苗を入手する際に確認を。
- pH5.5〜6.5の弱酸性を好むため、石灰の入れすぎに注意する。
- 2年目以降の栽培では苗とりに挑戦しよう。

栄養と食べ方

- ビタミンCの含有量は果物の中でトップクラス。赤い色素（アントシアニン）は眼精疲労に効果的。
- 生食はもちろん、サラダやサンドイッチの具に。煮詰めてジャムやシロップにするのもおすすめ。

1 苗の植えつけ

❶ イチゴの植えつけ用の苗。「クラウン」と呼ばれる株元の茎がしっかりしたものを選ぶ。

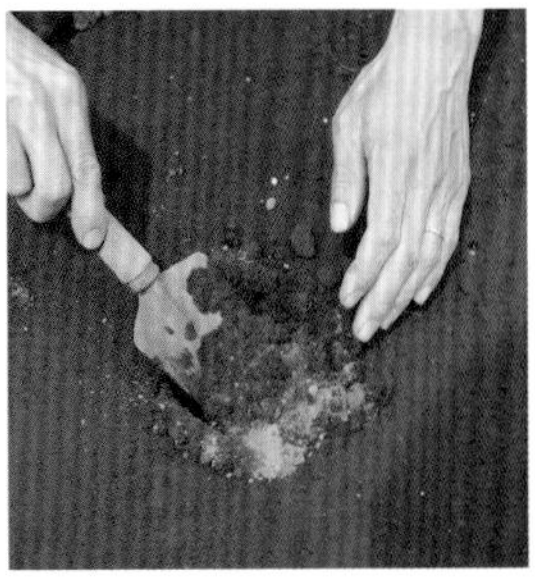

❷ ポットに合わせた大きさに植え穴を掘る。植えつけは秋が基本だが、四季なりの品種は春植えも可能。

❸ ポットを水につける。ポットの底から水が出るくらいが目安。苗をやさしくポットから出す。

❹ 株元のクラウンを土から出して植える。株の根元から出ているランナー（親株とつながっていたつる）の反対側に実がつくので、ランナーが畝の内側になるように植えると実を収穫しやすい。水を与える。

栽培カレンダー

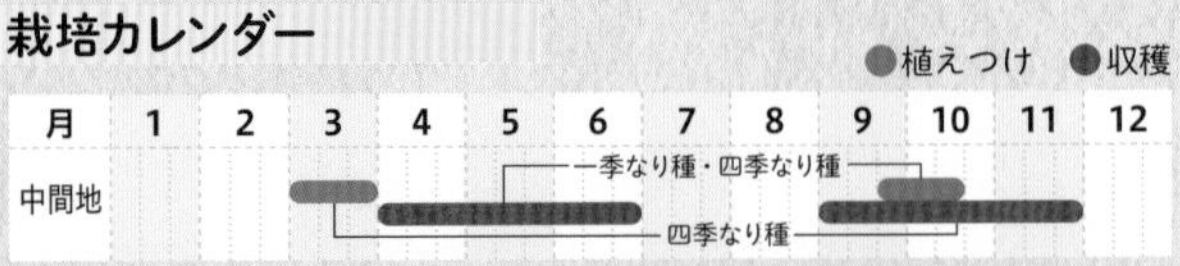

●植えつけ ●収穫
月 1 2 3 4 5 6 7 8 9 10 11 12
中間地
一季なり種・四季なり種
四季なり種

栽培データ

原産地　オランダ

連作障害　あり（2年あける）

発芽適温　なし（種から育てないため）

生育適温　15〜25℃

おすすめの品種

一季なり種は宝交早生《ほうこうわせ》、とよのか、おいCベリーなど。四季なり種ではワイルドストロベリーなど。

病害虫

アブラムシ、ハダニ、ナメクジ、うどんこ病、灰色かび病、じゃのめ病など。

畑の準備（全面施肥）

堆肥2kg/㎡・配合肥料200g/㎡を植えつけ1〜2週間前に入れて耕しておく（P18）。

栽培スペース

畝幅60㎝、株間30㎝

プランター栽培

サイズ55㎝×20㎝×深さ20㎝以上／2株につき

プランター栽培のコツ

マンションなどの高階層では受粉昆虫が少ないので、人工授粉して実つきをよくしよう。

株の大きさ

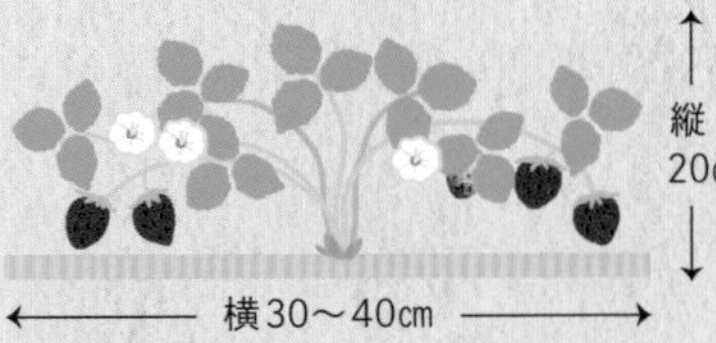

縦20㎝
横30〜40㎝

2 追肥・マルチング

❶春、3月頃、マルチをする前のタイミングで追肥を行う。化成肥料50g/㎡を畝のまわりにまく。

❷追肥後、黒いマルチフィルム（またはシルバーマルチ）を畝にかぶせ、サイズに合わせてカットする。

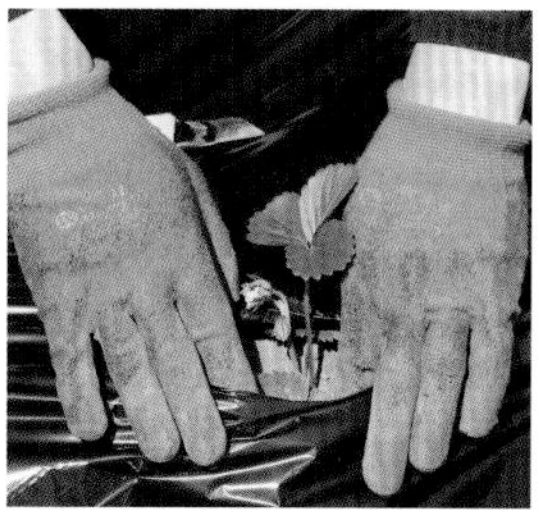

❸株の上部に穴を開け、イチゴの株を引き出す。カッターナイフで最初に×印を入れ、それを広げていくようにするとやりやすい。

❹マルチの周囲に土をかぶせて完成。

3 収穫

❶4～6月頃が収穫シーズン。実が赤くなったら、ヘタの上からつまんで随時、収穫する。

ポイント！

ランナーを取り除く

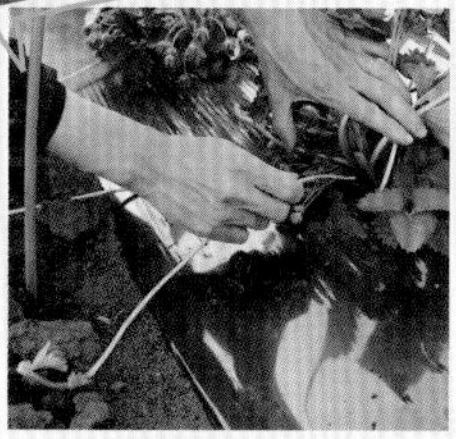

生育の最盛期である4～5月頃は、ランナーがたくさん出てくる。これを伸ばしておくと実つきが悪くなる。出てきたら根元から取り除く。

4 子株の苗取り

❶夏、収穫が終わったら、次シーズンの植えつけ用に子株をとろう。親株の根元から子株がつくつる（ランナー）が伸びる。親株から2株目、3株目くらいで、大きく根がしっかり生えている苗を選ぶとよい。

❷子株を切り取る。

❸切った子株を土を入れておいたポットに植える。水をたっぷり与えて育苗し、秋に定植するとよい。

Q 秋の植えつけ後、すぐにマルチをかけてもいいですか？

A イチゴは、花芽を分化させるにはしばらく寒さにあたる必要があるため、冬はマルチを張りません。春にマルチを張ることで生育が旺盛になり、実つきがよくなります。

人工授粉

花が咲いたら、絵筆などを使って花の中心をていねいになでて人工授粉させるとよい。露地栽培では昆虫のはたらきによって受粉し実ができるが、人工授粉を行うと、より実つきがよくなる。

瓜・ウリ科

ウリ

栽培のしやすさ ★★☆

栽培のポイント

- 品種が多いので、好みのタイプを見つけよう。
- 地這い仕立てのほか、しっかりした丈夫な支柱を立てて誘引して仕立ててもOK。
- 実がつきはじめた頃、追肥するとよい。

栄養と食べ方

- カロリーが低いので、ダイエットに有効な野菜。血圧を下げる効果があるカリウムを含有する。
- 薄切りにして生でサラダや漬け物に。塩もみして塩昆布や甘酢和えにも。肉と炒めたり、スープにしたりと万能。

1 植えつけと管理作業

❶ 本葉4～5枚で畑に植えつけ。種から育てる場合はポットに2～3粒ずつまき、育苗して定植。

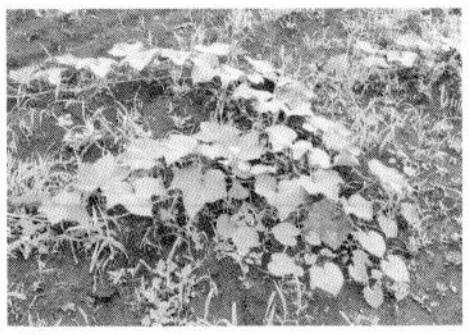

❷ 本葉7～8枚で親づるを摘芯し、子づると孫づるを伸ばす。

❸ 地這い仕立てでは、敷きわらをして葉茎や実が地面に直接つかないようにするとよい。

2 収穫

❶ 開花後、雌花に着果する。写真は赤ウリ。

❷ 赤ウリは、赤茶色に色づいてから収穫するが、緑色の若いうちに収獲してもおいしい。

ポイント！

赤ウリは、皮に網目模様が出てきた頃が収獲のタイミング。

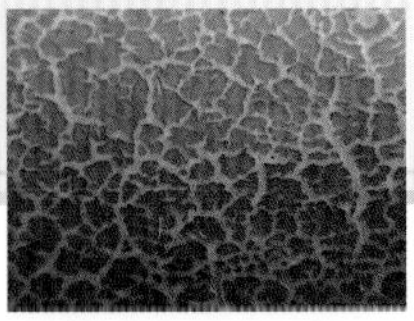

栽培カレンダー

●種まき ●植えつけ ●収穫

月	1	2	3	4	5	6	7	8	9	10	11	12
中間地				━	━	━			━			

栽培データ

原産地　インド

連作障害　あり（2～3年あける）

発芽適温　25～30℃

生育適温　25～35℃

おすすめの品種

シロウリ、はぐらうり、まくわうり、赤ウリ（モーウィ）など。

病害虫

ウリハムシ、アブラムシ、褐斑病、うどんこ病など。

プランター栽培

つるを伸ばして大きく成長するのでプランター栽培には向かない。

畑の準備（全面施肥）

堆肥2kg/㎡・配合肥料100g/㎡を植えつけ1～2週間前に入れて耕し（P18）、平畝をたてる（P20）。

栽培スペース

畝幅70㎝、株間40㎝以上

株の大きさ

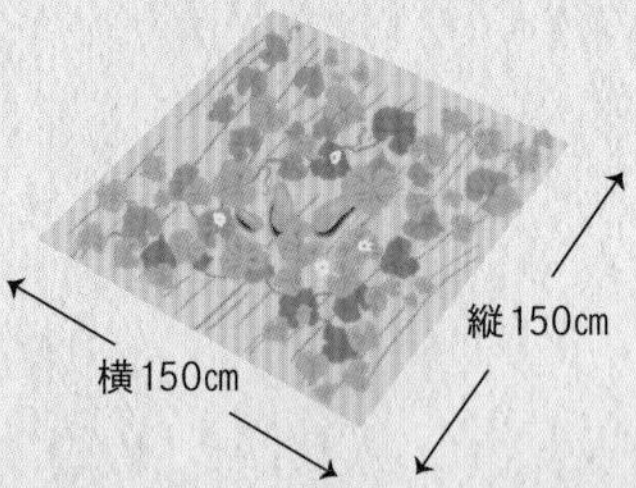

ゴマ

胡麻・ゴマ科

栽培のしやすさ ★★☆

栽培のポイント

- 乾燥にとても強く、高温を好む。高温多湿の日本の夏でも栽培しやすい。
- 十分に気温が上がってから種まきする。
- 下の方のサヤがはじけ始めたら収穫し、追熟させる。

栄養と食べ方

- たんぱく質、ビタミンE、B群、カルシウム、鉄、脂質には不飽和脂肪酸を含み、コレステロール値低下に効果的。
- 軽く炒ってからすり鉢ですり、調味料を加えて和え衣に。大根葉、ジャコなどと炒めて自家製ふりかけを作っても。

1 種まきと間引き

❶ 種は1㎝間隔で畑にすじまきし、本葉2～3枚のときに5㎝間隔に間引く。

❷ 本葉4～5枚で20～30㎝間隔に間引く。追肥はとくに必要ない。

❸ 夏にピンク色の花が次々に咲き、訪花昆虫が受粉にやってくる。

2 収穫と調整

❶ 開花後にゴマが入ったサヤが大きくなる。

❷ 下部の葉とサヤが枯れてきたら刈り取る。

❸ 屋根のある風通しのよい場所に立てて乾燥するまで追熟させ、脱穀後にゴマを選別。

栽培カレンダー

●種まき　●収穫

月	1	2	3	4	5	6	7	8	9	10	11	12
中間地						種まき			収穫			

栽培データ

原産地　インド

連作障害　あり（2～3年あける）

発芽適温　25～30℃

生育適温　25～35℃

おすすめの品種
金ゴマ、白ゴマ、黒ゴマなど。

病害虫
スズメガ、アブラムシ、カメムシ類、白絹病など。

プランター栽培

背丈が大きくなるので、プランター栽培には向かない。

畑の準備（全面施肥）

堆肥2kg/㎡・配合肥料100g/㎡を植えつけ1～2週間前に入れて耕し(P18)、平畝をたてる(P20)。

栽培スペース
畝幅60㎝、株間20㎝

株の大きさ

オクラ

秋葵・アオイ科

栽培のしやすさ ★★★

栽培のポイント

・寒さに弱いので、種を早まきせず適期にまく。
・実は早めに収穫。生育しすぎると固くなるので注意。
・オクラの栽培の後はネコブセンチュウが出やすいので、ナス科やウリ科、オクラは翌年植えないほうがよい。

栄養と食べ方

・ぬめり成分のペクチンには血糖値の上昇を防ぎ、脂肪の吸収を抑制、便秘を改善するなどの効果がある。
・カレーや炒め物の具にしたり、みじん切りにしてスープに加えるとトロトロ食感が楽しめる。新鮮なら生食も可。

1 種まき

❶東京五角オクラの種。

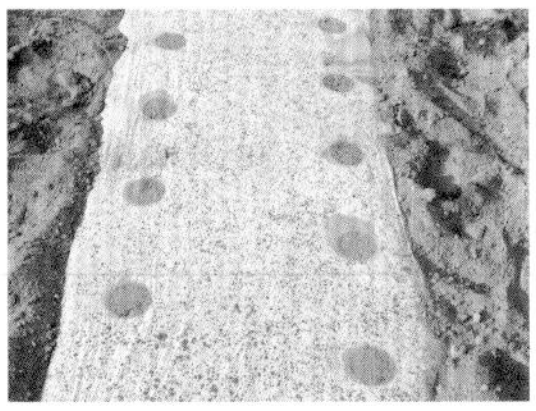

❷マルチを張っておく。株間30㎝、条間45㎝が目安。

❸深さ1～2㎝のまき穴を作る。

❹ 1か所に種を3～4粒まく。

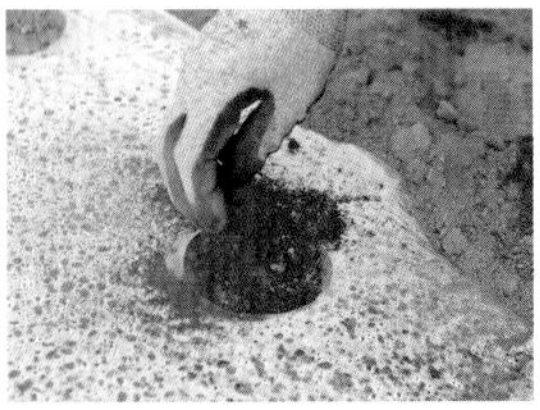

❺土をかぶせる。

❻上から手で押さえつけて鎮圧する。虫対策のため、トンネルをかけておく(P30)とよい。

栽培カレンダー

●種まき ●収穫

月	1	2	3	4	5	6	7	8	9	10	11	12
中間地				種まき	種まき	収穫	収穫	収穫	収穫			

栽培データ

原産地 アフリカ北東部

連作障害 あり（1～2年あける）

発芽適温 25～30℃

生育適温 25～30℃

おすすめの品種
東京五角オクラ、丸オクラ、島オクラ、スターオブデイビッドなど。

病害虫
ワタノメイガ、タバコガ類、アブラムシ、カメムシ、フタトリコヤガ、ネコブセンチュウ、うどんこ病など。

プランター栽培

サイズ35㎝×30㎝×35㎝以上／1株につき

プランター栽培のコツ
大きく成長するので、深さがある大きなプランターで育てよう。

畑の準備（全面施肥）

堆肥2kg/㎡・配合肥料150g/㎡を植えつけ1～2週間前に入れて耕し(P18)、平畝をたてて(P20)、マルチをかけておく(P22)。

栽培スペース
畝幅70㎝、株間30㎝、条間45㎝

株の大きさ

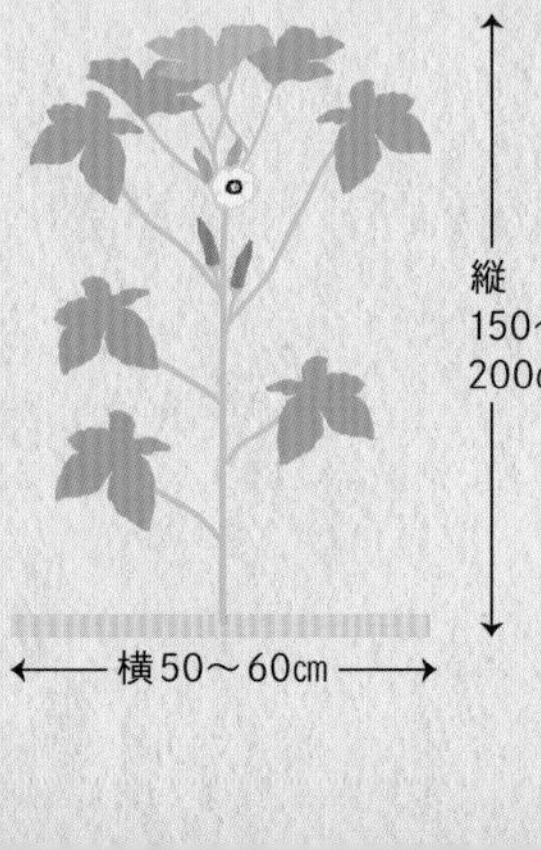

2 間引き1回目

❶ 本葉が出はじめた頃に1回目の間引きをする。

❷ 3～4株育っていたら、元気に育っている株を残して2株にする。

❸ 残す株の根を傷つけないように抜く。ハサミを使って株元から切ってもよい。

3 間引き2回目

❶ 本葉4～5枚の頃、2回目の間引きをする。

❷ 元気な株を残し、間引く株は株元からハサミで切り取る。

❸ 間引きをして1本になった状態。

4 追肥

❶ 2回目の間引き後、追肥する。まずマルチをめくる。

❷ 根の張りを確認しつつ、畝の肩に化成肥料50g/㎡をまく。

❸ マルチを戻し、クワで土をかぶせて元通りにする。

❹ 追肥が完了したところ。収獲がスタートした頃、2回目の追肥をするとよい。

ポイント！

オクラは2回目の間引きを行わずに、株を2本残してもよい。その場合は植えつけのとき、株間を40㎝くらいにしよう。

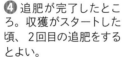

オクラの病害虫

害虫には実を食べるタバコガ類、葉を食害するワタノメイガやフタトガリコヤガ、コガネムシなどがいる。見つけたら捕殺する。病気はウイルス病やうどんこ病など。連作を避けつつ、畑の水はけをよくしておくと予防になる。

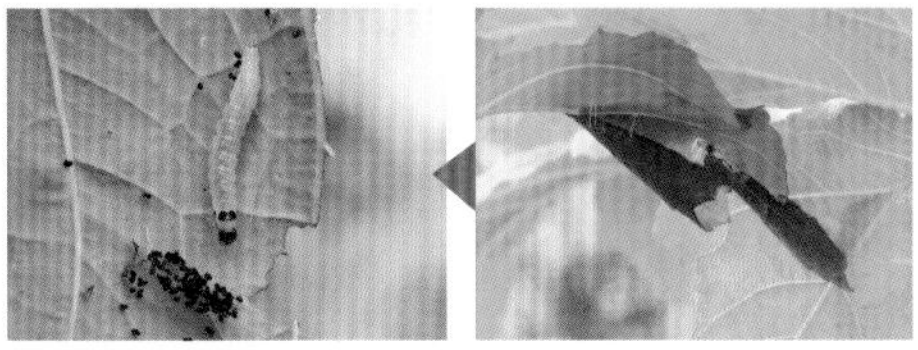

ワタノメイガ
右の写真のように葉がくるくると巻いていたら、中に幼虫が潜んでいる。見つけ次第、葉を開いて取り除く。

フタトガリコヤガ
葉を食害する。オクラをはじめ、アオイ科の植物を食べる。

オクラの種とり

8月頃、形のよい実を枯れるまで収穫せずに株につけておくと、種を取ることができる。

取り出した種。種は冷蔵庫の野菜室で保管するとよい。

❶ ムクゲなどに似た美しい花が咲く。人工授粉はとくに必要ない。花は1日花なので、早朝に咲き、夕方にはしぼんでしまう。

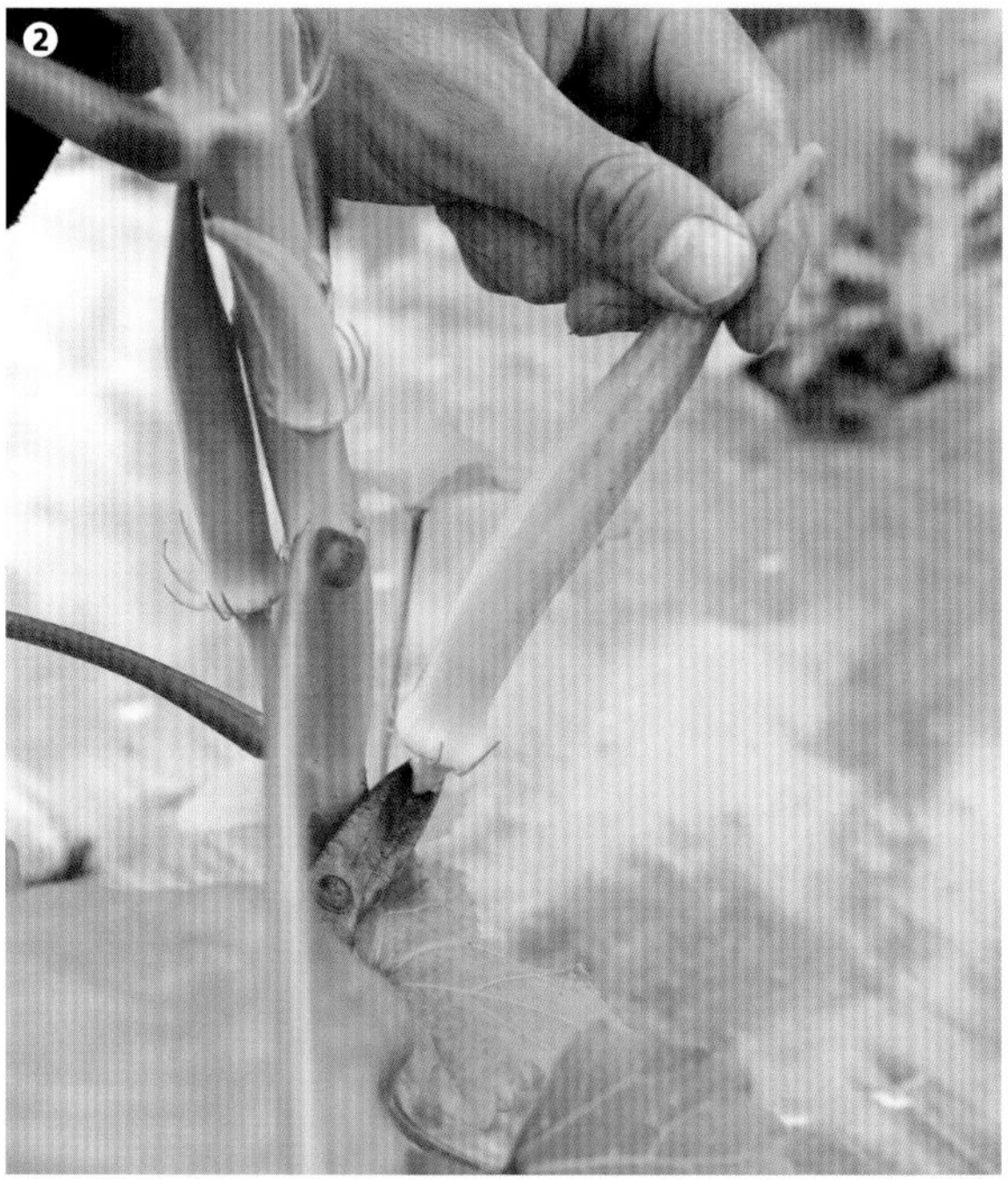

❷ 開花後3～4日以降で収穫できるサイズになったら、ハサミで切って収穫する。

❸ 東京五角オクラは約7～8㎝が収獲の目安。収穫後、下葉は枯れたら取り除く。

オクラの品種

丸オクラ

細長いオクラで、その名の通り、角張っていない実が特徴。収穫量は五角オクラほどではないものの、大きく育ててもスジっぽい食感になりにくく、おいしく食べられる。

種まきから収穫まで

❶3～4粒ずつ点まきする。

❷2回に分けて間引きし、最終的に1～2本に。

❸2回目の間引きのときに追肥し、収穫がはじまったら2回目の追肥。

❹実が10㎝くらいになったら収穫。

スターオブデイビッド

太くずんぐりとした肉厚なオクラで、近年人気が上昇中。その名の由来は、断面がダビデの星（イスラエルの国旗にも描かれている六芒星）に似ていること。柔らかい食感で食べ応えがあり、とてもおいしい品種。

種まきから収穫まで

❶深さ1～2㎝のまき穴を作り、3～4粒ずつ点まきする。発芽したら、本葉2枚くらいのときに最初の間引き、本葉4～5枚に育ったころに2回目の間引きを行って1本にする。2回目の間引きのときに、追肥を行う。

❷本品種は5～6㎝の大きさが収穫の目安だが、大きくなってもおいしい。

❸8月頃、よく育った実を枯れるまで畑におき、収穫したら種を取って来年のために保存しよう。

オクラの病害虫

食害痕
コガネムシやタバコガに食害された実は、変形することが多い。

南瓜・ウリ科

カボチャ

栽培のポイント

栽培のしやすさ ★★☆

- 本葉6～7枚で摘芯し、元気な子づるを3～4本伸ばす。
- 追肥は実がついてから施すことでつるぼけを防止。
- 敷きわらをして病気や虫を防ぐ。
- 収穫後、10日ほど追熟させるとおいしくなる。

栄養と食べ方

- ビタミンA（カロテン）を豊富に含み、肌や粘膜を保護し免疫力を高める。ビタミンC、Eも豊富。
- ビタミンAの吸収を高めるには油と一緒に摂るとよい。煮物や天ぷらのほか、プリンなどお菓子作りにも。

1 種まき

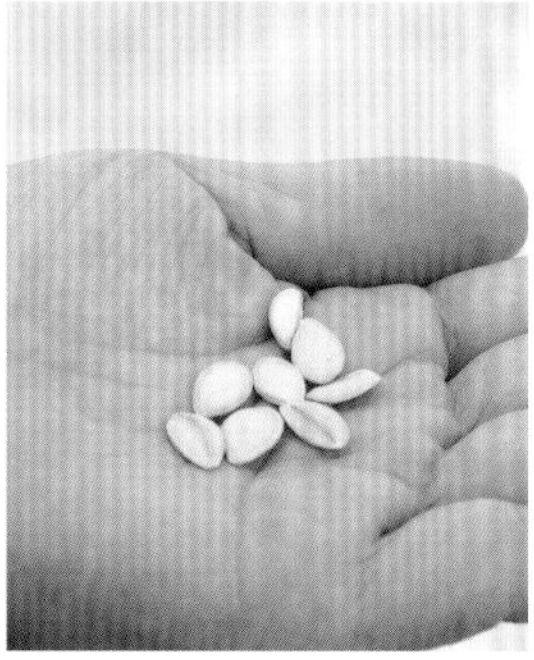

❶ カボチャの種。写真は栗かぼちゃ。

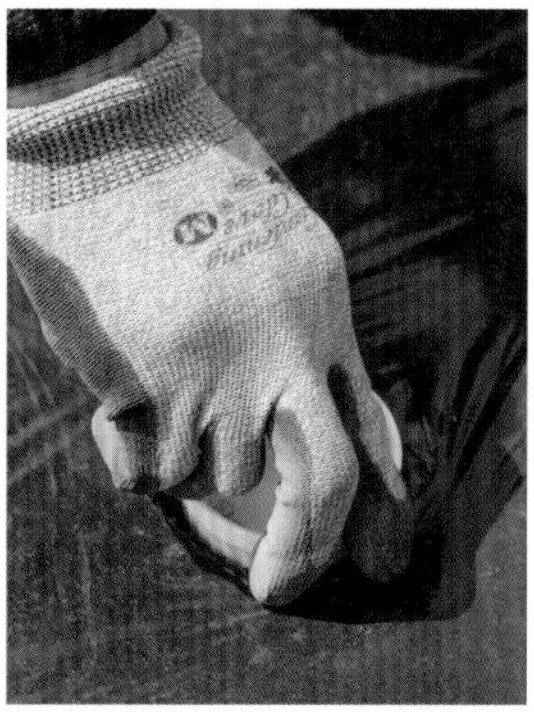

❷ マルチ穴に深さ2～3㎝のまき溝を作る。

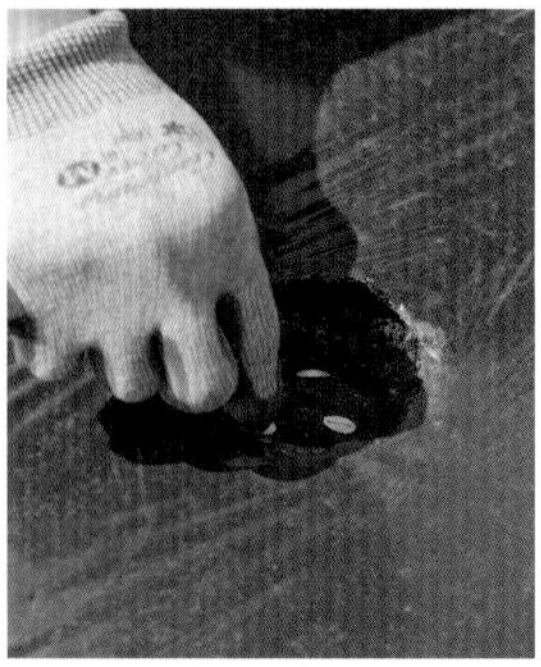

❸ 1か所に3粒ずつ種をまく。

❹ 覆土し、手のひらで押さえて鎮圧する。

栽培カレンダー

●種まき ●収穫

月	1	2	3	4	5	6	7	8	9	10	11	12
中間地				種まき	種まき		収穫	収穫				

栽培データ

原産地 アメリカ大陸

連作障害 出にくい

発芽適温 25～30℃

生育適温 17～20℃

おすすめの品種
栗かぼちゃ（栗えびす）、くり将軍、栗坊、プッチィーニ、バターナッツなど。

病害虫
アブラムシ、ウリハムシ、コナジラミ類、モザイク病、うどんこ病など。

株の大きさ

（地這いの場合）

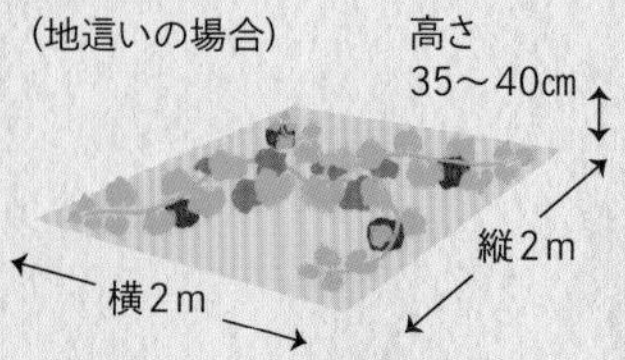

畑の準備（全面施肥）

堆肥2kg/㎡・配合肥料150g/㎡を植えつけ1～2週間前に入れて耕し（P18）、幅70㎝の平畝をたて（P20）、マルチをかけておく（P22）。

栽培スペース
栽培幅は2m四方になる

プランター栽培

サイズ50㎝×30㎝×深さ25㎝以上／1株につき（ミニカボチャの場合。大きいカボチャはプランターには不向き）

プランター栽培のコツ
できるだけ大きいプランターに1株で植え、支柱を立てて実を支える。マンションなどの高層階では人工授粉するとよい。

2 間引き

❶ 発芽し、本葉が2枚出たところ。

❷ 本葉3～4枚になったら元気な株を残して1本に。残す苗の株元を押さえて間引く。

3 仮支柱立て

間引き後、仮支柱を立てるとよい。植えた株のわきに割り箸などを交差させて挿し、ヒモで誘引して苗を支える。

4 摘芯

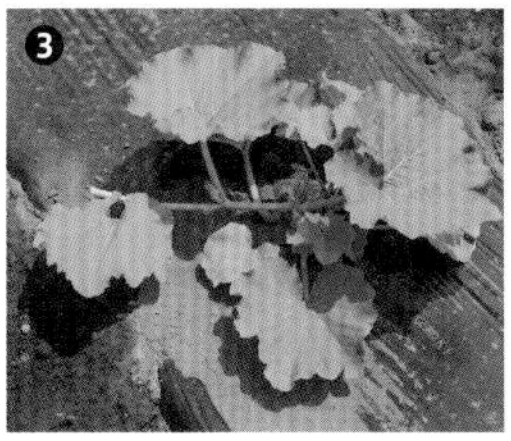

❶ カボチャは子づるを伸ばして実をつけさせるので、親づるを摘芯する。

❷ 本葉6～7枚を残し、ハサミで親づるの先端を摘芯する。

❸ この後、元気な子づる3～4本を伸ばして整枝。子づるの10節目以降に着果させる。

5 敷きわらをする

虫除けや病気の予防、また実が直に地面に触れないようにするために、敷きわらをする。ここではシルバーのわらシートを使用。畝のわきに広げてピンで固定。

6 追肥

実がつきはじめたタイミングで追肥。敷きわらをめくり、化成肥料を50g/㎡をまく。実がつく前に追肥をすると、つるばかりが伸びてしまう（つるボケ）ため、タイミングが重要。さらに2～3週間後、2回目の追肥を同様に行う。

カボチャの病害虫

病気ではモザイク病やうどんこ病になることが多く、敷きわらをしたり、水はけをよくして予防する。害虫ではウリハムシ類やアブラムシ類が代表的。

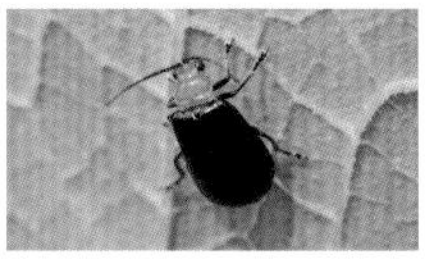

クロウリハムシ
ウリ科の植物を好み、成虫は葉を、幼虫は根を食害する。

［支柱を立てる］場合

本書では支柱を立てない地這いの栽培法を紹介しているが、アーチ型（P35）など支柱仕立てにしてもよい。その場合は、カボチャがぶら下がるように育つので、敷きわらは必要ない。

7 摘花・摘果

❶カボチャの花。花の根元がふくらんでいるのが雌花(左)。品種によるが、普通のカボチャは子づる1本に1〜2個、ミニカボチャは子づる1本に3〜4個つけるのが目安。それ以上ついたときは摘花や摘果をし、実を充実させよう。

❷育ってきたカボチャの実。地面に接している面は色むらになるので、時折実を裏返してまんべんなく日に当てる。

8 収穫

❸実の付け根のヘタにハサミを入れて収穫する。

ポイント！

ヘタがコルク化したら収穫

実が充実すると、つるとつながるヘタ部分にスジが入りコルク化する。その頃が収穫のタイミング。

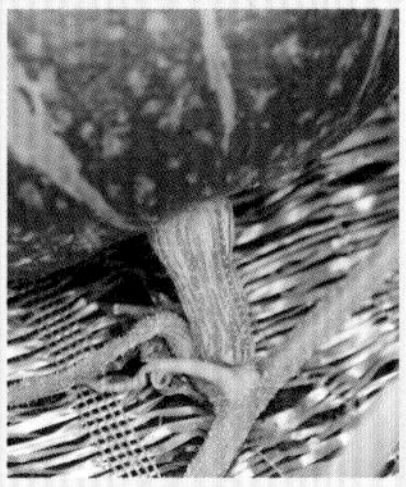

カボチャの品種

バターナッツ

ひょうたんのような形がかわいい、アメリカではポピュラーなカボチャ。果肉は鮮やかなオレンジ色で、繊維質が少なく煮物やポタージュなどに最適。

1 種まきと管理作業

❶育て方はP60〜62と同様。種を3粒ずつまき、本葉3〜4枚で間引いて1本に。成長したら本葉6〜7枚で摘芯し、子づるを伸ばす。

❷バターナッツの雌花のつぼみ。

2 追肥・収穫

❶若いバターナッツの果実。実がつきはじめたら1回目の追肥をし、2〜3週間後に2回目の追肥。

❷収穫適期のバターナッツ。実の成長が止まり、オレンジ色になったら収穫。

❸ハサミでヘタの部分を切って収穫。

カボチャの品種

ミニカボチャ

写真はミニカボチャのプッチィーニ（サカタのタネ）。オレンジで小ぶりな姿が特徴。器として丸ごとの形を生かし、グラタンなどで楽しむのもおすすめ。

1 種まきと管理作業

❶ミニカボチャの種（種子消毒あり）。他のカボチャと同様に3粒ずつまく。

❷発芽したところ。本葉3～4枚の頃、間引いて1本にする。その後、本葉6～7枚で親づるを摘芯し、子づるを伸ばしていく。

2 追肥・収穫

❶ミニカボチャの雌花のつぼみ。実がつき始めたら1回目の追肥。その2～3週間後に2回目の追肥をする。

❷ヘタがコルク化したら収穫の合図。ハサミで切って収穫する。手のひらサイズのかわいいカボチャ。

ハロウィンカボチャ

西洋では飼料用に栽培されているカボチャで、大きさは30㎝を超える。ハロウィンの飾りとしても用いられる。実を大きく育てるには、1株につき1つの実だけを成長させるとよい。食用ではないが、食べることはできる。

1 種まきと管理作業

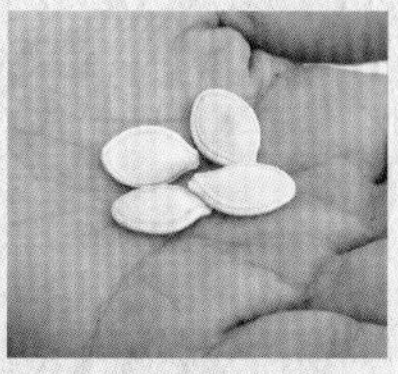

❶ハロウィンカボチャの種。1か所に3粒ずつまく。

❷本葉が2枚出たところ。本葉3～4枚で間引いて1本にする。さらに、本葉6～7枚で親づるを摘芯し、子づるを伸ばす。

❸若い果実はグリーンがかっている。実がつきはじめたら追肥し、さらに2～3週間後に追肥する。

2 収穫

オレンジ色に熟したら、ヘタの部分を切って収穫する。

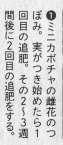

キュウリ

胡瓜・ウリ科

栽培のしやすさ ★★☆

栽培のポイント

- 追肥をしっかり行い、肥料切れを起こさないようにする。
- とくに最初の頃の実は若いうちに収穫する。
- 枯れた葉や子づるを整理して風通しをよくする。
- 同じ区画での連作は避ける（3年以上あける）。

栄養と食べ方

- 95％は水分だが、カロテン、ビタミンC、カリウムなどを含む。カリウムの利尿作用はだるさの解消などに効果的。
- 生でサラダや浅漬け、ぬか漬けで楽しむほか、たくさん収獲できたときは塩漬けやパリパリ漬けなどに。

1 植えつけ

❶主軸や葉がしっかりした本葉3～4枚の苗を選ぶ。病気などに強い接木苗がおすすめ。写真は夏すずみという品種（タキイ種苗）。

❷マルチに穴を開け、移植ゴテでポットの大きさに応じた深さで土を掘る。

❸ポットをバケツに入れた水につける。ポットの底から水が出るくらいが目安。

❹マルチの穴に苗を植えつけて、しっかり土を寄せる。

栽培カレンダー

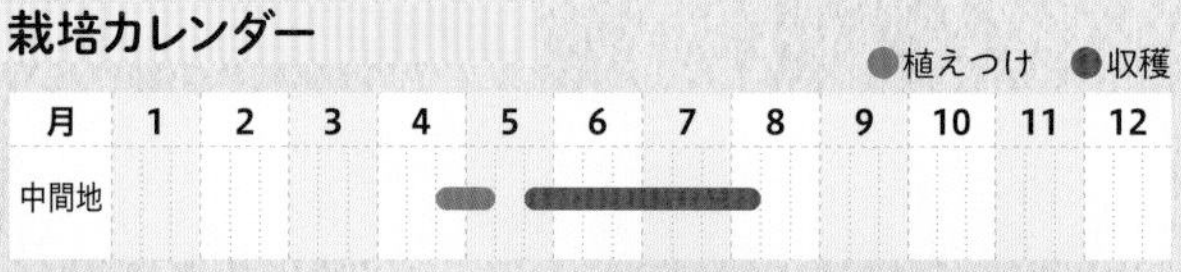

●植えつけ ●収穫
月 1 2 3 4 5 6 7 8 9 10 11 12
中間地

栽培データ

原産地 インド（ヒマラヤ山麓）

連作障害 あり（3年）

発芽適温 25～30℃

生育適温 22～28℃

おすすめの品種
夏すずみ、近成四葉（ちかなりすうよう）、フリーダムなど。

病害虫
ウリハムシ、アブラムシ、うどんこ病、べと病など。

プランター栽培

50㎝×30㎝×25㎝以上／2株につき

プランター栽培のコツ
1日5時間以上日があたり、強い風が当たらない場所に置く。つるが混みあわないように脇芽をかき、夏場の水切れに注意する。

畑の準備（溝施肥）

堆肥2㎏／㎡・配合肥料100g／㎡を植えつけ1～2週間前に入れて耕し（P18）、平畝をたてて（P20）、マルチをかけておく（P22）。

栽培スペース
畝幅60㎝、株間60㎝以上

株の大きさ

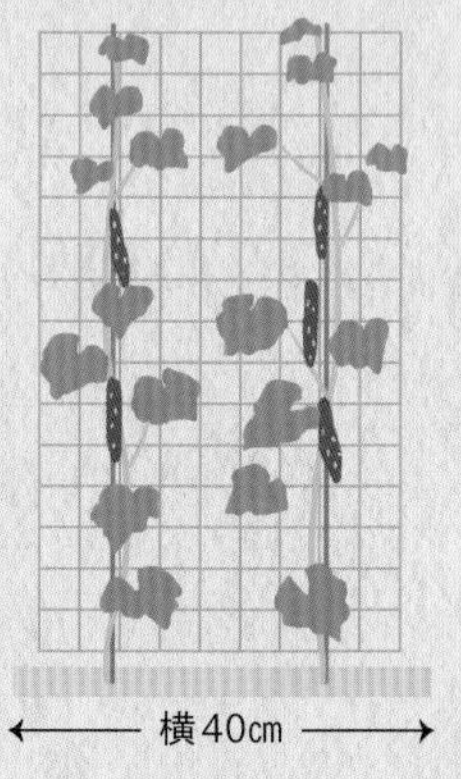

縦 80㎝
横40㎝

2 仮支柱立て

❶ キュウリは風に弱いので、苗を植えたら仮支柱で支える。割り箸を2本つないだ仮支柱を作り、植えた株のわきに斜めに挿す。

❷ 麻ヒモで株を仮支柱に誘引する。まずは仮支柱に1重でヒモを結ぶ。

❸ 株を引き寄せて仮支柱に結びつける。茎がぎゅっと締まらないように、結び目に1㎝くらいのゆとりがあるとよい。

❹ たっぷり水やりをする。

3 トンネルかけ

❶ トンネルをかけて害虫や強風、低温から守る(P30)。トンネル用の支柱を挿し、トンネル状にする。

❷ 防虫ネットを支柱の上からかぶせ、ネットの両端をまとめて結び目を作ったら、ネットがたるまないように張りながらピンで固定する。

❸ ネットが張れたら、地面とのすき間から虫が入らないように、トンネルのまわりにクワで土をかぶせる。

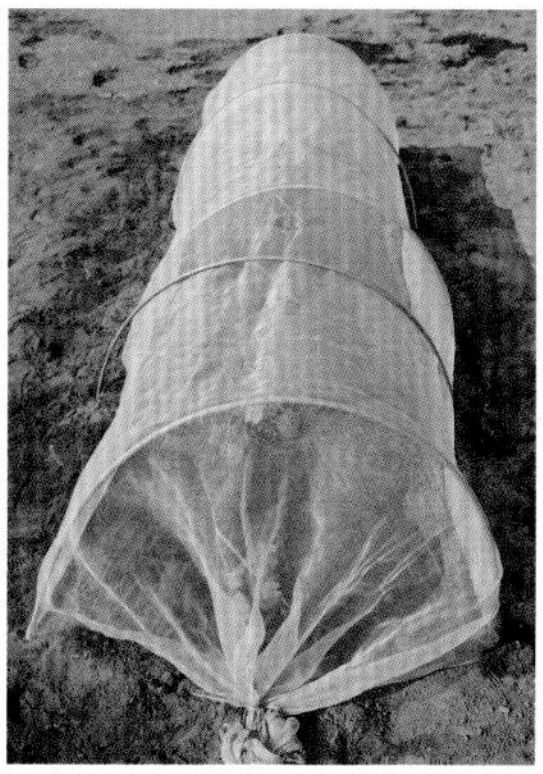

❹ トンネルかけが完了。

4 脇芽や花を取る

❶ 植えつけて3週間ほどたったら、株の成長を促すために脇芽や花をとる。最初にネットとトンネル支柱を外し、麻ヒモを切って仮支柱をとる。

❷ 株の下から数えて5～7節までの脇芽や花をとる。腐ると病気の原因になるので、このときに双葉も取るとよい。

❸ 取り除いた脇芽と双葉、花。

ポイント！

植えつけ後の苗が10度以下の低温に当たると、弱ったり枯れてしまうことも。早植えに注意し、しっかり気温が上がってから植えつけよう。

Q たくさん収穫するコツは？

A 栽培がうまくいくと、1株から約100本ほどのキュウリを収獲できます。キュウリは肥料が好きなので、定期的な追肥を行うことと、実を若いうちに収獲するのがポイント。また、脇芽をしっかり整理して、風通しよく育てて病害虫を防ぎましょう。

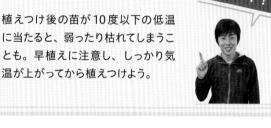

5 ネット張り・誘引

❶ネット張りのための支柱を立て、ネットを張る(P34)。

❷ネットにつるを誘引する。先に支柱側に麻ヒモを結んでから、つるを結ぶと傷つきにくい。

❸誘引が完了した状態。

6 追肥

❶植えつけてから2週間後に最初の追肥。以降2週間ごとを目安に、株の様子を見ながら追肥する。マルチをめくり、根の張り具合を確認。

❷畝の肩（根の先）あたりに化成肥料を50ｇ／㎡ほどまく。

❸マルチを戻し、土をかぶせて再び固定する。

ポイント！

枯れた葉は取り除く

病気を防ぐため、枯れた葉は適宜取る。とくに株の下のほうは風通しよくしておく。

［合掌仕立て］にする場合

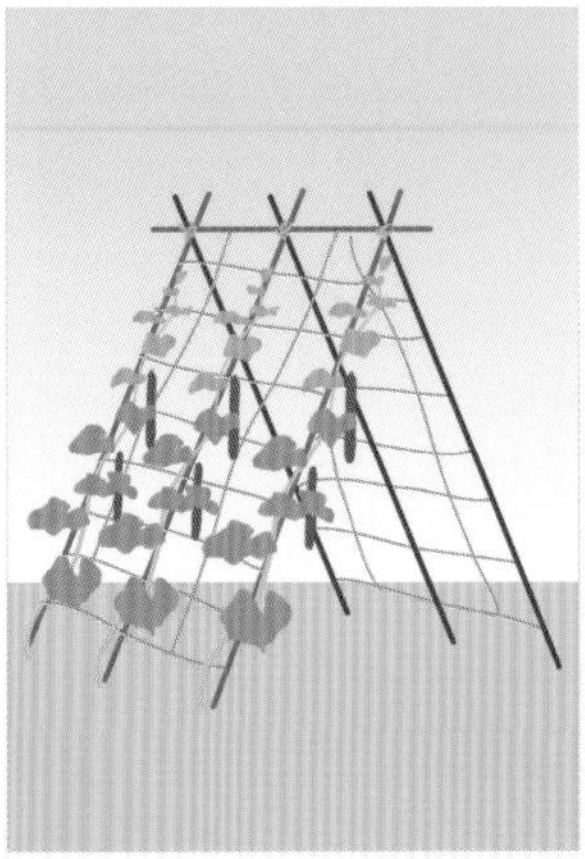

合掌仕立て（P35）にしてもよい。１株につき、支柱を2本交差させて立て、何株かある場合は交差させた上にも支柱を乗せてヒモでしっかりしばる。生育に合わせて、支柱につるを誘引する。

7 子づるの整枝・摘芯

❶ 子づる（伸ばした脇芽）に、実が2つついたらその先は摘芯する。風通しが悪くなったり、実ができすぎて早く収穫が終わってしまうことを防ぐ。

❷ つるが支柱の高さに達したら、親づるの先端を切って摘芯する。摘芯したタイミングで必ず追肥することもポイント。

8 収穫

❶ 20㎝くらいを目安に収穫する。とくに最初の頃にできた実は、株に負担をかけないようにするため若いうちに収穫するとよい。また、収獲が始まって間もないのにキュウリが曲がっているときは、水切れや肥料切れのサイン。水やりと追肥をして、長く収穫しよう。

キュウリの品種

近成四葉
（ちかなりすうよう）

イボイボした見た目で、歯切れのよい四葉系キュウリの代表格。水気が少ないので漬け物などにぴったり。

植えつけから収穫まで

本葉3～4枚の元気な苗を選んで植えつける。P64～67のキュウリと同様に、生育に合わせて支柱に誘引し、摘芯、追肥をして育てる。長さ20㎝ほどになったものから随時、収穫する。

近成四葉の苗。

キュウリの病害虫

キュウリは比較的害虫がつきやすい作物。ウリハムシやアブラムシのほか、穴をあけて実の中に侵入するオオタバコガ、葉の裏などにつくコナジラミ類などが知られている。

元気のある苗を選び、枯れた葉をこまめに取り除いて風通しをよくすることが予防になる。

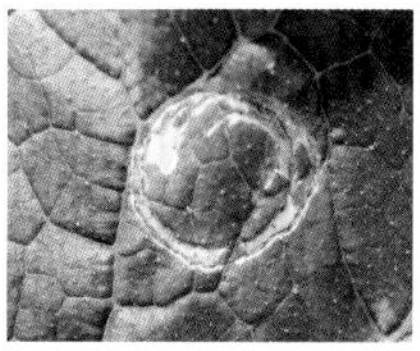

ウリハムシの食跡
成虫は葉を円形に傷つけて食害。成虫を見つけたら取り除いておく。

ウリハムシ
体長7㎜ほどで、キュウリのほか、カボチャなどウリ科の植物に被害を与える。成虫が葉を、幼虫は根を食害する。

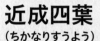

シシトウ・トウガラシ

獅子唐・唐辛子・ナス科

栽培のしやすさ ★★★

栽培のポイント

- いろいろな品種があるので好みの種を見つけて育てよう。
- 雨が少ないときや晩秋は辛味が強くなる。
- しっかり追肥することで、夏から秋まで長く収穫できる。
- アブラムシやカメムシがつきやすいので、こまめにチェック。

栄養と食べ方

- ビタミンC、ビタミンA（カロテン）豊富な緑黄色野菜。カロテンは油と一緒に摂ると吸収率が高まる。
- 天ぷらや素揚げのほか、揚げてめんつゆで煮て揚げびたしに。ジャコとしょうゆやみそで炒めても。

1 植えつけ

❶ マルチに穴あけ器で穴をあける（P23）。

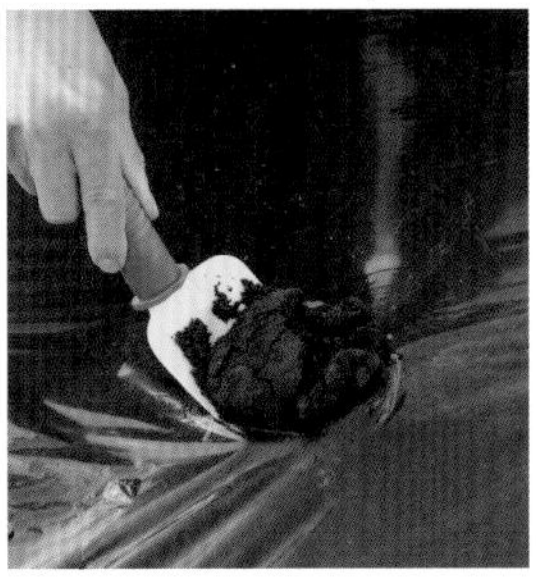

❷ 移植ゴテでポットの大きさに合わせた穴を掘る。

❸ ポットを水につけ、苗を逆さにしてやさしく抜き取る。写真は万願寺とうがらしの苗。

❹ 苗を植え、土を入れて根のまわりに隙間ができないように押さえ、たっぷり水やりする。

栽培カレンダー

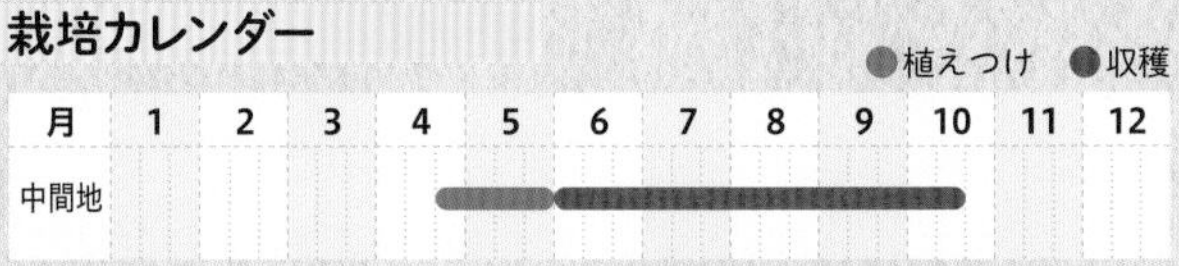
●植えつけ ●収穫
月 1 2 3 4 5 6 7 8 9 10 11 12
中間地

栽培データ

原産地 中央アメリカ・南アメリカ

連作障害 あり（3～4年あける）

発芽適温 25～30℃

生育適温 25～30℃

おすすめの品種
あまとう美人、万願寺とうがらし、甘とうがらし、鷹の爪、ひもとうがらし、ハバネロなど。

病害虫
カメムシ、タバコガ類、ハモグリバエ、アザミウマ、アブラムシ、ハダニ、斑点病、モザイク病、うどんこ病など。

プランター栽培

サイズ55cm×20cm×深さ25cm以上／2株につき

プランター栽培のコツ
支柱を立て水切れに注意する。

畑の準備（溝施肥）

堆肥2kg／㎡・配合肥料150g／㎡を植えつけ1～2週間前に入れて耕し（P18）、平畝をたてて（P20）、マルチをかけておく（P22）。

栽培スペース
畝幅60cm、株間60～80cm

株の大きさ

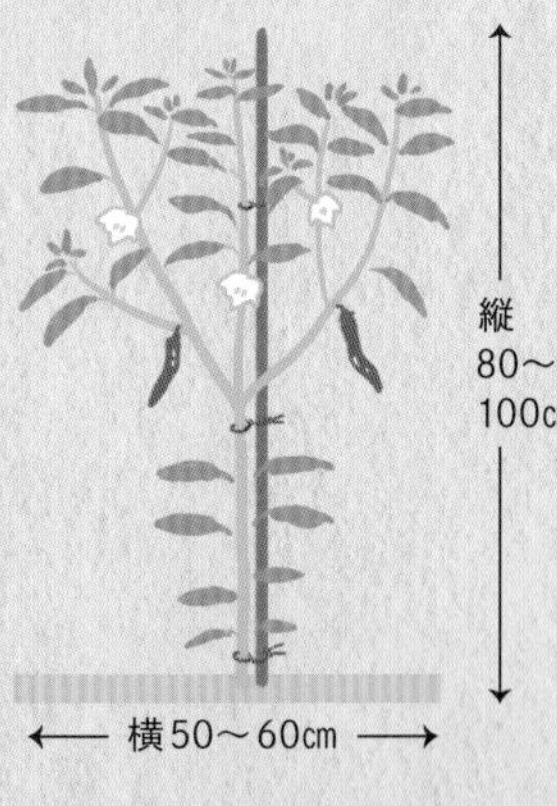
縦
80～
100cm
横50～60cm

2 仮支柱立て

❶苗を植えたら仮支柱を立てる。割り箸を2本つないだ支柱を作り、株の脇にななめに挿す(P29)。

❷麻ヒモで株を仮支柱に誘引。仮支柱に1重でヒモを結びつけ、株を引き寄せて仮支柱にゆるく結ぶ。風よけにトンネルをかけるとよい(P30)。

3 整枝

after

before

最初の花が咲いた頃、脇芽を手でつみ取る。一番花の下から勢いよく出た側枝2本を残し、主枝と側枝2本の3本仕立てにする。ここより下に出た脇芽はすべてかき取る。

4 支柱立て

仮支柱を外し、支柱を立てる。根を傷つけないように少し離してまっすぐ立て、支柱に主枝を麻ヒモで誘引する。

シシトウ類の仕立て方

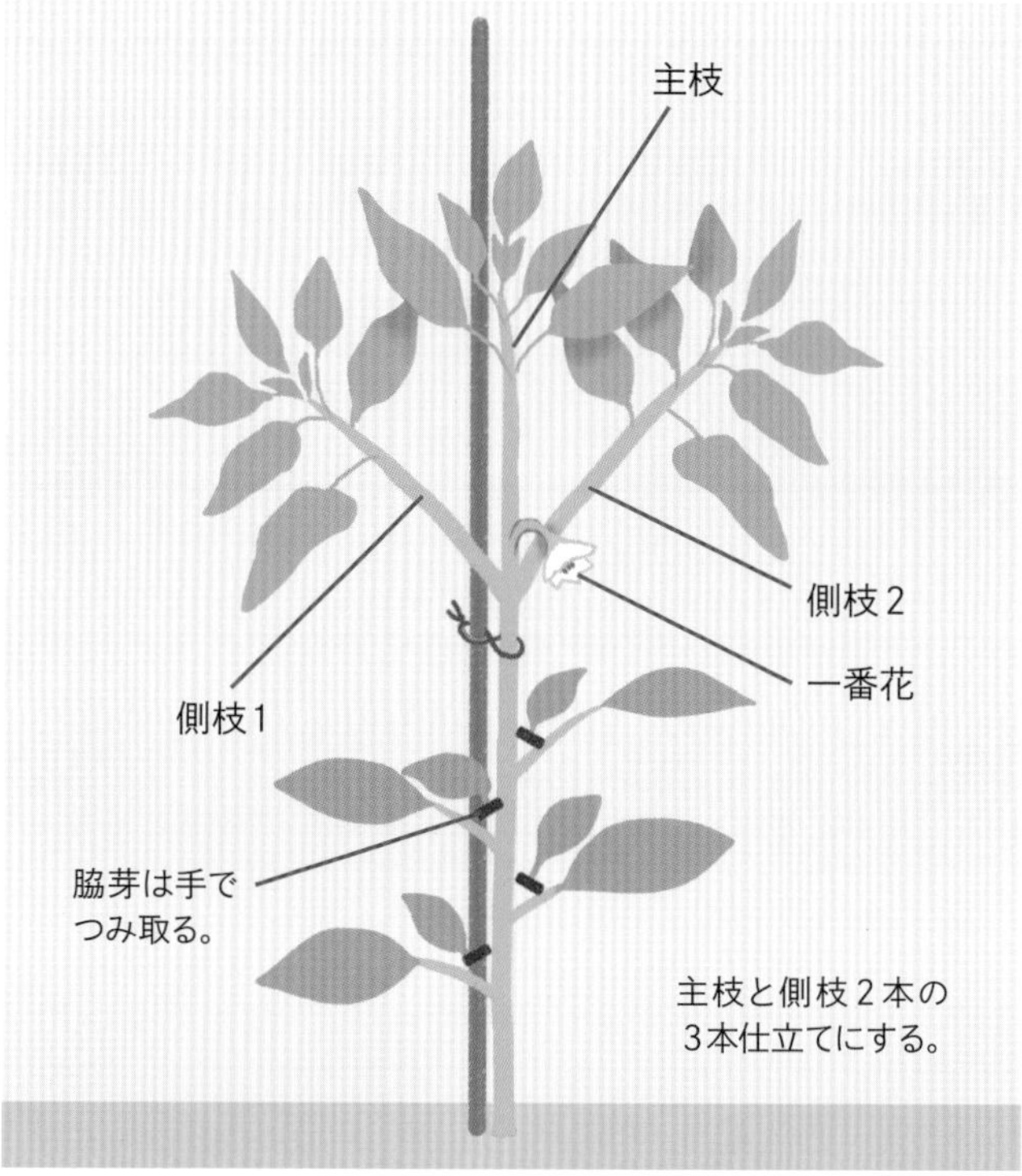
主枝
側枝2
一番花
側枝1
脇芽は手でつみ取る。
主枝と側枝2本の3本仕立てにする。

5 追肥・中耕

❶ 植えつけの3週間後を目安に1回目の追肥。マルチをめくり、畝の肩あたりに化成肥料50g/㎡をまく。

❷ マルチを元に戻し、まわりに土をかけて固定する。この後、2〜3週間に1回のペースで追肥。2回目以降は畝の外側の通路に追肥する。

❸ 追肥後は、畝間を中耕（P36）をしておくと根張りがよくなる。畝間にクワを入れて耕し、土を柔らかくする。

6 収穫

❶ 万願寺とうがらしの花。

❷ ちょうどよい大きさになったらハサミで収穫。

ポイント！

こまめな追肥で長く収穫

収穫がスタートした後、2〜3週間おきに追肥すると秋まで長く収穫できる。化成肥料50g/㎡を畝の外側にまいて、軽くクワで土をかける。中耕するとさらによい。

シシトウ類の病害虫

害虫は、カメムシ類やオオタバコガなどが代表的。いずれも見つけ次第捕殺すること、草丈の低い時期は防虫ネットで侵入を防ぐことで対策できる。

果実の汁を吸うアオクサカメムシ。ホオズキカメムシもよくいる。

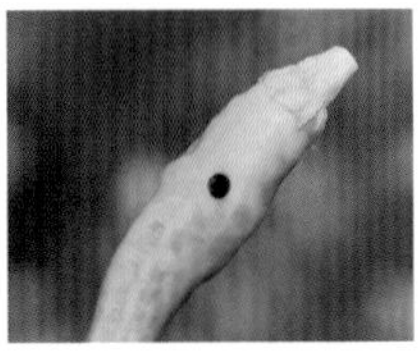

オオタバコガの食痕。果実に穴をあけ、内側に入り込む。

脇芽つみ

最初に脇芽をつんだ（P69）後も、脇芽が出てきたら、こまめに取ろう。脇芽をつむことで病害虫を予防し、実なりに栄養を集中させることができる。

［ プランターで育てる ］場合

完熟して赤くなったヒモトウガラシ。

緑色の未熟果。青唐辛子で使う場合は必要に応じて収穫する。

シシトウやトウガラシはプランターでも育てやすい野菜なので、好みの品種を選んで育てよう。写真はヒモトウガラシ。

栽培のポイント

・十分な日照が必要なので、日当たりのよいところにプランターを置く。

・乾燥に弱いので、水切れに注意し、表面の土が乾いたらたっぷり水やりする。

・支柱を立てて、主枝を誘引して育てる。

・地植えと同様に、脇芽をつんで仕立てる(P69)。

シシトウの品種

タカノツメ

辛味が強いトウガラシの代表的な品種で、小ぶりの果実が束になって、上向きにできる。病害虫に強くて栽培しやすい品種。

1 植えつけと管理作業

P68～70と同様に育てる。一番花が咲いたら、その下の脇芽をつみ取り、支柱を立てて誘引する。定期的に追肥することで、長期間、収穫できる。

2 収穫

実が赤く熟したら収穫どきだが、緑色の実も青唐辛子として利用できるので、必要に応じて収穫しよう。赤唐辛子を保存する場合は、茎ごと切り取り、吊るして乾燥させるとよい。

ハバネロ

激辛で知られるハバネロだが、フルーティーな香りもあわせ持つ。チリソースやサルサソースなどのほか、肉料理やカレー、パスタなどに。

植えつけから収穫まで

❶ハバネロの苗。育て方はP68～70と同様。一番花が咲いたら、その下の脇芽を取り、支柱を立てて誘引する。追肥もP70と同様に行う。

❷ハバネロの若い果実は緑色。若い果実を使ってもOK。

❸熟したハバネロの果実。写真はオレンジ色のタイプだが、黄色や赤になる品種もある。

ヒモトウガラシ

「大和野菜」と呼ばれる奈良県の伝統野菜で、細長い姿が特徴の甘トウガラシ。辛味はほとんどなく、種を取らずに使えるため便利で、さまざまな調理法に向く。

植えつけから収穫まで

❶ヒモトウガラシの苗。P68～70と同様に育てる。支柱に主枝を誘引し、2～3週間ごとに追肥をするとよい。

❷10㎝くらいの大きさを目安に、付け根をハサミで切って収穫する。緑または赤の実を好みで利用する。

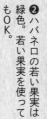

苦瓜・ウリ科

ゴーヤー

栽培のポイント

栽培のしやすさ ★★☆

- 日当たりがよく、風通しがよい場所で育てる。
- 支柱を立ててネットを張り、つるを茂らせて育てる。
- 草丈30㎝くらいで親づるを摘芯して、子づるを伸ばす。

栄養と食べ方

- ビタミンCやカリウムが非常に豊富。ゴーヤーの苦味を生み出すモモルデシンという成分も注目されている。
- 卵や豆腐と炒めるゴーヤーチャンプルーが定番。苦味取りのため、縦半分に切ってから数㎜幅で切り、塩と混ぜて下ごしらえしておくとよい。

1 植えつけ・仮支柱立て

❶ 植え穴を掘り、ポット苗を水につけてから植えつける。

❷ 割り箸の仮支柱を株の近くに挿し、麻ヒモで結ぶ(P29)。

❸ 水やりをして、防虫ネットをかける。

2 支柱立て・摘芯・追肥

❶ つるが伸びてきたら、トンネルと仮支柱を取り、支柱を立てる(P35)。スクリーン仕立てか合掌仕立てにする。

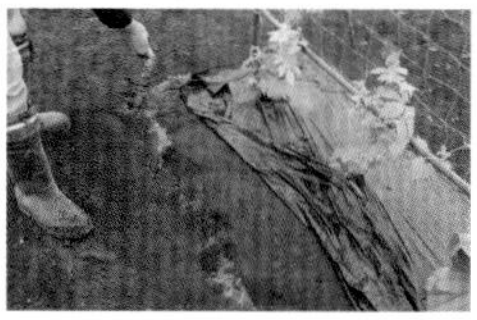

❷ 草丈約30㎝で親づるを摘芯。摘芯後に化成肥料50g／㎡を追肥。以降2～3週間に1回、同様に追肥。

3 収穫

実が大きくなったら、ハサミで切って収穫する。

栽培カレンダー

●植えつけ　●収穫

月	1	2	3	4	5	6	7	8	9	10	11	12
中間地					植えつけ		収穫	収穫	収穫			

栽培データ

原産地　熱帯アジア

連作障害　あり（2～3年あける）

発芽適温　25～30℃

生育適温　20～30℃

おすすめの品種
あばしゴーヤー、太れいしなど。

病害虫
アザミウマ、オオタバコガ、ヨトウ類、うどんこ病、モザイク病など。

プランター栽培

サイズ50㎝×30㎝×深さ25㎝以上／1株につき

プランター栽培のコツ
日当たりと風通しがよいところに置く。つるが伸びてよく茂るので、緑のカーテンにも最適。

畑の準備（溝施肥）

堆肥2kg/㎡・配合肥料100g/㎡を植えつけ1～2週間前に入れて耕す(P18)。平畝をたて(P20)、マルチをかけておく(P22)。

栽培スペース
畝幅60㎝、株間60㎝

株の大きさ

スイカ

西瓜・ウリ科

栽培のポイント

栽培のしやすさ ★★☆

・本葉7~8枚のところで親づるを摘芯し、子づるを4本残して着果させる。
・追肥は実がついてから施すことで、つるぼけを予防する。
・小玉は1株4個、大玉は1株1~2個が実をつける目安。

栄養と食べ方

・むくみの解消や利尿作用のあるカリウム、シトルリンを多く含む。水分補給とともに体を冷やす作用もある。
・生食以外なら、重量の1割程度の砂糖をまぶして冷凍。シャーベットにしたり、ミキサーにかけてスムージーに。

1 種まき

❶ スイカの種。写真は小玉スイカ。

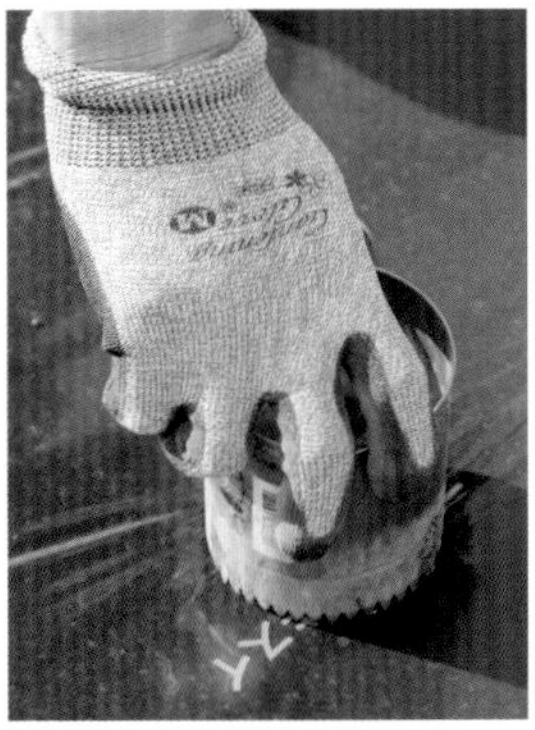

❷ マルチに穴をあける。

❸ 底の平らな器で、深さ2~3㎝のまき穴を作る。

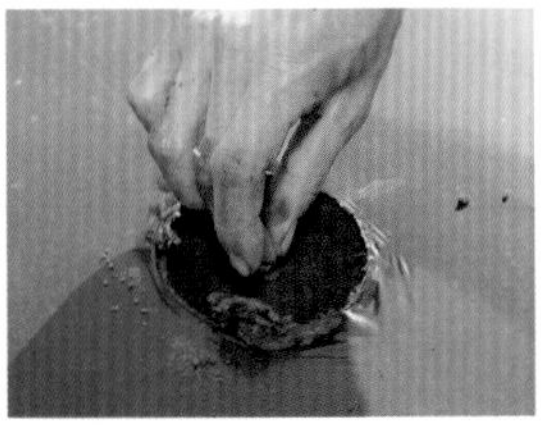

❹ 1穴に3粒ずつ種をまく。

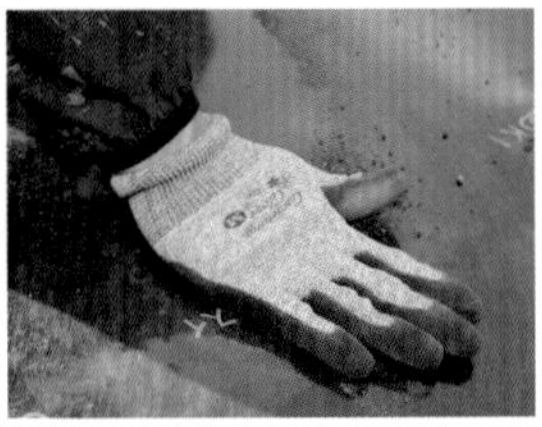

❺ 土をかけて、鎮圧し、水やりする。

栽培カレンダー

●種まき ●植えつけ ●収穫

月	1	2	3	4	5	6	7	8	9	10	11	12
中間地				●種まき ●植えつけ	●種まき ●植えつけ		●収穫	●収穫				

栽培データ

原産地 南アフリカ
連作障害 あり(5年あける)
発芽適温 25~30℃
生育適温 17~20℃

おすすめの品種
小玉、赤こだま、大玉、タヒチ、ネオブラックボンバーなど。

病害虫
アブラムシ、ウリハムシ、ハダニ、オオタバコガ、つる枯病、うどんこ病など。

プランター栽培

株が大きく成長するため、プランター栽培には向かない。

畑の準備(全面施肥)

堆肥2kg/㎡・配合肥料50g/㎡を植えつけ1~2週間前に入れて耕し(P18)、平畝をたてて(P20)、マルチをかけておく(P22)。

栽培スペース
畝幅70㎝、株間1m
(栽培幅2~3m四方)

株の大きさ

縦200㎝
横200㎝

3 摘芯

❶スイカは子づるに実をつけさせるので、親づるを摘芯。収穫する実の数は、小玉スイカは1株に4個、大玉スイカは1〜2個が目安。

❷本葉7〜8枚のところで親づるを切る。

❸摘芯した後の状態。

Q スイカは花が咲いて何日後くらいに収穫できますか？

A 品種によってだいたいの日数が決まっています。ふつうの小玉スイカは開花してから30日程度、大玉スイカは40日くらいで収穫できます。

［苗を植えつける］場合

❶マルチに穴をあけ、ポットの大きさにあわせて穴を掘る。

❷苗をポットごと水につけ、逆さにしてやさしく苗を抜き取る。

❸植え穴に植える。しっかり土を寄せて土を押さえ、水やりする。

2 間引き

❶発芽したスイカ。

❷本葉が4〜5枚の頃、しっかり生育した1株を残して間引きする。

❸株を持ち、根から抜き取る。ハサミで切ってもよい。

❹間引きが完了。

4 敷きわらをする

病気の予防や実が地面に触れないように、敷きわらをする。写真では、わらの代わりにシルバーのわらシートを使用し、U字ピンで固定。

5 子づるの整理

❶元気な子づるを4本残す。どの子づるを残すか決める。

❷残す以外の子づるは、根元からハサミで切る。

❸子づるを4本残して整理したところ。

6 人工授粉

❶スイカの雌花。人工授粉はしなくてもよいが、すると確実に実がつき、収穫のタイミングも計算できる。開花後すぐ、早朝に行う。

❷スイカの雄花。

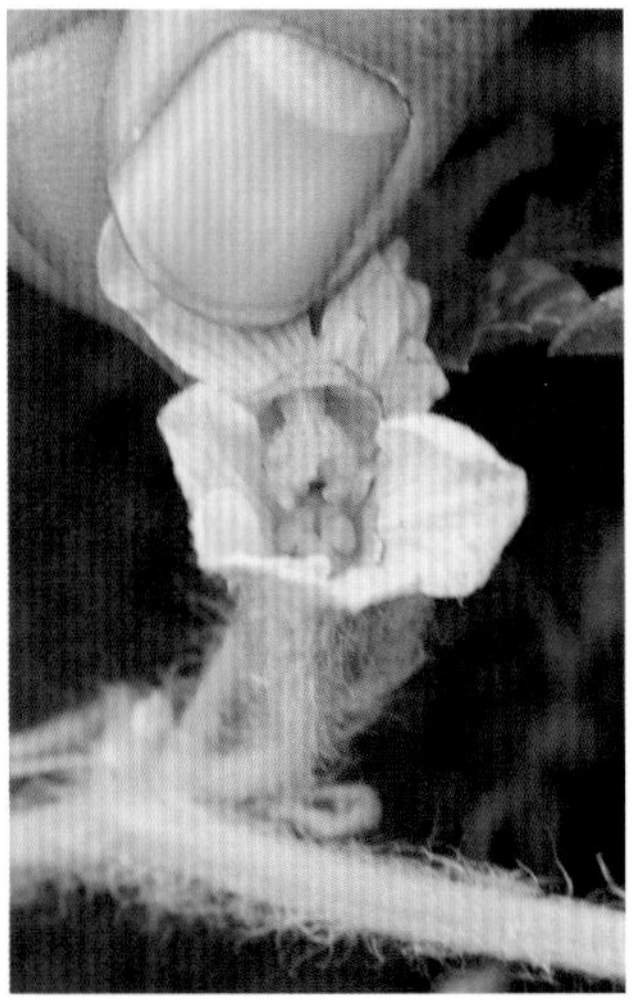

❸雄花をつみ、おしべを露出させ、雌花のめしべにつける。株元から遠いほうがおいしくなるので、子づるの14～17節目くらいの雌花に受粉させるとよい。

摘果

小玉スイカは子づる1本につき1個の実がつくようにするので、それより多くついた実は摘果する。

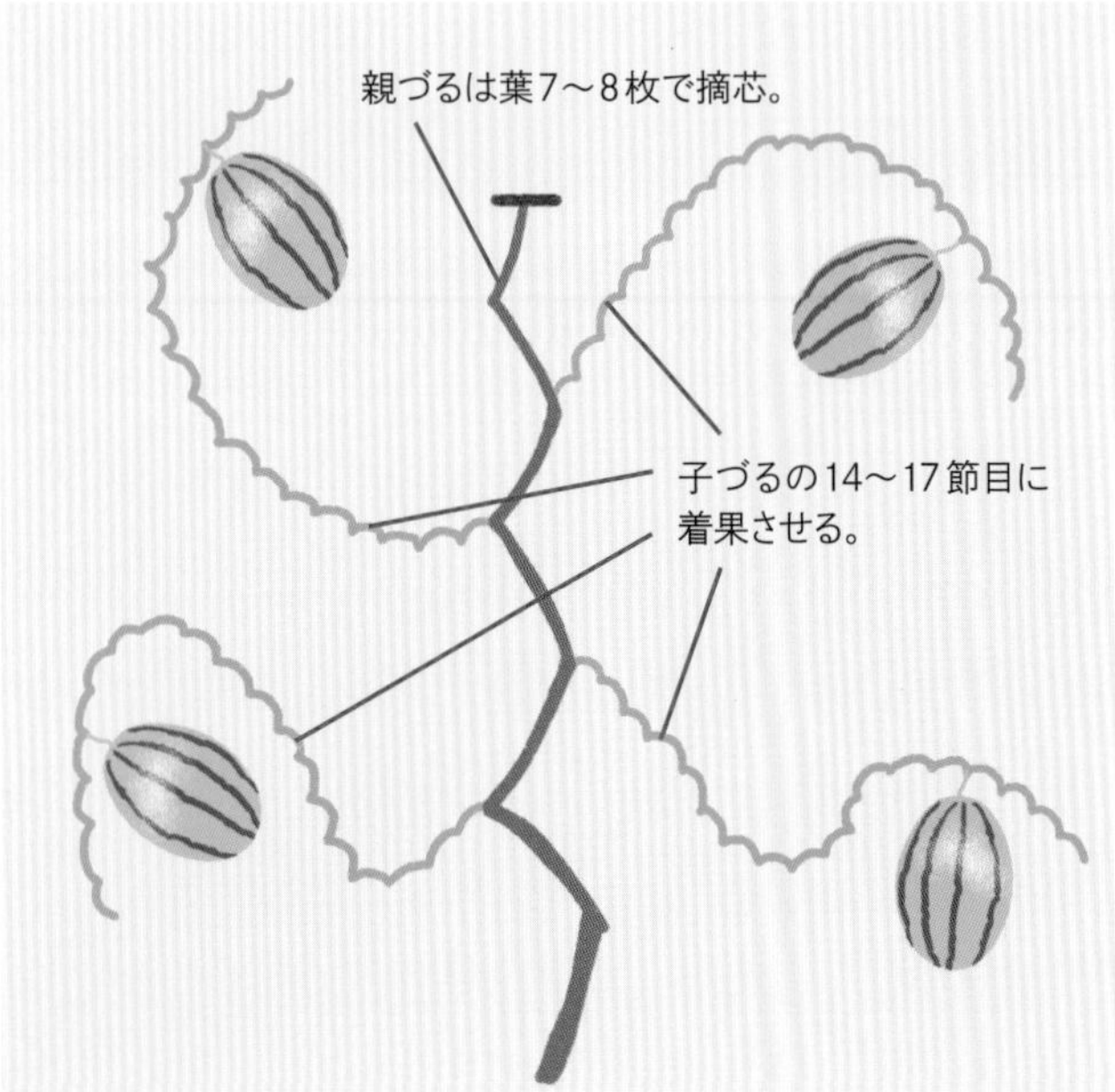
親づるは葉7～8枚で摘芯。
子づるの14～17節目に着果させる。

7 追肥

実がついたら追肥を行う。敷きわらをめくり、畝の脇に化成肥料50g/㎡をまく。1回目の追肥から3～4週間後に2回目の追肥をしてもよい。

8 収穫

小玉スイカは、受粉から30日くらいで収穫のタイミング。ハサミで切って収穫する。

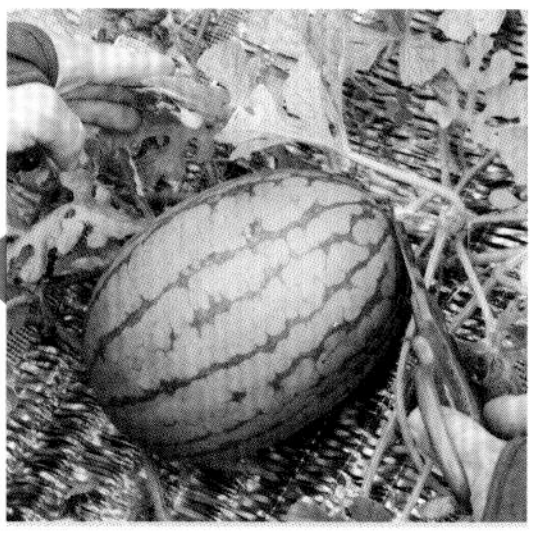

ポイント！

実をときどき返す

実の地面側は白っぽくなるので、ときどきひっくり返してまんべんなく日に当てよう。

ポイント！

つるヒゲが枯れたら収穫どき

実のすぐ近くにあるつるヒゲが枯れるのも、収穫の目安になる。

鳥害を防ぐ

カラスなどの鳥は、畝の近くから実に寄ってくる。畝のそばに20㎝くらいの高さに透明のヒモを張ると、近寄る際に引っかかり、以降、近づきにくくなる。

カラスに食害された実。

スイカの品種

ネオブラックボンバー

黒緑色の果実が特徴で、さわやかな甘みがある小玉スイカ。家庭菜園向きの品種でタキイ種苗から発売。重さは3kgほどと、小玉スイカにしては大きくなる。

植えつけから収穫まで

❶育て方はP74～77と同様。本葉7～8枚で親づるを摘芯し、子づるを伸ばす。子づるは4本に制限し、子づる1本につき1個の実をつけさせる。

❷ネオブラックボンバーは受粉から約40日後が収穫の適期。

ズッキーニ

蔓無南瓜・ウリ科

栽培のポイント

栽培のしやすさ ★★☆

- 支柱で茎を立てるように育てるのがおすすめ。
- 若い実を早め早めに収穫すると、長く収穫できる。
- 枯れた葉は、こまめに取り除いて風通しをよくする。
- うどんこ病が出やすいので注意する。

栄養と食べ方

- ビタミンA（カロテン）、ビタミンB群を多く含む。キュウリと同様に14キロカロリー／100gと低カロリー。生食もできる。炒めたり揚げるなど、油と一緒に調理すると栄養吸収がアップ。ラタトゥイユ（夏野菜のトマト煮）にも。

1 種まき

❶ズッキーニ（ゼルダ・パワー）の種（種子消毒あり）。

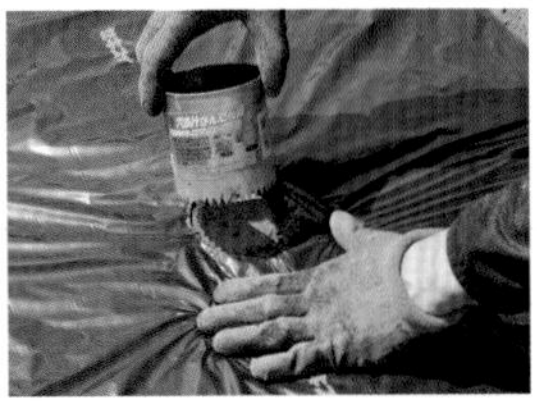

❷マルチに穴をあける（P23）。

❸底の平らな器で深さ約2cmのまき穴を作る。

❹1穴に2～3粒ずつ種をまく。

❺種に土をかぶせる（覆土）。

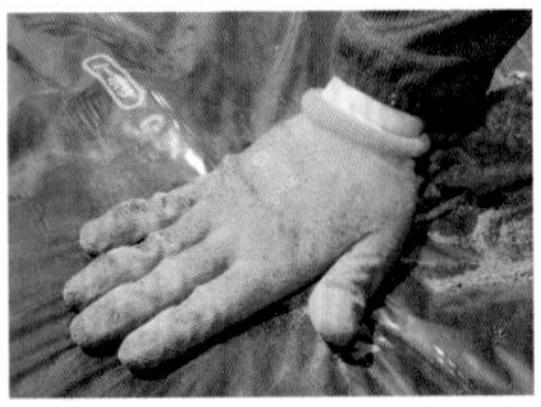

❻しっかり押さえて鎮圧して水やりする。

栽培カレンダー

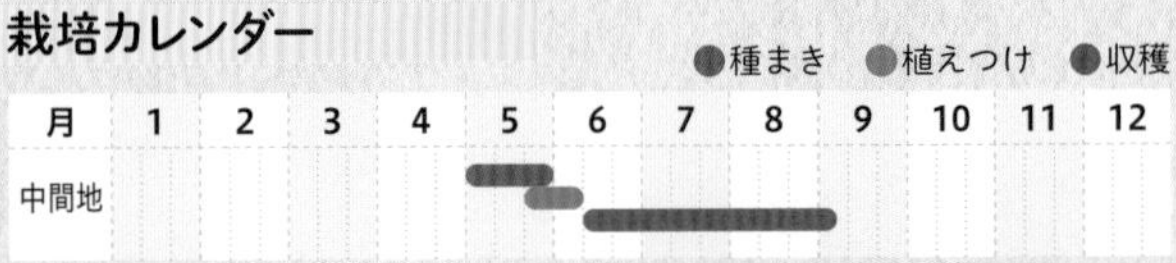
●種まき ●植えつけ ●収穫
月 1 2 3 4 5 6 7 8 9 10 11 12
中間地

栽培データ

原産地 北アメリカからメキシコ

連作障害 出にくい（1～2年あける）

発芽適温 25～30℃

生育適温 17～20℃

おすすめの品種
ゼルダ・パワー、ゼルダ・ジャッロ、パリーノ・ネロなど。

病害虫
アブラムシ、ウリハムシ、うどんこ病、モザイク病など。

プランター栽培

サイズ35cm×35cm×深さ30cm以上／1株につき

プランター栽培のコツ
大きいプランターに1株で育てる。下の方の枯れた葉をこまめにとり、うどんこ病を予防する。

畑の準備（全面施肥）

堆肥2kg／㎡・配合肥料100g／㎡を植えつけ1～2週間前に入れて耕し（P18）、平畝をたて（P20）、マルチをかけておく（P22）。

栽培スペース
畝幅70cm、株間90cm以上

株の大きさ

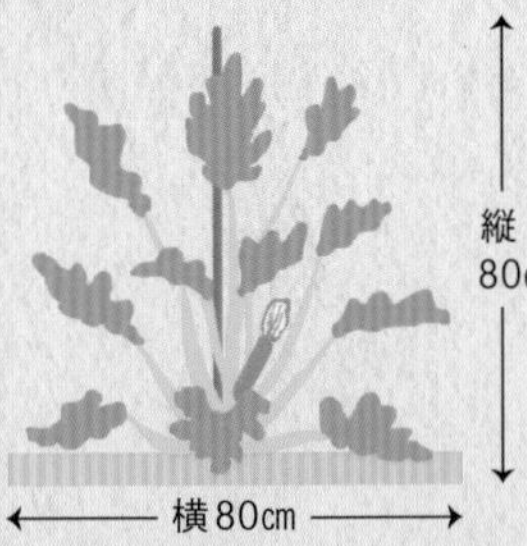
縦 80cm
横80cm

2 間引き1回目

❶ 発芽したズッキーニ。

❷ 3つ芽が出ていたら2本に間引く。根元から抜き取る。

❸ 間引きが完了。

3 間引き2回目

❶ 本葉3～4枚の頃、2本から1本に間引く。

❷ 元気のよい株を残し、もう1本を抜き取る。ハサミで株元から切ってもよい。

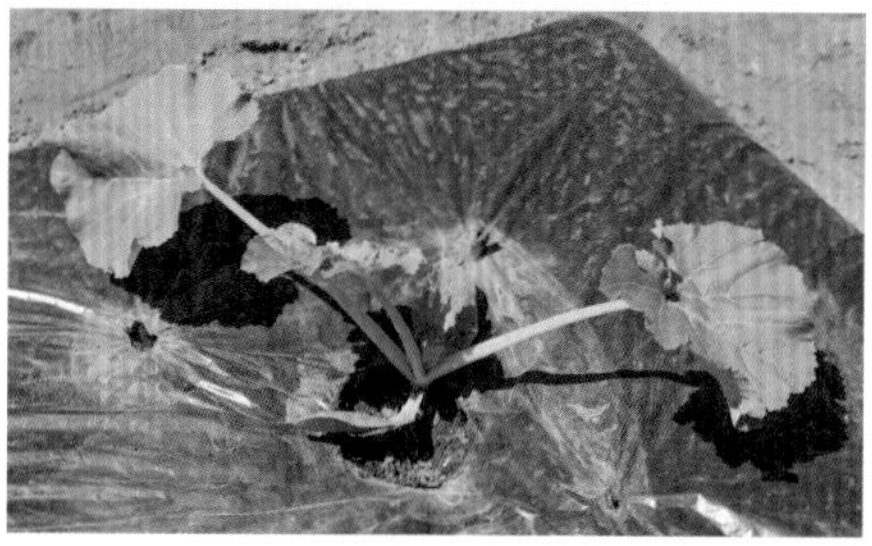

❸ 間引きが完了し、1本になった。

4 追肥

❶ 種まきから約1か月後に最初の追肥。マルチをめくって、根の張り具合を確認。

❷ 畝の肩あたりに化成肥料50g/㎡をまく。マルチを戻し、まわりに土をかけて再び固定する。以降、3週間ごとに追肥するとよい。2回目以降はマルチの外側に追肥する。

5 支柱立てと誘引

❶ ズッキーニは実がつきはじめると株が傾くので、大きくなってきたら支柱を立てて支えるとよい。

❷ 支柱を1本、根や茎を傷つけない位置に立て、麻ヒモを使って、支柱に主枝を誘引する。主枝を傷めないようにやさしく行う。

6 人工授粉

❶人工授粉をしなくても実はつくが、行えばより確実に形がよい実がつく。写真は雌花。

❷写真は雄花。雄花をつみ、おしべの花粉を雌花のめしべにつけるとよい。開花後すぐの早朝に作業すること。

7 整枝

❶枯れた葉や、下のほうの葉は、適宜取り除いて風通しをよくしておく。

❷葉は手でもパキッとかんたんに折れる。写真は取り除いた葉。

8 収穫

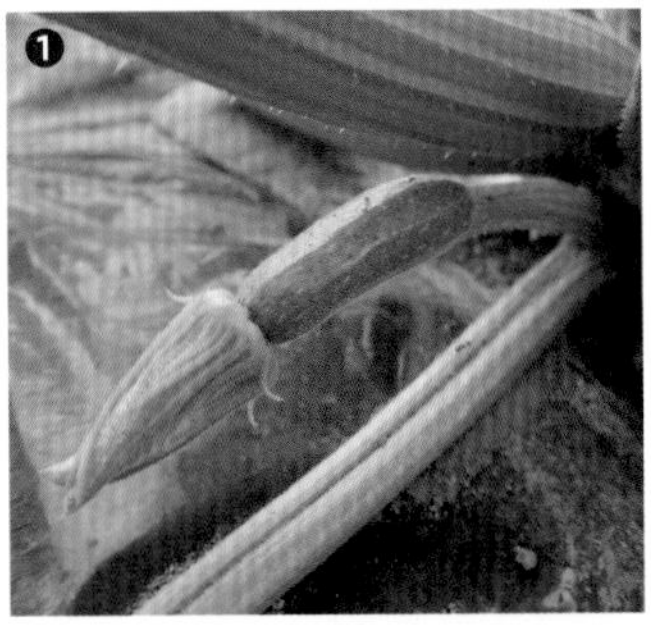

❶若い果実。

❷ハサミで切って収穫。棒ズッキーニは長さ20㎝くらいが目安。実は大きくなっても食べられるが、若いタイミングで取ると、株が疲れずに長く収穫できる。

ズッキーニの病害虫

ズッキーニの病害虫は、うどんこ病やウリハムシが代表的。うどんこ病は同じウリ科との連作を避けることや、枯れた葉をこまめに取り除いて風通しをよくすることで予防しよう。

葉に広がったうどんこ病。

うどんこ病菌を食べてくれるキイロテントウ。益虫とされるが、この虫によってうどんこ病がおさまるほどの影響はない。

ズッキーニの品種

黄ズッキーニ

緑のズッキーニとくらべてさっぱりとした味わいが楽しめる。品種はゼルダ・ジャッロ(トキタ種苗)、オーラム(タキイ種苗)、イエローボート(カネコ種苗)など。

種まきから収穫まで

栽培方法はP78～80と同じ。2～3粒ずつ種をまき、2回に分けて間引きし、最終的に1本を育てる。追肥をしながら育て、果実が20㎝ほどで収穫する。

丸ズッキーニ

緑、黄色などいろいろな品種がある。丸ごとを器に使ったグラタンや、輪切りにして焼き物やマリネにするなど、丸い形をいかした料理を楽しもう。品種はパリーノ・ネロ〈緑〉やパリーノ・ジャッロ〈黄〉（ともにトキタ種苗）など。

種まきから収穫まで

❶育て方はP78～80と同様。写真は雌花のつぼみ。

❷収穫どきの丸ズッキーニ。開花後7～10日後、直径7～8㎝くらいで収穫しよう。

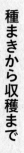

冬瓜・ウリ科

トウガン

栽培のしやすさ ★★☆

栽培のポイント

・地這いでも支柱でも栽培できるのでスペースに合わせて仕立てよう。
・わらなどを敷き、雑草や実が直接地面につくのを防ぐ。
・家庭菜園では実が大きくならないミニトウガンが育てやすい。

栄養と食べ方

・ほとんどが水分の低カロリー野菜。比較的多く含むカリウムは、体内の余分な塩分を排出する作用がある。
・皮をむき、種とわたを取ってから調理。煮物にするほか、コンソメや中華風スープにするのもおすすめ。

1 種まき

❶姫とうがんの種。

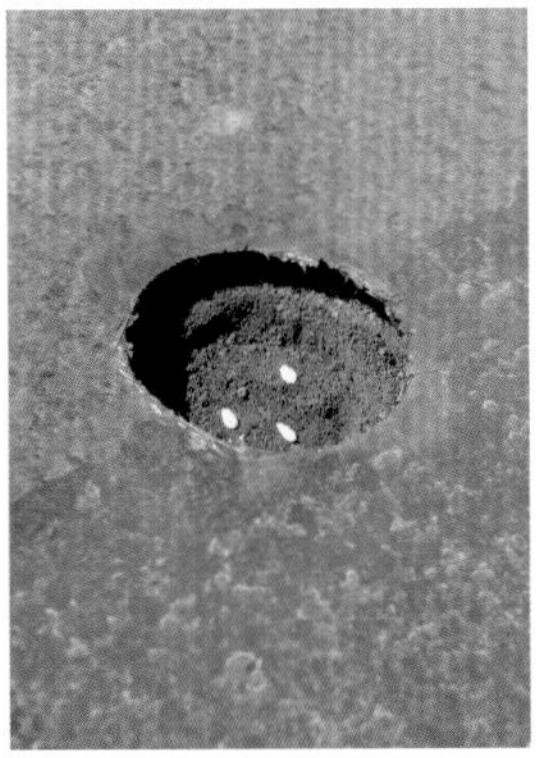

❷マルチ穴に深さ1～2㎝のまき穴をつくる。1か所につき種を3粒程度まく。

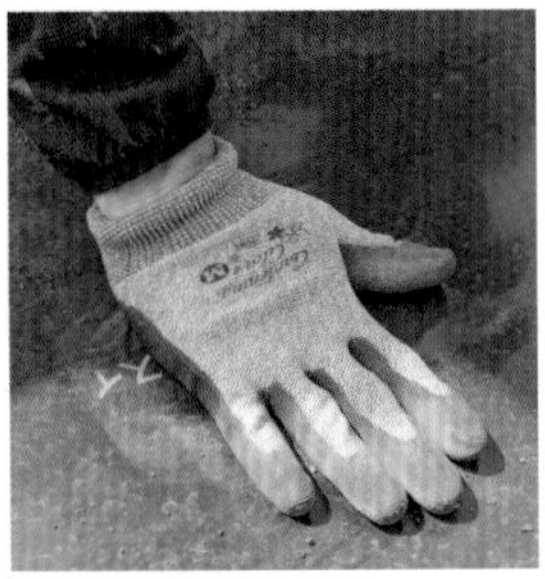

❸土をかぶせ、手で押さえて鎮圧する。

❹たっぷりと水を与える。

栽培カレンダー

●種まき ●収穫

月	1	2	3	4	5	6	7	8	9	10	11	12
中間地				種まき	種まき		収穫	収穫	収穫			

栽培データ

原産地 東南アジア、インド

連作障害 あり（3～4年あける）

発芽適温 25～30°C

生育適温 25～30°C

おすすめの品種
姫とうがん、近成とうがんなど。

病害虫
アブラムシ、ウリハムシなど。

株の大きさ

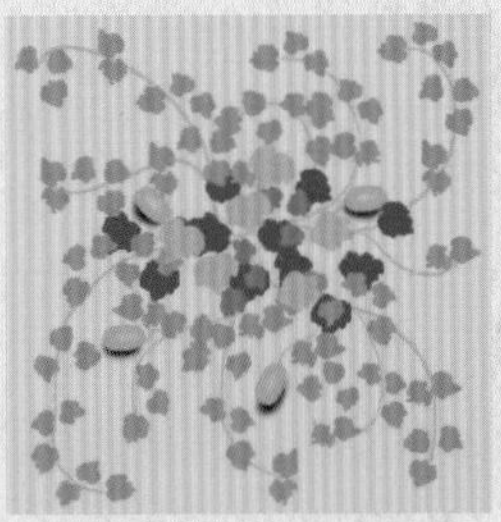

縦250㎝
横250㎝

畑の準備（全面施肥）

堆肥2kg/㎡・配合肥料150g/㎡を植えつけ1～2週間前に入れて耕し(P18)、平畝をたてて(P20)、マルチをかけておく(P22)。

栽培スペース
畝幅70㎝、株間1m
（栽培幅2～3m四方）

プランター栽培

大きく成長するため、プランター栽培には向かない。

2 間引き

❶本葉2枚くらいで3本を2本に、本葉3～4枚で2本を1本に間引く。写真は2回目の間引き。

❷残す株の根を傷つけないように、ハサミで根元から切り取る。

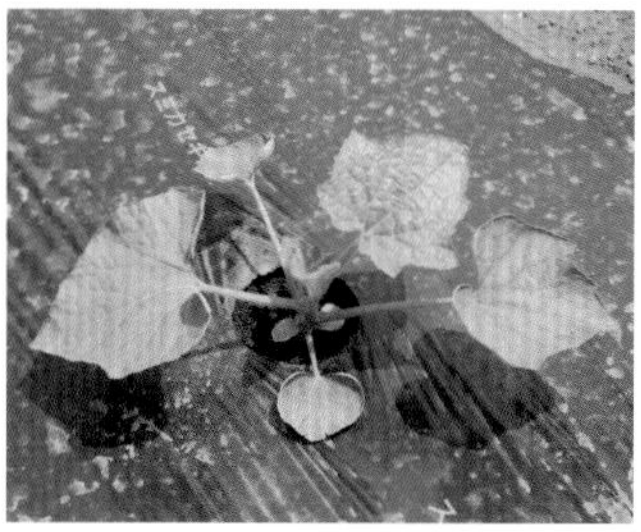

❸1株に間引きができた状態。

3 追肥

定植して約2週間後、1回目の追肥。マルチの脇に化成肥料50g/㎡をまく。3～4週間後に2回目の追肥を同様に行うとよい。

4 整枝・敷きわら

❶親づるは、本葉6～7枚で摘芯する。

❷摘芯後、敷きわらをするとよい。この後に伸びてくる子づるに実をつけさせるが、子づる4本を残して整枝し、子づる1本に1～2個着果させる。

人工授粉

人工授粉をすると、より確実に実をつけさせることができる。雄花をつみ、雌花のめしべに花粉をつけるようにする。開花後すぐ、早朝に行う。

雌花。根元にふくらみがある。

トウガンの雄花。

5 収穫

❶トウガンの未熟果。

❷ミニトウガンは、果実が20～30㎝で収穫。ハサミで切り取るとよい。

[支柱で仕立てる] 場合

地這い栽培のほか、支柱で空中に実がなるように仕立ててもよい。写真はアーチ型だが、スクリーン型や合掌型（P35）でもよい。重い実をしっかり支えられるように、頑丈な支柱を立てよう。

玉蜀黍・イネ科

トウモロコシ

栽培のポイント

栽培のしやすさ ★★☆

- 自家受粉しないため、2列以上になるように栽培する。
- 雄穂や実に害虫がつきやすいので、こまめにチェックして取り除く。
- 収穫後は風味の劣化が早いので、できるだけ早く加熱する。

栄養と食べ方

- 世界三大穀物のひとつでもある、炭水化物の多い野菜。ビタミンB1、B2、E、食物繊維が豊富。
- ゆでると糖度が落ちるので、蒸すか、電子レンジ（600W）で3～4分加熱。そのままか、粒を使ってスープなどに。

1 種まき

❶トウモロコシ（おひさまコーン88）の種。赤色の種子消毒あり。

❷深さ2～3cmのまき穴をつくる。

❸1か所に3粒ほど種をまく。

❹覆土し、手で押さえて鎮圧する。

❺最後にたっぷりと水を与える。

栽培カレンダー

●種まき　●収穫

月	1	2	3	4	5	6	7	8	9	10	11	12
中間地				種まき	種まき		収穫	収穫				

栽培データ

原産地　中南米

連作障害　少ない（1～2年あける）

発芽適温　20～28℃

生育適温　22～30℃

おすすめの品種
おひさまコーン、ホワイトピュア、ゆめのこーん、味来など。

病害虫
アブラムシ、アワノメイガ、オオタバコガ、カメムシ、モザイク病など。

プランター栽培

サイズ65cm×40cm×深さ30cm以上／2株につき

プランター栽培のコツ
十分に大きなプランターで育てる。他家受粉のため2株以上育てる。実は1株に1本だけ残す。

畑の準備（全面施肥）

堆肥2kg/㎡・配合肥料150g/㎡を植えつけ1～2週間前に入れて耕し（P18）、平畝をたてて（P20）、マルチをかけておく（P22）。

栽培スペース
畝幅80cm、株間30cm、条間50cm

株の大きさ

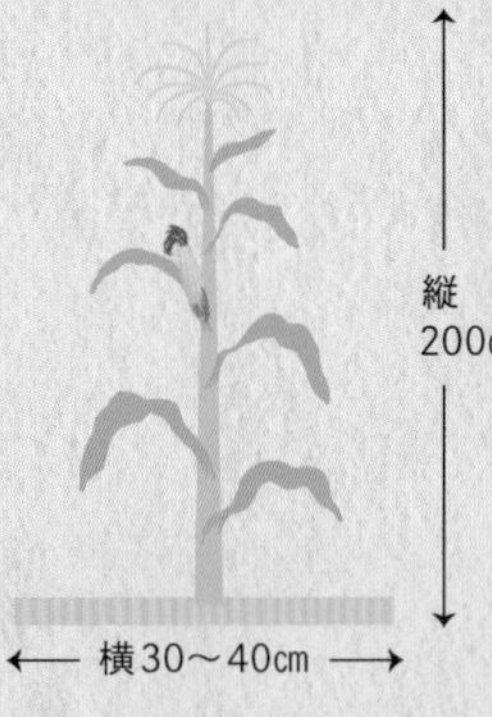

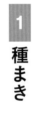

トウモロコシの病害虫

トウモロコシの害虫はアワノメイガが代表的。雄穂に産卵するので受粉後は雄穂を取り除くか、若い実に排水口ネットなどをかけると予防になる。

アワノメイガが侵入した痕。

アワノメイガの幼虫。実の先端にいることが多い。

2 間引き

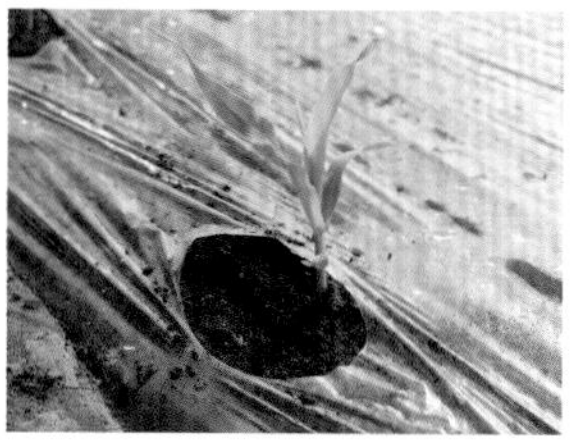

❶草丈10㎝ほどで間引き。元気な1株を残し、間引く株を地際で切る。

ポイント!

受粉後は雄穂をカット

雄穂はアブラムシやアワノメイガがつきやすいので、受粉後はカットしてもよい。

4 摘果・収穫

❶トウモロコシの雄穂（左）と雌穂（右）。アブラムシは雄穂につきやすい。

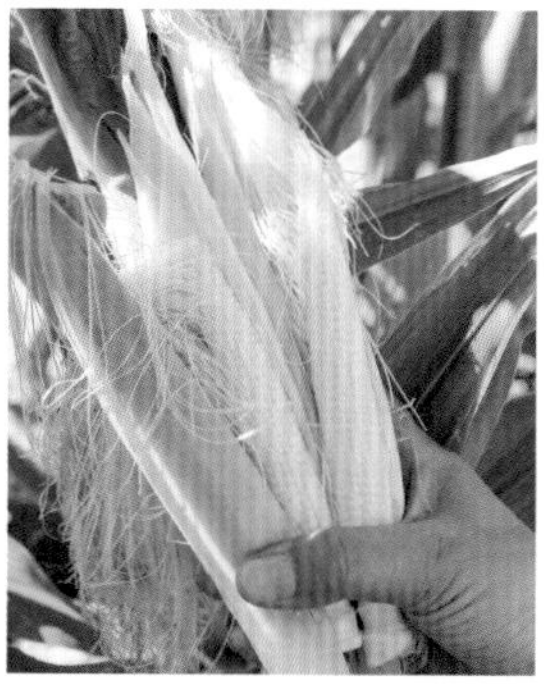

❸摘果してヤングコーンとして利用。

❷ひとつの雌穂の成長を促すため、株の一番上の雌穂を1株に1本残す。

❹ひげが焦げ茶色になったら収穫の目安。下側に折るように収穫する。

3 追肥・土寄せ

❶背丈30～40㎝で追肥。透明マルチをはがす。まだ株が大きすぎない状態なら、マルチを端から持ち上げて一気にはがしてもよい。ていねいに行う場合はハサミで切りながらはがす。

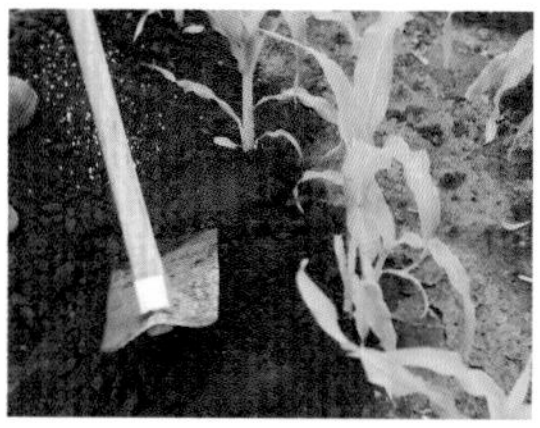

❸追肥後、土寄せする。

❷畝の肩に化成肥料50g/㎡をまく。

鳥害対策

収獲適期の1週間ほど前から鳥に狙われる。本数が少ないときは、防鳥ネットや防虫ネットを壁のように張るとよい。鳥よけのカラスの模型も効果的。

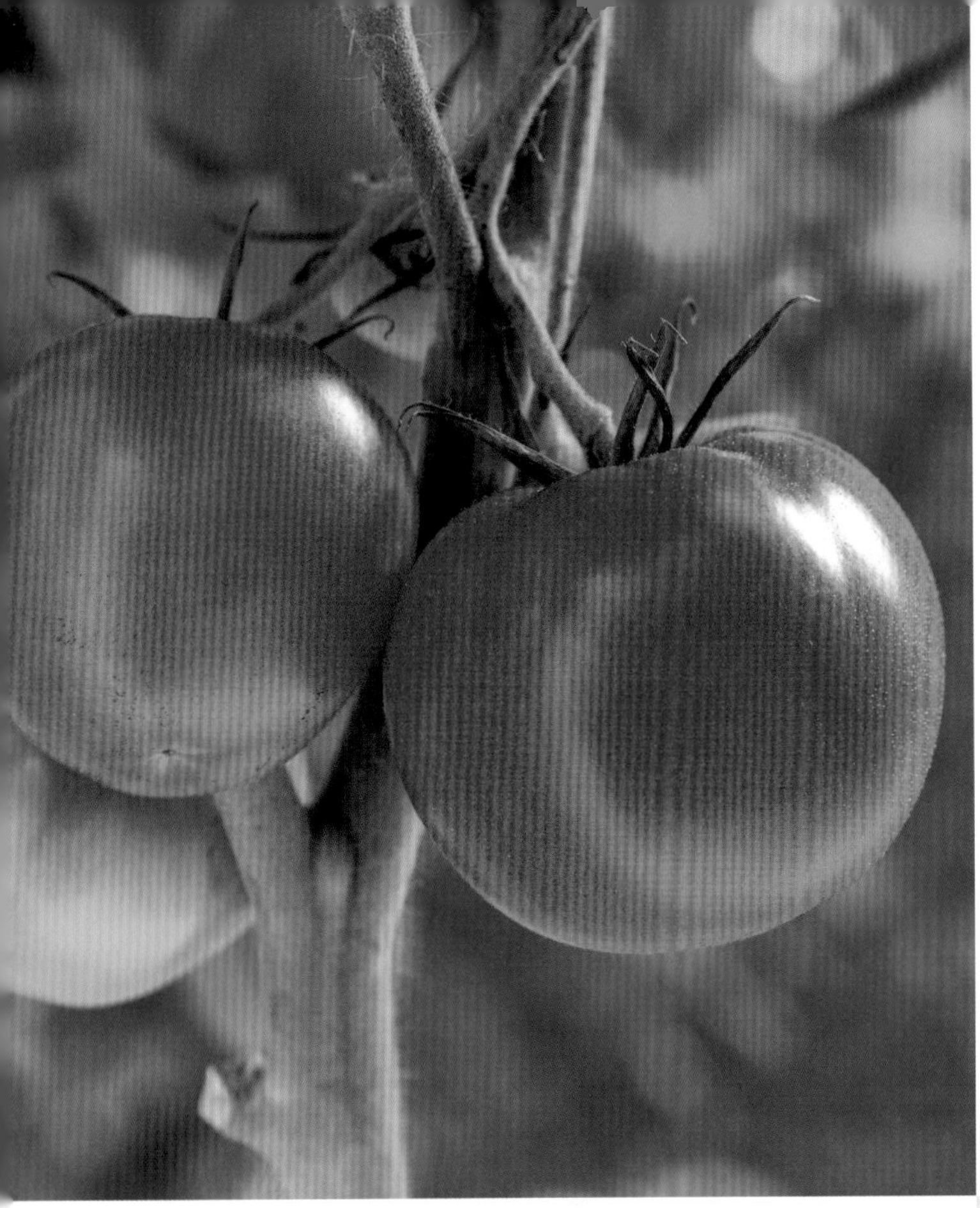

ナス科

トマト

栽培のポイント

栽培のしやすさ ★★☆

- 脇芽をこまめにつみ取り、主枝と実に栄養分を集中させる。
- 成長するたびに主枝を支柱に結びつけて誘引する。
- 寒さに弱いので、早植えする場合はビニールトンネルが必要。
- 大玉は花房が5段、中玉・ミニは7段くらいで摘芯する。

栄養と食べ方

- 赤い色素・リコピンは抗酸化作用あり。ビタミンCやビタミンA（カロテン）豊富で免疫力アップや、老化予防に。
- 生で食べればビタミンCが、油と一緒に煮込み料理やパスタソースなどに使うとカロテンを効率よく摂取できる。

1 植えつけ

❶ 苗は第1花が咲いているくらいのものを選ぶ。このとき、脇芽があれば取る。今回育てたのは大玉トマトの麗夏（サカタのタネ）という品種。

❷ ポットを水につける。底から水が出るくらいが目安。

❸ 植え穴を掘り、ポットから株をやさしく抜き取る。

❹ 花を通路側に向けて植えると収穫しやすい。土を寄せて植え、最後に水やりする。

❺ 植えつけ後、仮支柱で支え（P29）、トンネルをかける（P30）。

栽培カレンダー

●植えつけ ●収穫

月	1	2	3	4	5	6	7	8	9	10	11	12
中間地				植えつけ	植えつけ		収穫	収穫				

栽培データ

原産地 南アメリカのアンデス高地

連作障害 あり（4～5年あける）

発芽適温 20～30℃

生育適温 17～30℃

おすすめの品種
大玉･麗夏、中玉･レッドオーレ、ミニトマト・トマトベリーなど。

病害虫
アブラムシ、ハモグリバエ、アザミウマ、コナジラミ、うどんこ病、青枯病、葉かび病、疫病、トマト黄化葉巻病など。

プランター栽培

サイズ50㎝×30㎝×25㎝以上／2株につき

プランター栽培のコツ
中玉かミニトマトが育てやすい。水切れに注意する。

畑の準備（溝施肥）

堆肥2kg/㎡・配合肥料100g/㎡を植えつけ1～2週間前に入れて耕し（P18）、平畝をたてて（P20）、マルチをかけておく（P22）。元肥が多いと樹ボケする。

栽培スペース
畝幅60㎝、株間40～50㎝

株の大きさ

2 支柱立て

❶ 定植の約2週間後、株が育ってきたら支柱を立てる。マルチの外側に斜めに挿し、高さ150㎝くらいで交差させる。

❷ クロスしたところに、もう1本支柱を通して補強。麻ヒモでしっかり結びつけて固定する。

❸ 支柱が倒れないように、畝の端にピンを打ち込み、合掌の上に渡した支柱の端と麻ヒモで結び、ピンと張って補強する。

▶▶合掌仕立て

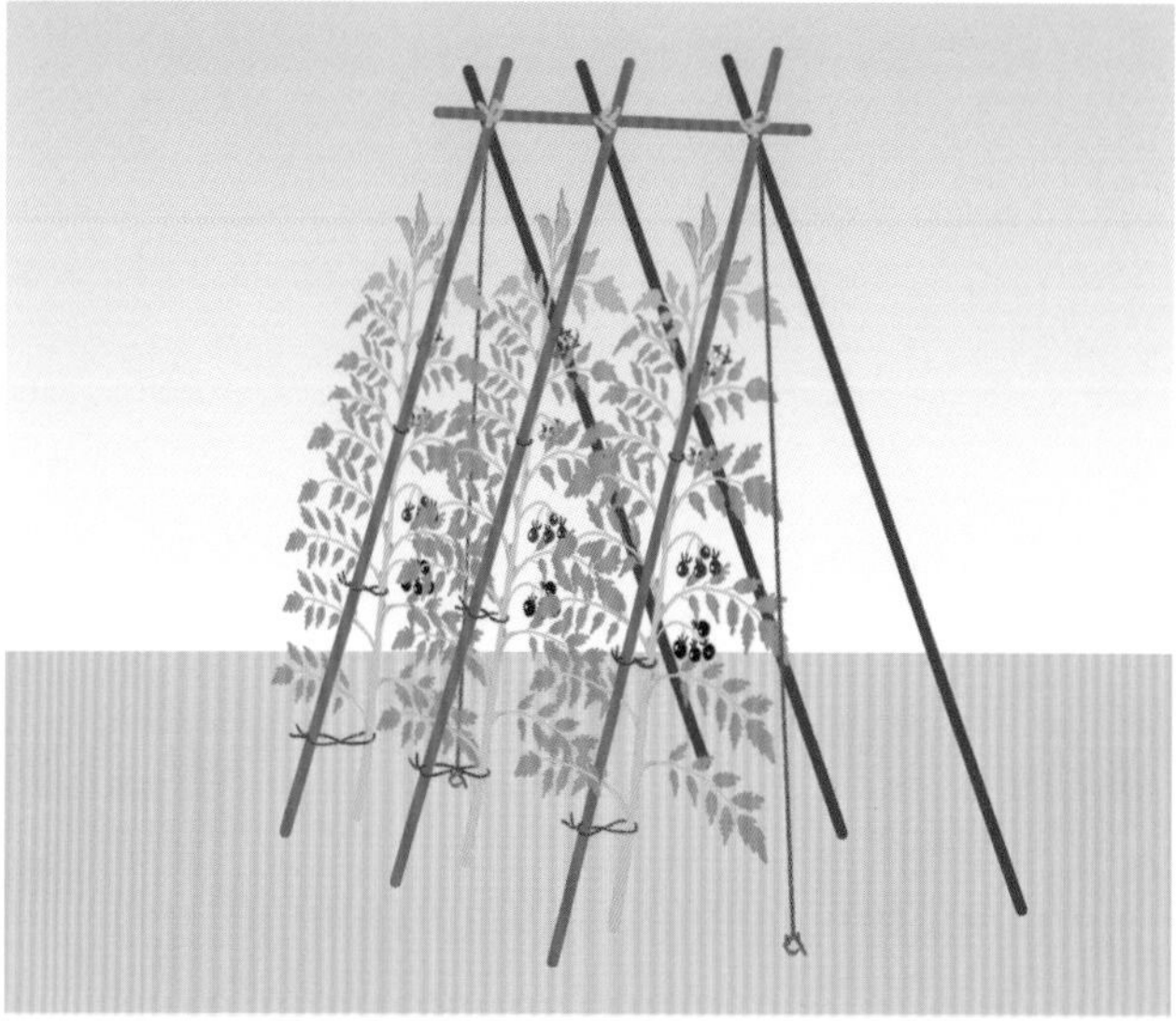

3 誘引

❶ 株が育ってきたら仮支柱を外し、主枝を支柱に誘引する(P34)。茎が太くなるための空間(あそび)をつくって結ぶ。花芽が通路側に向くように誘引すると収穫しやすい。この後も、成長するたびに主枝を誘引する。

4 脇芽つみ

❶ 脇芽は、主茎と葉の付け根から出るので、出てきたらつみ取る。週1回はチェックしよう。

❷ 脇芽を指で折るように取り除く。

ポイント!

脇芽つみは、つんだところを早く乾燥させるため、晴れた日に行うのがおすすめ。

5 摘花

❶ 1花房あたりに実らせる実の数は、品種によって違う。大玉トマトの花は、実を充実させるため、1房あたり4つを残し、ほかはつみ取る。中玉トマトは8～10個、ミニトマト15～25個が目安。

❷ 主枝に近いほうから実が大きくなるので、先端のほうの花を手でつんで摘花する。

6 追肥・中耕

❶ 定植後3～4週間で最初の追肥。化成肥料50g/㎡をマルチ脇にまく。以降、2週間おきに同じ量を追肥するとよい。

❷ 追肥後、土寄せする。

❸ 追肥のついでに、畝と畝の間の土をクワで軽くおこして中耕しておくとよい。空気が入って根張りがよくなり、除草効果も。以降、中耕も2週間に1度くらい行う。

7 摘芯

大玉トマトは花房が5段、中玉トマト・ミニトマトは7段くらいで、主枝を摘芯。摘芯すると、実なりがよくなる。1段目の花房より下の葉は、収獲が始まる頃に全部取る。風通しよくすることで病気を防ぐ。

▶▶脇芽かき

トマトの病害虫

病害虫を予防するには、同じナス科の作物との連作を避け、水はけをよくしておくことが大切。

オオタバコガの食痕
幼虫が、果実の内側や若葉を食べる。幼虫を見つけたら捕まえる。

疫病
茎や果実に褐色の病変があらわれる。接木苗か病気に強い品種を用いるとよい。病変がひどくなったら、株は抜いて処分する。

ハナムグリ
熟した実を放置すると果汁を舐めにやってくる。適期に収穫しよう。

赤く色づいたら収穫の目安。長く放っておくと鳥や虫の標的となるので、早めに収穫しよう。収穫して2日後くらいたつと、追熟して酸味がやわらいでおいしくなる。

［ プランターで栽培する ］場合

大きいプランターに1株で育てる。成長してきたら支柱を立てる。写真はあんどん型の支柱を利用。実が赤くなったら、随時、収獲する。

栽培のポイント

- 中玉やミニトマトの品種を選ぶとプランターでも育てやすい。
- 十分な日射しがある場所に置き、風通しよく育てる。
- 支柱を立てて誘引し、脇芽をつみながら育てる。ミニトマトは主枝と下の方の脇芽1本の計2本仕立てにしてもよい。
- 水切れしないように、しっかり水やりする。

中玉・レッドオーレ

「ミディトマト」とも呼ばれ、大玉とミニトマトの間くらいの大きさ。とくにレッドオーレ（カネコ種苗）は病気に強く、旨味も強い。

育て方は大玉トマトと同様。植えつけて3～4週間で最初の追肥。以降もこまめに追肥するとよい。ピンポン玉大（約50g）が収穫の目安。

中玉・シシリアンルージュ

調理・加工向けトマトの傑作と呼ばれる、楕円形の品種。生でも食べられるが、加熱すると味わいが引き立つ（パイオニアエコサイエンス）。

栽培方法は大玉トマトと同じ。写真はシシリアンルージュの若い果実。

熟した果実。オリーブオイルとの相性がよいといわれる。トマトソースなどに。

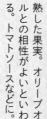

ミニトマト・オレンジ千《ち》果《か》

オレンジ色の果実が美しく、生で食べてもスープなどにしても、食卓が華やかになる。実なりがよく、たくさん収穫できる(タキイ種苗)。

❶オレンジ千果の苗。育て方は大玉と同様だが、ミニトマトは主枝のほかに花芽のすぐ下の脇芽を1本残し、2本仕立てにしてもよい。

❷直径3～4㎝でオレンジ色になったら収穫の目安。

ミニトマト・イエローアイコ

楕円形の果実の形がかわいい品種。病気に強く、たくさん実がつく。甘くてフルーティな味わいが特徴(サカタのタネ)。

育て方はオレンジ千果と同じ。濃い黄色に熟したものから収穫する。

茄子・ナス科

ナス

栽培のポイント

栽培のしやすさ ★★☆

・水を好むので乾燥する時期は水やりをたっぷりと。
・追肥をすることで秋まで長く収穫できる。
・「側枝1果どり」することで、収穫量のアップがねらえる。収穫時に整枝するとよい。

栄養と食べ方

・ほとんどが水分でビタミン類は微量。紫色の色素、ナスニンには動脈硬化を予防する抗酸化作用あり。
・江戸時代から食され、種類も豊富。漬け物はもちろん、油とも好相性なので揚げびたし、みそ炒め、カレーなどに。

1 植えつけ

❶千両二号の苗。元気で株が大きすぎないものを選ぶ。接木苗がおすすめ。

❷マルチ穴に植え穴を掘り、ポットごと水につける。

❸苗を逆さにしてポットからやさしく出す。

❹植えつけたら、根のまわりに土を寄せる。

栽培カレンダー

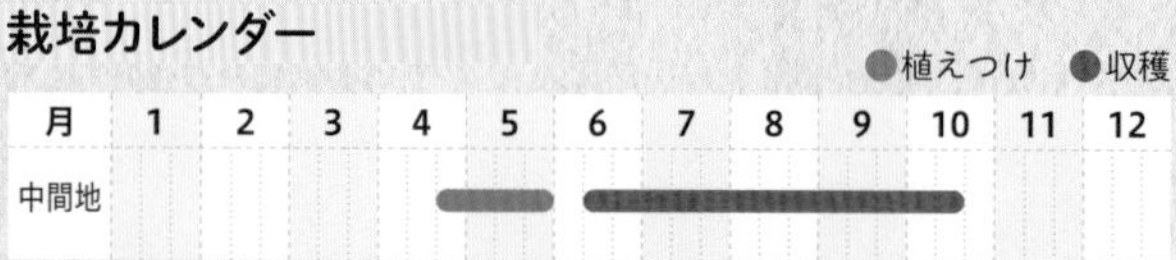
●植えつけ ●収穫
月 1 2 3 4 5 6 7 8 9 10 11 12
中間地

栽培データ

原産地 インド

連作障害 あり（4～5年あける）

発芽適温 25～35℃

生育適温 22～30℃

おすすめの品種
千両二号、トルコ、メランツァーネ・ゼブラなど。

病害虫
アブラムシ、アザミウマ、カメムシ、ハダニ、ニジュウヤホシテントウ、青枯病、うどんこ病、半身萎《はんしんい》ちょう病、えそ斑点病など。

プランター栽培

サイズ50㎝×30㎝×深さ25㎝以上／2株につき

プランター栽培のコツ
支柱を立て、水切れに注意し、追肥しながら育てる。

畑の準備（溝施肥）

堆肥2kg/㎡・配合肥料100g/㎡を植えつけ1～2週間前に入れて耕し（P18）、平畝をたて（P20）、マルチをかけておく（P22）。

栽培スペース
畝幅60㎝、株間60㎝
（2本仕立ての場合）

株の大きさ

縦
120㎝
横60㎝

2 仮支柱立て

❶ 植えつけ後、割りばしでつくった仮支柱を挿して、麻ヒモで誘引する(P29)。

❷ 植えつけの最後にたっぷり水やりをする。

3 トンネルかけ

仮支柱を立てたら、防虫と風よけのため、トンネルをかける(P30)。

4 脇芽つみ

主枝と側枝1本の2本仕立てにする。第1花の花芽の下にある脇芽を側枝として伸ばすようにし、それより下の脇芽はすべてつみ取る。

▶▶脇芽かきと2本仕立て

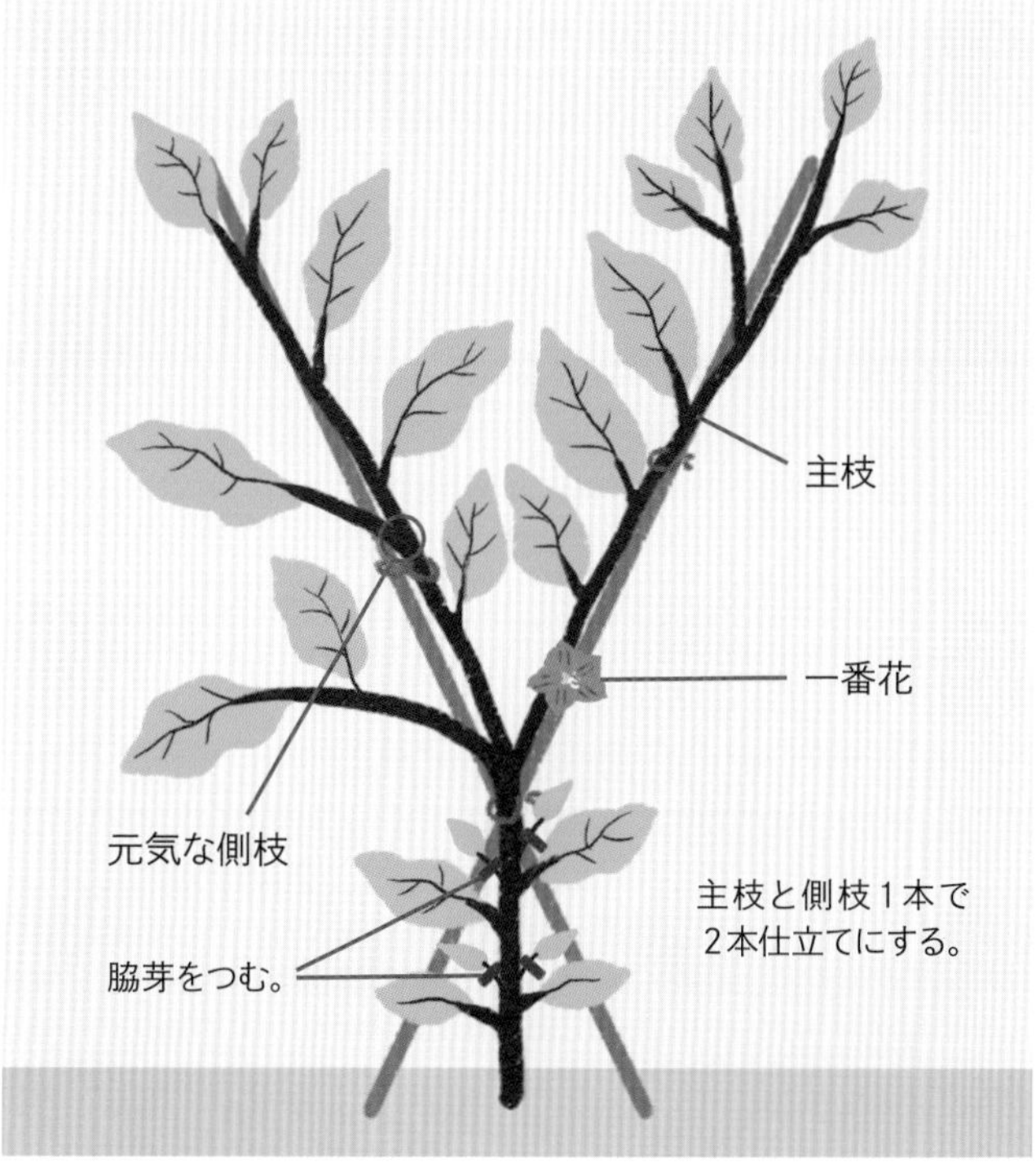
主枝
一番花
元気な側枝
脇芽をつむ。
主枝と側枝1本で2本仕立てにする。

Q　ナスのお尻の部分が茶色くなっています。

A　実が小さいときにアザミウマに食害されると、茶色いカサブタ状になります。ヘタが白くなるのはハダニが原因。どちらも株全体に薬剤を散布するとよいでしょう。

5 支柱立て・誘引

❶ 株が成長してトンネルに当たりそうになったら、トンネルを外し、仮支柱も取る。

❷ 株の高さくらいで交差するように、2本の支柱を挿す。

❸ 主枝と側枝1本をそれぞれ支柱に結び、V字の2本仕立てにする。

支柱の角度

支柱を交差させる角度は40～50°くらいが目安。角度が広いと通路が通りづらく、角度が狭いと葉が茂った際に日が当たりにくくなり、収量が減ってしまう。

6 追肥・中耕

❶ 植えつけ後、約3週間で最初の追肥。マルチの端をめくる。

❷ マルチの下を少し掘って根の張り具合を確認し、根の伸びている先に追肥する。

❸ 畝の肩に化成肥料50g/㎡をまき、マルチを元に戻す。

❹ マルチを戻して土で固定する。以降、2週間ごとにマルチの外の畝の肩に追肥する。

❺ 追肥のとき、畝間を中耕する(P36)。土に空気が入ることで根張りがよくなり、除草効果もある。以降、中耕も2週間ごと行うとよい。

側枝1果どり

側枝に実を1つ実らせ、収穫したら脇芽を1つ残して切り戻すのが、側枝1果どり。日がよく当たり、風通しがよくなることで、収穫量がアップし、病気予防にもつながる。

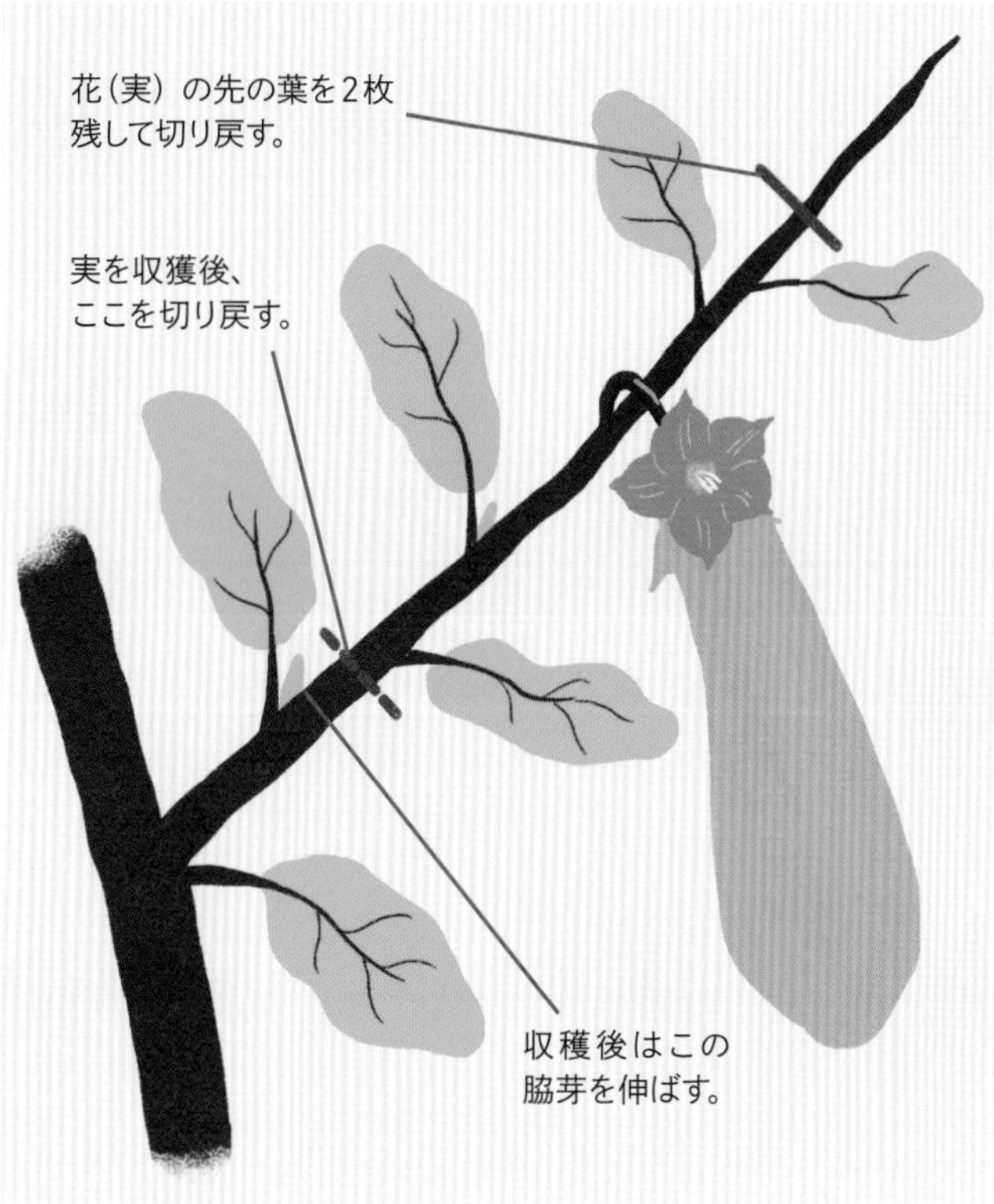
花（実）の先の葉を2枚
残して切り戻す。
実を収獲後、
ここを切り戻す。
収穫後はこの
脇芽を伸ばす。

❶ ナスの花。

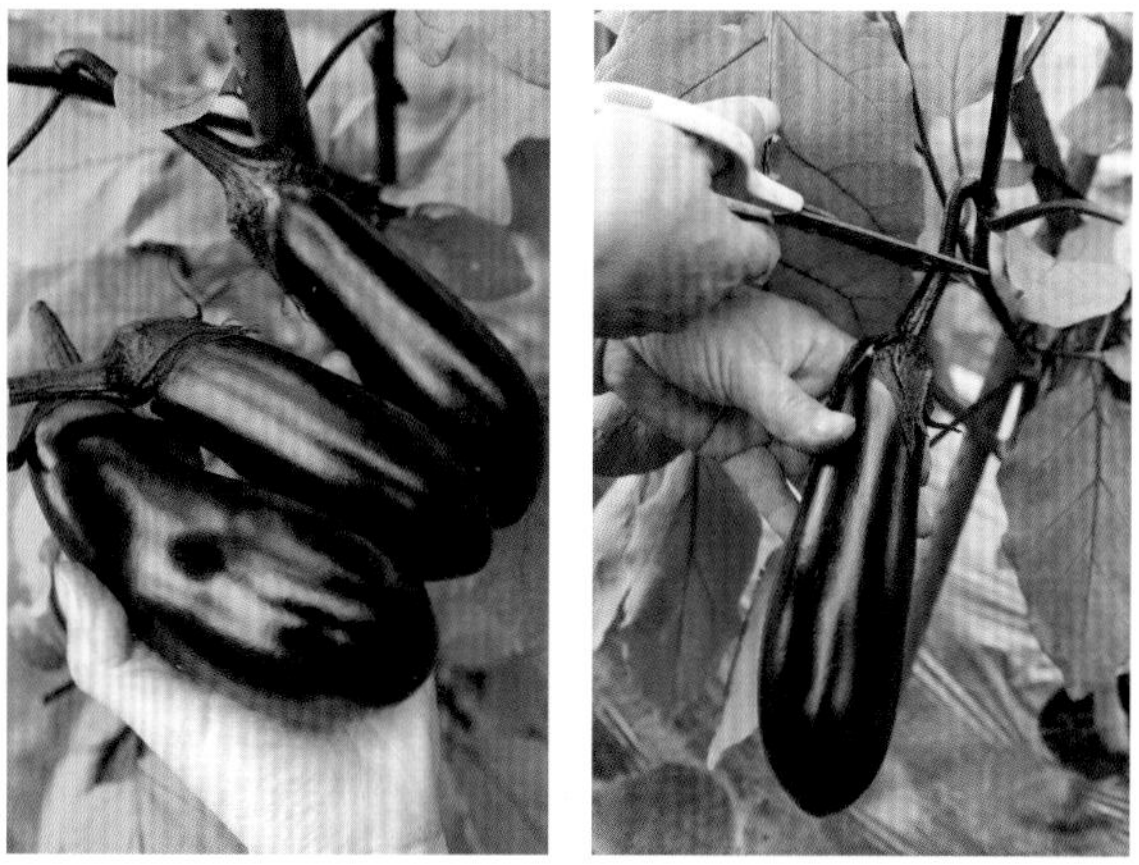

❷ 適度な大きさになったらハサミで切って収穫。とくに実のつきはじめの時期は、早めに収穫して株を疲れさせないようにする。収穫は側枝1果どり（左図）がおすすめ。収穫時に側枝を摘芯する作業を同時に行う。

ナスの病害虫

アブラムシやハダニがつきやすい。ほかにも病害虫に注意し、見つけたら早めに対処する。主茎や側枝が傷んだときは、剪定し、新しい脇芽を伸ばすとよい。

半身萎ちょう病
土壌病原菌の一種で、葉の片側が枯れてしおれ、株全体が生育不良になる。ナス科の作物の連作を避けることが予防になる。

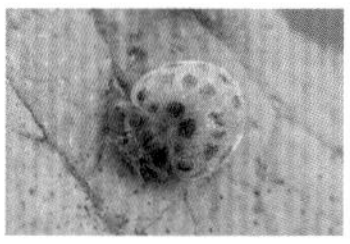

ニジュウヤホシテントウ
テントウムシダマシとも呼ばれる。左は食害痕。

［更新剪定《こうしんせんてい》する］場合

スコップを入れて
根を切る。

盛夏に実つきが衰えた場合は、主枝や側枝の剪定を行い、根先をスコップなどで切ると、8月下旬以降の秋ナスのシーズンに向けて株をリフレッシュさせることができる。更新剪定は8月上旬までに行うとよい。2本仕立てで側枝1果どりしている場合は、更新剪定をしなくても秋まで収穫できることが多い。

賀茂ナス

京都の伝統野菜として知られる丸ナスで、直径12～15㎝くらいになる。ほかのナスとくらべて肉質がしまり、ずっしりして風格がある。味噌を使った田楽が定番だが、しっかりした食感を生かしてステーキにしてもおいしい。

植えつけから収穫まで

❶賀茂ナスの苗。育て方はふつうのナスと同じ。主枝と側枝を伸ばして2本仕立てにする。

❷ちょうどよい大きさになったら収穫。追肥をしながら長く収穫しよう。

長緑ナス

緑の長い果実が目を引く品種。皮がしっかりしているので、漬け物より焼きナスなど加熱調理に向き、とろりとしておいしい。素揚げし、皮をむいて食べるのもおすすめ（丸種）。

植えつけから収穫まで

❶長緑ナスの苗。育て方はP92～95と同様。

❷長さは25～30㎝にもなる。ハサミで切って収穫する。

ナスの品種

ゼブラナス

イタリアの品種で、薄い紫と白の縞模様が美しいナス。地中海料理などにも活用されている。皮は柔らかく、とろけるような食感でどんな料理にも使いやすい。写真の品種はメランツァーネ・ゼブラ(トキタ種苗)。

植えつけから収穫まで

❶ゼブラナスの苗。普通のナスと同様に、支柱を立て、2本仕立てにして育てる。

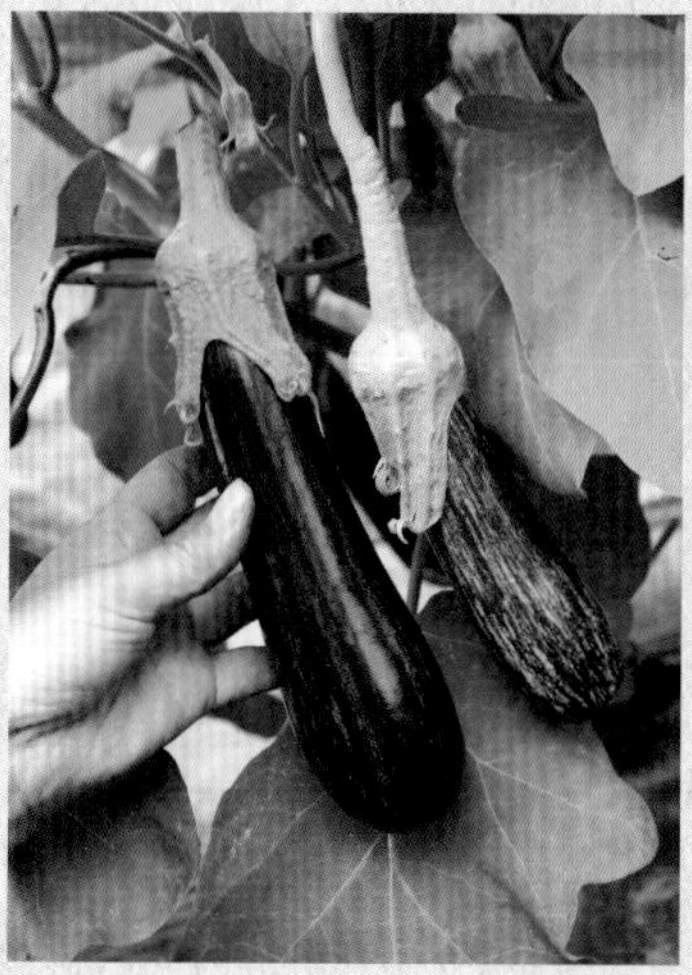

❷長さ15㎝くらいが収穫の適期。

白ナス

ナスニンという紫色の色素を持たず、白く見えるナス。皮が固めなので、煮物や揚げびたしに最適。イタリア系の品種であるホワイトベルやメランツァーネ・ラテ(トキタ種苗)、新潟県の伝統野菜である「越後白なす」などがある。

植えつけから収穫まで

❶白ナスの苗。普通のナスと同様に栽培。成長したら2本仕立てにし、定期的に追肥するとよい。

❷ずんぐりしたナス。12～15㎝ほどで収穫する。

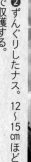

隼人瓜・ウリ科

ハヤトウリ

栽培のしやすさ ★★☆

栽培のポイント

・苗は実が半分地上に出るように植えつける。
・実がたくさんできるので丈夫な支柱を設置する。
・晩秋に実るが寒さに弱いので、霜が降りる前に収穫を終えること。

栄養と食べ方

・ほとんどが水分の低カロリー野菜。比較的多く含むカリウムは、体内の余分な塩分を排出する作用がある。
・皮をむき、種を取って調理。クセがないのでいろいろな料理に合う。生で漬け物にするほか、炒め物やスープなどに。

1 植えつけ

❶ハヤトウリ(白皮種)の苗。

❷植えつけるための穴を掘る。

❸ポットを水につける。

❹苗をやさしく抜き取る。

❺種の実が半分くらい地上に出るように植えつける。

栽培カレンダー

●植えつけ ●収穫

月	1	2	3	4	5	6	7	8	9	10	11	12
中間地					━	━				━	━	

栽培データ

原産地 中央アメリカ
連作障害 あり（3～4年あける）
発芽適温 20～30℃
生育適温 22～30℃
おすすめの品種
白皮種と緑皮種がある。
病害虫
アブラムシ、ウリハムシ、べと病など。

畑の準備（全面施肥）

堆肥2kg/㎡・配合肥料200g/㎡を植えつけ1～2週間前に入れて耕しておく(P18)。

栽培スペース
アーチ幅2m40㎝、株間200㎝

プランター栽培

つるを伸ばして大きく成長するので、プランター栽培には向かない。

株の大きさ

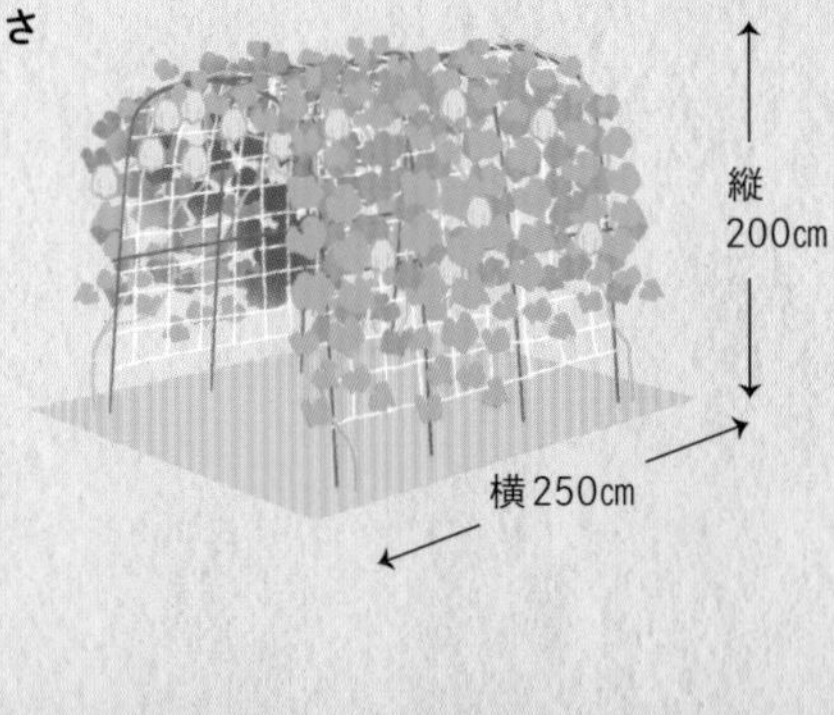

2 支柱立て

❶つるを這わせる支柱を立てる。ここではアーチ型を設置。たくさん実ができて重さがかかるので、頑丈な支柱を選ぼう。

❷支柱につるを這わせるためのネットを張って完成。

3 誘引

❶つるが伸びてきたら、ネットや支柱につるを誘導する。自然にからむときはヒモで誘引しなくてもOK。親づるは葉6～7枚で摘芯し、子づるを伸ばす。摘芯したら、1回目の追肥。化成肥料50g／㎡を株のまわりに施して土をかける。以降、月1回を目安に同様に追肥するとよい。

4 収穫

❶ハヤトウリの若芽。台湾では竜のヒゲを意味する「龍髭菜（ロンシューツァイ）」という名で親しまれ、クウシンサイのように炒め物にすると、シャキシャキとした食感が楽しめる。

❷ハヤトウリの雌花。

❸適度な大きさになったらハサミで切って収穫。

白皮系。

緑皮系。

育苗する場合

ハヤトウリは実の中に種が入っているので、そのまま植える。ポットに培養土を入れ、実を横向きにして半分くらい埋める。本葉が4～5枚出てきたら植えつける。

甘唐辛子・ナス科

ピーマン

栽培のポイント

栽培のしやすさ ★★☆

- 脇芽をつんで、主枝と側枝2本を伸ばす。
- 収穫期間が長いので、途中の肥料切れに注意。追肥して栽培する。
- 害虫は見つけしだい捕殺する。

栄養と食べ方

- 生トマトの5倍のビタミンCを含み、ビタミンA（カロテン）、Eも豊富。血液サラサラ効果があり美容によい。
- ヘタと種を取り、炒め物などに。種の部分に肉だねを詰めて焼いたり、フライにしても。和洋中で活躍。

1 植えつけ

❶ピーマンの苗。写真は京波（タキイ種苗）という品種。

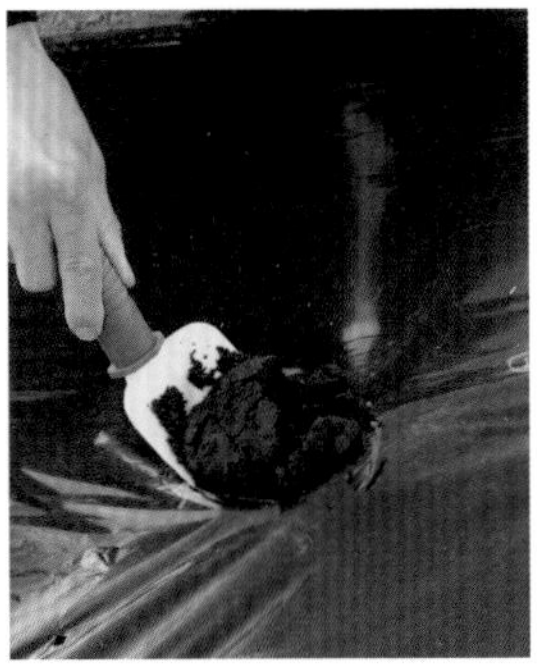

❷マルチに穴を開け、植え穴を掘る。

❸ポット苗を水につけて吸水させる。

❹植え穴に植え、根のまわりに隙間ができないようにしっかり土を寄せる。

栽培カレンダー

●植えつけ ●収穫

月	1	2	3	4	5	6	7	8	9	10	11	12
中間地					●植えつけ	●収穫	●収穫	●収穫	●収穫			

栽培データ

原産地 中南米の熱帯地方

連作障害 あり（3～4年あける）

発芽適温 25～30℃

生育適温 25～30℃

おすすめの品種
京波、あきの、京ひかりなど。

病害虫
アザミウマ類、アブラムシ、タバコガ、ハダニ、カメムシ類、ヨトウ類、モザイク病、うどんこ病、青枯病、疫病、輪紋《りんもん》病など。

プランター栽培

サイズ30㎝×30㎝×深さ25㎝以上／1株につき

プランター栽培のコツ
よく日が当たる場所に置き、しっかり追肥しながら育てる。

畑の準備（溝施肥）

堆肥2kg/㎡・配合肥料100g/㎡を植えつけ1～2週間前に入れて耕し（P18）、平畝をたて（P20）、マルチをかけておく（P22）。

栽培スペース
畝幅60㎝、株間60～80㎝

株の大きさ

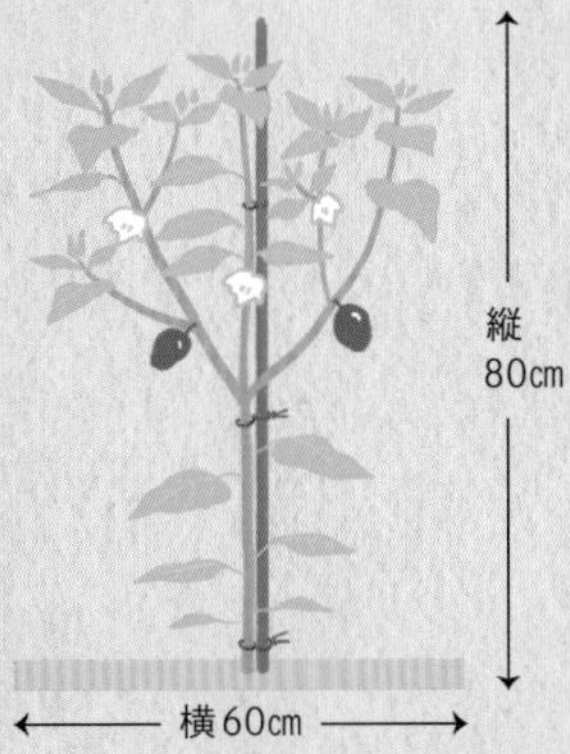

2 仮支柱立て

❶植えつけ後、仮支柱を立て、ヒモで誘引する(P29)。

❷植えつけが完了したら、最後にたっぷりと水やりをする。

3 脇芽つみ

After

Before

一番花が咲く頃、脇芽つみと支柱立てを行う。一番花の下から勢いよく出た側枝2本を残し、主枝1本との3本仕立てにする。ここより下に出た脇芽はすべてかき取る。

4 支柱立て・誘引

❶支柱を株の脇にまっすぐに立てる。根を傷つけない位置に立てよう。倒れないようにしっかり挿す。

❷麻ヒモを使って主枝を支柱に誘引する(P34)。

▶▶脇芽つみと仕立て方

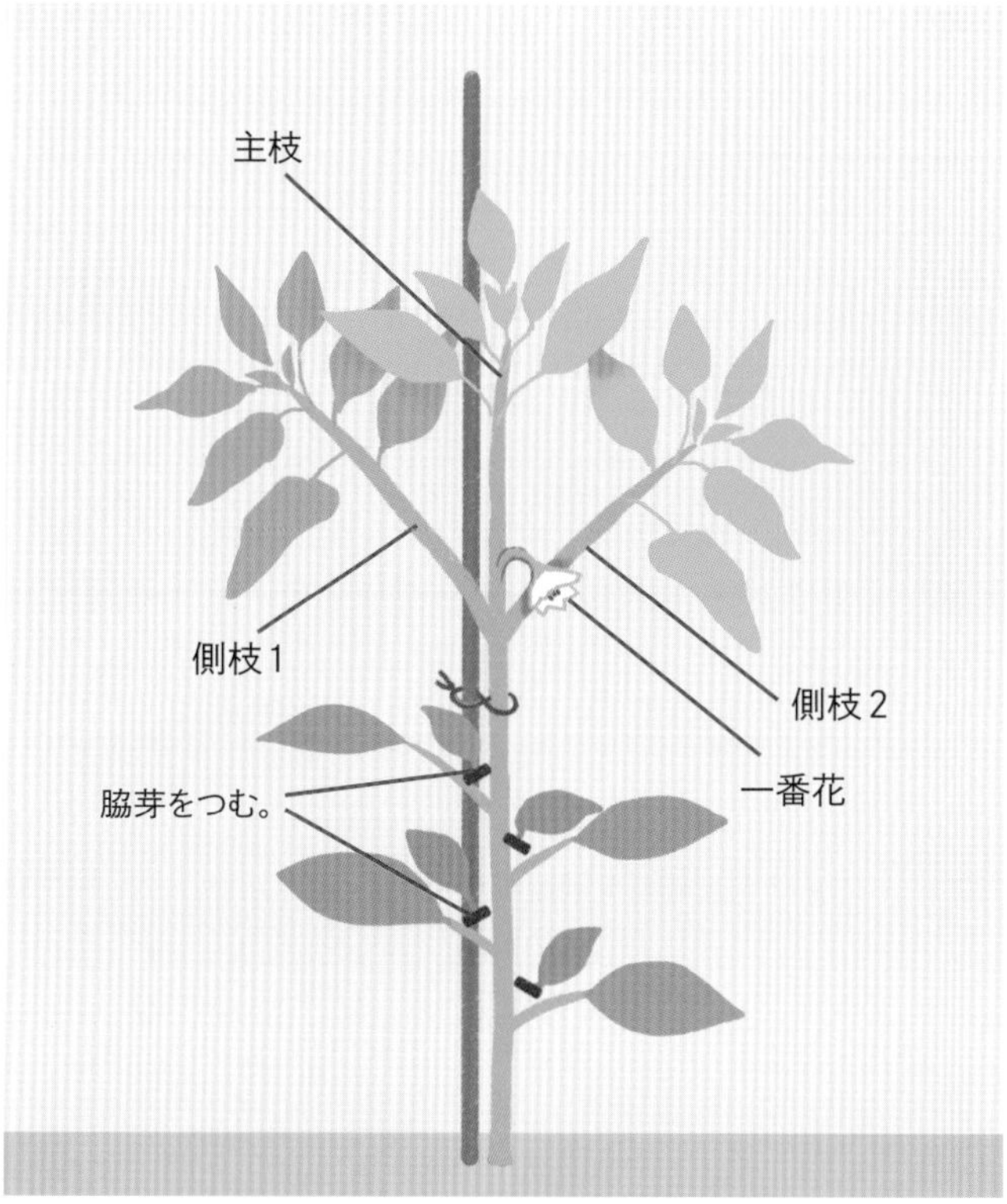

主枝と一番花の下の側枝2本を残し、計3本を1本の支柱で仕立てる。

5 追肥・中耕

❶植えつけて約3週間後に最初の追肥。マルチの端をめくる。

❷土を少し掘り、根の張り具合を確認する。

❸畝の肩に化成肥料50g/㎡をまく。マルチを戻し、土をかけて固定。

❹追肥のついでに、畝と畝の間をクワで軽くおこして中耕するとよい（P36）。空気が入ることで根張りがよくなり、除草効果もある。以降、中耕も2週間に1度くらいやっておこう。

ポイント！

追肥は2週間ごとに

ピーマンは秋まで長く収穫できるが、2週間を目安にまめに追肥を。株に元気がないときは、肥料切れのサイン。2回目以降の追肥は、畝と畝の間に追肥しよう。量は1回目と同様。

6 収穫

❶ピーマンの花。

❷ハサミで切って収穫。とくに株が小さいうちは早めに収獲し、株の成長に栄養を使えるようにしよう。

ピーマンの病害虫

さまざまな病害虫が発生するので見つけしだい対処する。元気な苗を選び、連作を避け、畑の水はけをよくすることで予防しよう。

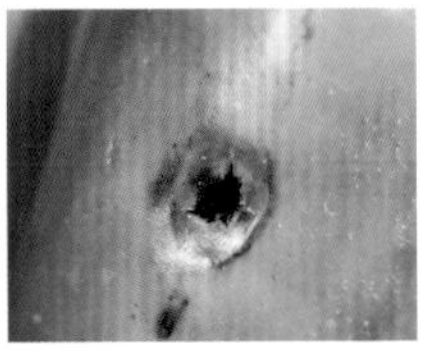

オオタバコガの食痕
幼虫が果実に穴を開けて内部を食害。写真のような穴が空いていたら中に幼虫がいる可能性が高い。

カメムシの卵
卵を見つけたら、ふ化する前に取り除く。

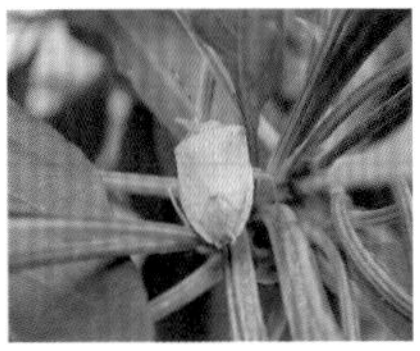

カメムシ類
いろいろなカメムシが発生する。見つけたら捕殺する。

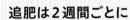

[プランターで栽培する] 場合

❸仮支柱を立てて、株を支える。成長したら支柱を立てて誘引する。写真では2本の支柱でV字仕立てにしている。

❶ピーマンの苗。

❹適度な大きさになったら収獲。写真はカラーピーマン。

❷プランターに培養土を入れて苗を植え、しっかり水やりする。

栽培のポイント

- 暑さに強く、日射しを好むので、よく日が当たる場所にプランターを置く。
- 水切れに注意し、しっかり水やりする。
- 長く収穫するには、2週間ごとに追肥をするとよい。
- 支柱を立てて誘引して株を支える。

ピーマンの品種

カラーピーマン

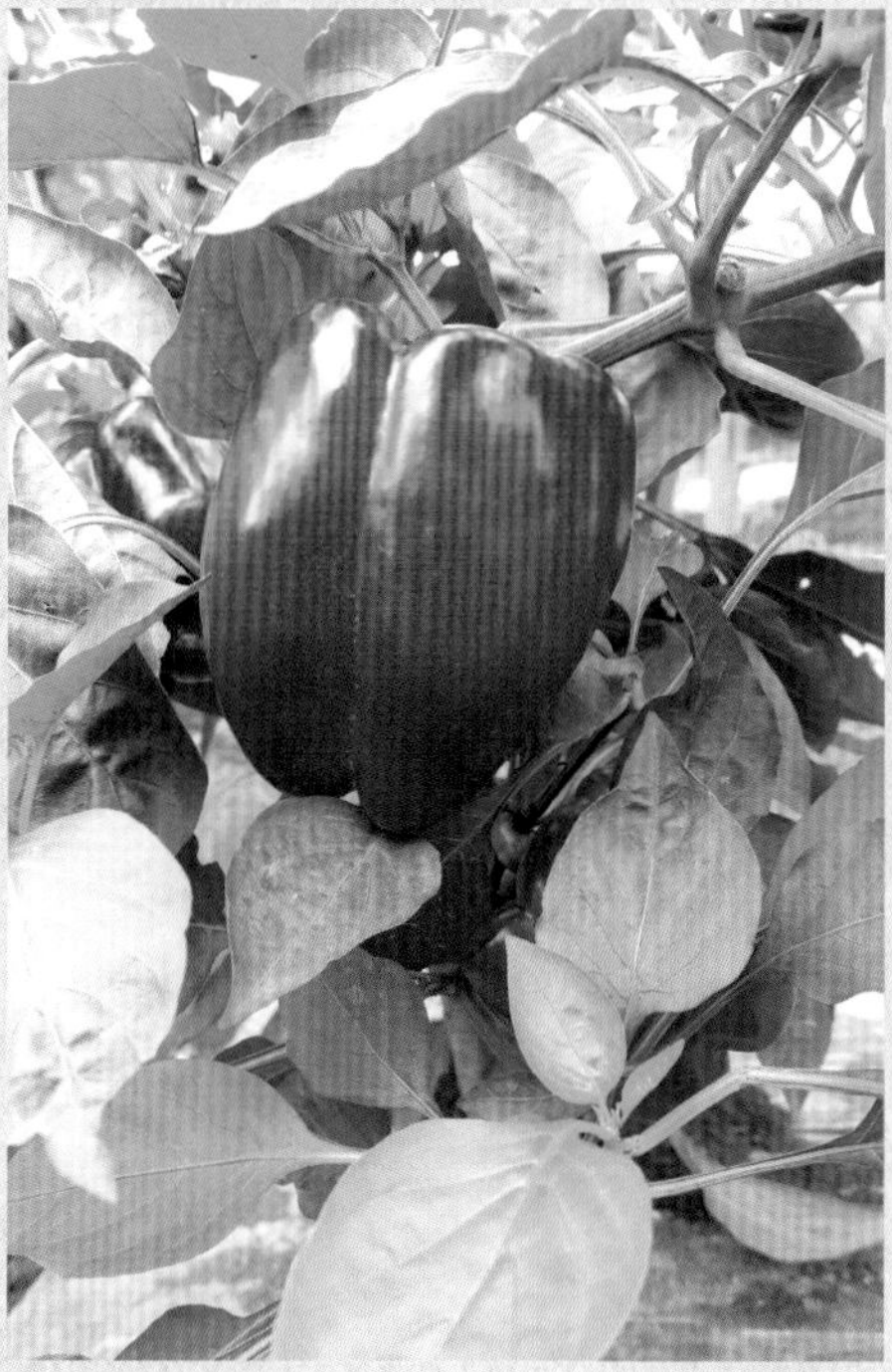

右の写真はイエロー種。

赤やイエローのカラフルなピーマンで、肉厚でジューシーなことが特徴。一般的によく知られているパプリカも含まれる。フルーピーレッドやレッドホルン（いずれもタキイ種苗）、ミニ品種のぷちピー（トキタ種苗）など、さまざまな品種がある。

植えつけから収穫まで

育て方は普通のピーマンと同様。1本仕立てにし、追肥はこまめに。ハサミで切って収獲する。

糸瓜・ウリ科

ヘチマ

栽培のしやすさ ★★☆

栽培法と食べ方など

- 沖縄ではナーベラーと呼ぶ。丈夫な支柱を立てて育てる。
- カリウムなどを含み、若い実の皮をむいて炒め物や煮物に。

植えつけから収穫まで

❶ 種から育てる場合はポットに2～3粒ずつまく。苗は本葉4～5枚で畑に定植。

❷ つるを伸ばして大きく生育するので、頑丈な支柱を立てて誘引する。

❸ 花が咲き始めたら化成肥料50g／㎡を追肥する。

❹ 実が30㎝ほどで収穫。成長しすぎたものはヘチマタワシにするとよい。

栽培カレンダー

●種まき ●植えつけ ●収穫

月	1	2	3	4	5	6	7	8	9	10	11	12
中間地					●種まき／●植えつけ	●種まき／●植えつけ		●収穫	●収穫	●収穫		

栽培データ

原産地 東南アジア

連作障害 あり（2～3年あける）

発芽適温 25～30℃

生育適温 20～30℃

おすすめの品種
ヘチマ、太ヘチマなど。

病害虫
ウリハムシ、アブラムシ、褐斑病、うどんこ病など。

プランター栽培

つるを伸ばして大きく成長するのでプランター栽培には向かない。

畑の準備（全面施肥）

堆肥2kg/㎡・配合肥料100g/㎡を植えつけ1～2週間前に入れて耕し（P18）、平畝をたてる（P20）。

栽培スペース
畝幅200㎝、株間100㎝以上

株の大きさ

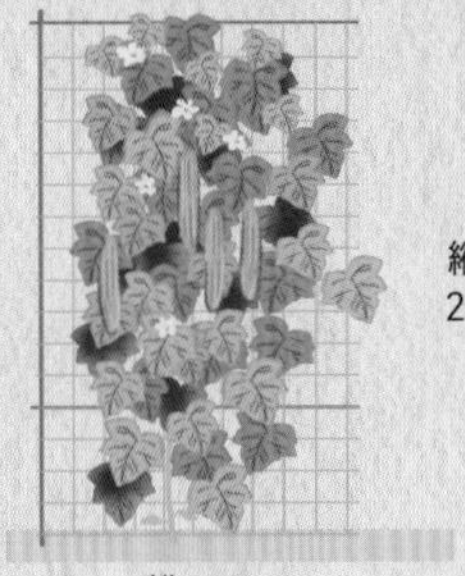
縦
200㎝
横100㎝

酸漿・鬼灯・ナス科

食用ホオズキ

栽培のしやすさ ★★☆

栽培法と食べ方など

- 鑑賞用のホオズキとは別品種で、支柱を立てて育てる。
- 甘い果実はミニトマトのような食感。生でそのまま食べる。

植えつけから収穫まで

❶ 苗を植え穴に定植し、水やりする。

❷ 支柱を1本立てて誘引する。

❸ 花が咲き始めたら化成肥料50g／㎡を追肥。

❹ 中の果実がオレンジ色に熟したら収獲する。

栽培カレンダー

●植えつけ ●収穫

月	1	2	3	4	5	6	7	8	9	10	11	12
中間地					●植えつけ		●収穫	●収穫	●収穫			

栽培データ

原産地 アメリカ大陸

連作障害 あり（3～4年あける）

発芽適温 20～25℃

生育適温 15～30℃

おすすめの品種
キャンディランタン、スイートパールなど。

病害虫
アブラムシ、ニジュウヤホシテントウ、うどんこ病など。

プランター栽培

サイズ30㎝×30㎝×深さ30㎝以上／1株につき

プランター栽培のコツ
支柱を1本立てて、誘引して育てる。下の葉はかいて風通しよくする。

畑の準備（全面施肥）

堆肥2kg/㎡・配合肥料100g/㎡を植えつけ1～2週間前に入れて耕し（P18）、平畝をたてる（P20）。

栽培スペース
畝幅70㎝、株間40㎝以上

株の大きさ

縦
100～
150㎝
横50㎝

3章

葉茎もの野菜

葉茎類の育て方

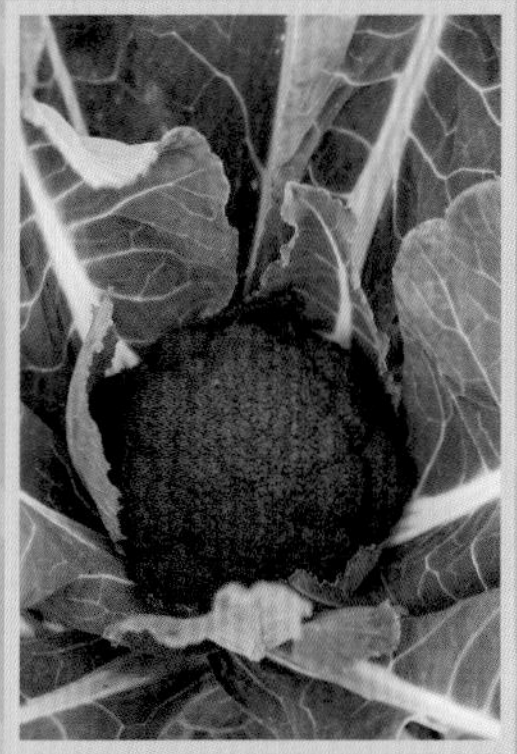

葉茎もの野菜
栽培ポイントと栽培カレンダー

**春まきと秋まき、両方できる品種が多く、育てやすいものが多いグループです。
ただし害虫がつきやすいので、こまめにチェックして、収獲まで見守りましょう。**

アブラナ科など人気の野菜が多く育てやすい

初心者でも作りやすく、チャレンジしやすい葉茎もの野菜。栽培期間の短いものが多いため、追肥の必要ない品種も多く、植える時期さえ気をつければ、比較的かんたんに栽培できます。

葉もの野菜の中でも人気なのは、キャベツやブロッコリーをはじめとしたアブラナ科の野菜。ただし、アブラナ科の野菜は病害虫が多いので、生育初期は防虫ネットをかけたり、場合によっては薬剤をうまく活用することで、成功する確率がアップします。

・根こぶ病に注意

アブラナ科に多く見られる病気が根こぶ病。害虫が見当たらず、原因がわからないのに元気がない場合は、根こぶ病の可能性があります。

原因はカビの一種で、酸性土壌や多湿を好み、株を抜くと、根にこぶができていることで確認できます。毎年、同じ場所で根こぶ病が発生する場合は、土壌の酸度をチェックし（P13）、酸性に傾いている場合は石灰を入れ、弱酸性に調整しましょう。また、高畝にするなど水はけをよくすることも予防になります。

・シンクイムシに注意

アブラナ科の植物を好む害虫は多く、とくに被害が大きいのは、シンクイムシと呼ばれるハイマダラノメイガの幼虫。名前の通り、中央の新芽を好んで食害するため、食べられると新芽が出ず、成長できなくなってしまいます。

苗が若いうちに多発するので、こまめにチェックして、見つけ次第、捕殺すること。幼虫が小さいうちはピンセットでつまみ出すとよいでしょう。

▶▶ 何を育てる？ 葉茎もの野菜編

栽培のしやすさや、栽培の目的別に、おすすめの品種を紹介します。

まずはこれから育てよう

- エゴマ
- コマツナ
- シソ
- シュンギク
- バジル
- ミズナ
- モロヘイヤ
- レタス（リーフレタス）

プランターでもOK

- コマツナ
- シュンギク
- スイスチャード
- ミックスレタス
- ミツバ
- ハーブ（ミント、パセリ、バジルなど）

中国野菜をつくりたい

- カイラン
- クウシンサイ
- ザーサイ
- サントウサイ
- ターサイ
- チンゲンサイ

西洋野菜をつくりたい

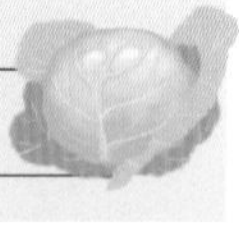

- キャベツ（カーボロネロ・サボイ）
- コールラビ
- スイスチャード
- レタス（ロメイン）
- ルッコラ

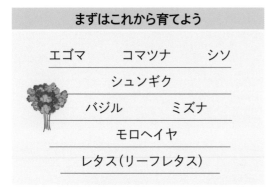

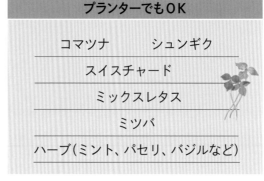

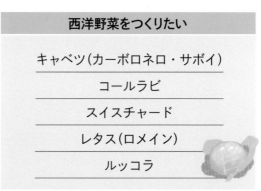

主な葉・茎もの野菜・栽培カレンダー

●種まき ●植えつけ ●収穫

	品種名	科	輪作年限	1月	2月	3月	4月	5月	6月	7月	8月	9月	10月	11月	12月	掲載ページ
春まき・春植え&秋まき・秋植え野菜	コマツナ	アブラナ科	1～2年											(1年中)		P130
	ネギ	ヒガンバナ科	1～2年													P154
	レタス	キク科	2年													P188
春まき・春植え野菜	アスパラガス	キジカクシ科	なし			翌々年										P108
	クウシンサイ	ヒルガオ科	なし													P122
	シソ	シソ科	なし													P132
	ニラ	ヒガンバナ科	1～2年			2年目										P150
	バジル	シソ科	1～2年													P166
秋まき・秋植え野菜	カリフラワー	アブラナ科	2～3年													P116
	キャベツ	アブラナ科	2～3年													P118
	シュンギク	キク科	1～2年													P134
	タマネギ	ヒガンバナ科	1年													P142
	チンゲンサイ	アブラナ科	1～2年													P144
	ニンニク	ヒガンバナ科	なし													P152
	ハクサイ	アブラナ科	2～3年													P160
	ブロッコリー	アブラナ科	2～3年													P170
	ホウレンソウ	ヒユ科	1～2年													P172
	ミズナ	アブラナ科	1～2年													P174

キジカクシ科

アスパラガス

栽培のしやすさ ★★☆

栽培のポイント

- 植えると7～10年収穫できるので、植える場所をよく考える。
- ポット苗や、根株という地下茎を植える方法などがある。植えつけ後2年は株を育て、収穫は3年目から。
- 草丈が伸びるので周囲を囲って倒れないように仕立てる。

栄養と食べ方

- ビタミンA、Cを含む緑黄色野菜。アミノ酸の一種であるアスパラギン酸は、新陳代謝を活発にし、疲労回復にもよい。
- 根元の硬い部分を切り落とし、根元の皮をむいてゆで、サラダや和え物に。炒め物やスープの具にしても。

1 植えつけの準備

❶ アスパラガスのポット苗。

❷ 株間50㎝で植える場所を決める。

❸ ポット苗の深さに合わせて植え穴を掘る。

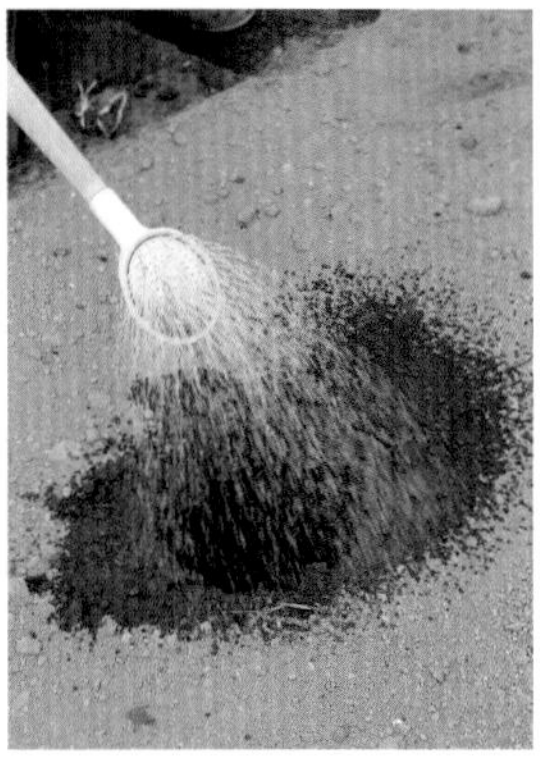

❹ 苗を植える前に水やりをしておく。

栽培カレンダー

●種まき ●植えつけ ●収穫

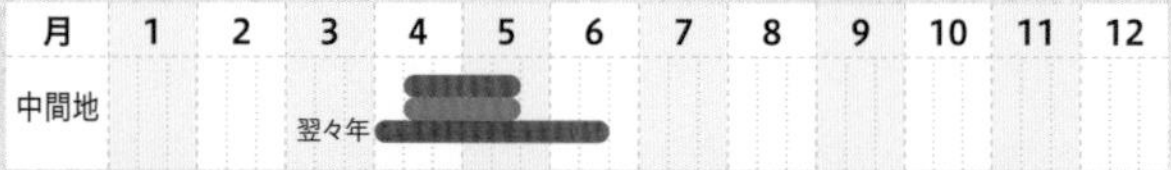

月
1
2
3
4
5
6
7
8
9
10
11
12
中間地
翌々年

栽培データ

原産地 南ヨーロッパ～ロシア南部

連作障害 なし

発芽適温 20～30°C

生育適温 15～25°C

おすすめの品種
ウェルカム、シャワーなど。

病害虫
アブラムシ、ヨトウムシ、ヨモギエダシャク、ジュウシホシクビナガハムシ、茎枯病、立枯病など。

プランター栽培

プランター栽培には向かない。

畑の準備（全面施肥）

堆肥2kg／㎡・配合肥料200g／㎡を、植えつけの1～2週間前に入れて耕しておく(P18)。

栽培スペース
畝幅60㎝、株間50㎝

株の大きさ

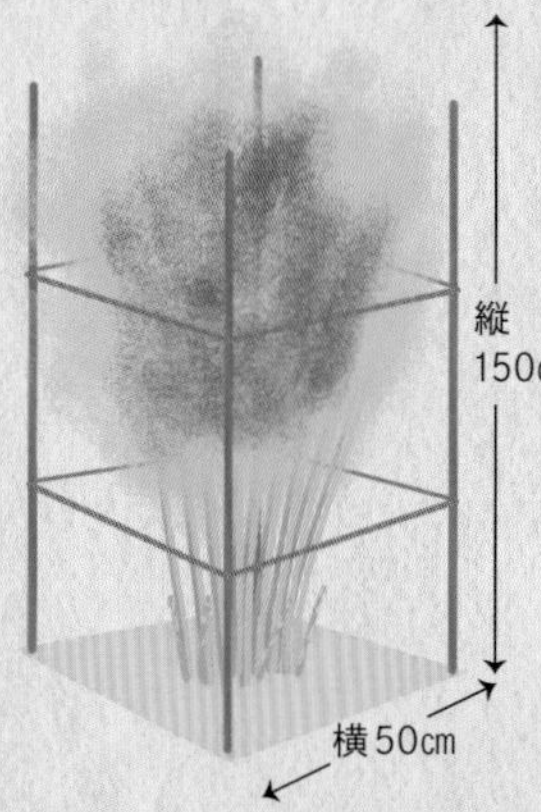

縦
150㎝
横50㎝

[根株を植える] 場合

❶アスパラガスの根株。根株は何年目のものか、購入時に確認を。３年目以降のものなら、その年に収穫できる。

❷５㎝ほどの深さで穴を作り、根株を植える。

❸土を戻して落ち着かせ、水やりする。

[育苗する] 場合

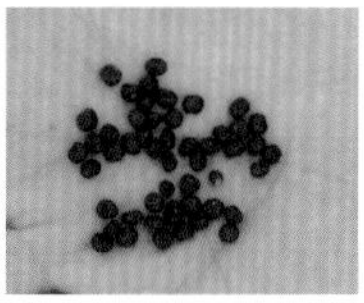

❶アスパラガスの種。

❷ポットに培養土を入れて春に種まきし、ポットのまま１年育てる。植えつけは2年目の春。収穫は植えつけの翌々年から。

2 植えつけ

❶苗をポットごと水につけて吸水させる。

❷ポットからやさしく抜き取る。

❸植え穴に苗を植える。

❹根のまわりに隙間ができないように土を入れて押さえる。

3 支柱立て・追肥

❶草丈30㎝くらいになったら、支柱を周囲に立てて麻ヒモで囲う。株が倒れないようにするのが目的。

❷２～４段くらい麻ヒモを結びつけておく。

❸化成肥料50g／㎡を株のまわりに追肥する。

❹施肥後、土寄せする。この後も、月に1回のペースで追肥するとよい。

4 収穫

❶植えつけた年と翌年は収穫を控え、株を充実させる。

❷収穫は３年目から。20㎝くらいで根元をハサミで切り取って収穫する。

❸収穫したアスパラガス。

❹晩秋、雌株の実は赤く熟し、中には種が数粒入っている。

ポイント！

冬越しのポイント

❶アスパラガスは数年にわたって、収穫できる。晩秋に地上部が枯れてきたら地際ぎりぎりで刈り取る。

❷翌年の生育のために堆肥2kg／㎡を施し、土をかけておく。

荏胡麻・シソ科

エゴマ

栽培のしやすさ ★★★

栽培のポイント

- 成長したら摘芯して脇芽を伸ばし、収穫量を増やす。
- 水はけのよい土地で育て、シソやバジルも含めたシソ科との連作は避ける。
- 葉は若いうちに収穫すると柔らかい。実も利用できる。

栄養と食べ方

- 葉にはシソと同様にビタミンA、C、Eがたっぷり。エゴマ油には、現代人に不足しがちなオメガ3脂肪酸が豊富。シソよりも厚みがあり、独特の香りがある。焼き肉を巻いたり、しょうゆ漬けやキムチ漬けにしてご飯と一緒に。

1 種まき

❶ エゴマの種。

❷ 底の平らな器などで深さ2～3㎝のまき穴を作る。

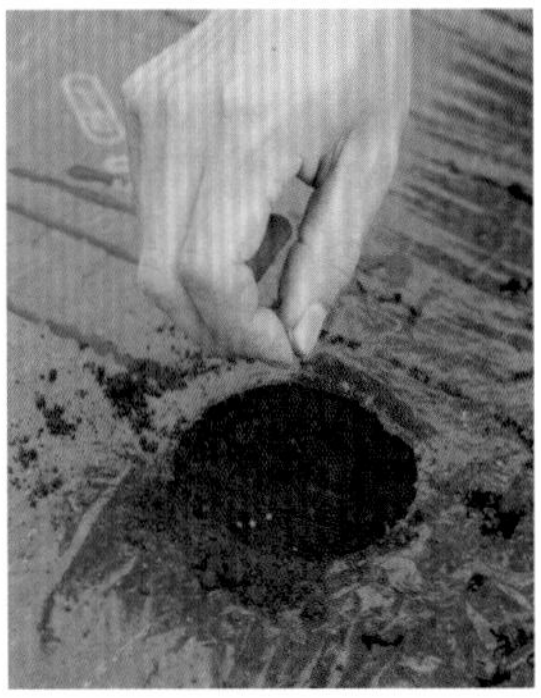

❸ 1か所に3～4粒ずつ種をまく。

❹ 覆土して、軽く鎮圧し、たっぷり水やりする。

栽培カレンダー

●種まき ●収穫

月	1	2	3	4	5	6	7	8	9	10	11	12
中間地				●	●	●	●	●	●	●		

栽培データ

原産地 インド、中国

連作障害 あり（1～2年あける）

発芽適温 23～25℃

生育適温 15～25℃

おすすめの品種
白種系と黒種系があり、品種名はエゴマなど。

病害虫
アブラムシ、ベニフキノメイガ、さび病など。

プランター栽培

サイズ55㎝×30㎝×深さ25㎝以上／2株につき

プランター栽培のコツ
日当たりのそれほどよくないところでもOKで、栽培は容易。

畑の準備（全面施肥）

堆肥2kg／㎡・配合肥料200g／㎡を、植えつけの1～2週間前に入れて耕し（P18）、幅60㎝の平畝を立て（P20）、マルチをかけておく（P22）。

栽培スペース
畝幅60㎝、株間50㎝以上

株の大きさ

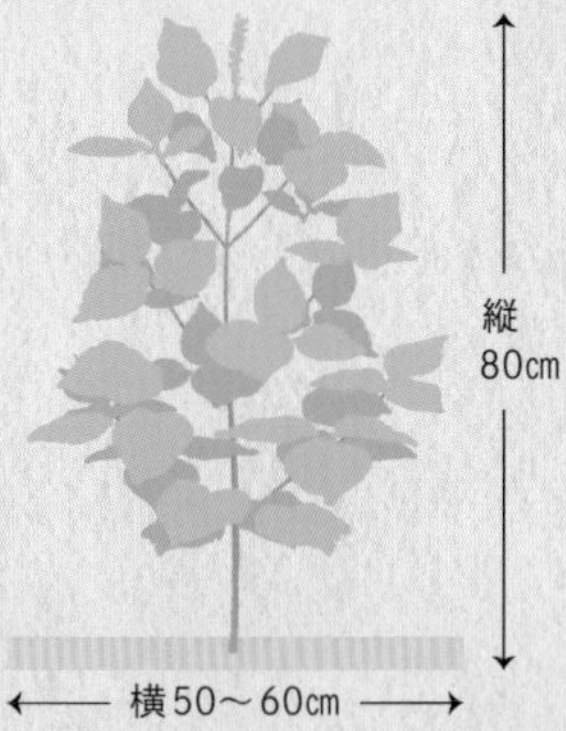

2 不織布をかける

種まき後、不織布をかけて乾燥を防止するとよい(P31)。

3 間引き

❶発芽したエゴマ。発芽したら不織布をはずす。

❷本葉が出始めた状態。

❸本葉が4～5枚になった頃、3～4本出ていたら1～2本に間引く。

4 摘芯

草丈30㎝くらいを目安に主枝を切って摘芯。脇芽がたくさん出て、収量がアップする。

5 収穫

❶若い葉をハサミで適宜、収穫する。

❷収穫したエゴマの葉。生で食べるなら若いうちに収穫するのがおすすめ。大きい葉はキムチ漬けなどにするとおいしい。

❸花穂や実も食用になる。薬味や天ぷら、和え物などに。

Q 追肥はした方がいいですか？

A しなくてもよいですが、収穫期が長いのでしてもOK。する場合は、収獲が始まった頃に1回、化成肥料を50ｇ/㎡施肥しましょう。

芥藍・アブラナ科

カイラン

栽培のポイント

栽培のしやすさ ★★☆

・「ガイラン」「チャイニーズブロッコリー」とも呼ばれ、広東料理でよく使われる高級中国野菜。

・主につぼみや若い花茎を食用にする。つぼみが上がってきたら、咲かせずに早めに収穫する。

栄養と食べ方

・カリウムやカロテン、ビタミンCなどを含む。

・若葉と茎、花芽をゆでたり炒めて食べる。

・葉は少し苦味があるので油と一緒に中華炒めなどにするとよい。

1 植えつけ

❶カイランの苗。葉茎が大きすぎない苗を選ぶ。

❷植え穴を掘り、ポット苗を水につけてから植える。株のまわりの土を少しくぼませる。畝が崩れにくく水もちがよくなる。

❸たっぷり水やりする。根が活着するまで、水切れに注意する。

栽培カレンダー

●植えつけ ●収穫

月	1	2	3	4	5	6	7	8	9	10	11	12
中間地								●植えつけ	●植えつけ	●収穫		

栽培データ

原産地 中国

連作障害 あり（2～3年あける）

発芽適温 15～20°C

生育適温 15～30°C

おすすめの品種
カイラン、白花カイラン種など。

病害虫
アブラムシ、コナガ、ヨトウ類、モンシロチョウ、ハイマダラノメイガなど。

プランター栽培

サイズ30cm×30cm×深さ25cm以上／1株につき

プランター栽培のコツ
大きいプランターに植えつけ、つぼみが上がってきたら随時、収穫する。

畑の準備

堆肥2kg/㎡・配合肥料100g/㎡を、植えつけ1～2週間前に入れて耕す（P18）。高さ20cm、幅40cmの高畝をたてる（P20）。

栽培スペース
畝幅40cm、株間30cm

株の大きさ

2 追肥・土寄せ

❶植えつけて2週間後を目安に追肥する。

❷この頃になると、根が畝の外側まで伸びているので、畝の肩に化成肥料50g/㎡を均一にまく。

❸肥料をまいたら土寄せをして、株をしっかり支える。

3 収穫

❶収穫適期のカイラン。写真は茎が太い極太カイラン（エムソン）という品種。定植して30～40日から収穫できる。

❷主につぼみと若い花茎の部分を食べる。つぼみが上がってきたら、ハサミなどで切って収穫。

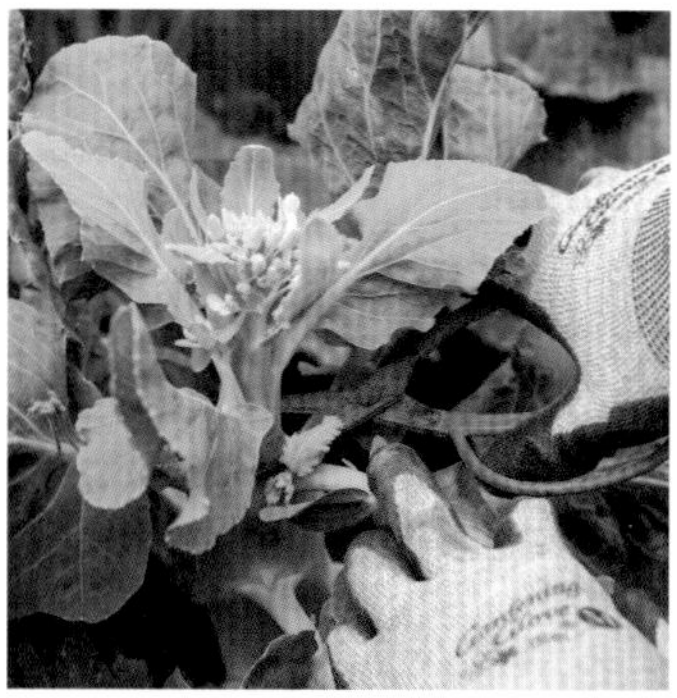

❸収穫したカイラン。

Q **おすすめの食べ方は？**

A 油との相性がよく、炒め物にするとおいしいです。本場の中国では、下ゆでしたカイランを炒めて、オイスターソースなどを使って仕上げます。茎の部分はコリッとした食感で、アスパラガスのような感覚で使えます。

カイランの病害虫

植えつけ直後は、シンクイムシ（ハイマダラノメイガ）に気をつけ、主枝の先端の新芽をチェックし、見つけしだい取り除く。生育後も、ヨトウ類やアオムシが食害するので、こまめにチェックしよう。

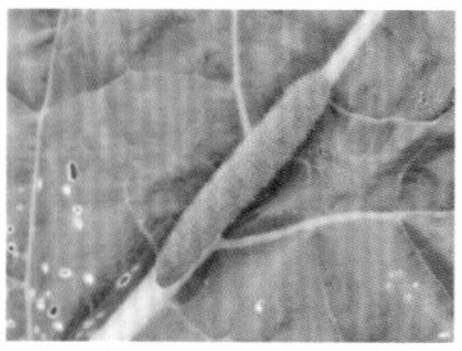

アオムシ（モンシロチョウの幼虫）。

辛子菜・アブラナ科

カラシナ

栽培のポイント

栽培のしやすさ ★★★

- タカナの仲間で、寒さに強く作りやすい。種類が多い。
- 点まきするか、すじまきし、間引きながら育てる。追肥はとくに必要ない。
- 翌年の春に種を収穫すればマスタードに利用できる。

栄養と食べ方

- ビタミンA、Cが豊富な緑黄色野菜。カルシウムや鉄分、リンなどの骨を丈夫にするミネラルもたっぷり。
- 若い葉は生食で特有の辛味をサラダなどのアクセントに。ゆでたり刻むと辛味成分が増える。漬け物にも向く。

1 種まき

❶ 黄からし菜の種。

❷ 深さ1㎝くらいでまき穴を作る。

❸ 1か所に3～4粒ずつ種をまく。

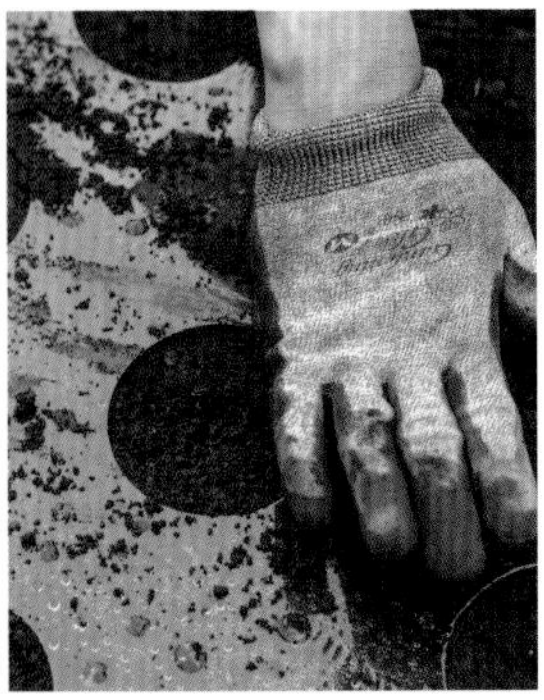

❹ 土をかぶせて鎮圧し、水やりする。

栽培カレンダー

●種まき　●収穫

月	1	2	3	4	5	6	7	8	9	10	11	12
中間地												

栽培データ

原産地　中央アジア

連作障害　あり
（1～2年あける）

発芽適温　15～20℃

生育適温　15～20℃

おすすめの品種
黄からし菜、リアスからし菜、ホワイトマスタード、わさび菜など。

病害虫
アブラムシ、モンシロチョウ、コナガ、根こぶ病など。

プランター栽培

サイズ30㎝×30㎝×25㎝以上／1株につき

プランター栽培のコツ
日当たりのよい場所で育て、水切れに注意。若葉を適宜つんで収獲する。

畑の準備（全面施肥）

堆肥2kg/㎡・配合肥料150g/㎡を植えつけの1～2週間前に入れて耕し（P18）、平畝をたてて（P20）、マルチをかけておく（P22）。

栽培スペース
畝幅60㎝、株間15㎝、条間15㎝

株の大きさ

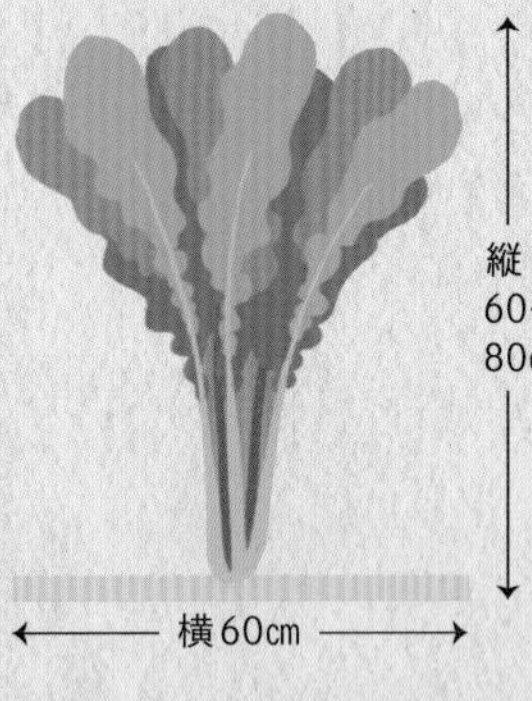

2 トンネルかけ

種まき後、防虫と防風のためにトンネルをかけるとよい(P30)。

3 間引き

❶ 成長した黄からし菜。本葉4～5枚になったら間引きを行う。

❷ 根元から引き抜いて、株を2本残して間引く。

4 収穫

❶ 草丈20㎝くらいになったら、根元から抜いて株ごと収穫する。

❷ 収穫したカラシナ。

❸ やわらかい葉だけをつんで収穫してもよい。食べる量だけ随時収獲できるのは、家庭菜園ならでは。

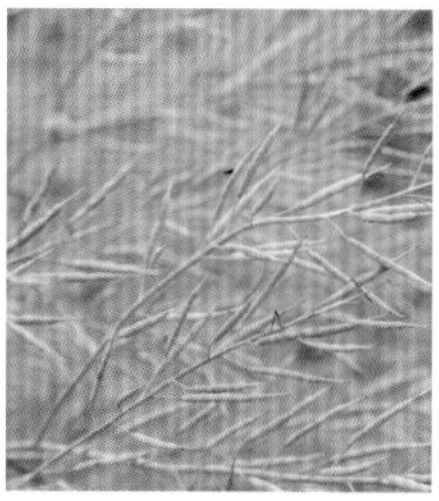

❺ 枯れてきたら種の収穫どき。さやから出し、酢に塩を加えて浸けると粒マスタードに。

❹ 春にトウ立ちして開花し、さやができる。

ポイント！

若い葉はやわらかく、サラダにも向くので、生食する場合は葉をつんで収獲する。成熟した葉は漬け物に。

カラシナの品種

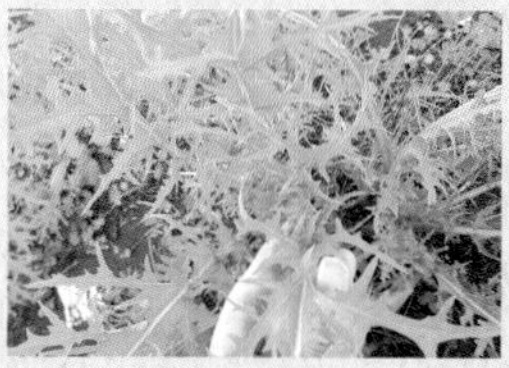

グリーンリアスからし菜

サラダからし菜として知られる種類で、生食に向く。細かく切れ込んだ葉が特徴。

赤リアスからし菜

紫色のサラダからし菜。辛味のあるミズナのような感覚で使える。

ホワイトマスタード（シロガラシ）

葉を利用するほか、種はホワイトマスタードに利用。

ちりめんからし菜

パセリのようにちぢれる葉が特徴の品種。漬け物やおひたしなどに。

花椰菜・アブラナ科

カリフラワー

栽培のポイント

栽培のしやすさ ★★☆

・植えつけ後の若い苗は害虫が好むので、防虫ネットをかけるか、こまめにチェックして取り除く。

・白だけでなくカラフルな品種もある。

・追肥をして育て、花蕾《からい》がついたら葉で覆って白く仕上げる。

栄養と食べ方

・ビタミンCを豊富に含み、加熱しても損失しにくいのが特徴。ビタミンB群、ミネラルもバランスよく含む。

・小房に分けてゆで、サラダや炒め物に。カレーやトマト煮などの煮込みにも。新鮮であれば生食やピクルスにも向く。

1 植えつけ

①カリフラワーの苗。葉茎が大きすぎない若い苗を選ぶ。今回育てたのはバロック(サカタのタネ)という品種。

②畝に植え穴を掘り、ポットを水につける。株間は35㎝くらい。

③苗を植える。株のまわりの土を少しくぼませておくと、畝が崩れにくく、水もちもよい。

④最後にたっぷり水やりする。定植して根づくまでは、水切れに注意。

栽培カレンダー

●植えつけ ●収穫

月	1	2	3	4	5	6	7	8	9	10	11	12
中間地								植えつけ	植えつけ	収穫	収穫	収穫

栽培データ

原産地 地中海沿岸

連作障害 あり(2～3年あける)

発芽適温 15～30℃

生育適温 15～20℃

おすすめの品種
バロック、カリフローレ、スパイラル(ロマネスコ)など。

病害虫
アブラムシ、コナガ、ハイマダラノメイガ、モンシロチョウ、ヨトウ類、根こぶ病など。

プランター栽培

サイズ30㎝×30㎝×深さ25㎝以上/1株につき

プランター栽培のコツ
日当たりのよいところで育てる。プランターの場合はミニ品種がおすすめ。

畑の準備(溝施肥)

堆肥2kg/㎡・配合肥料100g/㎡を植えつけ1～2週間前に入れて耕す(P18)。高さ20㎝、幅40㎝の高畝を立てる(P20)。

栽培スペース
畝幅60㎝、株間30㎝

株の大きさ

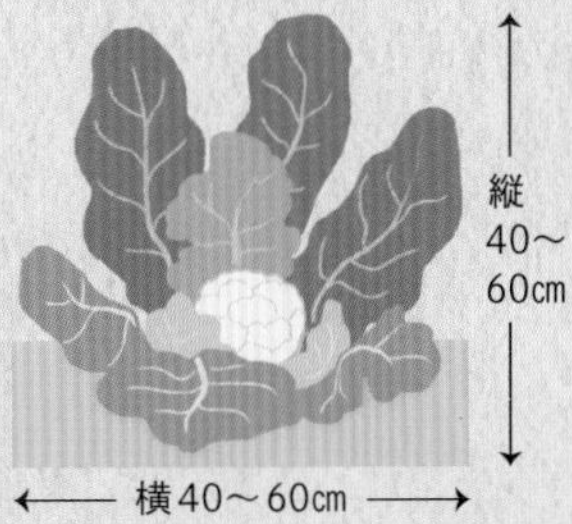

2 追肥・土寄せ

❶ 植えつけの約2週間後に追肥。この頃になると、根が畝の外側まで張ってきている。畝の肩あたりを中心に化成肥料50g/㎡をまく。

❷ 施肥後、土寄せする。雨などで植えつけ時より畝が小さくなっていることもあるので補強の意味もある。

3 収穫

❶ 花蕾の大きさが15㎝くらいになったら収穫どき。

❷ 花蕾の付け根の茎の部分を包丁で切り取る。

ポイント！

葉で花蕾を覆う。

花蕾が成長したら…

花蕾が成長してきたら、葉をかぶせておくと、黄ばむことなく白いまま収獲できる。

Q 追肥のタイミングと回数は？

A 追肥は1回でもよいですが、花蕾がピンポン玉大になった頃、2回目の追肥をしてもよいでしょう。量は1回目と同様です。

カリフラワーの品種

紫、オレンジをはじめとして、さまざまな色のカリフラワーがある。ゆでてサラダなどの彩りにすると見た目にも楽しい。加熱しても色が変わりにくいのが特徴。

シチリアンパープル

ロマネスコ

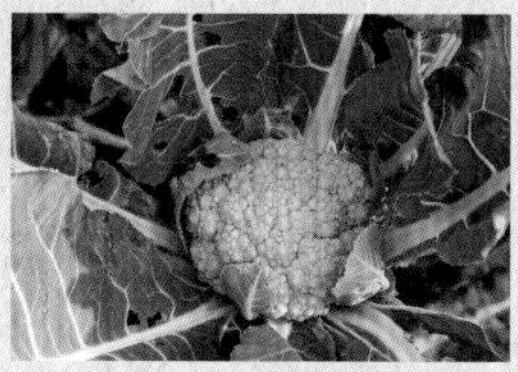

シチリアンオレンジ

シチリアンイエローグリーン

カリフラワーの病害虫

シンクイムシやヨトウ類、アオムシ（モンシロチョウの幼虫）などが食害するので、見つけ次第捕殺する。

黒腐病に侵された葉。

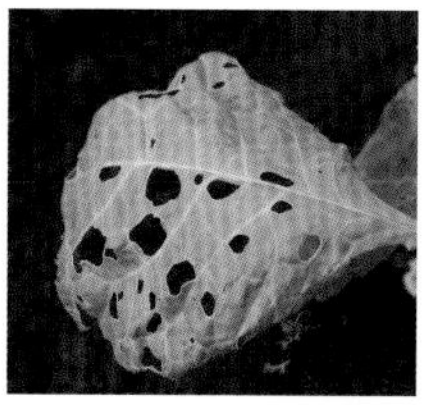

アオムシやヨトウ類は、被害が広がる前に駆除する。穴があるときは葉裏をチェック。

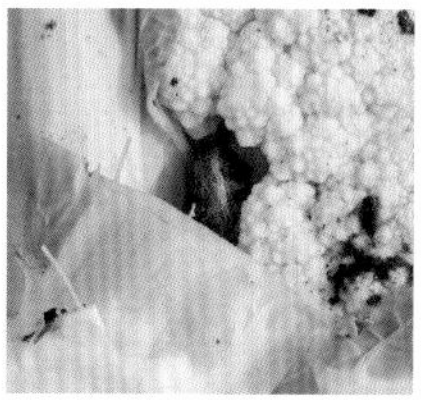

フンがあるときは近くに幼虫がいるサイン。写真はハスモンヨトウ。

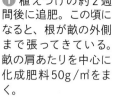

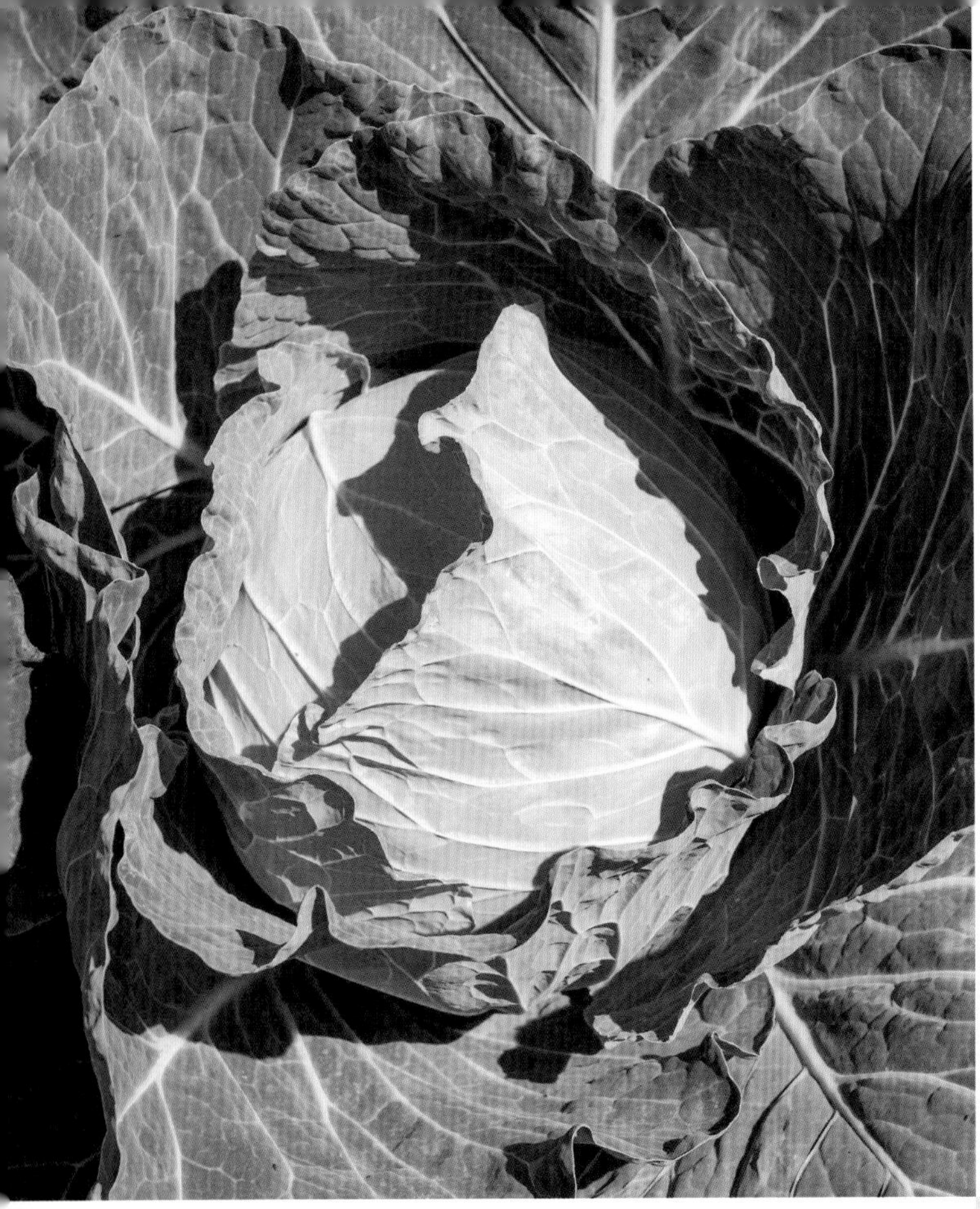

甘藍・アブラナ科

キャベツ

栽培のポイント

栽培のしやすさ ★★★

・春植えもできるが、秋植えが育てやすくおすすめ。
・暑い時期の植えつけは、根が活着するまで水切れに注意。
・植えつけ直後のハイマダラノメイガのほか、ヨトウムシ類やアオムシが食害するので、見つけたら取り除く。

栄養と食べ方

・ビタミンC、カリウム、カルシウムが豊富。キャベツ特有の成分・キャベジンは胃酸の分泌を抑え、健胃に役立つ。
・硬い芯を取り除き、好みに切って生でサラダや浅漬けに。炒め物やロールキャベツなどの煮物、鍋料理にも。

1 苗の植えつけ

❶キャベツの苗。今回はセルトレイ苗を使用。若い苗なので活着が早い。写真はしずはま1号（石井育種場）という品種。

❷高畝に植え穴を掘り、苗にしっかり水やりをしてから植えつける。株のまわりの土を少しくぼませておくと、畝が崩れにくく、水もちもよくなる。

❸たっぷり水やりする。夏の暑い時期の日中はすぐ乾くので、定植は夕方がおすすめ。根づくまではしっかり水を与える。植えつけ後、防虫ネットをトンネルがけするのもおすすめ。

栽培カレンダー

●植えつけ ●収穫

月	1	2	3	4	5	6	7	8	9	10	11	12
中間地								植えつけ	植えつけ	収穫	収穫	収穫

栽培データ

原産地　地中海沿岸

連作障害　あり（２～３年あける）

発芽適温　15～25℃

生育適温　15～20℃

おすすめの品種
藍宝、いろどり、初恋など。

病害虫
アブラムシ、モンシロチョウ、ヨトウ類、ハイマダラノメイガ、べと病、根こぶ病、黒腐病など。

プランター栽培

サイズ 30cm×30cm×深さ25cm以上／1株につき

プランター栽培のコツ
ミニキャベツがおすすめ。プランターが小さいとキャベツの葉が巻かないので、大きい容器で育てる。

畑の準備（溝施肥）

堆肥2kg／㎡・配合肥料100g／㎡を、植えつけの1～2週間前に入れて耕す(P18)。高さ20cm、幅40cmの高畝を立てる(P20)。

栽培スペース
畝幅40cm、畝の高さ20cm、株間30～35cm

株の大きさ

縦30～40cm

横30～35cm

2 追肥・土寄せ

❶植えつけて2週間ほどで、1回目の追肥。畝の肩に化成肥料50g/㎡を広くまき、土寄せする。

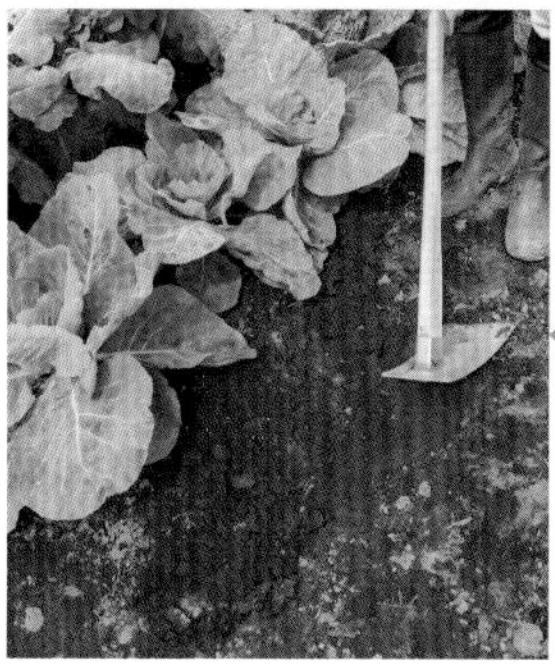

❷2回目の追肥・土寄せは、結球しはじめたタイミングで同様に行う。

3 収穫

❶結球し始めたキャベツ。

❷大きく結球したものから収穫。球を押し倒すように傾けて、つけ根の茎を包丁で切って収穫。

キャベツの品種

紫キャベツ

鮮やかな紫は、アントシアニンという色素で、普通のキャベツより少し小ぶり。少し渋みや苦みがあり、独特の味わいが楽しい。マリネやコールスローなど生で使うのはもちろん、パスタなどにも。

植えつけから収穫まで

❶紫キャベツのセルトレイ苗。育て方はキャベツと同様。

❷追肥は、植えつけ2週間後と、結球しはじめの2回行う。

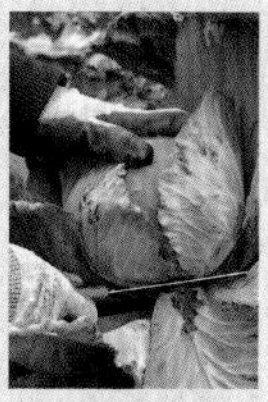

❸球を傾けて、付け根の茎を包丁で切って収穫。

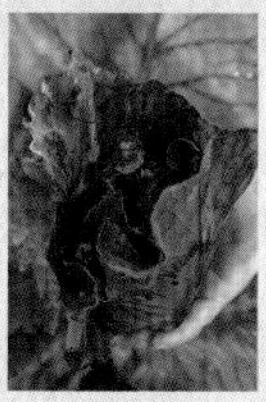

❹タケノコ型の紫キャベツもある。

キャベツの病害虫

ハイマダラノメイガやアオムシ、ヨトウ類などの被害が大きい。トンネルをかけると予防になる。

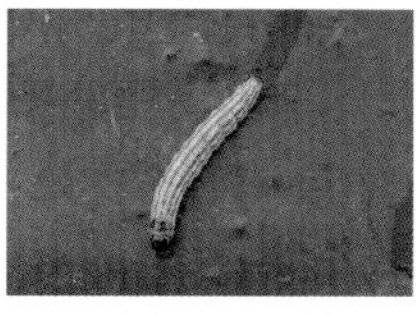

ハイマダラノメイガ
俗にシンクイムシと呼ばれる害虫で、アブラナ科の野菜の中央の新芽を好んで食害する。見つけ次第捕殺する。

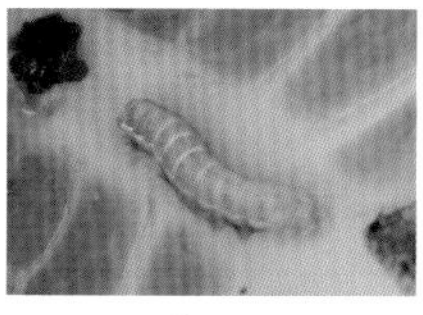

アオムシ（モンシロチョウの幼虫）
緑色で見つけにくい。こまめにチェックして捕殺する。

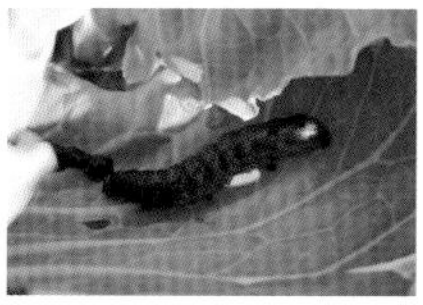

ヨトウ類の幼虫
フンがあるときは、大きな幼虫がいる可能性が大。葉と葉の間や、株の根元の土の中などに潜んでいる。

カーボロネロ

イタリア・トスカーナ原産といわれ、細長い葉が特徴の高級野菜で結球しない。葉の表面はボコボコし、肉厚でしっかりした食感が楽しめる。スープやシチューなどの煮込み料理に向くほか、ペーストにしてパスタソースやディップなどにも。

1 植えつけ

❶カーボロネロのセルトレイ苗。植えつける前にしっかり水やりする。

❷育て方は普通のキャベツと同様。株間は30㎝くらい。

❸しっかり土を寄せて植えつける。

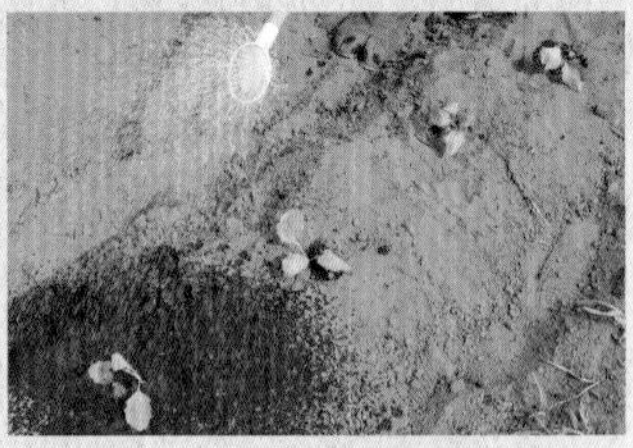

❹たっぷり水やりする。根づくまでは乾燥に注意。

2 収穫

❶育ってきたカーボロネロ。

❷葉が40㎝くらいになったら収穫どき。手で根元からかんたんに折りとることができる。

❸外側の葉から、かいて収穫。

ポイント！

追肥

キャベツと同様、定植して2週間くらいで1回目の追肥。葉を収穫しはじめたら、2回目の追肥をする。

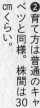

キャベツの品種

サボイキャベツ

フランス南西部のサヴォワ地方が名前の由来で、ちりめんキャベツとも呼ばれる。細かくちぢれた葉が特徴で、ぎっしりと密に結球する。一般的なキャベツよりもしっかりとした食感で、スープなどの煮込み料理に向く。

1 植えつけ

❶サボイキャベツの苗。育て方は普通のキャベツと同様。

❷苗はポットごと水につける。

❸苗をポットからやさしく抜き取る。

❹植え穴に植え、たっぷり水やりする。

2 収穫

❶葉が巻いて結球してきたサボイキャベツ。

❷直径15㎝ほどになったら、包丁で切って収穫。

ポイント！

追肥

追肥はほかのキャベツと同様に、植えつけ後、約2週間で1回目。施肥後は土寄せする。2回目の追肥は、葉が巻き始めた頃にするとよい。

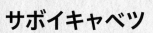

空心菜・ヒルガオ科

クウシンサイ

栽培のポイント

栽培のしやすさ ★★★

・暑さに強く、初夏から秋まで長く収穫できる。
・比較的病害虫に強く、栽培は容易。生育が旺盛で家庭菜園向きの野菜。
・摘芯して脇芽を増やし、随時、収穫しながら育てるとよい。

栄養と食べ方

・ビタミンA、C、Eを豊富に含む。またカルシウムはホウレン草の約5倍含有し、骨粗しょう症の予防に。
・カロテンの吸収を高めるために、油と一緒に調理するとよい。オイスターソースやナンプラーでさっと炒めて。

1 種まき

❶ クウシンサイの種。布に包んでひと晩、水に浸けてからまくと発芽率が上がる。

❷ 器などを使って深さ1㎝くらいのまき穴を作る。

❸ 1か所に3～4粒ずつ種をまく。

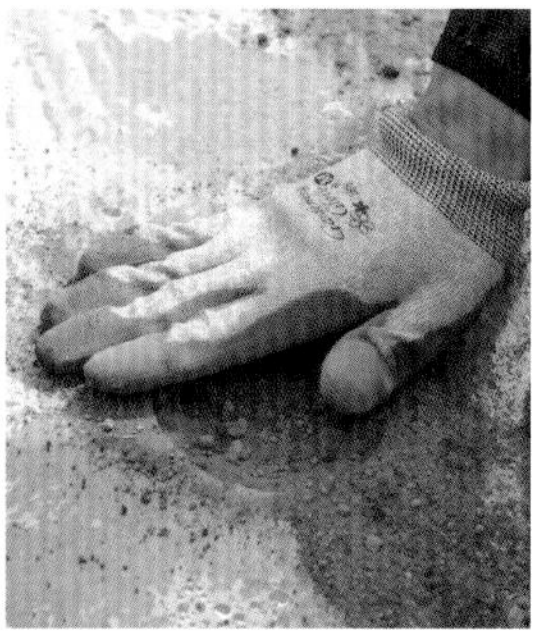

❹ 覆土して手で押さえて鎮圧し、たっぷり水やりをする。

栽培カレンダー

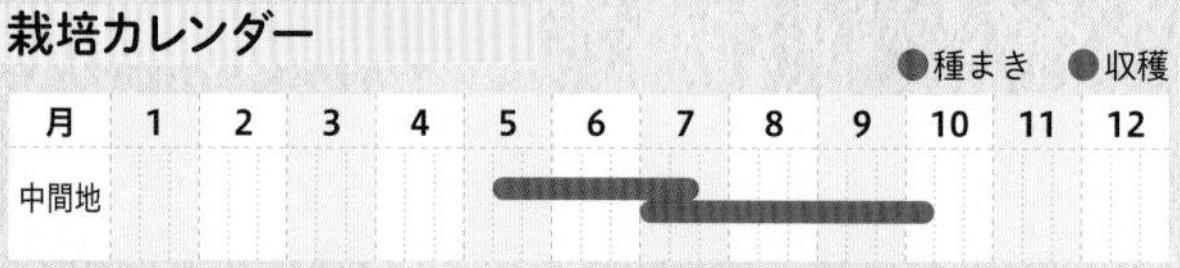
●種まき ●収穫
月 1 2 3 4 5 6 7 8 9 10 11 12
中間地

栽培データ

原産地 熱帯アジア
連作障害 出にくい
発芽適温 20～25°C
生育適温 15～25°C

おすすめの品種
品種はひとつだが、空心菜、エンサイなどの名前で出回っている。

病害虫
イモキバガ、エビガラスズメなど。

株の大きさ

縦40㎝
横60㎝

畑の準備（全面施肥）

堆肥2kg／㎡・配合肥料200g／㎡を、植えつけの1～2週間前に入れて耕す（P18）。平畝をたて（P20）、マルチをかけておく（P22）。

栽培スペース
畝幅60㎝、株間30㎝、条間40㎝

プランター栽培

サイズ55㎝×20㎝×深さ20㎝以上／2株×2か所につき

プランター栽培のコツ
乾燥に弱いので、まめに水やりする。

2 間引き

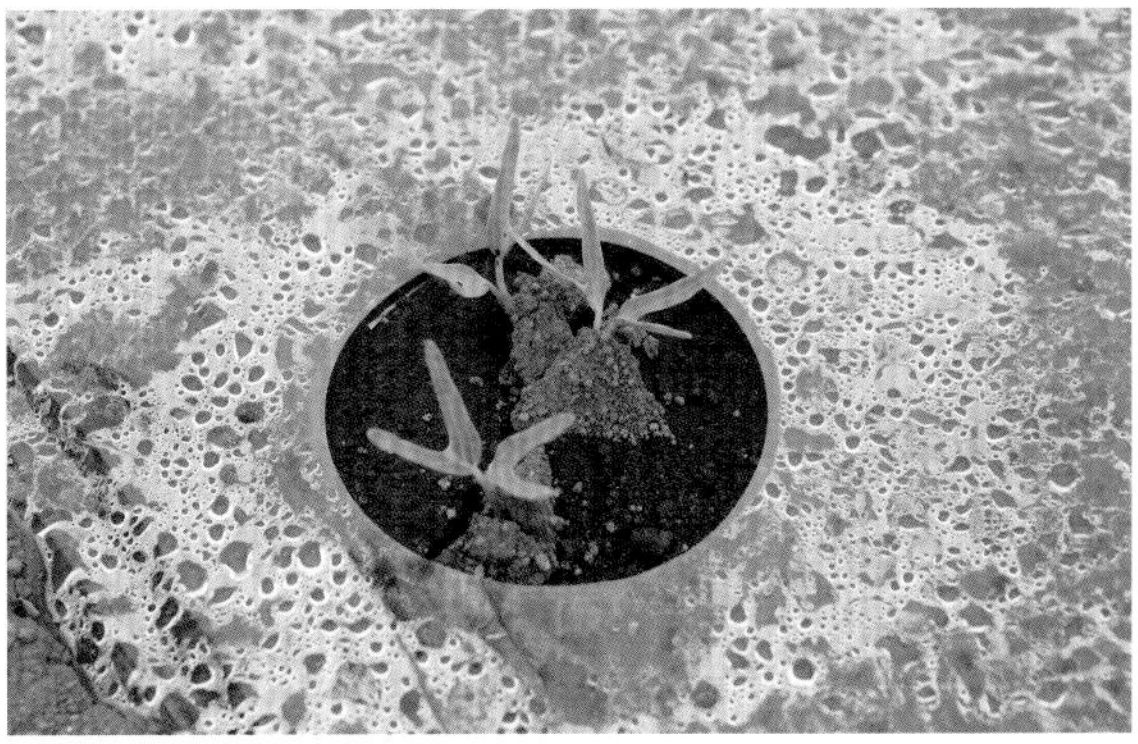

❶発芽して双葉が出てきたところ。

❷本葉が2～3枚になったら1回目の間引きを行い、3本を2本に。元気な株を残し手で株ごと抜き取る。

❸本葉7～8枚で2回目の間引き。1本を残す。この段階では、根が張っているのでハサミで地際の茎を切るとよい。

ポイント！

収穫期間が長いので、摘芯後に1回目の追肥。化成肥料50g／㎡をまく。その後、1か月ごとに同様に追肥するとよい。

3 摘芯・収穫

❶草丈30㎝ほどで、摘芯をかねて収獲。

❷ハサミで茎を切って収穫する。手で折れるくらいの茎の太さで収穫すると食べやすい。脇芽がたくさん出て伸びるので、長い期間収穫を楽しめる。

❸生育が旺盛なので、伸びてきたら、その都度、収獲するとよい。

クウシンサイの病害虫

サツマイモと同じヒルガオ科なので、つく害虫も似ている。葉を食害するエビガラスズメやイモキバガなどがいる。こまめにチェックして取り除こう。

エビガラスズメの成虫

エビガラスズメの終齢幼虫

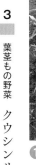

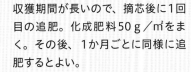

茎ブロッコリー

茎芽花椰菜・アブラナ科

栽培のポイント

栽培のしやすさ ★★★

- 植えつけ後のハイマダラノメイガ（シンクイムシ）などの害虫に注意し、見つけたら取る。
- 株の真ん中にできる頂《ちょう》花《か》蕾《らい》を早めにつみ取ると、葉の付け根から出る花蕾と茎を長く収穫できる。

栄養と食べ方

- ブロッコリーと同様に、ビタミンA、C、B群が豊富。高い抗酸化作用のあるスルフォラファンも含有。
- 葉と一緒にさっとゆでてサラダに。アクがほとんどないので炒め物やパスタなどには下ゆでしなくてもＯＫ。

1 植えつけ

❶茎ブロッコリーの苗。写真はスティックセニョール（サカタのタネ）という品種。

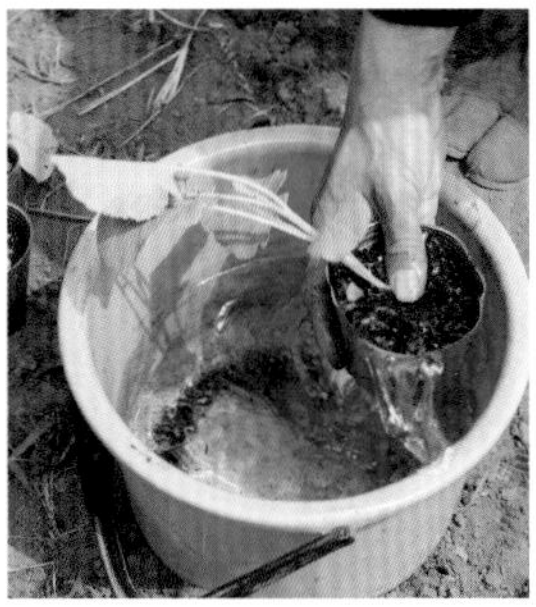

❷苗をポットごと水につけ、たっぷり吸水させる。

❸畝に植え穴を掘り、苗を植える。株元の周囲を少しへこませておくと、水もちがよくなる。

❹植えつけ後、たっぷりと水やり。根づくまでは乾燥させないように注意。

栽培カレンダー

●植えつけ　●収穫

月	1	2	3	4	5	6	7	8	9	10	11	12
中間地								植えつけ	植えつけ	収穫	収穫	収穫

栽培データ

原産地　地中海沿岸

連作障害　あり（２～３年あける）

発芽適温　20～25℃

生育適温　18～20℃

おすすめの品種
スティックセニョール、茎ブロッコリーなど。

病害虫
アブラムシ、コナガ、ヨトウ類、モンシロチョウ、ハイマダラノメイガ、根こぶ病、軟腐病など。

プランター栽培

サイズ30cm×30cm×25cm以上／1株につき

プランター栽培のコツ
ブロッコリーと同様に栽培できる。ヨトウ類などがつきやすいので要チェック。

畑の準備（溝施肥）

堆肥2kg／㎡・配合肥料100g／㎡を、植えつけの1～2週間前に入れて耕す(P18)。高さ20cm、幅40cmの高畝を立てる(P20)。

栽培スペース
畝幅40cm、株間30～35cm、畝の高さ20cm

株の大きさ

2 追肥・土寄せ

❶ 定植して約2週間後、1回目の追肥。畝の肩に化成肥料50g/㎡をまき、株元に土を寄せる。

❷ 花蕾ができはじめた頃、2回目の追肥。やり方は1回目の追肥と同様。

3 収穫

花蕾の茎部分を切って収穫。株の中央にできる頂花蕾を早めに収獲すると、側花蕾が次々に出て、1株から10～20本ほど収獲できる。写真は頂花蕾をつんだ後、側花蕾を収獲しているところ。

茎ブロッコリーの病害虫

植えつけ後、株が小さいうちは新芽につくシンクイムシに注意し、見つけ次第取る。以降、ヨトウ類やアオムシも多発するので、こまめにチェックすること。

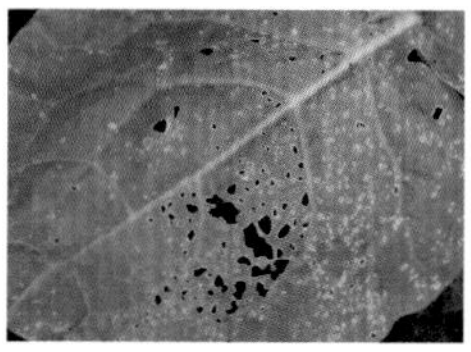

葉に穴があるときは、ヨトウ類が食害している可能性が大。葉裏をチェックしよう。

茎ブロッコリーの品種

紫茎ブロッコリー

紫色の花蕾が特徴の茎ブロッコリー。紫色の色素、アントシアニンは熱に弱いので、加熱すると緑色になる。

追肥をして、長く収穫を楽しもう。

植えつけから収穫まで

栽培の方法は茎ブロッコリーと同様。害虫に注意して育て、てっぺんにつく頂花蕾は早めに収獲し、そのあとに出てくる側花蕾を収獲する。

緑葉甘藍・アブラナ科

ケール

栽培のしやすさ ★★★

栽培のポイント

・キャベツの仲間の原種で、丈夫で育てやすい。
・定植後は活着するまでしっかり水やりし、害虫がついていないかこまめにチェックする。
・下の方の葉からかき取り、随時、収穫する。

栄養と食べ方

・青汁の原料としても知られ、ビタミンA、C、Eの含有量が非常に高いスーパーフード。食物繊維も豊富。
・生で他の野菜や果物とグリーンスムージーに。油と一緒に炒め物にしたり、煮込みにすると食べやすくなる。

1 植えつけ

❶ケールの苗。葉や茎が大きすぎないものを選ぶ。

❷ポットごと苗を水につける。

❸植え穴に苗を植え、隙間ができないようにしっかり土を寄せる。

❹最後にたっぷりと水を与える。定植して根づくまでは乾燥しないようにしよう。

栽培カレンダー

●植えつけ ●収穫

月	1	2	3	4	5	6	7	8	9	10	11	12
中間地								━	━	━	━	━

栽培データ

原産地 地中海沿岸
連作障害 あり（2～3年あける）
発芽適温 18～25℃
生育適温 18～30℃
おすすめの品種
ケール、カリーノケールなど。
病害虫
アブラムシ、コナガ、モンシロチョウ、ヨトウ類、ハイマダラノメイガなど。

プランター栽培

サイズ 50cm×30cm×深さ25cm以上／2株につき
プランター栽培のコツ
大きいプランターに1株または2株で育てるとよい。害虫をこまめにチェックする。

畑の準備（溝施肥）

堆肥2kg／㎡、配合肥料100g／㎡を、植えつけの1～2週間前に入れて耕す(P18)。高さ20cm、幅40cmの高畝を立てる(P20)。

栽培スペース
畝幅40cm、株間30～35cm、畝の高さ20cm

株の大きさ

2 追肥・土寄せ

1回目の追肥

植えつけて2週間ほどで、1回目の追肥。畝の肩に化成肥料50g/㎡をまき、株元に土を寄せておく。

❶ 1回目の追肥から約3週間後、2回目の追肥を行う。

❷ 畝の肩に、化成肥料50g ／㎡をまく。

❸ 株元に土を寄せる。土寄せをしっかり行うことで、強風にも耐えやすくなる。

3 収穫

❶ 葉が大きくなってきたら、付け根から折りとるようにして収穫。

❷ 今回育てたのは、葉に切れ込みが入って縮れ、紫色のカリーノケール・ロッソ（トキタ種苗）という品種。苦味が少なく、サラダなどにしても食べやすい。

ケールの品種

ケールには、紹介したカリーノケールのほかにも、青汁などに用いられる葉が広く緑色の品種が一般的。

育て方は同じ。青汁にするほか、炒め物などに利用できる。

蕪甘藍・アブラナ科

コールラビ

栽培のしやすさ ★★☆

栽培のポイント

・乾燥に強く過湿に弱いので、水はけをよくして育てる。
・ヨトウ類やモンシロチョウなどの害虫がつきやすいので常にチェックを。防虫ネットをかけるのがおすすめ。
・大きくなりすぎると固くなるので、適期に収穫しよう。

栄養と食べ方

・カブのような形だが、キャベツの一種。比較的多く含んでいるビタミンCは加熱によっても損失しづらい。
・カブのように丸い部分を食べるが、生でも加熱しても食べられる。皮は筋っぽいので厚めにむく。味はブロッコリーに近い。

栽培カレンダー

●植えつけ ●収穫

月	1	2	3	4	5	6	7	8	9	10	11	12
中間地			植えつけ	植えつけ	植えつけ	収穫	収穫		植えつけ	植えつけ・収穫	収穫	

栽培データ

原産地　地中海沿岸

連作障害　あり（1～2年あける）

発芽適温　15～30℃

生育適温　15～25℃

おすすめの品種
緑系と紫系がある。品種名はコールラビ。

病害虫
アブラムシ、コナガ、ヨトウ類、モンシロチョウ、ハイマダラノメイガ、根こぶ病など。

プランター栽培

サイズ50cm×25cm×深さ25cm以上／2～3株につき

プランター栽培のコツ
十分な大きさのプランターで、水切れ、病害虫に注意して育てる。

畑の準備（溝施肥）

堆肥2kg／㎡、配合肥料150g／㎡を植えつけ1～2週間前に入れて耕す（P18）。高さ20cm、幅40cmの高畝を立てる（P20）。

栽培スペース
畝幅40cm、株間30cm、畝の高さ20cm

株の大きさ

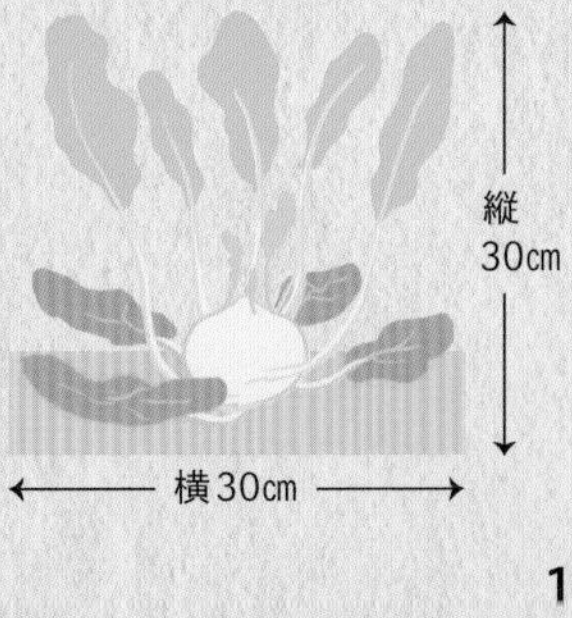

1 植えつけ

①コールラビの苗。今回育てたのはサラダコールラビ（サカタのタネ）。

②ポット苗をバケツの水につける。株間30cmで畝に植え穴を掘る。

③苗を植え、株元のまわりの土を少しへこませる。

④たっぷりと水やり。根付くまでは土が乾燥しないように気をつける。

2 追肥と土寄せ

定植して約2週間後に追肥。畝の肩に化成肥料を50g ／㎡をまき、軽くすき込みながら株元に土を寄せる。

3 収穫

❶ 株ごと引き抜いて収穫。

❷ 成長しすぎると固くなり、スが入ったりするので注意。直径10㎝くらいまでに収穫しよう。

［ 種から育てる ］場合

種まきする場合は、直まきだと育てにくいので、ポットで育苗する（P27）。7月下旬頃に種まきし、9月に定植するとよい。

コールラビの品種

紫コールラビ

皮や茎が紫色になる品種。皮をむくと中はクリーム色で、料理での使い方は白いコールラビと変わらない。

植えつけから収穫まで

❶ 育て方は緑系の品種と同じ。紫コールラビの苗。株間約30㎝で植えつけ。定植2週間後に化成肥料50g／㎡を追肥。

❷ 株元の茎がふくらみ、直径7～10㎝になったら収穫どき。

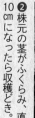

コマツナ

小松菜・アブラナ科

栽培のポイント

栽培のしやすさ ★★★

・種はすじまきし、本葉が出た頃、株間3〜4㎝になるよう間引いて育てる。間引き菜も利用できる。
・春から冬まで栽培が可能だが、旬は冬。
・夏から秋は防虫ネットをかけるのがおすすめ。

栄養と食べ方

・江戸時代から続く伝統野菜。ホウレンソウの約4倍のカルシウムをはじめ、ビタミンA、C、鉄分が豊富。
・下ゆでしておひたしに。アクが少ないので炒め物、みそ汁、煮びたしなどは下ゆでせずに使うことができる。

1 種まき

❶ コマツナの種。今回育てたのは安藤早生（みかど協和）という品種。

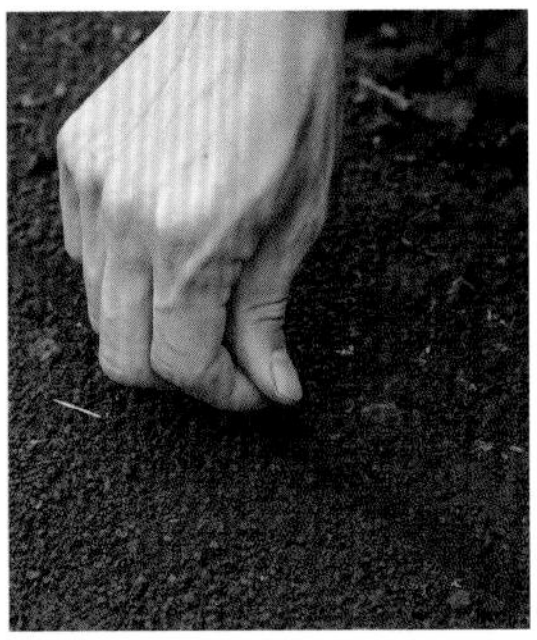

❷ 畝に深さ1㎝程度のまき溝をつくり、種を1〜2㎝間隔ですじまきする。

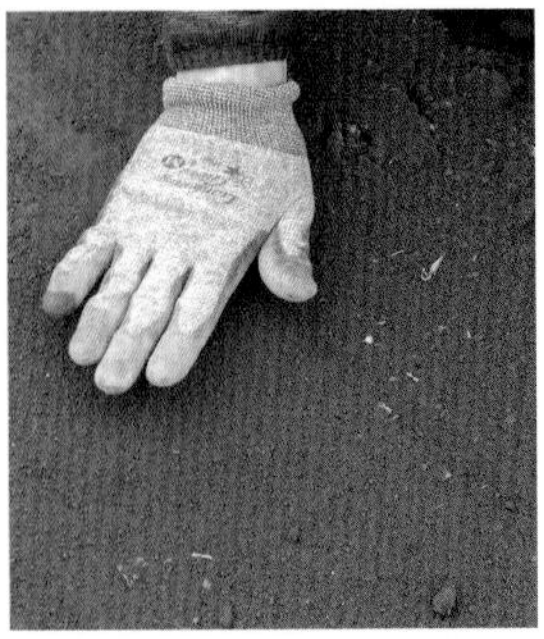

❸ 指で溝の両端から土をつまむか、ふるいで土をかけて、手で軽く鎮圧する。

❹ 最後にしっかりと水やりする。

栽培カレンダー

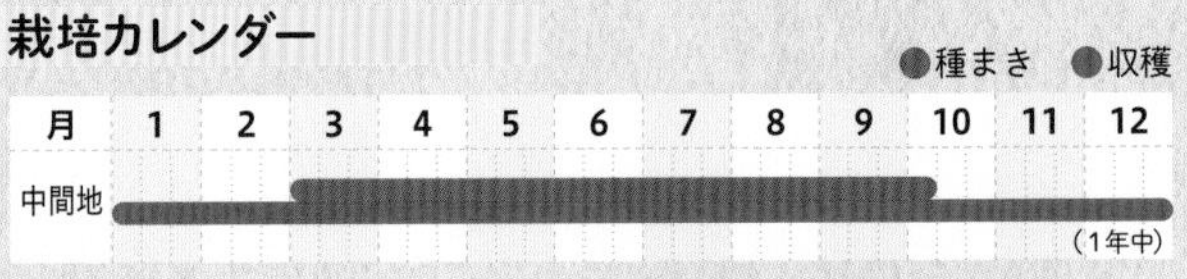

●種まき ●収穫
月 1 2 3 4 5 6 7 8 9 10 11 12
中間地
（1年中）

栽培データ

原産地 地中海沿岸

連作障害 あり（1〜2年あける）

発芽適温 20〜25℃

生育適温 18〜20℃

おすすめの品種
安藤早生、いなむらなど。

病害虫
アブラムシ、モンシロチョウ、ハモグリバエ類、カブラハバチ、白さび病など。

プランター栽培

サイズ50㎝×20㎝×深さ25㎝以上／1列にすじまき

プランター栽培のコツ
日当たりのよい場所で育て、成長につれて間引く。プランター栽培向きの野菜。

畑の準備（全面施肥）

堆肥2kg／㎡・配合肥料150g／㎡を、植えつけの1〜2週間前に入れて耕す（P18）。幅60㎝の平畝を立てる（P20）。

栽培スペース
畝幅60㎝、株間3〜4㎝、条間20㎝

株の大きさ

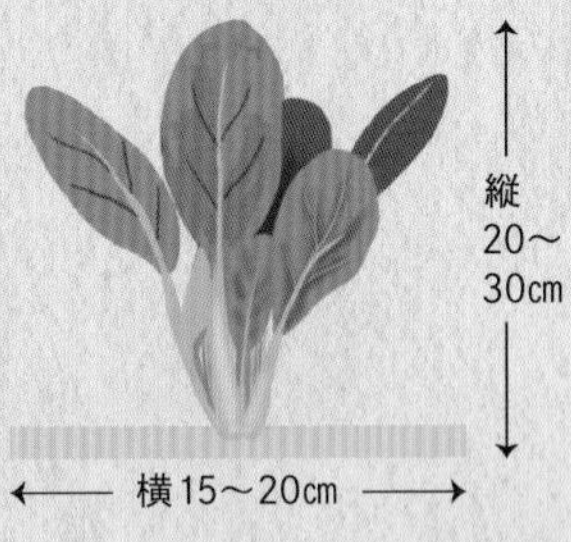

縦20〜30㎝
横15〜20㎝

ポイント！

発芽をきれいにそろえるには、種まきのときのまき溝の深さが重要。均一に深さをそろえよう。

2 間引き

❶本葉2～3枚の頃、間引きをする。

❷葉が重なり、込み入っているところを中心に間引き、3～4㎝間隔に。

❸間引き後、条間を中耕しておくとよい(P36)。

3 収穫

❶収穫適期のコマツナ。

❷株ごと引き抜いて収穫する。ハサミを差し込んで根を切って収穫してもよい。春夏に栽培すると、細めになる傾向がある。

❸春まで畑に置くとトウ立ちして菜花が咲く。つぼみや花も食べられる。

コマツナの病害虫

いろいろな害虫が食害するので防虫ネットをかけておくとよい。大きく成長して風通しが悪くなると、白さび病が出やすい。早めに収穫することと、密にならないように株間をあけるとよい。

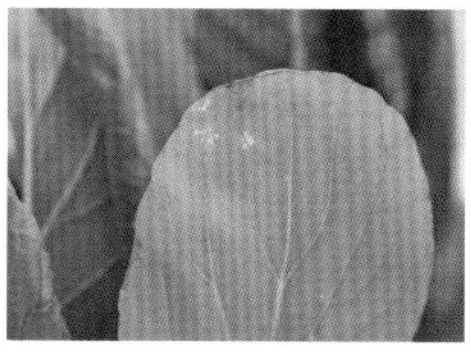

白さび病が出た葉。風通しよく育て、早めに収穫することで予防する。

Q **一度にたくさん収穫できると、食べきれません。**

A 時期を少しずつずらして種まきすると、長く楽しめるのでおすすめです。春は種まき後、約30日で収穫できます。

シソ

紫蘇・シソ科

栽培のポイント

栽培のしやすさ ★★★

・丈夫で栽培も簡単。1株あると便利な家庭菜園向きの野菜。
・摘芯して脇芽を伸ばし、収量を増やそう。
・追肥はしなくてもOK。葉を使う際に随時、収獲する。
・ベニフキノメイガなどがつくので、見つけたら取り除く。

栄養と食べ方

・抗酸化作用のあるビタミンA（カロテン）が突出して多く、骨や歯を丈夫にするカルシウムも豊富に含む。
・生で料理の彩りにしたり、天ぷらにも。たっぷり食べるなら、ピュレにしてパスタソースなどに。

1 苗の植えつけ

❶青シソの苗。

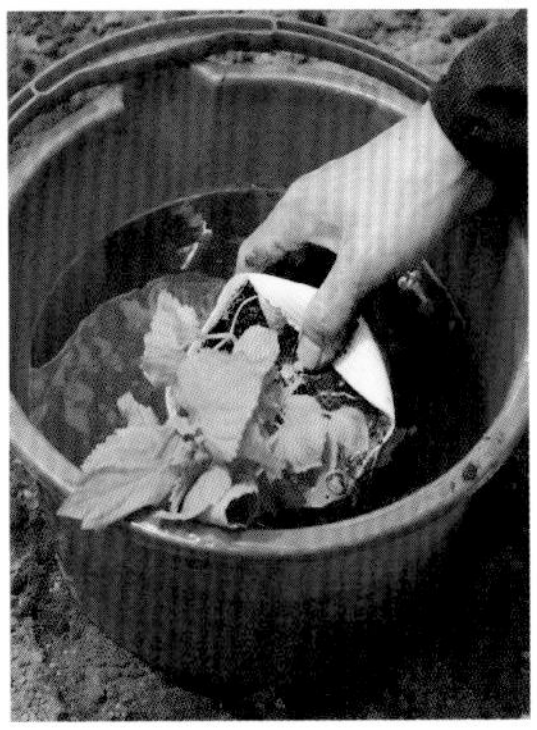

❷苗をポットごと水につける。

❸植え穴を掘り、苗を植えつける。根のまわりに隙間ができないように土を寄せる。

❹植えつけ後、たっぷり水やりする。

栽培カレンダー

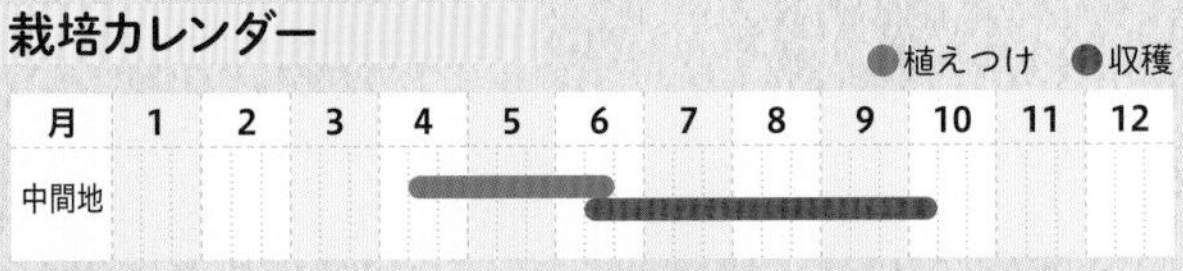

●植えつけ ●収穫
月 1 2 3 4 5 6 7 8 9 10 11 12
中間地

栽培データ

原産地 ヒマラヤ、ミャンマー、中国

連作障害 出にくい

発芽適温 25～30℃

生育適温 20～30℃

おすすめの品種
青ジソと赤ジソがあり、それぞれ、ちりめん種もある。

病害虫
アブラムシ、ハダニ、ハスモンヨトウ、ベニフキノメイガ、シソさび病など

プランター栽培

サイズ30㎝×30㎝×深さ25㎝以上／1株につき

プランター栽培のコツ
湿り気を好むので、日当たりが悪いベランダでも栽培できる。

畑の準備（全面施肥）

堆肥2kg／㎡、配合肥料100g／㎡を植えつけの1～2週間前に入れて耕す（P18）。幅60㎝の平畝を立てる（P20）。

栽培スペース
畝幅60㎝、株間30～40㎝

株の大きさ

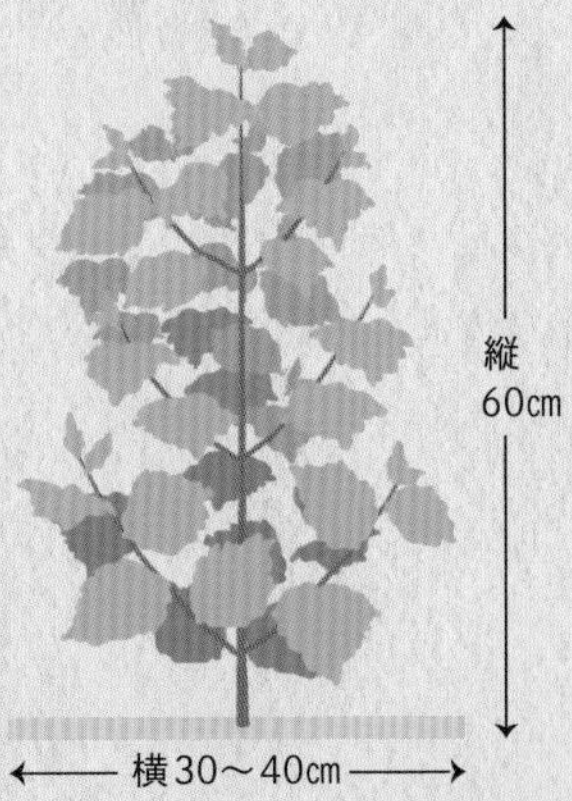

縦60㎝
横30～40㎝

2 摘芯

草丈30～40㎝になったら、主枝を摘芯する。摘芯することで、脇芽が伸び、成長が旺盛になり、収穫量を増やすことができる。

3 収穫

❶葉を使う都度、必要なぶんを収穫する。

❷シソの花穂。青ジソは白い花、赤ジソは紫色の花が咲く。

❸穂ジソを収穫。花穂は、刺身に添えるあしらいや薬味、天ぷらなどに。シソの実は塩漬けやしょうゆ漬けなどに利用できる。

Q　追肥はしたほうがよいですか？

A　基本的に追肥はしなくてもよいですが、収獲時期が長いので、してもOK。追肥をする場合は、摘芯後に化成肥料50g／㎡をまき、土寄せしましょう。

種から育てる場合

4月下旬頃、ポットに育苗土を入れ、3～4粒まいて育苗する。シソは好光性種子なので、覆土は浅くするのがポイント。本葉4～5枚で定植する。

シソの品種

赤ジソ

深い赤紫色が特徴のシソで、青シソにくらべると縮れた葉がつく。主に花穂や芽を利用するほか、その鮮やかな色味を生かして、葉を煮出してシソジュースにしたり、炒ってふりかけにしてもおいしい。

植えつけから収穫まで

❶赤ジソの苗。育て方は青ジソと同様。ポットからやさしく出して植えつける。

❷成長したら随時収穫できる。葉や花穂をつんでもよい。ここでは株ごと引き抜いて収穫。

春菊・キク科

シュンギク

栽培のポイント

栽培のしやすさ ★★★

・発芽率が低いので、点まきする場合は種を多めにまく。すじまきしてもよい。
・葉を適宜つんで収獲すると、次々に脇芽が出て長く収穫できる。

栄養と食べ方

・ビタミンA、C、Eや、カリウム、カルシウムが豊富。免疫力を高め、風邪予防効果も期待できる。
・香りは強いがえぐみはないので、柔らかい葉先は生食OK。ゆでておひたしにしたり、白和えやナムルに。

1 種まき

①シュンギクの種。ここでは清瀬中葉（きよせちゅうば）という品種を使用。

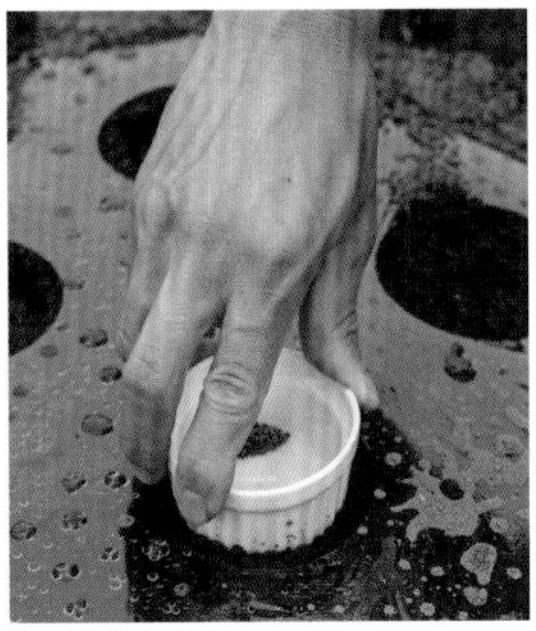

②マルチ穴に、深さ1㎝のまき穴を作る。

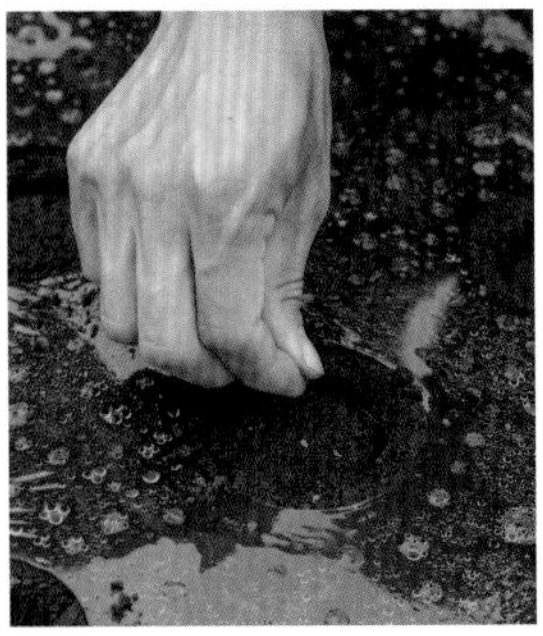

③種を7～8粒ずつまく。シュンギクの発芽率は約50％と低いため多めにまく。

④土をかぶせ、手で軽く押さえつけて鎮圧し、しっかり水やりする。

栽培カレンダー

●種まき ●収穫

月	1	2	3	4	5	6	7	8	9	10	11	12
中間地												

栽培データ

原産地 地中海沿岸

連作障害 あり（1～2年あける）

発芽適温 18～22℃

生育適温 15～20℃

おすすめの品種
大葉、中葉、小葉がある。清瀬中葉、サラダ春菊など。

病害虫
アブラムシ、ハモグリバエ類、炭そ病、べと病など。

プランター栽培

サイズ55㎝×20㎝×深さ25㎝以上／1列にすじまき

プランター栽培のコツ
種はすじまきがおすすめ。追肥はとくに必要ない。

畑の準備（全面施肥）

堆肥2kg／㎡、配合肥料150g／㎡を植えつけの1～2週間前に入れて耕す（P18）。幅60㎝の平畝を立て、マルチをかけておく（P22）。

栽培スペース
畝幅60㎝、株間15㎝、条間15㎝

株の大きさ

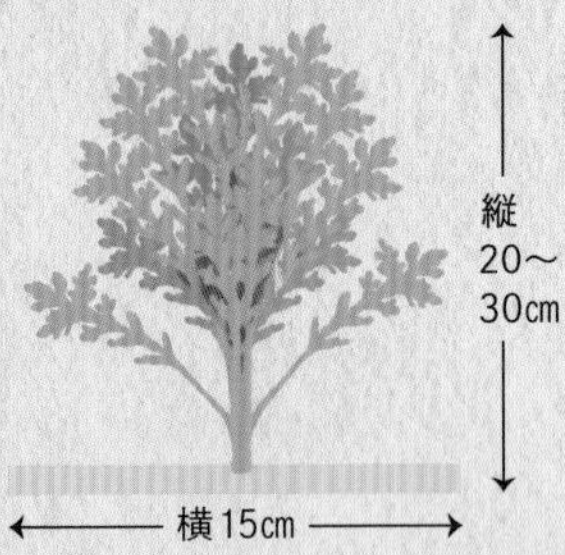

2 トンネルかけ

❶ 種まき後、防風、防虫のため、トンネルをかけておく(P30)。

❷ 発芽し、本葉2～3枚の頃のシュンギク。間引きは必要ないが、込み合っているときは適宜、間引く。

3 収穫

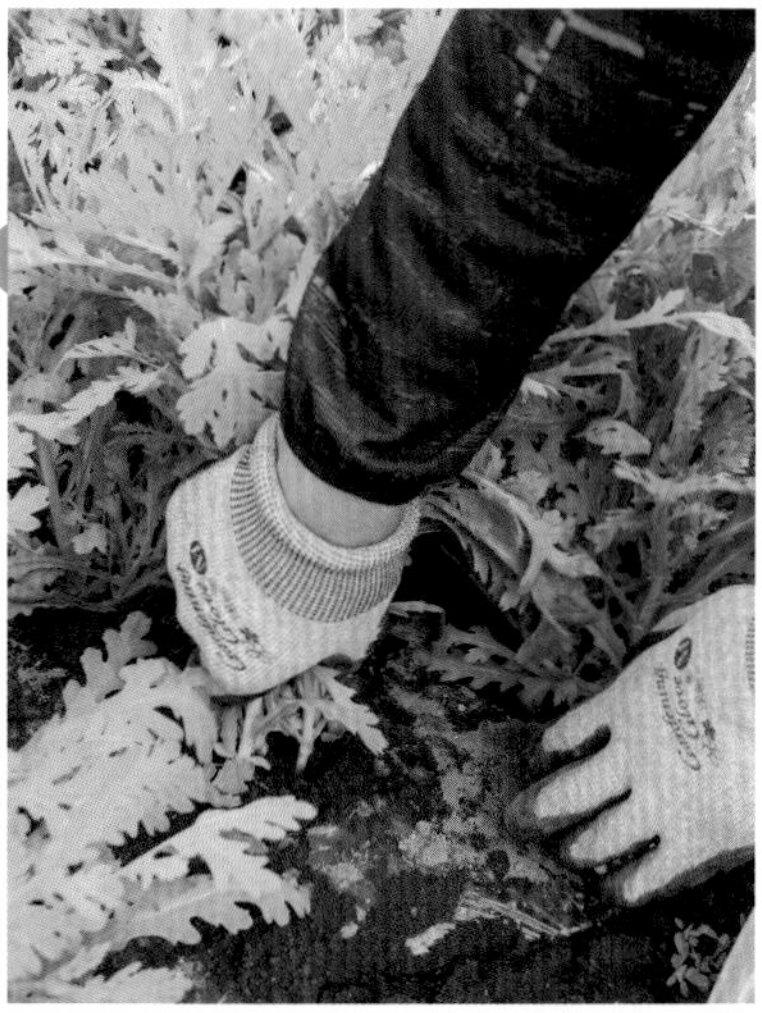

❶ 大きくなったら収穫。株ごと引き抜く場合、葉が大きくなると茎も太くなるので、サラダにするなら早めに収穫すると食べやすい。

❷ 葉をつみ取って収穫するのもおすすめ。脇芽がどんどん伸びるので、くり返し収穫できる。

ポイント！

追肥はとくに必要ない。寒さに弱いので、霜が降りる前に穴あきビニールトンネルで防寒するとよい。

シュンギクの病害虫

アブラムシ、ハモグリバエなどがつくが、比較的害虫には強い。ハモグリバエは、幼虫が葉にもぐり込んで、線状に食害するため「絵描き虫」とも呼ばれている。

[プランターで育てる] 場合

シュンギクはプランターでも栽培しやすい。写真は60㎝×25㎝×深さ25㎝のプランターを使用し、条間10㎝で2列にすじまきして栽培した例。

種まきから収穫まで

❶ 本葉2～3枚の頃、3～4㎝間隔に間引く。

❷ 適宜、収穫する。必要な分だけ収穫できて便利。

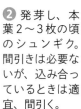

西洋不断草・ヒユ科

スイスチャード

栽培のしやすさ ★★☆

栽培のポイント

・フダンソウ（不断草）とも呼ばれ、茎は赤や黄、オレンジ、緑があり、春から秋まで栽培できる強い作物。
・種まきは、点まきのほか、すじまきでもよい。
・老化した葉は硬く、アクも強くなるので早めに収穫しよう。

栄養と食べ方

・ビタミンA、Eのほか、カルシウム、マグネシウム、鉄分も豊富。免疫力を高め、体の調子を整えるのに役立つ。
・鮮やかな色素を逃さないためには生でサラダが一番。茎などの硬い部分はさっとゆでたり、炒めて。

種まき

❶スイスチャードの種。布に包んで一晩、水に浸してからまくと発芽率が上がる。

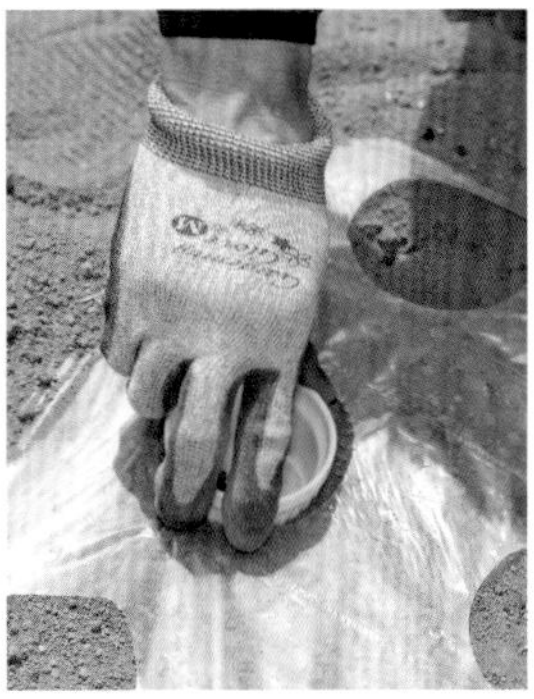

❷深さ2㎝くらいのまき穴をつくる。

❸1穴につき3～4粒ずつ種をまく。

❹土をかぶせ、手で軽く鎮圧する。

栽培カレンダー

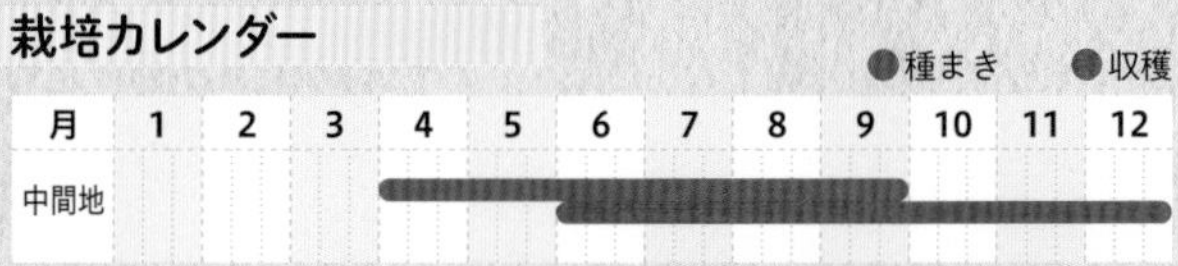
●種まき ●収穫
月 1 2 3 4 5 6 7 8 9 10 11 12
中間地

栽培データ

原産地　地中海沿岸
連作障害　あり（1～2年あける）
発芽適温　20～25℃
生育適温　15～20℃
おすすめの品種
アイデアル、フダンソウなど。
病害虫
ヨトウ類、アブラムシ、カメムシ、立枯れ病など。

プランター栽培

サイズ55㎝×20㎝×25㎝以上／1列にすじまき

プランター栽培のコツ
種はすじまきにし、日当たりのよいところに置いて育てる。夏の暑さには強い。

畑の準備（全面施肥）

堆肥2kg／㎡、配合肥料150g／㎡を植えつけ1～2週間前に入れて耕す(P18)。幅70㎝の平畝を立て(P20)、マルチをかけておく(P22)。

栽培スペース
畝幅70㎝、株間15㎝、条間15㎝

株の大きさ

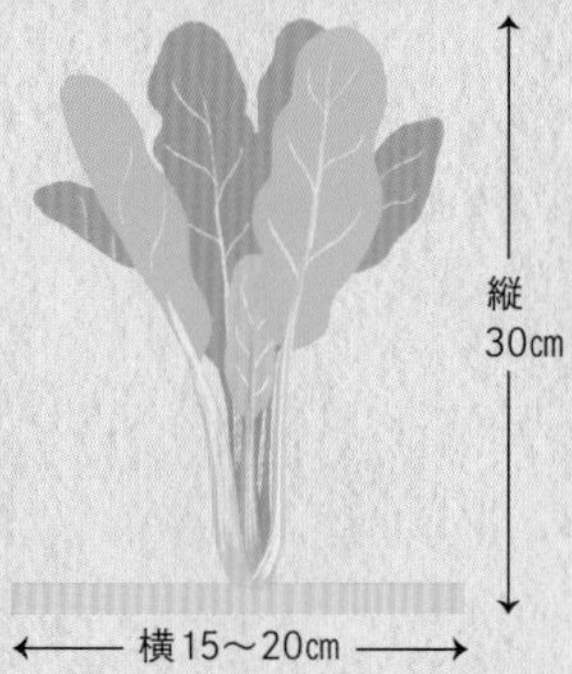
縦30㎝
横15～20㎝

2 水やりと不織布かけ

❶ 種まき後、しっかり水やりする。

❷ 土の乾燥を防止するため、畝に不織布をかぶせる。

❸ 端の4辺は、風で飛ばされないように土をかぶせて固定する。

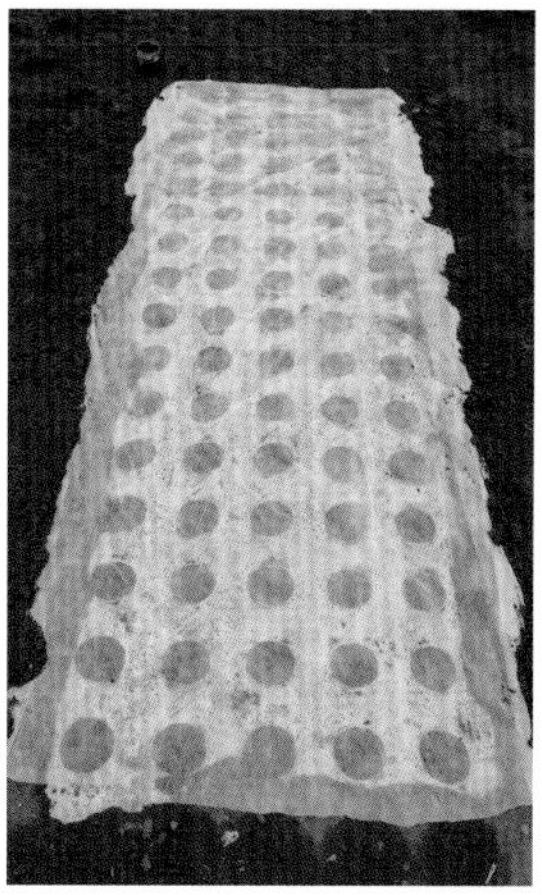

❹ 不織布かけが完了。

すじまきの場合

すじまきした場合は、本葉が出始めた頃、3～4cm間隔に間引くとよい。

3 間引きと収穫

❶ スイスチャードの双葉(左)。発芽がそろったら不織布を外す。成長し、本葉3～4枚になったら(下)、間引きする。

❷ 2本残す。間引き菜も食べられる。追肥はとくに必要ない。

❸ 株元をハサミで切り取って収穫。大きくなった外葉だけを切り取って収穫してもよい。内側の若芽がやがて成長し、再び収穫できる。写真はアイデアル(サカタのタネ)。

ポイント!

ホウレンソウと同じヒユ科なので、中性の土壌を好む。pHが低い場合は、石灰を入れて土づくりしよう。

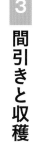

セリ科

セロリ

栽培のしやすさ ★☆☆

栽培のポイント

・暑さに弱く、涼しい気候を好む。市販品のように茎を白く太くするのは難しいので緑の茎と葉を利用する。
・乾燥を嫌うので、マルチを使って土壌の水分を保つとよい。
・植えつけ後、約3週間たった頃、追肥して成長を促す。

栄養と食べ方

・体内の余分な塩分を体外に排出するカリウムを含有。特有の香りにはイライラを鎮め精神を安定させる効果がある。
・茎は生でサラダにしたり、炒め物やスープに。葉は茎の2倍のカロテンを含むため、きんぴらなどに。

1 植えつけと管理作業

❶セロリの苗。種から育てる場合はポットに3～4粒まいて育苗し、本葉4～5枚で定植する。

❷植え穴を作り、ポット苗を水につけてから定植し、水やりする。

2 収穫

茎葉が成長したら、外葉から1枚ずつハサミで切って収穫。成長しすぎると茎にスが入るので若どりする。

追肥

植えつけの約3週間後、畝の肩に化成肥料50ｇ／㎡を追肥する。

栽培カレンダー

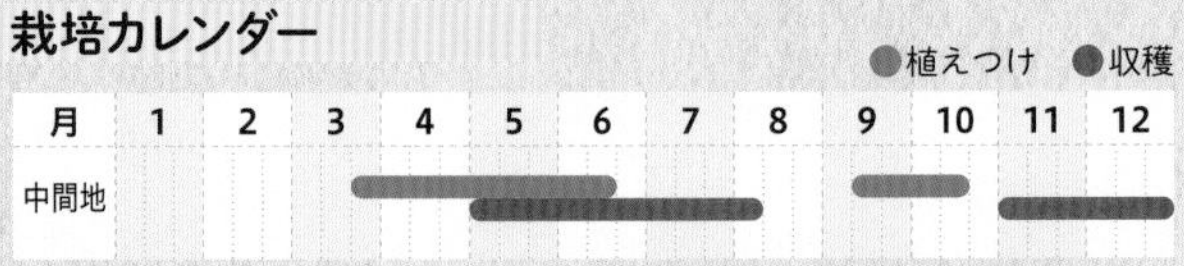
●植えつけ ●収穫
月 1 2 3 4 5 6 7 8 9 10 11 12
中間地

栽培データ

原産地 地中海沿岸
連作障害 あり（2～3年あける）
発芽適温 15～20℃
生育適温 15～20℃
おすすめの品種
スープセロリ、トップセラーなど。
病害虫
アブラムシ、キアゲハ、軟腐病など。

プランター栽培

サイズ55cm×20cm×深さ25cm以上／3株につき

プランター栽培のコツ
日当たりのよいところで育て、水切れしないように気をつける。

畑の準備（全面施肥）

堆肥2kg／㎡、配合肥料150ｇ／㎡を植えつけの1～2週間前に入れて耕す（P18）。幅70cmの平畝を立て（P20）、マルチをかけておく（P22）。

栽培スペース
畝幅70cm、株間30cm以上

株の大きさ

縦30～50cm
横30cm

揚菜・アブラナ科

タアサイ

栽培のポイント

栽培のしやすさ ★★☆

- 耐寒性がとても強い中国野菜で、冬が旬。如月菜《きさらぎな》とも呼ばれる。
- 春まきもできるが秋まきが育てやすくおすすめ。
- まき穴の深さを均等にして、発芽をそろえよう。

栄養と食べ方

- ビタミンAの他、ビタミンB群、カルシウム、カリウム、鉄分が豊富。皮膚粘膜の強化や風邪の予防に効果的。
- カロテンの吸収を高めるためには、油と一緒に炒め物に。アクがほとんどないのでスープや鍋料理にも。

1 種まきと間引き

❶タアサイの種。

❷1穴に3～4粒ずつ種まきし、覆土して鎮圧し、水やりする。

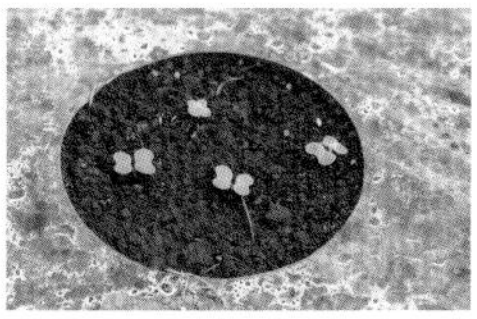

❸発芽したタアサイ。

❹本葉4～5枚の頃、1本を残して間引く。追肥は必要ない。

2 管理作業と収穫

❶収穫の適期を迎えたターサイ。

❷株ごと引き抜いて収穫。寒さに強く、初春まで畑に置いておける。

栽培カレンダー

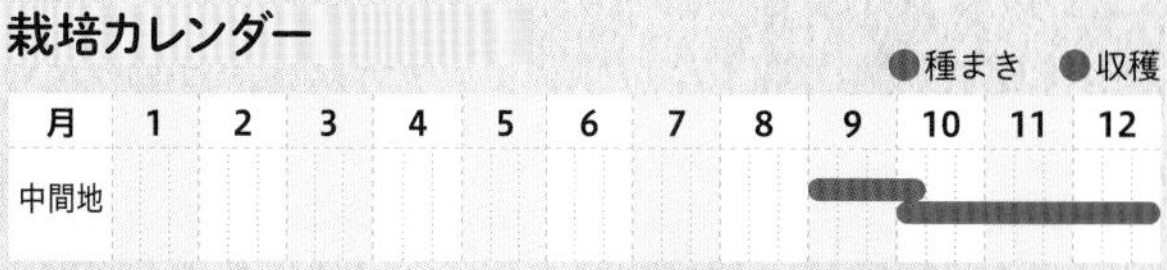

栽培データ

原産地　中国

連作障害　あり（1～2年あける）

発芽適温　20～25°C

生育適温　20°C前後

おすすめの品種
タアサイ、緑彩2号など。

病害虫
アブラムシ、モンシロチョウ、コナガなど。

プランター栽培

サイズ50㎝×30㎝×深さ25㎝以上／2株につき

プランター栽培のコツ
葉が広い範囲に伸びるので、大きめのプランターを選ぶ。

畑の準備（全面施肥）

堆肥2kg／㎡、化成肥料150g／㎡を植えつけの1～2週間前に入れて耕す（P18）。幅70㎝の平畝を立て（P20）、マルチをかけておく（P22）。

栽培スペース
畝幅70㎝、株間30㎝

株の大きさ

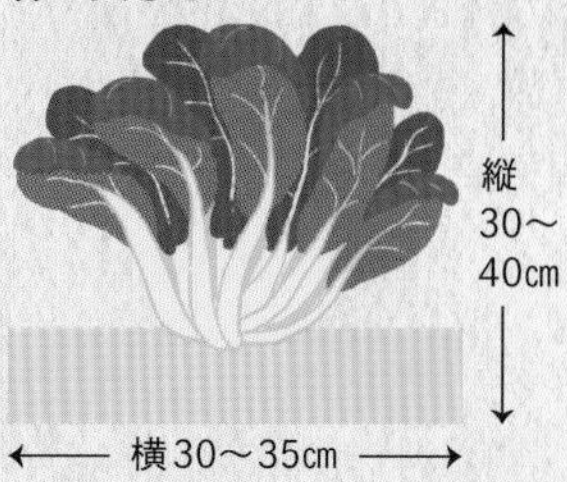

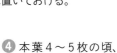

高菜・アブラナ科

タカナ

栽培のしやすさ ★★★

栽培のポイント

- 漬け菜と呼ばれる漬け物用の青菜で品種が多い。日当たりがよく、水はけのよい場所で育てる。
- 寒さに弱いので、寒冷地での栽培には不向き。
- 防虫ネットで害虫の飛来を防ぐとよい。

栄養と食べ方

- ビタミンA、C、B群のほか、カルシウムやビタミンKを多く含み、骨や歯を健康に保つのに役立つ。
- 葉には若干の辛味があるため、下ゆでしてから炒め物や煮びたしに。塩漬けを発酵させた高菜漬けは九州の特産品。

1 種まき

❶タカナの種。写真は三池たか菜という品種。

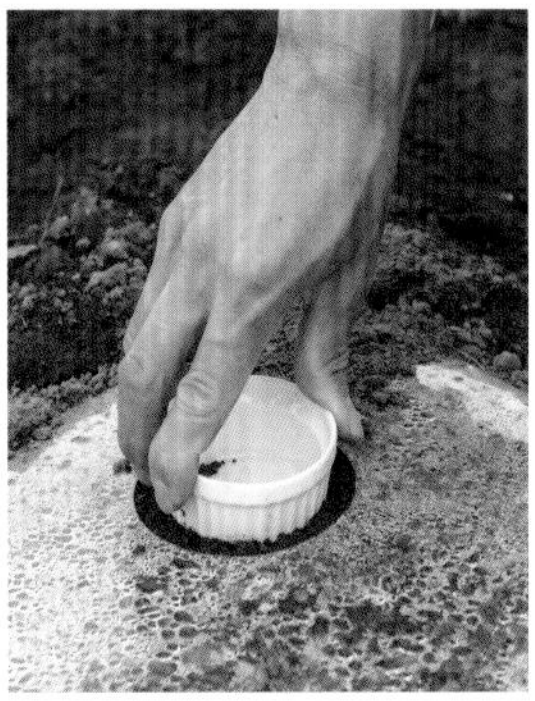

❷器などで深さ1～2㎝のまき穴を作る。

❸3～4粒ずつ種まきする。

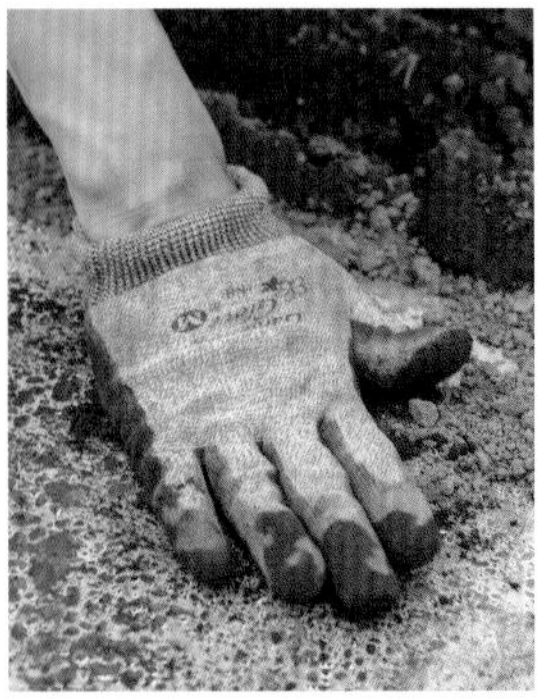

❹覆土して鎮圧し、水やり。防虫ネットをかける(P30)。

栽培カレンダー

●種まき ●収穫

月	1	2	3	4	5	6	7	8	9	10	11	12
中間地												

栽培データ

原産地 中央アジア

連作障害 あり（1～2年あける）

発芽適温 20～25℃

生育適温 10～20℃

おすすめの品種
三池たか菜、三池赤たか菜、赤大葉高菜、ちりめん高菜、こぶ高菜など。

病害虫
アブラムシ、コナガ、モンシロチョウ、根こぶ病など

プランター栽培

サイズ30㎝×30㎝×深さ25㎝以上／1株につき

プランター栽培のコツ
大株に育つので、十分な大きさのプランターで育てよう。

畑の準備（全面施肥）

堆肥2kg／㎡・配合肥料150g／㎡を、植えつけの1～2週間前に入れて耕す(P18)。幅60㎝の平畝を立て(P20)、マルチをかけておく(P22)。

栽培スペース
畝幅60㎝、株間60㎝、条間40㎝

株の大きさ

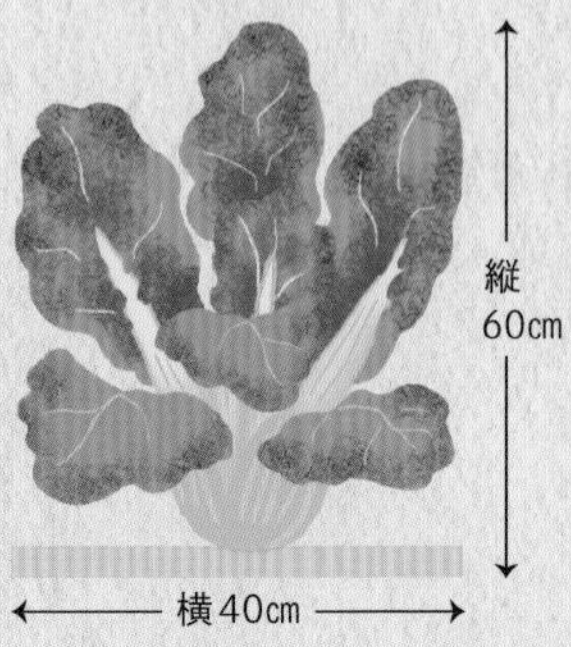

2 間引きと管理作業

❶本葉2～3枚に成長したら1回目の間引き。

❷元気に育っている1本を残して間引く。

❸間引きが完了。

すじまきする場合

種をすじまきしてもよい。その場合は、2～3回に分けて間引き、最終的に株間30㎝にする。

3 収穫

草丈30㎝くらいから収穫できる。株ごと収獲するほか、外葉を必要に応じてかき取ってもよい。

タカナの品種

紫タカナ

丸葉で色鮮やかな葉が特徴。寒さとともに赤紫に色づいていく。

種まきから収穫まで

❶3～4粒ずつ種まきし、本葉2～3枚になったら1本に間引く。

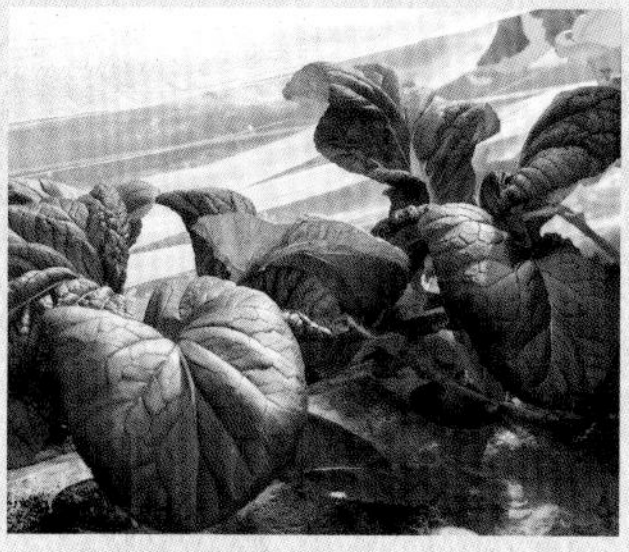

❷草丈が30㎝以上になったら、包丁で地際を切り取って収穫する。

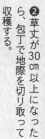

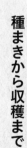

玉葱・ヒガンバナ科

タマネギ

栽培のポイント

栽培のしやすさ ★☆☆

・種から育てる方法もあるが、初心者は苗か種球《たねきゅう》から育てるとよい。
・栽培期間が長いので、大きく育てるには3月頃にしっかり追肥する。

栄養と食べ方

・特有の辛味は硫化《りゅうか》アリルに由来。ビタミンB_1の吸収を助け、疲労回復に役立つだけでなく、血液サラサラ効果も。
・生食は水にさらして辛味を抜くとよい。炒めたり、焼くほか、煮物にも。

1 種まき

❶タマネギの種。今回育てたのはソニック（タキイ種苗）。

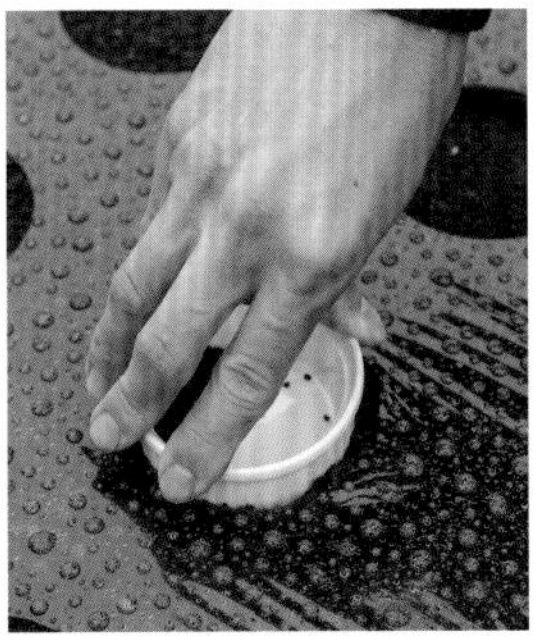

❷深さ約2㎝でまき穴を作る。

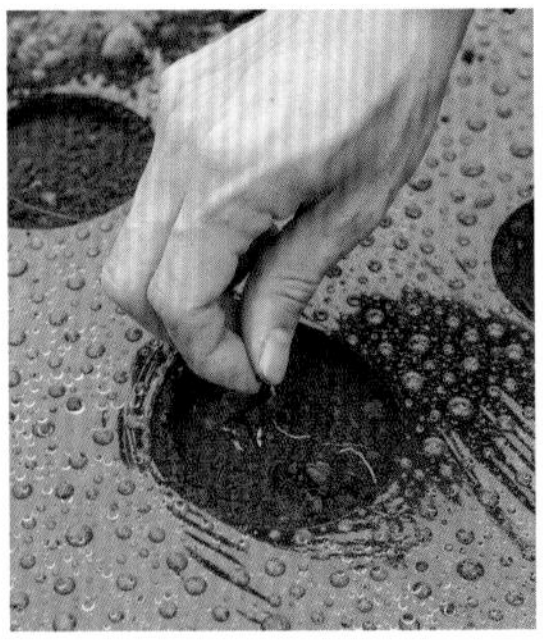

❸1か所3～4粒ずつ種まき。土をかぶせ、手で軽く押さえる。

❹たっぷり水やりし、最後に防虫ネットをかける(P30)。

栽培カレンダー

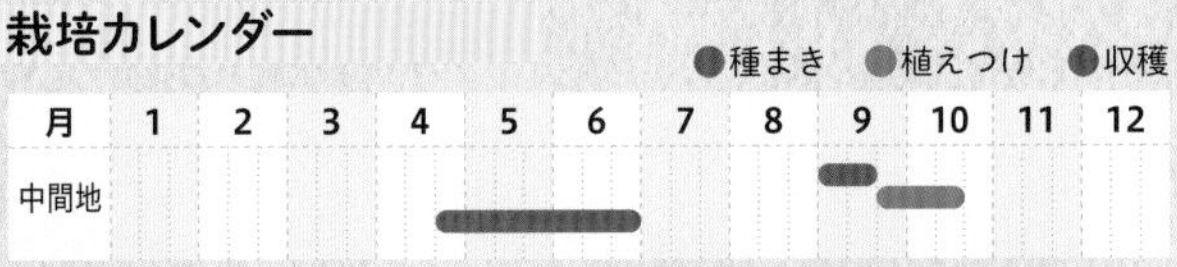

●種まき
●植えつけ
●収穫
月
1
2
3
4
5
6
7
8
9
10
11
12
中間地

栽培データ

原産地 中央アジア～地中海沿岸

連作障害 少ない（1年あける）

発芽適温 15～20℃

生育適温 15～20℃

おすすめの品種
ソニック、ネオアース、ジェットボールなど。

病害虫
アブラムシ、タネバエ、軟腐病、べと病、さび病など

プランター栽培

サイズ45㎝×20㎝×深さ20㎝以上／2列（ミニタマネギの場合）

プランター栽培のコツ
プランターではミニタマネギを種球から育てるのがおすすめ。

畑の準備（全面施肥）

堆肥2kg／㎡・配合肥料150g／㎡を植えつけ1～2週間前に入れて耕す（P18）。幅70㎝の平畝を立て（P20）、マルチをかけておく（P22）。

栽培スペース
畝幅70㎝、株間15㎝、条間15㎝

株の大きさ

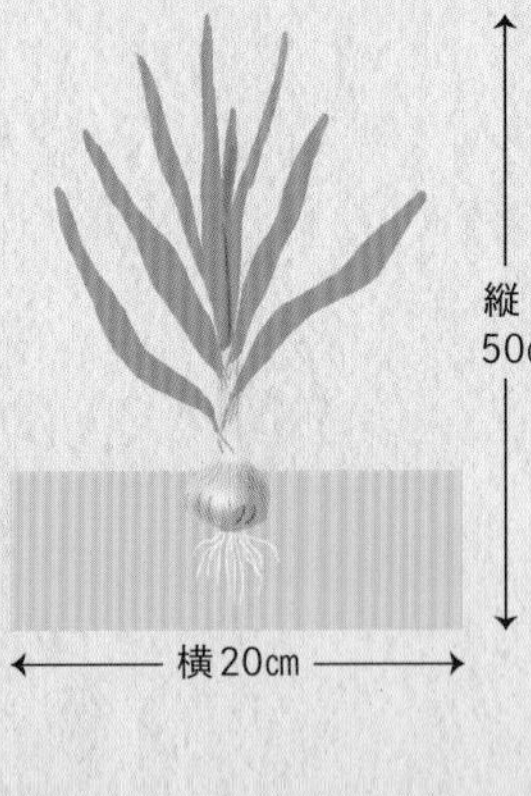

縦50㎝
横20㎝

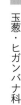

2 間引きと追肥

❶発芽したタマネギ。2月頃、1本に間引き、株元に1回目の追肥。マルチ穴1つに化成肥料ひとつまみが目安。

❷3月頃、タマネギの球が肥大しはじめたら、2回目の追肥を同様に行う。

3 収穫

❶葉茎が大きく育ったタマネギ。

❷茎が枯れて倒れてきたら、収穫適期。

❸株ごと手で引き抜く。

❹収穫したら、雨がかからず風通しのよい場所に吊るして乾燥させると長期保存できる。数個ずつ、葉つきのまま束ねるとよい。

苗から植える場合

苗を入手できるなら、苗から育てるものおすすめ。10～11月頃、マルチ穴に1本ずつ植えつける。

タマネギの品種

赤タマネギ

辛味が少なく甘みがあるため、サラダやカルパッチョ、マリネなどの生食にぴったり。色味を生かしてポテトサラダなどに混ぜても彩り豊かになる。

植えつけから収穫まで

育て方はタマネギと同様。マルチをかけた畝に、種まきするか、苗を植えて育てる。冬を越した2月と3月に追肥すると大きく育つ。茎が倒れたタイミングで収穫する。

［種球を使う］場合

球根を植えつけて栽培する方法もある。8月末頃が定植の適期。球根の頭が出るくらいの深さに1つずつ植える。植えつけ後は防虫ネットをかける。追肥はタマネギが肥大しはじめる直前の9月下旬頃、化成肥料を株元にひとつまみ入れる。11月下旬くらいから収穫できる。

青梗菜・アブラナ科

チンゲンサイ

栽培のポイント

栽培のしやすさ ★★★

- 育てやすいのでビギナー向きの野菜。防虫ネットをして虫の飛来を防ぐ。
- 涼しい気候を好む冬が旬の野菜だが、夏まきもできる。
- やや小さいサイズで若どりすると柔らかい。

栄養と食べ方

- ビタミンAやCが豊富な緑黄色野菜。体内の塩分を正常に保つカリウムや、イライラを抑えるカルシウムが豊富。
- アクが少ないので軽く炒めたり、下ゆでして肉料理に添えて。魚介や鶏肉と一緒にスープ煮やクリーム煮にしても。

1 種まき

❶チンゲンサイの種（種子消毒あり）。今回は青帝（サカタのタネ）という品種。

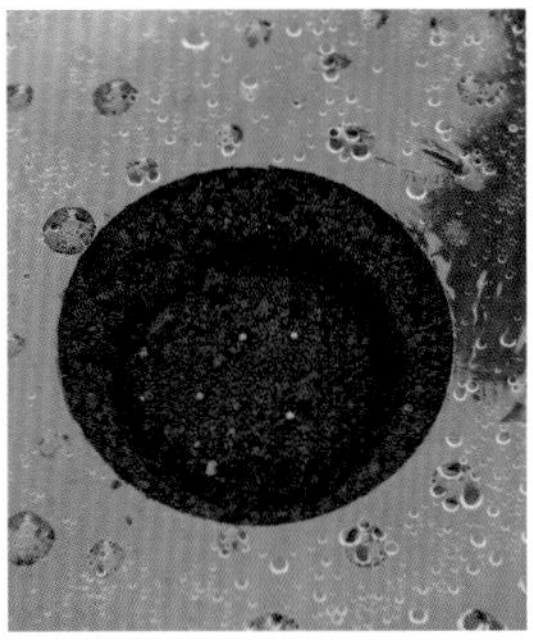

❷深さ1㎝の浅めのまき穴を作り、3～4粒ずつ種まきする。

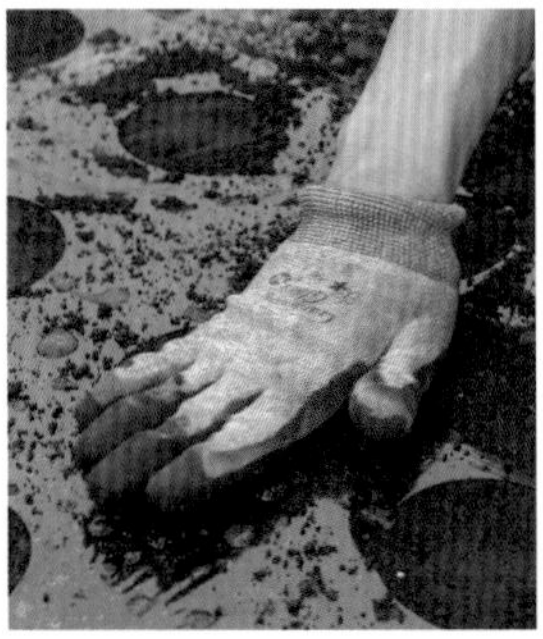

❸土をかぶせ、手で軽く押さえる。

❹水やりをしたら、防虫ネットをかけておく（P30）。収穫するまでかけっぱなしでOK。

栽培カレンダー

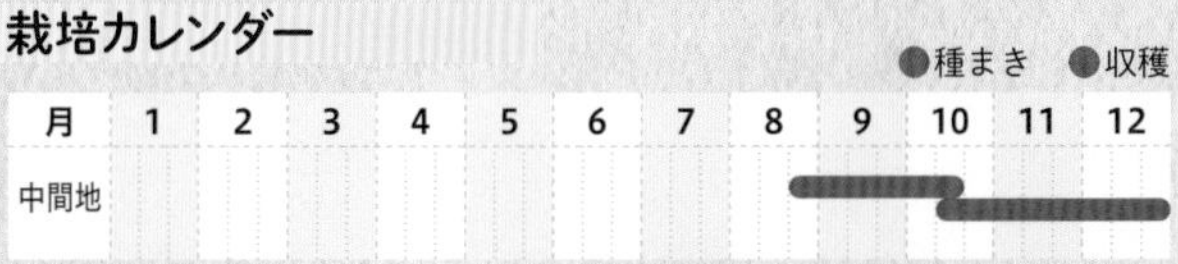
●種まき ●収穫
月 1 2 3 4 5 6 7 8 9 10 11 12
中間地

栽培データ

原産地 中国

連作障害 あり（1～2年あける）

発芽適温 15～20℃

生育適温 15～25℃

おすすめの品種
青帝、シャオパオ、ニイハオ114など。

病害虫
アブラムシ、コナガ、ハモグリバエ、モンシロチョウ、ヨトウ類、根こぶ病など

プランター栽培

サイズ55㎝×20㎝×深さ20㎝／1列にすじまきして間引く

プランター栽培のコツ
プランターではミニチンゲンサイがおすすめ。害虫に注意し、風通しよくして育てる。

畑の準備（全面施肥）

堆肥2kg／㎡、配合肥料150g／㎡を植えつけの1～2週間前に入れて耕す（P18）。幅60㎝の平畝を立て（P20）、マルチをかけておく（P22）。

栽培スペース
畝幅60㎝、株間15㎝、条間15㎝

株の大きさ

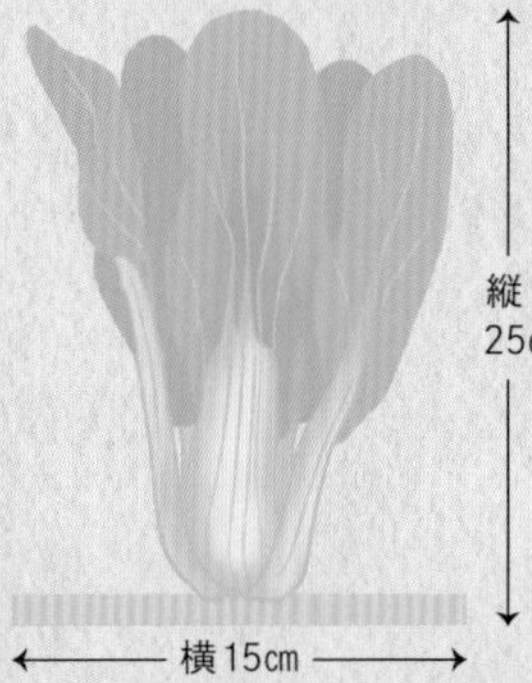
縦25㎝
横15㎝

2 間引き

❶本葉2～3枚になったら間引きのタイミング。

❷2本を残して間引く。

❸間引きが完了。家庭菜園では収穫まで2本残しでOK。

3 収穫

❶収穫適期のチンゲンサイ。草丈約20㎝が収穫どき。

❷株ごと引き抜くか、地際の根元をハサミで切り取って収穫。

チンゲンサイの病害虫

アブラムシやハモグリバエ類などの害虫がつく。防虫ネットをかけて予防し、こまめにチェックして取り除こう。

アブラムシ

風通しが悪かったり、大株になるとつきやすい。込み合わないように間引きし、早めに収獲しよう。

Q　追肥はしたほうがよいですか？

A　追肥はしなくてもよいですが、気温が下がって生育期間が長くなる場合は追肥するとよいでしょう。気温が高い時期は種まき後、30日ほどで収穫できますが、秋冬は60日程度かかります。その場合は、間引き後に1回、化成肥料50ｇ/㎡を株元に追肥しましょう。

ツルムラサキ

蔓紫・ツルムラサキ科

栽培のポイント

栽培のしやすさ ★★★

・茎の色が異なる「赤茎種」と「青茎種」があり、青果店では青茎種がポピュラー。
・熱帯アジア原産で暑さにとても強く、夏に育てやすい野菜。
・摘芯して、脇芽を伸ばし、収量をアップさせる。

栄養と食べ方

・とても栄養価が高い緑黄色野菜。骨や歯の健康に欠かせないカルシウム、マグネシウムが豊富。夏バテ解消にも。
・えぐみがあるのでさっとゆでてからおひたしなどに。油とも相性がよいので炒め物や天ぷらもおいしい。

1 種まき

❶ツルムラサキの種。写真は赤茎種。

❷深さ2～3㎝のまき穴を作り、3～4粒ずつ種まきする。

❸覆土し、手で押さえて鎮圧し、水をやる。

❹乾燥防止のため、種まき後に不織布をかけるとよい(P31)。

栽培カレンダー

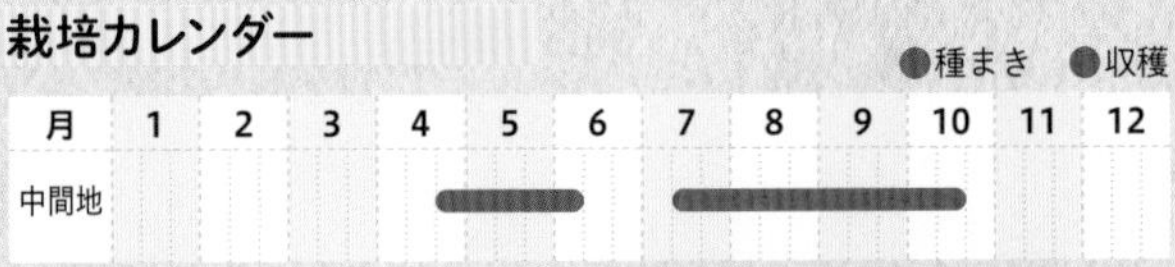

●種まき ●収穫
月 1 2 3 4 5 6 7 8 9 10 11 12
中間地

栽培データ

原産地　熱帯アジア

連作障害　あり（1～2年あける）

発芽適温　20～30℃

生育適温　20～30℃

おすすめの品種
赤茎種と青茎種があるので好みで選ぶ。

病害虫
アブラムシ、ヨトウ類など。

プランター栽培

サイズ30㎝×30㎝×深さ25㎝以上／2株につき

プランター栽培のコツ
水切れに注意し、しっかり日を当てて育てる。摘芯し、脇芽を伸ばせば、長く収穫できる。

畑の準備（全面施肥）

堆肥2kg／㎡、配合肥料150g／㎡を植えつけの1～2週間前に入れて耕す(P18)。幅70㎝の平畝を立て(P20)、マルチをかけておく(P22)。

栽培スペース
畝幅70㎝、株間40～50㎝

株の大きさ

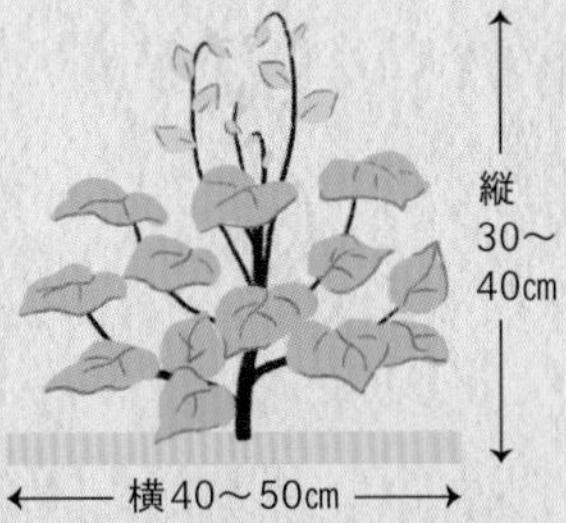

縦30～40㎝
横40～50㎝

2 間引き

① 発芽したら不織布を外し、本葉3～4枚で1回目の間引き。

② 2本を残す。

③ 草丈10～15cmで1本を残して間引く。地際の茎をハサミで切るとよい。

④ 間引きが完了。

3 追肥

① 2回目の間引きをしたタイミングで追肥。マルチをめくって畝の肩に化成肥料50g／㎡をまく。

② マルチを戻し、土をかけて再び固定したら追肥が完了。

4 収穫

① ツルムラサキの花。この花も食用になり、和え物やおひたしなどに利用できる。

② 子づるが伸びてきたら、先端から手で摘み取って、適宜、収穫する。

ツルムラサキの品種

ツルムラサキ（青茎種）

つるが青いタイプのツルムラサキ。味は紫茎系とあまり変わらないが、生育が旺盛で育てやすいので、初心者にもおすすめ。

種まきから収穫まで

育て方は赤茎種と同様。点まきかすじまきし、最終的に株間40～50cmで1本にする。主枝を摘芯後は、生育に応じて、適宜、収獲する。

ポイント！

摘芯

株が背丈30～40cmくらいになったら、主枝を摘芯する。摘芯すると脇芽（子づる）がどんどん伸び、秋までたくさんの葉を長く収穫できる。摘芯したとき、2回目の追肥。化成肥料50g／㎡を畝の外側に施し、土を寄せておく。

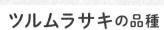

菜花・アブラナ科

ナバナ

栽培のポイント

栽培のしやすさ ★★★

・日当たりや水はけのよい場所で育てる。
・アブラムシ、モンシロチョウなどがつくので、防虫ネットをかける。
・つぼみが上がってきたら収穫する。

栄養と食べ方

・ビタミンAが豊富。カリウム、カルシウム、マグネシウムや鉄分などのミネラルも多く、健康維持に欠かせない。
・下ゆでをしてアクを取り除き、おひたしやナムルに。オイスターソースやにんにくとともに炒めても。

栽培カレンダー

●種まき ●収穫

月	1	2	3	4	5	6	7	8	9	10	11	12
中間地												

栽培データ

科名	アブラナ科
原産地	地中海沿岸
連作障害	あり（1～2年あける）
発芽適温	20℃前後
生育適温	15～20℃

おすすめの品種
早春なばななど。

病害虫
アブラムシ、モンシロチョウ、コナガ、ヨトウ類など

プランター栽培

サイズ30㎝×30㎝×深さ25㎝以上／1株につき

プランター栽培のコツ
種からでも育てやすい。日当たりのよい場所にプランターを置き、初春に上がってくるつぼみを収獲する。

畑の準備（全面施肥）

堆肥2kg／㎡、配合肥料150g／㎡を植えつけの1～2週間前に入れて耕す(P18)。幅70㎝の平畝を立て(P20)、マルチをかけておく(P22)。

栽培スペース
畝幅70㎝、株間30㎝

株の大きさ

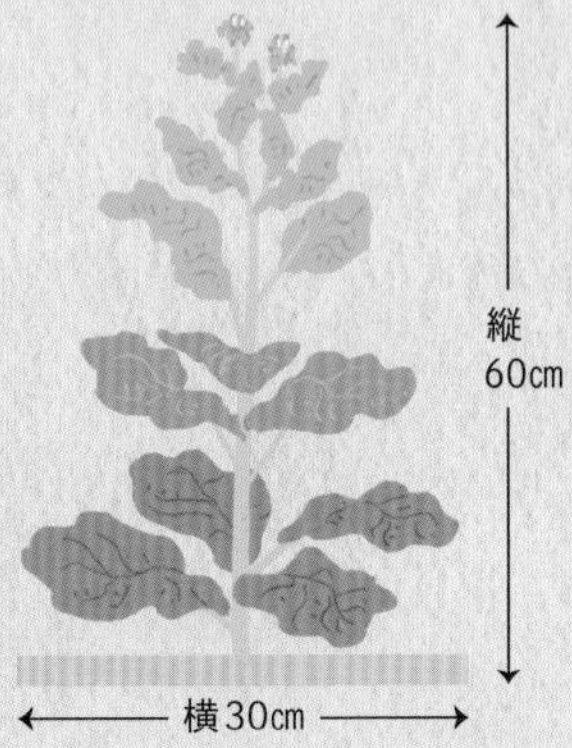

1 種まき

❶ナバナの種（種子消毒あり）。写真は早春なばな（サカタのタネ）。

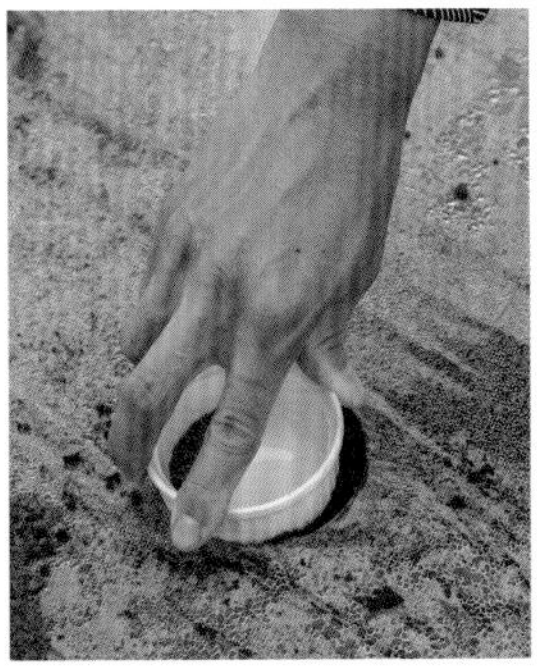

❷深さ1～2㎝のまき穴を作る。

❸3～4粒ずつ種まきし、覆土する。

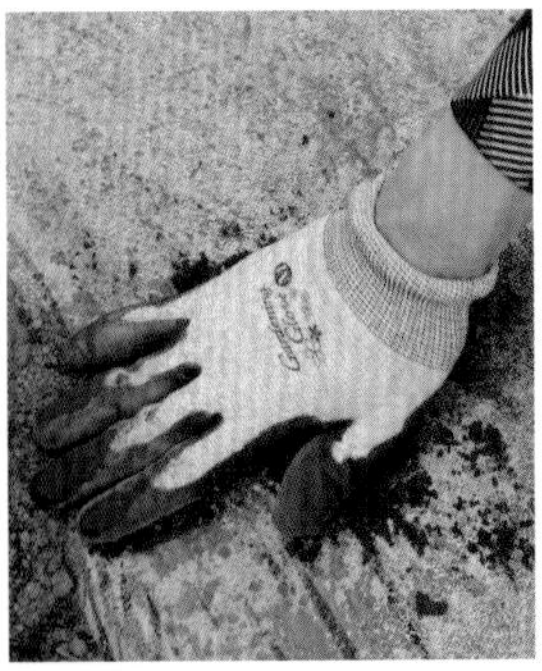

❹手で軽く押さえて鎮圧し、水やりする。

2 間引き

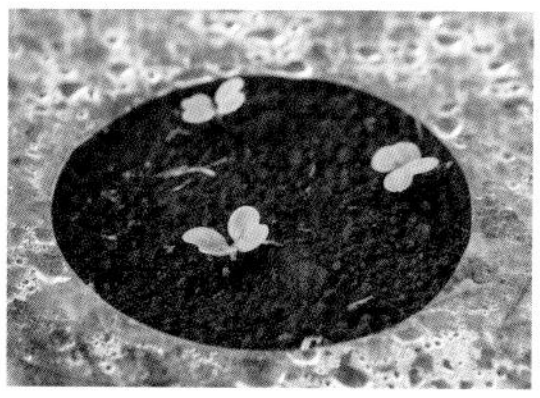

❶発芽したナバナ。

❷本葉2〜3枚に成長。

❸本葉が4〜5枚で、1本に間引く。

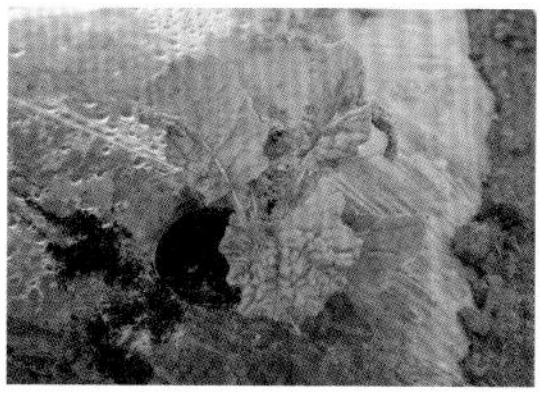

❹間引きが完了。

3 収穫

つぼみが上がってきたら、葉茎をつけて10〜12㎝の長さで収穫。咲かせずに早め早めに収穫しよう。

Q 追肥はしたほうがよいですか？

A ナバナは種まきから収穫までの栽培期間が長いので、肥料切れを起こさないように追肥を。間引き後、化成肥料50g／㎡を畝の肩にまき、土をかけておきましょう。

ナバナの品種

「菜の花」「ナバナ」として流通しているものには、さまざまな品種がある。京野菜の「花菜」をはじめ地方野菜も多いので、いろいろ試してみよう。コマツナやチンゲンサイ、ハクサイなどのアブラナ科も、春にはつぼみが上がるので、ナバナとして利用できる。

チンゲンサイ

初春、トウ立ちして次々につぼみが上がるので、咲く前につぼみを収穫しよう。

コウサイタイ

葉脈やトウの部分が赤紫色をした中国野菜のナバナ。

ニラ

韮・ヒガンバナ科

栽培のしやすさ ★★★

栽培のポイント

・多年草で何年も収穫できるので、植える場所をよく考えよう。
・収穫は種まきや植えつけの翌年から。冬越しの前に堆肥2kg／㎡を施して、土寄せしておくとよい。
・成長点の上で葉を切り取れば、くりかえし収穫できる。

栄養と食べ方

・ビタミンA豊富な緑黄色野菜。匂いの成分である硫《りゅう》化《か》アリルには疲労回復効果や血液サラサラ効果がある。
・レバニラ炒めは、レバーのビタミンB_1を効果的に摂取できるおすすめ料理。豚ひき肉と一緒にギョウザにも。

1 苗の植えつけ

①ニラの苗。植え穴を掘る。

③ポット苗を水につける。

②株元から15㎝くらいの場所を目安に葉を切ることで、強い葉を出す。

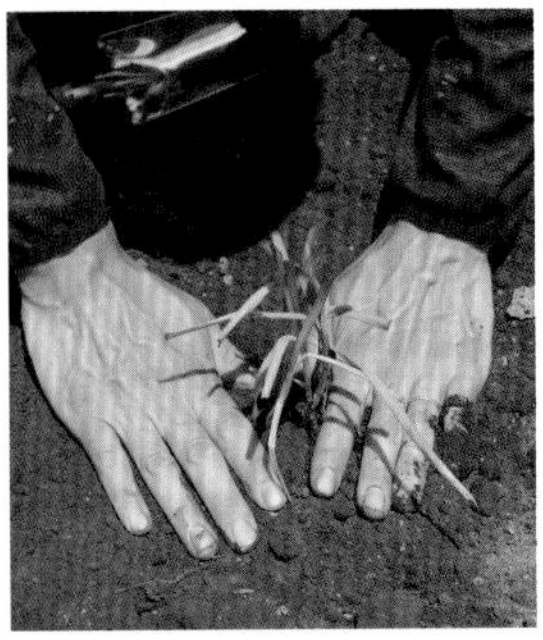

④苗を植え、しっかり水やりする。1年目は収穫せずに株を育て、2年目から収穫しよう。

栽培カレンダー

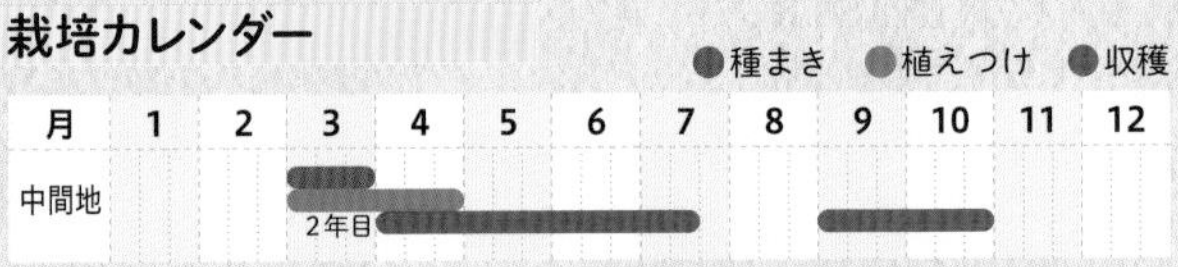
●種まき ●植えつけ ●収穫
月 1 2 3 4 5 6 7 8 9 10 11 12
中間地
2年目

栽培データ

原産地 中国

連作障害 あり（1～2年あける）

発芽適温 15～25℃

生育適温 18～22℃

おすすめの品種
広巾にら、大葉にら、ワイドグリーンなど。

病害虫
ネギアブラムシ、アザミウマ類、ネダニ類、さび病、軟腐病など

プランター栽培

サイズ55㎝×20㎝×深さ25㎝以上／中央に1列にすじまき

プランター栽培のコツ
種をプランターにすじまきしたら間引いて育て、翌年から収穫できる。苗から育ててもよい。

畑の準備（全面施肥）

堆肥2kg／㎡、配合肥料200g／㎡を植えつけの1～2週間前に入れて耕す(P18)。

栽培スペース
畝幅70㎝、株間30㎝

株の大きさ

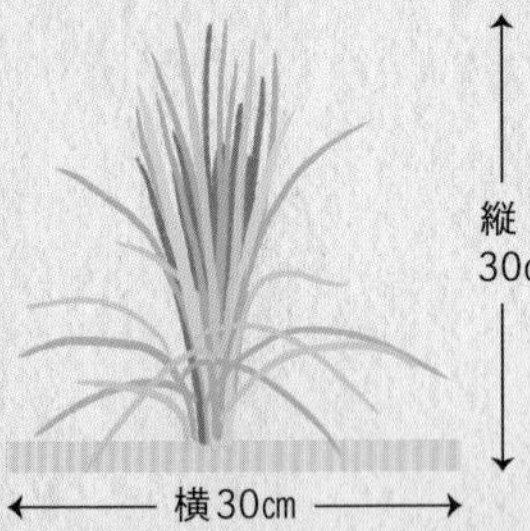
縦30㎝
横30㎝

Q 花が咲きそうです。

A 
夏になると花のつく茎が伸びてきます。そのままにしておくと株が疲れるので、早めに切り取りましょう。

［ 種から育てる ］場合

すじまきし、間引きしながら育て、最終的に株間20〜30㎝に。草丈20㎝くらいになったら、苗を定植する。写真は開花後にできた種。

［ 株分けする ］場合

定植してから時間が経つと、茎の数が増えて葉が細くなってくる。そんなときは、株分けして植え直すことで、株をリフレッシュできる。適期は4月または9月頃。

❶株を根ごと掘り起こし、2〜3本ずつに株を分ける。

❷株分け後。このあとは苗と同じ要領で植えつける。

❶ 2年目。草丈30㎝ほどに成長したニラ。

❷ハサミで株元近くを切って収穫。

❸葉が分かれている場所（成長点）より上で切ると、また葉が伸び、くりかえし収穫できる。収穫は年3〜4回が目安。

❹収穫後に再生した葉の様子。

ポイント！

追肥

苗を植えつけ後、2〜3週間くらいで1回目の追肥。
化成肥料50g／㎡を株元にまいて土を寄せる。以降、月1回、同様に追肥する。

ニンニク

大蒜・ヒガンバナ科

栽培のポイント

栽培のしやすさ ★★☆

- 芽が出る方を上にして鱗片《りんぺん》を植えつける。
- 1株から芽が2つ以上伸びてきたら、1本をつみ取る。
- 4～5月にトウ立ちしてくる花茎は、つみ取ってニンニクを肥大させる。

栄養と食べ方

- 匂いの成分、硫化《りゅうか》アリルはビタミンB1の吸収を助けて代謝を高め、疲労回復に役立つ。血行促進の作用も。
- 生をすりおろすか、刻んで料理の香りづけに。たくさん食べたいなら皮つきのまま3分ほど揚げるとホクホクに。

1 種《たね》球《きゅう》の準備

❶種球として販売されている栽培用の球根を使用する。

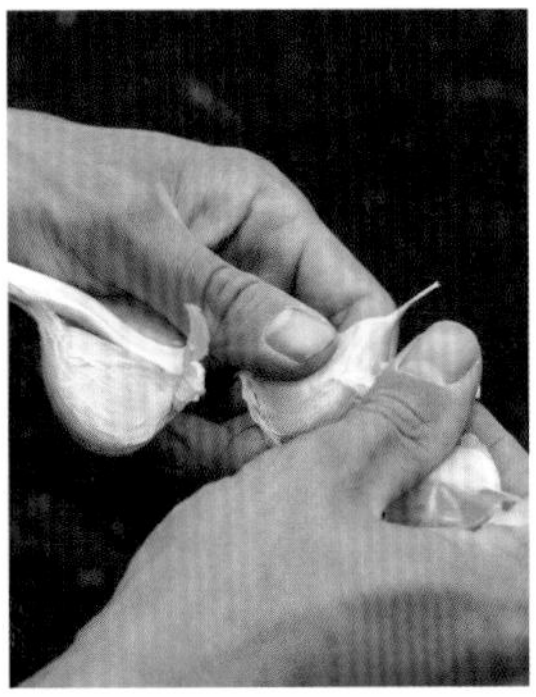

❷外の皮をむいて1片ずつにする。

❸黄色くて硬い皮は残しても、むいてもよい。

❹こちらは黄色い皮をむいた種球。

栽培カレンダー

●植えつけ　●収穫

月	1	2	3	4	5	6	7	8	9	10	11	12
中間地						━			━	━		

栽培データ

原産地　中央アジア

連作障害　出にくい

発芽適温　20 ～ 25℃

生育適温　15 ～ 20℃

おすすめの品種
ホワイト6片、上海早生、平戸など。

病害虫
アザミウマ類、赤さび病、ウイルス病など。

プランター栽培

サイズ45㎝×20㎝×深さ20㎝以上／2株につき

プランター栽培のコツ
鱗片を分け、とがった方を上にして植えつける。春に追肥して大きく肥大させる。

畑の準備（全面施肥）

堆肥2kg／㎡・配合肥料100g／㎡を、植えつけの1～2週間前に入れて耕す(P18)。幅70㎝の平畝を立てる(P20)。マルチを張ってもよい。

栽培スペース
畝幅70㎝、株間20㎝

株の大きさ

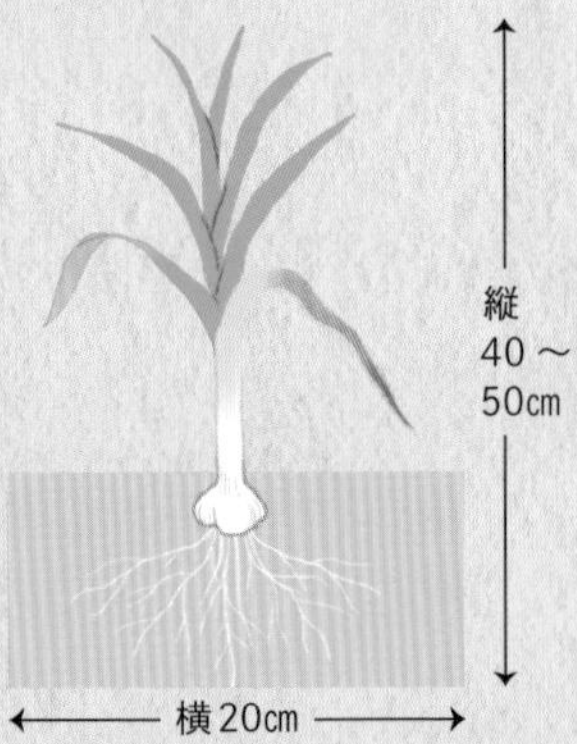

2 植えつけ

❶ 株間20㎝で植え穴を作る。植えつけた鱗片の上に5㎝土が乗るくらいの深さが目安。

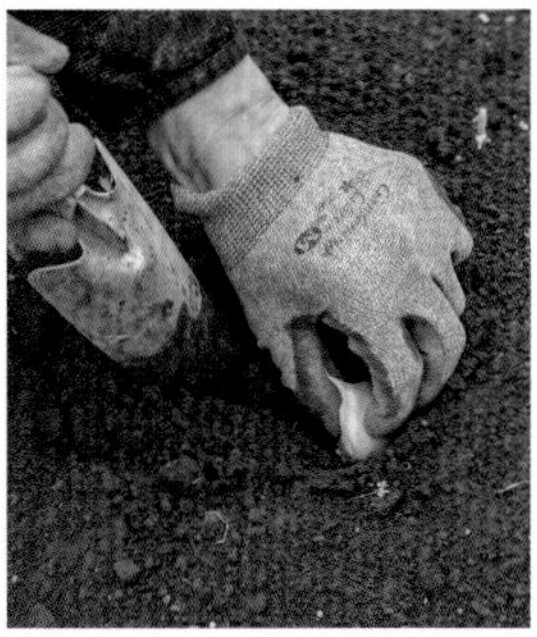

❷ 1片ずつ植えつける。芽が出る方を上向きに。

❸ 鱗片を置いたところ。

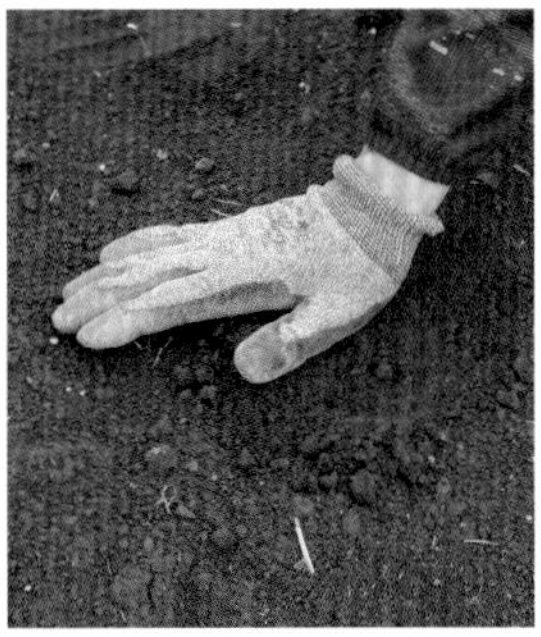

❹ 土をかけ、手で軽く押さえて鎮圧し、水やりする。

3 芽かき

❶ 芽が出てきたニンニク。

❷ 1株から芽が2つ以上出てきたら、根元をおさえて脇芽の方を手でさぐりながら取る。

追肥

3月、ニンニクが肥大しはじめる頃に、化成肥料50ｇ／㎡を株元に追肥するとよい。

4 収穫

❶ 茎葉が枯れてきたら、掘り上げて収穫。今回育てたのはホワイト六片という品種。

❷ 軒下などに吊るして乾燥させるとよい。

Q 春に芽が伸びてきました。

A

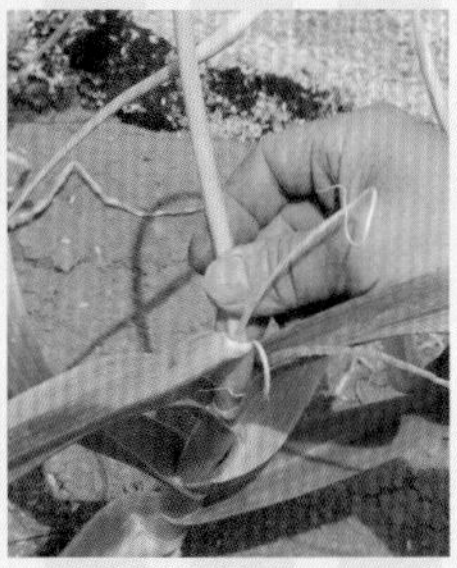

春にニンニクの芽が伸びたら、茎ごと切り取り、炒めものなどに利用しましょう。つけたままにすると栄養をとられ、球が肥大しなくなります。

葱・ヒガンバナ科

ネギ

栽培のポイント

栽培のしやすさ ★★☆

- 肥料の濃度障害を起こしやすいので元肥は少なめにするが、肥料は好きなので追肥する。
- 追肥と土寄せを合計4~5回行うことで、白いネギを育てる。
- 枯れた葉を随時、取り除き、軟腐病《なんぷ》を予防する。

栄養と食べ方

- ネギの白い部分にはビタミンCや硫化《りゅうか》アリル、青い部分にはビタミンA、K、カルシウムなどを含有。
- 生で刻んでそばや納豆などの薬味に。ビタミンB_1を含む豚肉などと一緒に調理するとビタミンB_1の吸収力がアップ。

1 植えつけ

❶ 幅20㎝、深さ20㎝の溝を掘る。2列にする場合、溝の間は70～80㎝とる。

❷ 苗は30～40㎝くらいが植えどき。種から育てても、苗を購入してもよい。

❸ 5㎝間隔で苗を1本ずつ置く。ネギが西向きか北向きに寄りかかるようにする。

❹ 根がかくれる程度（約5㎝）に土をかける。

栽培カレンダー

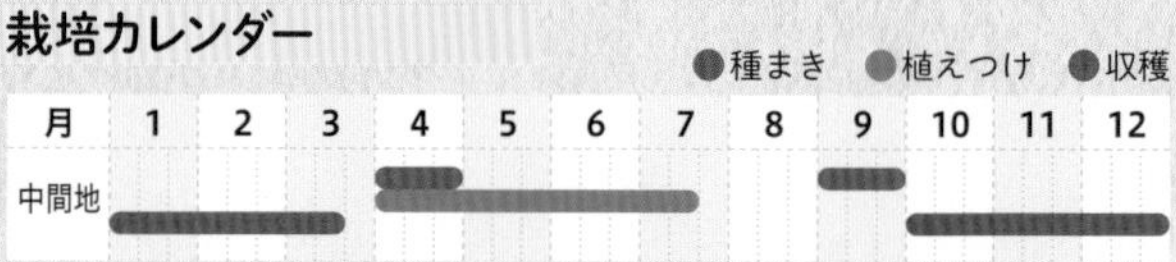
●種まき ●植えつけ ●収穫
月 1 2 3 4 5 6 7 8 9 10 11 12
中間地

栽培データ

原産地 中国西部から中央アジア

連作障害 あり（1～2年あける）

発芽適温 15～22℃

生育適温 12～22℃

おすすめの品種
ホワイトスター、石倉一本ネギ、下仁田ネギなど。

病害虫
アブラムシ、アザミウマ、ネギハモグリバエ、さび病、べと病、軟腐病など。

プランター栽培

サイズ45㎝×20㎝×深さ15㎝以上／1列にすじまき（葉ネギや小ネギの場合）

プランター栽培のコツ
プランターでは葉ネギや小ネギがおすすめ。

畑の準備（全面施肥）

堆肥2kg／㎡を植えつけ1～2週間前に入れて耕しておく（P18）。

栽培スペース
畝間70～80㎝、株間5㎝

株の大きさ

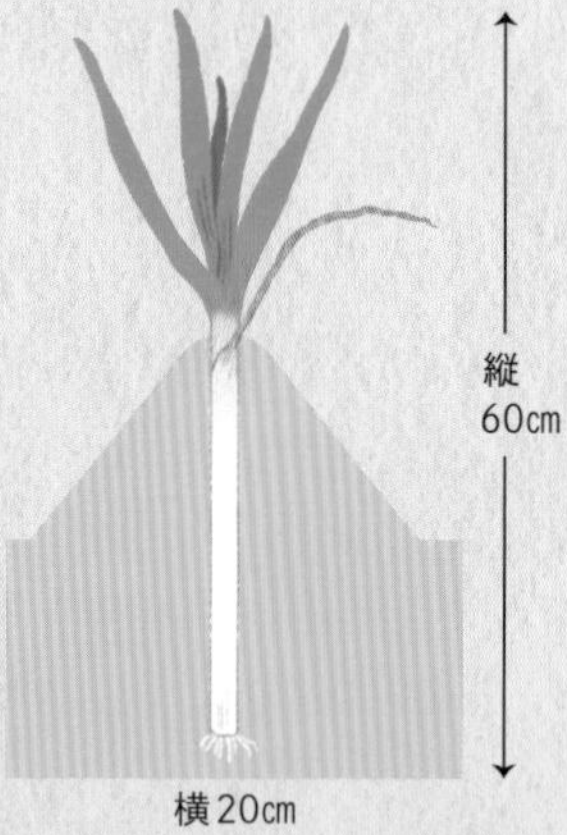
縦60㎝
横20㎝

2 追肥と土寄せ

❶1回目の追肥は、植えつけてから1週間後。配合肥料50g／㎡をまく。2回目以降は、化成肥料50ｇ／㎡を追肥する。

❷追肥したら土寄せ、1回目は軽く、2回目以降は成長点のすぐ下まで土をかける。

❸追肥は月に1回のペースで行う。

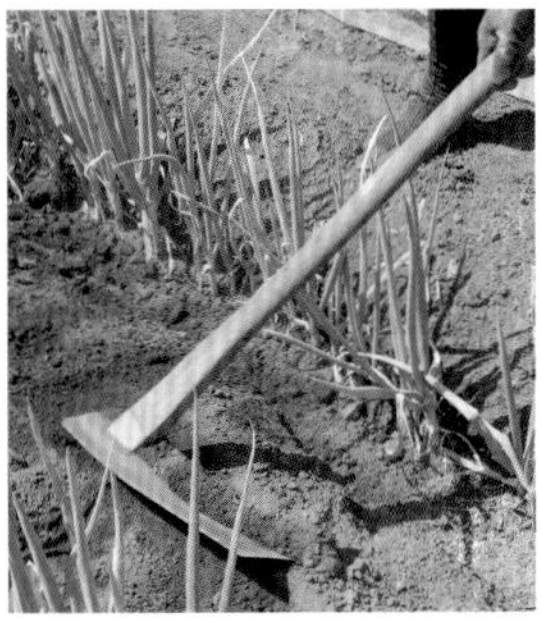

❹追肥と土寄せはセットで合計4～5回。最後は10月頃に土寄せ。白くなるのに1か月ほどかかる。

3 収穫

❶軟白部分が長くなったら収穫する。写真の品種はホワイトスター（タキイ種苗）。

❷春にネギ坊主が出るとネギが固くなる。つぼみも食用できるが、早めにネギを収穫しよう。

ネギの病害虫

アザミウマやネギアブラムシなどが出る。アザミウマは大きな被害を与えることは少ないが、アブラムシは見つけたら取り除く。

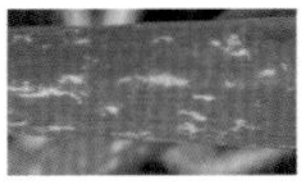

アザミウマの被害

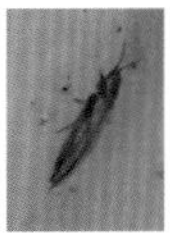

アザミウマ

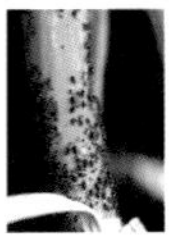

ネギアブラムシ

ポイント！　トウモロコシがらを活用

2回目の追肥の際、収穫後のトウモロコシの茎があれば、溝に入れてから土寄せするとよい。土に隙間ができて柔らかいネギになる。ワラを使ってもよい。

ネギの品種

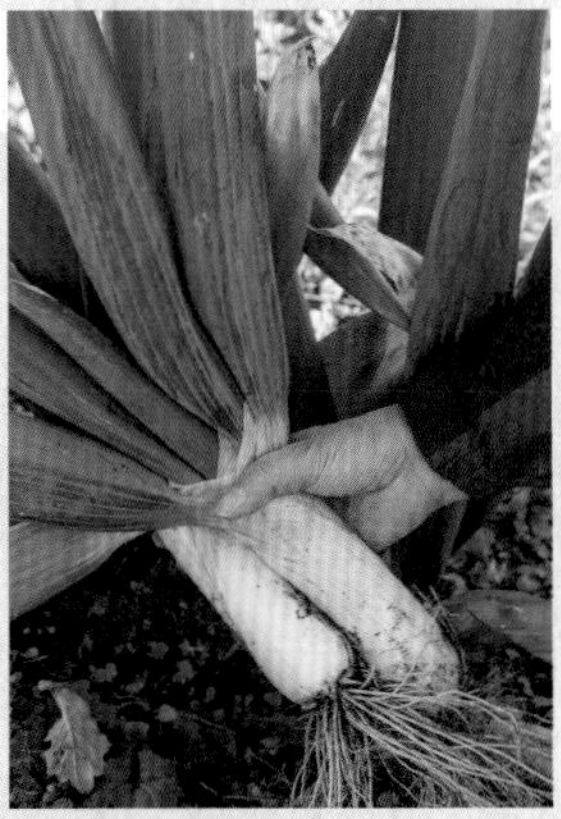

下仁田ネギ

群馬県の下仁田町で古くから栽培されてきた品種で、太く短い姿が特徴。肉厚でとくに煮込み料理に向き、すき焼きや鍋物などにすると、甘みが感じられてとてもおいしい。

植えつけから収穫まで

苗の植えつけは普通のネギと同じだが、太く成長するので株間を10～12㎝とる。短いので過度な土寄せはしなくてよい。適度な太さになったら、随時、抜き取って収穫する。

［種から育てる］場合

❶ネギの種。平畝をたて、マルチを張っておく（P22）。

❷深さ1～2㎝のまき穴を作り、10粒くらいずつ種まきする。覆土、鎮圧し、水やりをする。トンネルをかける。

❸発芽したネギ。5月と6月に化成肥料ひとつまみを株元に追肥。えんぴつくらいの太さになったら、掘り上げて定植する。

野沢菜・アブラナ科

ノザワナ

栽培のしやすさ ★★☆

栽培のポイント

- 春まきと秋まきができるが、秋まきが育てやすい。
- 大きく成長するので、株間を広めにとる。
- 若いうちに収穫してもおいしいが、大株にしたいときは、途中で追肥するとよい。

栄養と食べ方

- ビタミンA、C、Eを豊富に含む。漬け物にした場合でもビタミンの損失が少ないことが特徴。
- ノザワナ漬けは、株ごと漬けるより、切り漬けが成功しやすくおすすめ。

栽培カレンダー

●種まき ●収穫

月	1	2	3	4	5	6	7	8	9	10	11	12
中間地												

栽培データ

原産地 中国、日本

連作障害 あり（1～2年あける）

発芽適温 15～20℃

生育適温 15～20℃

おすすめの品種
野沢菜、春蒔野沢菜など。

病害虫
アブラムシ、コナガ、ウイルス病、軟腐《なんぷ》病、根こぶ病など。

畑の準備（全面施肥）

堆肥2kg／㎡・配合肥料150g／㎡を、植えつけの1～2週間前に入れて耕す（P18）。幅70㎝の平畝を立て（P20）、マルチをかけておく（P22）。

栽培スペース
畝幅70㎝、株間60㎝、条間40㎝

株の大きさ

縦60～100㎝

横60㎝

プランター栽培

サイズ30㎝×30㎝×深さ25㎝以上／1株につき

プランター栽培のコツ
畑では大株に成長するが、プランターでは草丈30㎝ほどで若どりするとよい。

1 種まき

① ノザワナの種。品種は野沢菜（サカタのタネ）。

② 深さ1～2㎝のまき穴をつくり、1か所3～4粒ずつ種まきする。

③ 土をかけ、手で軽く鎮圧し、水やりする。

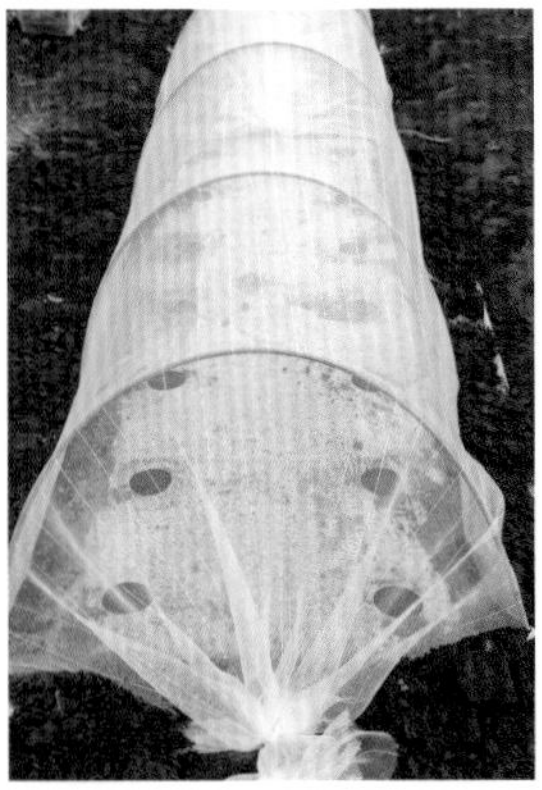

④ 防虫ネットをかける（P30）。

2 間引き

❶ 本葉2～3枚になったところで、2本を残して間引く。

❷ 本葉4～5枚で2回目の間引き。1本を残す。写真は残した1本が成長したところ。ある程度大きくなったらトンネルを外す。

3 収穫

❶ 9月上旬に種まきした場合、11月上旬くらいからが収穫シーズン。若どりするなら草丈30cm以上で、大株にする場合は草丈80～100cmくらいで収穫しよう。

❷ 根元についているカブも食べられる。

Q 追肥はしたほうがよいですか？

A 追肥はしなくてもよいですが、大株にしたいときは、2回目の間引き後、化成肥料50g／㎡を畝の肩にまき、土をかけておきましょう。

ノザワナの切り漬け

本格的なノザワナ漬けは、葉茎を半日ほど干した後、塩漬けし、そのあとに塩、砂糖、醤油、酢で本漬けします。たっぷり重石をかけて漬けるのがコツですが、慣れないと水が上がりにくく、カビが出やすいもの。ここでは、作りやすい「切り漬け」を紹介します。

材料

ノザワナ　500g

Ａ
- 塩……………………10g（ノザワナの2％）
- 砂糖 ………………… 5g（ノザワナの1％）
- しょうゆ……小さじ1
- 酢……………小さじ1
- 昆布（5㎝角）…1枚
- 赤唐辛子…………1本

作り方

❶ノザワナは葉の上部に苦みがあるので上半分を切り落とし、葉茎を長さ5㎝に切る。

❷ビニール袋に1のノザワナを入れ、Ａの調味料を加えて混ぜる。

❸空気を抜いて口を閉め、皿などを乗せ、ノザワナの2倍量以上の重石を乗せ、一晩漬ける。

❹翌日から食べられる。保存は冷蔵で約1週間。

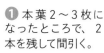

ノラボウナ

野良坊菜・アブラナ科

栽培のしやすさ ★★★

栽培のポイント

- 東京都西部から埼玉県にかけて伝統的に育てられてきた野菜で、初心者でも育てやすい。
- 秋に種まきして、春に収穫期を迎える。
- 春にトウ立ちしたつぼみを収穫するが、葉も秋から食べられる。

栄養と食べ方

- 皮膚や粘膜の健康維持に役立つビタミンAが豊富。カリウム、カルシウム、マグネシウムなどのミネラルも豊富。
- 軽く下ゆでしてアクを取り除いてから、おひたしや炒め物に。天ぷらにすると、ほのかな苦味が楽しめる。

1 種まき

❶ノラボウナの種。

❷深さ1～2㎝のまき穴をつくる。

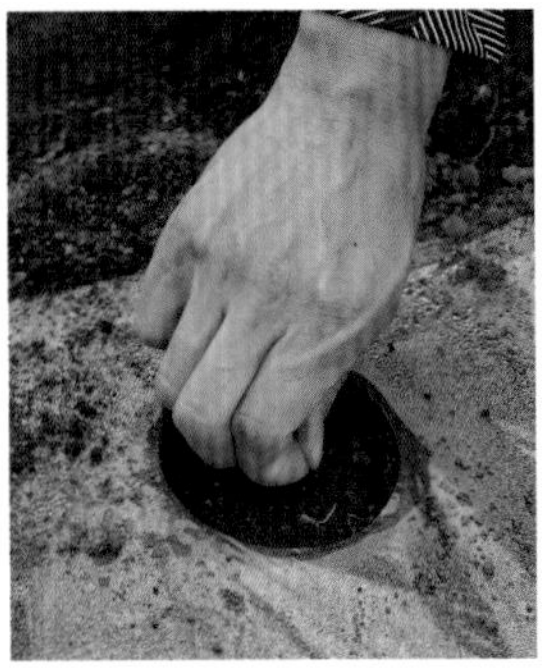

❸ 3～4粒ずつ種まきする。

❹覆土、鎮圧し、水やりする。防虫ネットをかけておくとよい。

栽培カレンダー

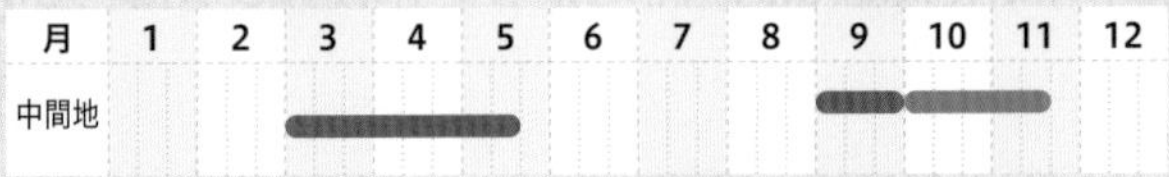

●種まき ●植えつけ ●収穫
月
1
2
3
4
5
6
7
8
9
10
11
12
中間地

栽培データ

原産地 日本

連作障害 あり（1～2年あける）

発芽適温 20～25℃

生育適温 10～20℃

おすすめの品種
のらぼう菜、1品種のみ。

病害虫
アブラムシ、べと病、根こぶ病など。

プランター栽培

サイズ30㎝×30㎝×深さ25㎝以上／1株につき

プランター栽培のコツ
大きなプランターで育てる。葉茎を必要に応じて収穫しながら育て、春に菜花を収穫する。

畑の準備（全面施肥）

堆肥2kg／㎡・配合肥料150ｇ／㎡を、植えつけの1～2週間前に入れて耕す（P18）。幅70㎝の平畝をたて（P20）、マルチをかけておく（P22）。

栽培スペース
畝幅70㎝、株間40㎝

株の大きさ

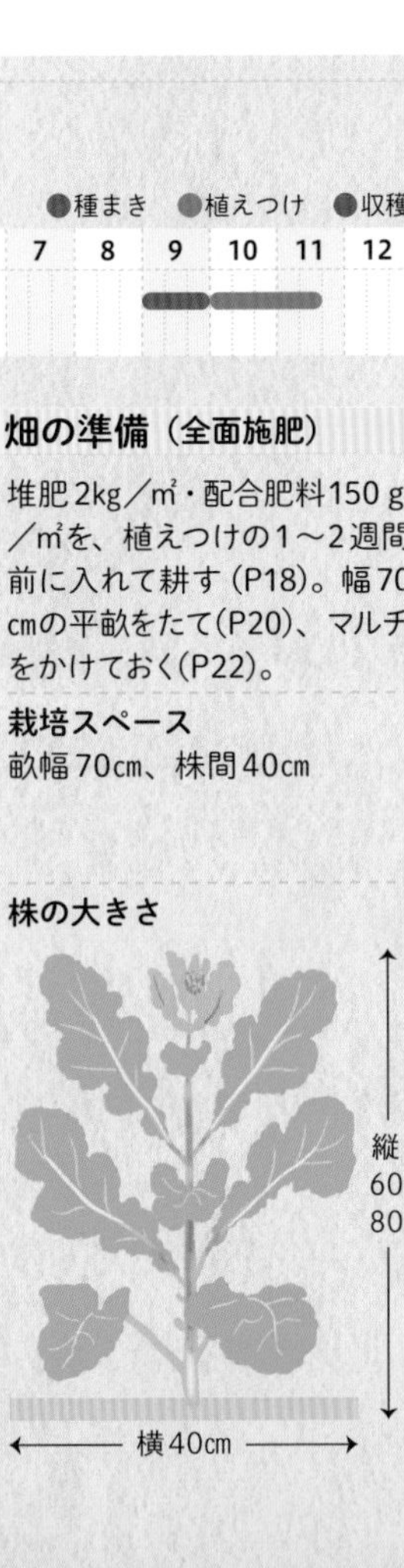

縦60～80㎝
横40㎝

2 間引き

❶発芽したノラボウナ。

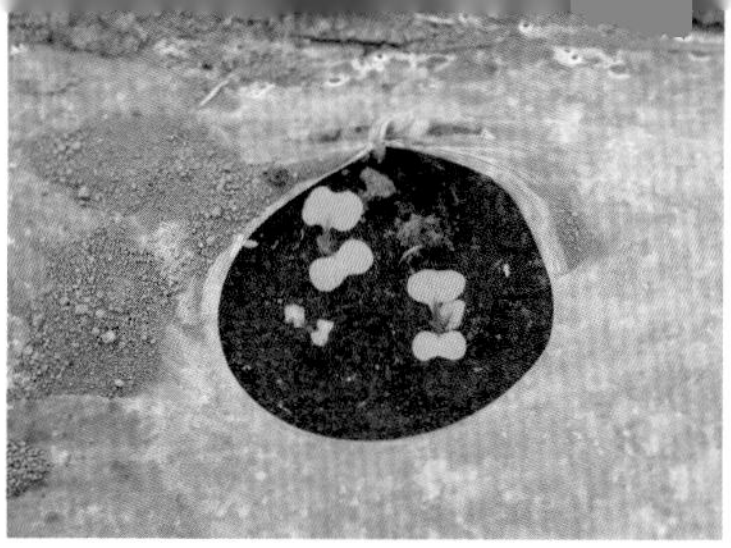

❷本葉4～5枚になったら、1本を残して間引く。

❸間引き後に成長した株。

追肥

種から育てる場合は、間引き後に1回追肥する。化成肥料50g／㎡を畝の肩にまいて土をかける。

3 収穫

❶寒い時期によく成長する。葉茎が成長してきたら、随時、収穫。

❷初春につぼみが次々に上がってくる。花茎を折り取って収穫する。

［苗を植える］場合

❶ノラボウナの苗。10～11月に植えつけるとよい。

❷植え穴を掘り、苗を植えつける。

❸たっぷり水やりする。

❹植えつけ完了。苗から育てる場合は元肥のみで追肥はしなくてよい。

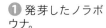

ハクサイ

白菜・アブラナ科

栽培のポイント

栽培のしやすさ ★★☆

- 家庭菜園では結球しやすく食べ切りやすいミニ品種がおすすめ。
- 種まきが早すぎても遅すぎてもダメ。気温が下がる前にしっかり結球させせよう。

栄養と食べ方

- ほとんどが水分だが、冬の風邪予防に効果的なビタミンCが豊富。体内の塩分を正常に保つカリウムも含有。
- 鍋料理や八宝菜、クリーム煮などがポピュラー。ビタミンCを効果的に摂取するなら、生でサラダに。

1 種まき

❶ハクサイの種。写真は黄ごころ85(タキイ種苗)。

❷深さ約1㎝のまき穴をつくる。

❸マルチ穴1か所につき3～4粒ずつ種まきする。

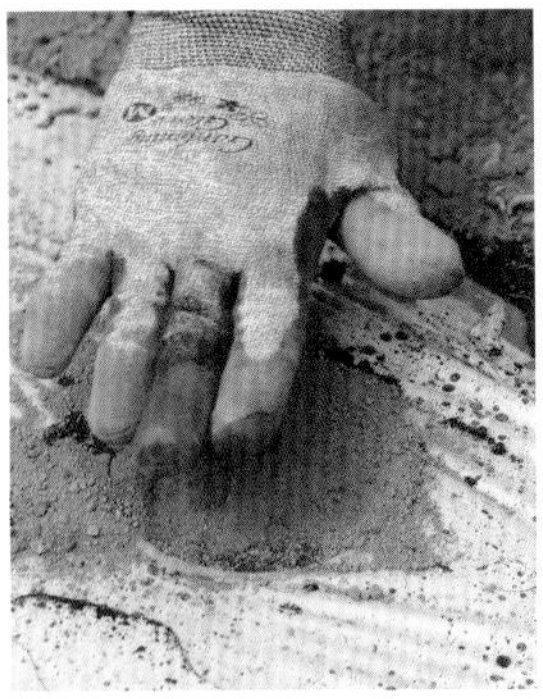

❹土をかけ、手で鎮圧し、しっかり水やりする。

栽培カレンダー

●種まき　●収穫

月	1	2	3	4	5	6	7	8	9	10	11	12
中間地	━	━						━（下旬）	━（上旬）	━（下旬）	━	━

栽培データ

原産地　中国

連作障害　あり（2～3年あける）

発芽適温　15～20℃

生育適温　15～23℃

おすすめの品種
黄ごころ85、レタサイ、山東菜、タイニーシュシュなど。

病害虫
アブラムシ、モンシロチョウ、ヨトウ類、メイガ類、ダイコンサルハムシ、軟腐《なんぷ》病、根こぶ病など。

プランター栽培

サイズ50㎝×30㎝×深さ25㎝以上／2株につき（ミニ品種）

プランター栽培のコツ
ミニ品種を選び、苗が小さいうちは、害虫チェックをこまめにし、見つけ次第取り除く。

畑の準備（全面施肥）

堆肥2kg／㎡・配合肥料150g／㎡を、植えつけの1～2週間前に入れて耕す（P18）。幅70㎝の平畝を立て（P20）、マルチをかけておく（P22）。

栽培スペース
畝幅70㎝、株間40㎝

株の大きさ

2 トンネルかけ

若い苗はいろいろな害虫がつきやすいので、防虫ネットをかける(P30)。かけない場合は、こまめに害虫をチェックすること。気温が下がって害虫が減ったらトンネルを外す。

3 間引き

① 本葉2～3枚の頃、1回目の間引き。

② 2本を残して間引く。

③ 本葉4～5枚で、2回目の間引き。

④ 1本残しにする。

ポイント！

間引きの際、発芽していない場所や、生育不良の株があれば、元気な間引き菜を移植するとよい。移植するときは、移植ごてを使い、根を崩さないように土ごと掘り上げる(P162)。

4 追肥

2回目の間引きのタイミングに合わせて追肥を行う。化成肥料50g ／㎡を畝の周囲にまき、土寄せする。結球させるには、この追肥が重要。

5 収穫

① 結球している頂点の感触で、収穫のタイミングを確かめる。固くしまっていたら収穫。ふかふかしていたら、まだ成長の余地がある。

② ハクサイを手で傾け、株元を包丁で切り取って収穫。

6 冬の管理

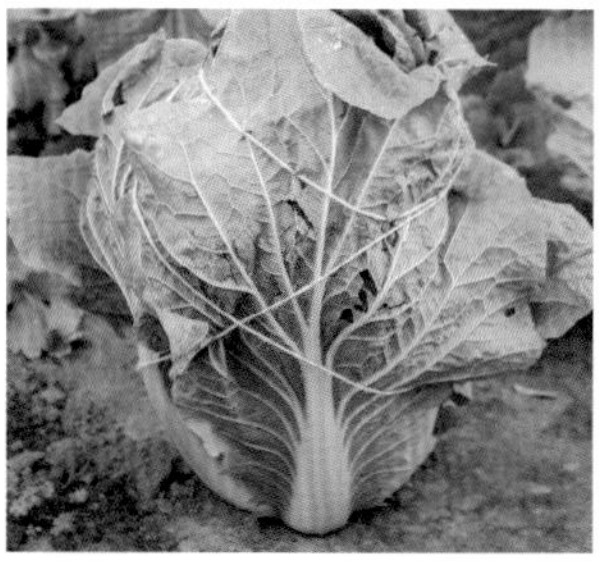

① 霜が降りる頃、結球している頂点が外に出ないように、外葉でくるんで麻ヒモなどでしばる。こうして防寒することで、凍って霜枯れすることを防ぎ、畑に長期間置いておくことができる。寒さの中で甘みもアップする。

② 春になるとトウ立ちして、ナバナが咲く。つぼみや花は収穫して食用にできる。

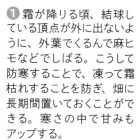

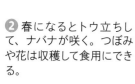

ミニハクサイ

球重は大きいものでも800gほどと、1回の調理で使い切れるサイズが魅力で、家庭菜園にぴったり。「お黄にいり」（タキイ種苗）や「黄味小町」（サカタのタネ）などがある。写真はレタサイ(野崎採種場)。

1 種まきと管理作業

❶育て方はハクサイと同じ。3〜4粒ずつ種まきし、本葉2〜3枚で1回目の間引き。

❷3本出ていたら、2本を残して間引く。

❸本葉4〜5枚で2回目の間引き。

❹1本残しにする。葉がゆるく巻き始めたら追肥する。

2 収穫

成長したら、株元を包丁で切って収穫。半結球タイプは冬越しに向かないので、霜が降りる前に収穫しよう。

ポイント！

苗を移植する

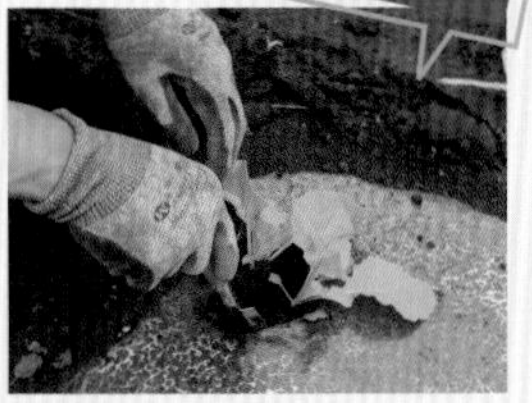

❶間引いた株は移植して育てることができる。小さい株の方が移植に向く。

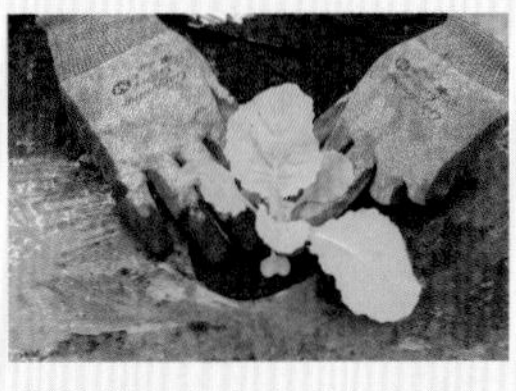

❷移植したらすぐ水やりし、2〜3日後にも水やりしよう。

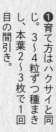

ハクサイの品種

サントウサイ

半結球タイプのハクサイで、中国の山東省から伝わったといわれる。現在では埼玉県の八潮市や越谷市などで栽培が盛ん。葉は肉厚でやわらかく、両市では乳酸発酵させた漬け物が名物。鍋やサラダにも。

1 種まきと管理作業

❶サントウサイの種。育て方は普通のハクサイと同じ。

❷深さ1㎝のまき穴に、3～4粒ずつ種まきし、覆土、鎮圧する。

❸サントウサイの双葉が出たところ。

❹本葉2枚の頃。

2 間引き

たくさん発芽した場合は、本葉2～3枚で2本に、本葉4～5枚で1本に間引く。

3 収穫

11月から12月が収穫時期。株が大きくなったものから収穫する。結球せず、冬越しは難しいので、霜が降りる前に収穫しよう。

ハクサイの病害虫

ハクサイは害虫が多い。とくに若い苗のうちは害虫にやられやすいので、こまめにチェックして取り除くか、防虫ネットをかけておこう。

ヨトウ類など

アブラムシ

ダイコンサルハムシ

香菜・セリ科

パクチー

栽培のしやすさ ★★☆

栽培のポイント

- シャンツァイやコリアンダーとも呼ばれる人気のハーブ。種まき後、不織布をかけて乾燥を防ぐとよい。
- 春から秋まで栽培できる。寒さに弱いので春は気温が上がる4月中旬以降の種まきがおすすめ。

栄養と食べ方

- カボチャに匹敵するほどビタミンAが豊富な緑黄色野菜。
- 健康維持に欠かせないビタミンC、E、Kも多い。
- ビタミン類を効果的に摂るには生か油と組み合わせて。生春巻きやサラダ、スープや麺類のトッピングにも。

1 種まき

❶パクチーの種。布に包んで一晩、水に浸けてからまくと発芽率が上がる。

❷深さ2㎝くらいのまき穴をつくり、3～4粒ずつ種まきする。

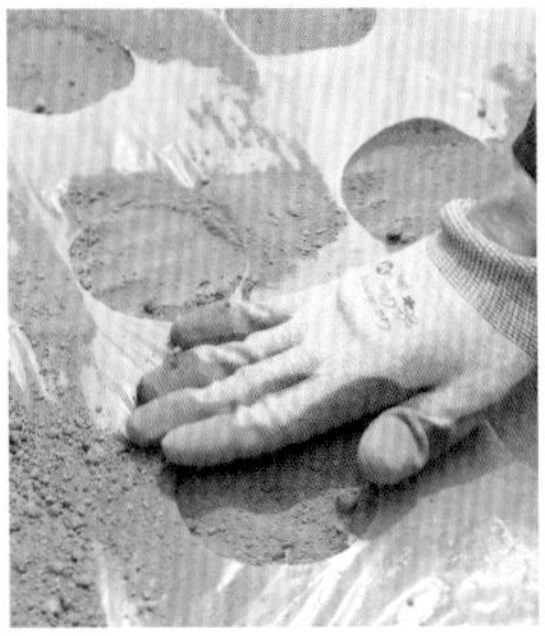

❸土をかぶせて、手で軽く押さえつける。

❹種まき後、しっかり水やりする。

栽培カレンダー

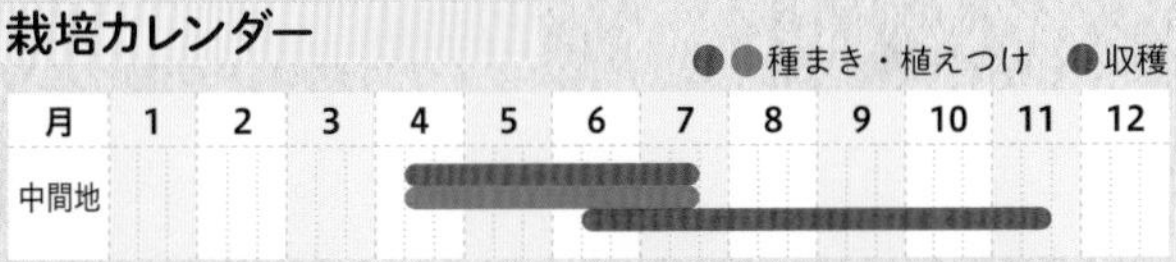

種まき・植えつけ
収穫
月
1
2
3
4
5
6
7
8
9
10
11
12
中間地

栽培データ

原産地 地中海沿岸

連作障害 あり（1～2年あける）

発芽適温 13～17℃

生育適温 15～25℃

おすすめの品種
コリアンダー、1品種。

病害虫
アブラムシ、ヨトウ類、ハダニなど。

プランター栽培

サイズ30㎝×15㎝×15㎝以上／2株につき

プランター栽培のコツ
プランター栽培向きの野菜。真夏は水切れに注意し、半日陰で管理するとよい。苗から栽培するのもおすすめ。

畑の準備（全面施肥）

堆肥2kg／㎡・配合肥料150g／㎡を、植えつけの1～2週間前に入れて耕す（P18）。幅70㎝の平畝をたて（P20）、マルチをかけておく（P22）。

栽培スペース
畝幅70㎝、株間15㎝、条間15㎝

株の大きさ

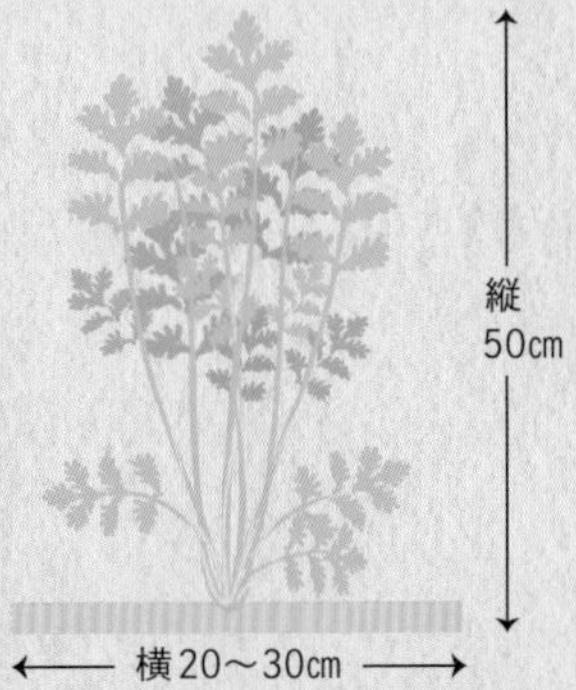

縦
50㎝
横20～30㎝

2 不織布がけ

❶種まき後、乾燥を防ぐため不織布をかけるとよい(P30)。

❷発芽がそろったら不織布を外す。本葉が出たところ。込み合っている場合は2～3株に間引く。

追肥

種まきから2～3週間後、化成肥料50 g／㎡を畝の肩に追肥し、土をかけるとよい。

3 収穫

草丈20㎝くらいから収穫できる。葉や茎はもちろん、根も食べられる。根は旨味が強く、炒め物やスープに利用できるので捨てずに楽しもう。

種を利用する

花がついた後にできる実は、香辛料のコリアンダーとして利用できる。よく熟したものを乾燥させ、粉末にして用いる。柑橘系の爽やかな香りで、カレーやピクルスの香りづけなどに。

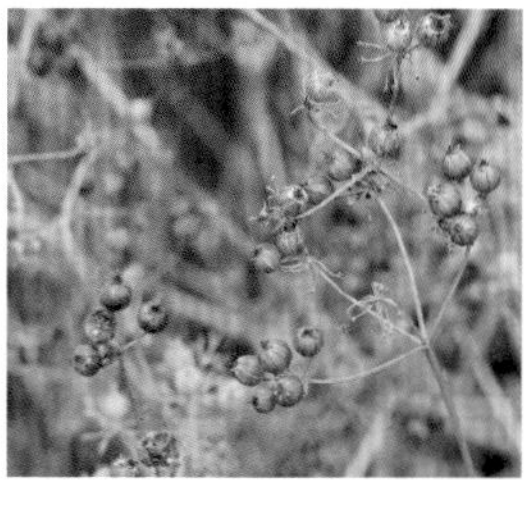

❷パクチーの熟した種。

❶白く可憐なパクチーの花。

目箒・シソ科

バジル

栽培のポイント

栽培のしやすさ ★★★

・主枝を摘芯し、脇芽を伸ばして収量を増やす。上手に管理すると秋まで収穫できる。

・花を咲かせると成長が終わり、茎も硬くなるので、花穂は早めにつみ取る。

栄養と食べ方

・抗酸化力の高いビタミンA、C、Eが豊富。オイゲノールなどの香り成分には鎮静作用や強壮作用もある。

・トマト、モッツァレラチーズと一緒にサラダに。トマトとも相性抜群。ペーストにしてピザやパスタにも。

1 植えつけ

❶ バジルの苗。

❷ ポット苗をバケツの水につける。

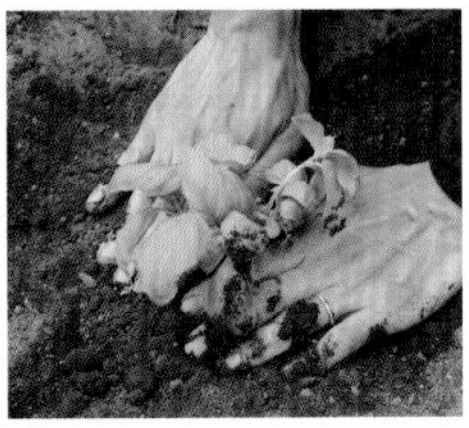

❸ 植え穴を掘り、苗を植えつけ、土を寄せ、水やりする。

2 摘芯・収穫

❶ 草丈30㎝で主枝を摘芯し、脇芽を出させる。秋まで収穫するなら月1回ほどのペースで化成肥料50g／㎡を追肥。

❷ 葉をつみ取って随時収穫できる。

❸ 花穂は早めにつみ取り、株を疲れさせないようにしよう。

栽培カレンダー

●植えつけ ●収穫

月	1	2	3	4	5	6	7	8	9	10	11	12
中間地												

栽培データ

原産地 インド、熱帯アジア

連作障害 あり（1～2年あける）

発芽適温 20～25℃

生育適温 20～25℃

おすすめの品種
バジル、スイートバジルなど。

病害虫
アブラムシ、ハダニ、ヨトウ類、うどんこ病など。

プランター栽培

サイズ30㎝×15㎝×15㎝以上／2株につき

プランター栽培のコツ
水切れに弱いので、夏場の乾燥に注意。

畑の準備（全面施肥）

堆肥2kg／㎡・配合肥料150g／㎡を、植えつけの1～2週間前に入れて耕し（P18）、幅60㎝の平畝をたてる（P20）。

栽培スペース
畝幅60㎝、株間30㎝

株の大きさ

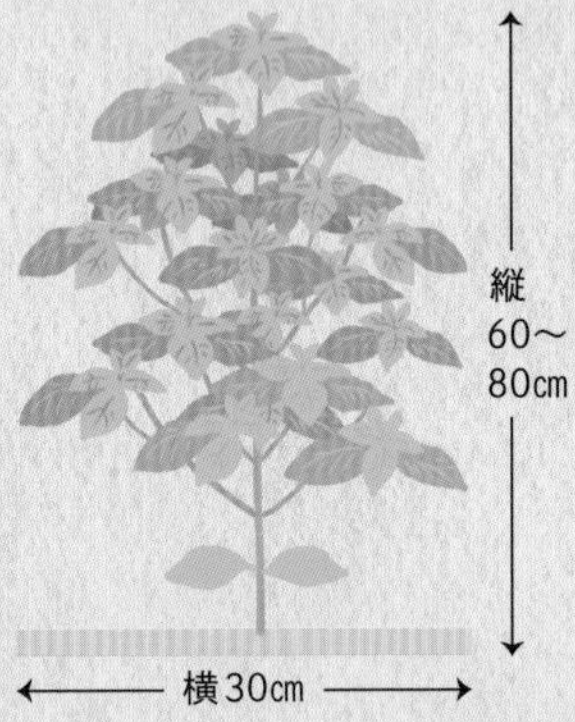

パセリ

和蘭芹・セリ科

栽培のしやすさ ★★☆

栽培のポイント

・葉が茂りすぎないよう随時収穫し、風通しよく管理する。
・8～10枚の葉を常に残しておく。収穫しすぎると株が弱る。
・花が咲くと株が疲れてしまうので、花茎が伸びてきたら切り取る。

栄養と食べ方

・ビタミンA、B群のほか、カルシウムや鉄分などのミネラルを豊富に含む。香りの成分には防腐効果もあり。
・葉と茎に分けて使い、葉は刻んでオムレツに入れたり、ピラフやスープに加えて。茎は煮込み料理の香りづけに。

1 植えつけ

❶パセリの苗。本葉5～6枚が植えつけのタイミング。

❷ポット苗を水につけ、植え穴を掘る。

❸苗を植え、しっかり土を寄せる。

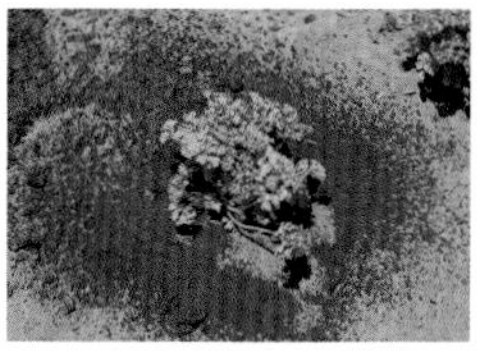

❹最後にたっぷりと水やりをする。

2 収穫

本葉が約12枚以上になったら外葉の大きな葉からハサミで収穫。秋まで長く収穫する場合は、月1回を目安に化成肥料50g／㎡を追肥する。

パセリの品種

イタリアンパセリ
主に欧州で広く使われる葉が平たい品種。スープやサラダなどに。

栽培カレンダー

●植えつけ　●収穫

月	1	2	3	4	5	6	7	8	9	10	11	12
中間地			植えつけ	植えつけ		収穫	収穫	収穫	収穫	収穫	収穫	収穫

栽培データ

原産地　地中海沿岸
連作障害　あり（1～2年あける）
発芽適温　18～22℃
生育適温　15～20℃
おすすめの品種
パセリ、イタリアンパセリなど。
病害虫
アブラムシ、ヨトウ類、うどんこ病、軟腐《なんぷ》病など。

プランター栽培

サイズ20cm×15cm×深さ15cm以上／1株につき
プランター栽培のコツ
半日陰でも育つ。乾燥には注意する。

畑の準備（全面施肥）

堆肥2kg／㎡・配合肥料150g／㎡を、植えつけの1～2週間前に入れて耕す（P18）。幅60cmの平畝をたてる（P20）。

栽培スペース
畝幅60cm、株間30cm

株の大きさ

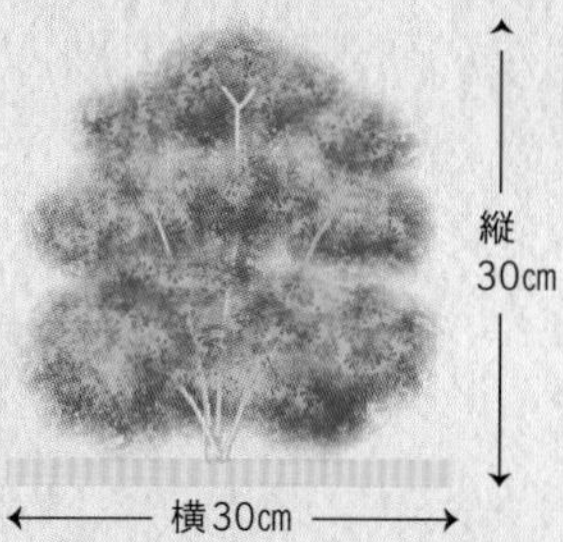

茴香・セリ科

フェンネル

栽培のしやすさ ★★☆

栽培のポイント

- ・葉、肥大した株元、種と幅広く利用できる野菜。
- ・好光性種子のため、種を浅まきし、不織布で乾燥を防ぐとよい。
- ・キアゲハの幼虫が食害するのでこまめにチェックする。

栄養と食べ方

- ・芳香の主成分・アネトールには咳止めなどのほか、健胃効果がある。種や株元の鱗茎にも含まれている。
- ・甘い香りがある葉は魚介と相性がよく、サラダやスープに。株元の鱗茎はセロリのような感覚で使える。

1 種まき

❶フェンネルの種。

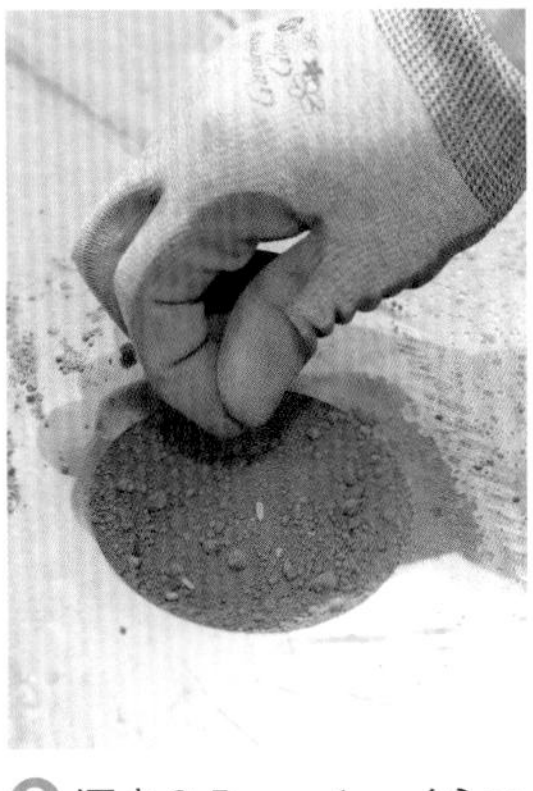

❷深さ0.5㎜～1㎝くらいのまき穴をつくり4～5粒ずつ種まきする。

❸土を薄めにかけて鎮圧し、しっかり水やりする。

❹乾燥防止のため、不織布をベタがけして土で固定する(P30)。

栽培カレンダー

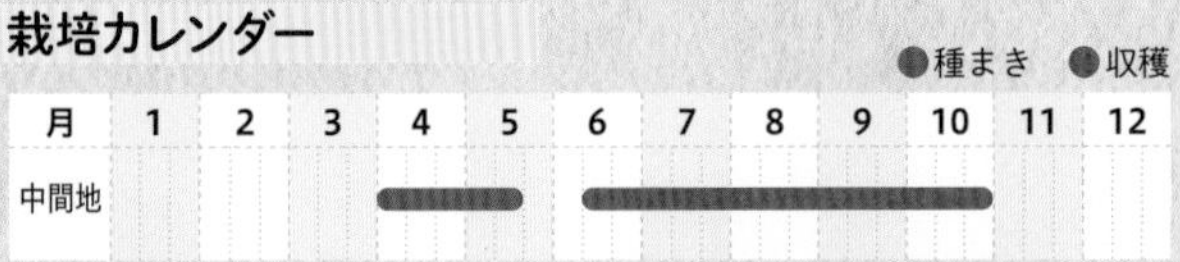

栽培データ

原産地　地中海沿岸

連作障害　あり（1～2年あける）

発芽適温　18～22℃

生育適温　15～20℃

おすすめの品種
フェンネル、スティッキオなど。

病害虫
キアゲハ、アブラムシ、カメムシなど。

プランター栽培

サイズ50㎝×25㎝×深さ25㎝以上／1列につき

プランター栽培のコツ
すじまきし、間引きながら育てる。プランターではミニフェンネルを若どりするのがおすすめ。

畑の準備（全面施肥）

堆肥2kg／㎡・配合肥料150ｇ／㎡を、植えつけの1～2週間前に入れて耕す（P 18）。幅70㎝の平畝をたて（P 20）、マルチをかけておく(P22)。

栽培スペース
畝幅70㎝、株間30㎝、条間40㎝

株の大きさ

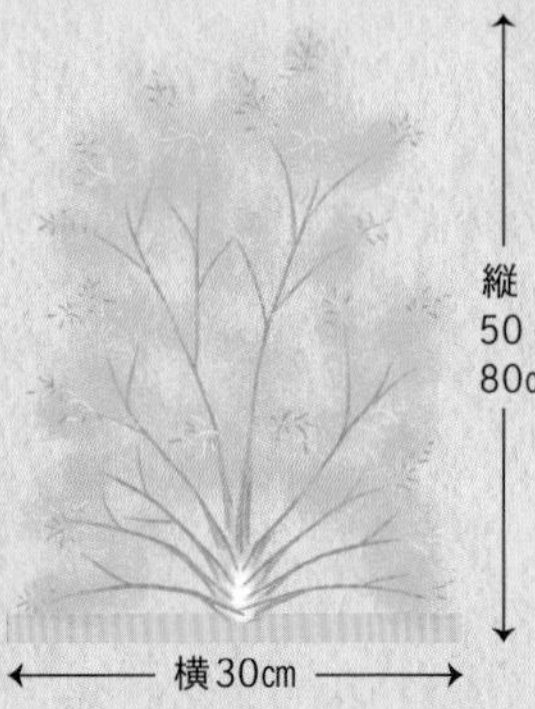

2 間引き・追肥

❶発芽したら不織布を外す。本葉2～3枚で1回目の間引き。2本残しに。

❷本葉4～5枚で2回目の間引き。1本にする。

❸2回目の間引き後、化成肥料50g／㎡をマルチをめくって追肥する。

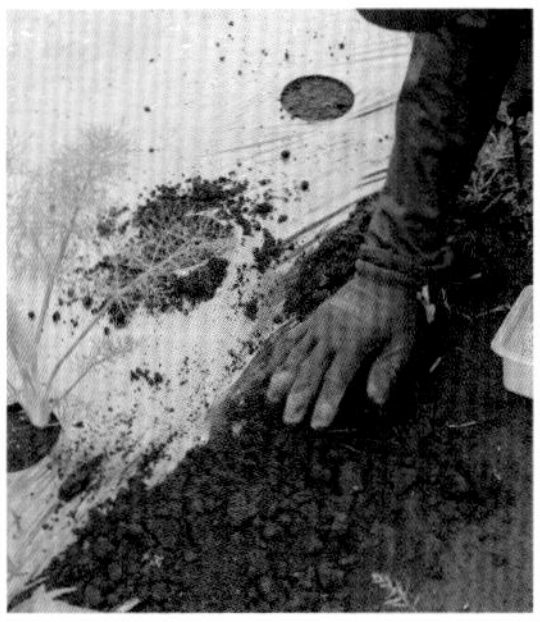

❹マルチを戻し、再び土をかけて固定する。

4 収穫

❶肥大した株元を使う場合は、株ごと抜き取る。葉は随時、使う分だけつみ取って収穫する。

❷フェンネルの花。鮮やかな黄色が美しい。

❸香辛料として知られるフェンネルシードは、じつは種ではなく果実。果実に筋が入ってきたら茎ごと収穫。乾燥させて利用する。

フェンネルの病害虫

セリ科なので、ニンジンと同じようにキアゲハの幼虫が食害する。

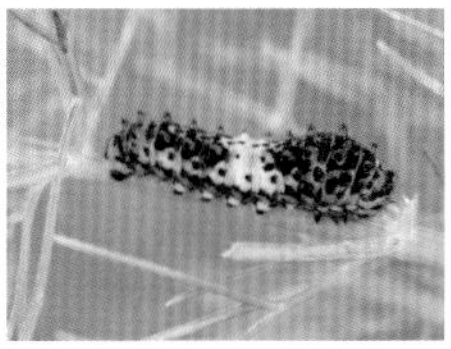

キアゲハの若齢幼虫。

フェンネルの品種

ミニフェンネル

株元の茎がそれほど肥大しないように改良された品種。若いうちに収穫し、葉を生食するほか、茎を揚げたり、パスタなどに。写真は「スティッキオ」（トキタ種苗）という品種。

1 種まき

❶ミニフェンネルの種。深さ0.5～1㎝のまき穴を作る。

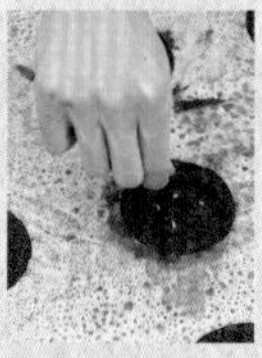

❷3～5粒ずつ種まき。株間・条間は各15㎝が目安。覆土、鎮圧し、水やりする。

❸浅まきのため、不織布をかけて乾燥を防ぐ（P30）。

2 収穫

❶若どりするので、間引きや追肥はしなくてOK。

❷収穫適期のミニフェンネル。

❸茎が小指くらいの太さになったら、随時、収穫。

芽花椰菜・アブラナ科

ブロッコリー

栽培のしやすさ ★★☆

栽培のポイント

・植えつけ後、水やりして乾燥させないようにする。
・若い苗はハイマダラノメイガやヨトウ類などが好むので、必ず防虫対策を行う。
・頂花蕾を収穫後、側花蕾がよく出る品種がおすすめ。

栄養と食べ方

・ビタミンCやミネラルが豊富。近年注目が高まる、抗酸化作用のあるスルフォラファンという成分を含有。
・水溶性ビタミンを逃さないためには、下ゆではできるだけ短時間にするか、電子レンジで。茎は皮を厚めにむく。

栽培カレンダー

●植えつけ ●収穫

月	1	2	3	4	5	6	7	8	9	10	11	12
中間地	収穫	収穫						植えつけ	植えつけ	収穫	収穫	収穫

栽培データ

原産地　地中海沿岸

連作障害　あり（2〜3年あける）

発芽適温　20〜25℃

生育適温　18〜20℃

おすすめの品種
緑嶺《りょくれい》、緑帝、エンデバーなど。

病害虫
ハイマダラノメイガ、ヨトウ類、モンシロチョウ、アブラムシ、コナガ、軟腐《なんぷ》病など。

プランター栽培

サイズ30㎝×30㎝×深さ25㎝以上／1株につき

プランター栽培のコツ
頂花蕾を収穫後、側花蕾を楽しめる品種を選ぶのがおすすめ。害虫チェックを忘れずに。

畑の準備（溝施肥）

堆肥2kg／㎡・配合肥料100g／㎡を、植えつけの1〜2週間前に入れて耕し（P18）、高さ20㎝、幅40㎝の高畝をたてる（P20）。

栽培スペース
畝幅40㎝、株間30〜35㎝、畝の高さ20㎝

株の大きさ

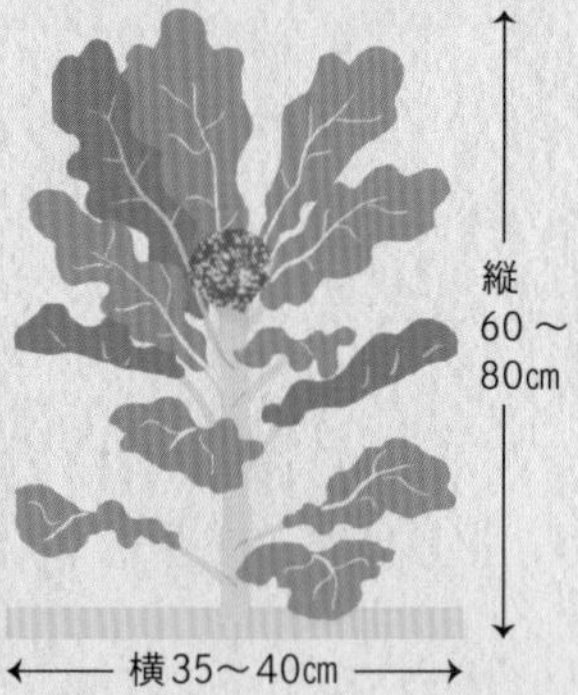

1 植えつけ

❶ブロッコリーの苗。今回はセルトレイ苗を使用。

❷苗にジョウロでたっぷり水やりする。

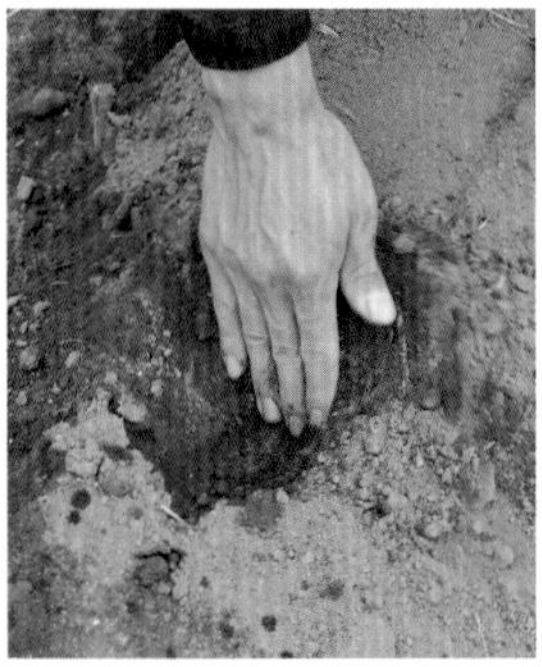

❸畝に植え穴を掘る。

❹苗を植える。周囲を少しくぼませておき、水やりする。定植は夕方がおすすめ。

5 収穫

❶頂花蕾が15㎝くらいになったら収穫期。包丁で切って収穫。写真は緑嶺という品種（サカタのタネ）。

❷ブロッコリーの花。食用にする花蕾は小さい粒のひとつ一つがつぼみなので、放っておくと花が咲く。

ポイント！ 植えつけ後の水やり

暑い時期の植えつけになるため、活着するまではしっかり水やりしよう。

2 追肥・土寄せ

❶植えつけて約２週間後に、１回目の追肥。畝の肩に化成肥料50g／㎡をまく。

❷追肥したら土寄せもセットで行おう。高畝の補強にもなる。

❸花蕾ができはじめたら、２回目の追肥。やり方は１回目の追肥と同様。

❹再び土寄せする。

ブロッコリーの品種

紫ブロッコリー

花蕾が紫色になるブロッコリーで、色のもとはアントシアニン。緑色の品種より甘みが強いのが特徴。アントシアニンは熱に弱いので、加熱すると緑色になる。

ブロッコリーの病害虫

若い苗のうちは、主枝の新芽につくハイマダラノメイガ（シンクイムシ）に注意。ヨトウ類やアオムシもよくつくので、防虫ネットをトンネルがけするか、こまめにチェックして取り除くこと。

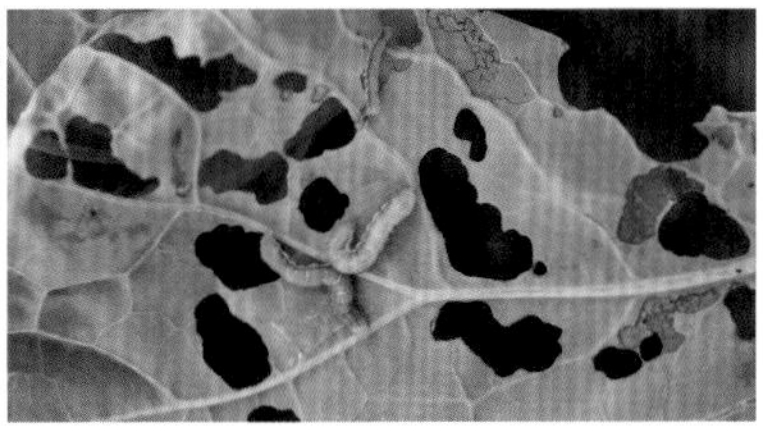

ヨトウムシと食害痕。

ホウレンソウ

法蓮草・ヒユ科

栽培のポイント

栽培のしやすさ ★★☆

・寒さに強く、冬が旬。春と秋に種まきできるが、秋まきが育てやすい。

・酸性の土壌だと育ちにくいので、pH検査をして（P13）、酸性の場合は石灰を入れて、中性に調整する。

栄養と食べ方

・ビタミンA、B群、Cなどのほか、鉄分や葉酸、マグネシウムを含有。貧血の改善に役立つ。

・特有のアクを除くためにさっとゆでて冷水にさらして使う。おひたしや和え物のほか、ピュレにしてカレーにも。

栽培カレンダー

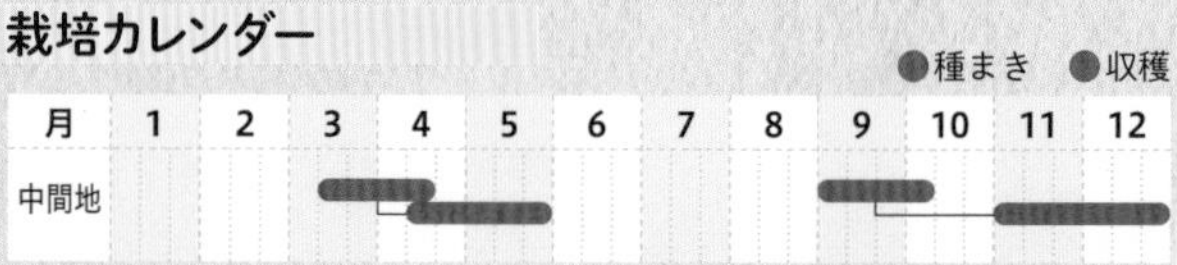
●種まき ●収穫
月
1
2
3
4
5
6
7
8
9
10
11
12
中間地

栽培データ

原産地 中央アジア

連作障害 あり（1～2年あける）

発芽適温 15～20℃

生育適温 15～20℃

おすすめの品種
豊葉、サラダほうれん草、まほろば、日本ほうれん草など。

病害虫
アブラムシ、ヨトウ類、タネバエ、べと病など。

プランター栽培

サイズ55㎝×20㎝×深さ25㎝以上／1列につき

プランター栽培のコツ
強い日当たりは必要ないのでベランダでも育てやすい。すじまきし、込んでいるところは間引いて育てる。

畑の準備（全面施肥）

堆肥2kg／㎡・化成肥料150g／㎡を、植えつけの1～2週間前に入れて耕し（P18）、幅70㎝の平畝をたてる（P20）。

栽培スペース
畝幅70㎝、条間15㎝以上

株の大きさ

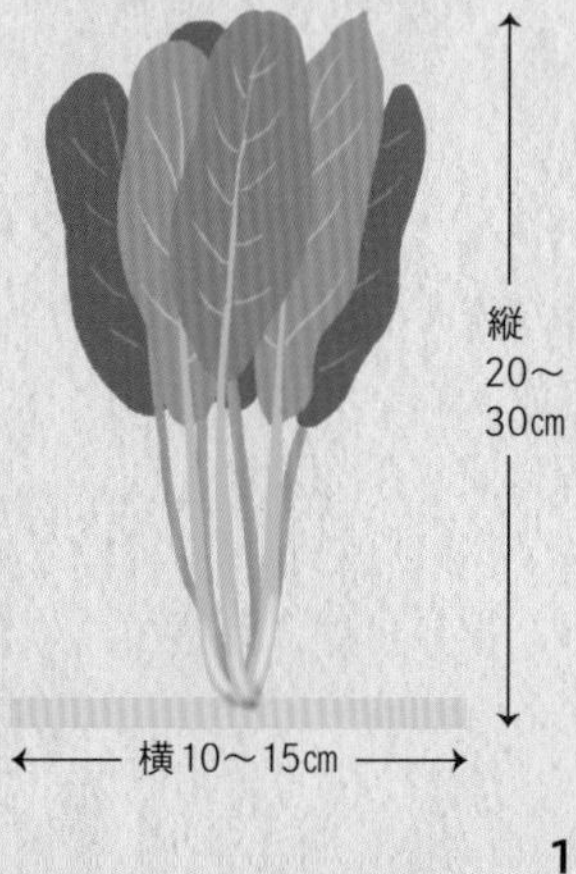
縦20～30㎝
横10～15㎝

1 種まきの準備

❶畝幅70㎝の平畝を作る（P18）。

❷支柱などを使い、深さ1～2㎝のまき溝を作る。条間は約15㎝が目安。

❸3列でまき溝の準備ができたところ。

2 種まき

① ホウレンソウの種（緑色の種子消毒あり）。今回育てたのは豊葉という品種。

② まき溝に1～2㎝間隔ですじまき。秋まきで年内に収穫したい場合、10月下旬までに種まきする。

③ ふるいで土をかけて覆土。

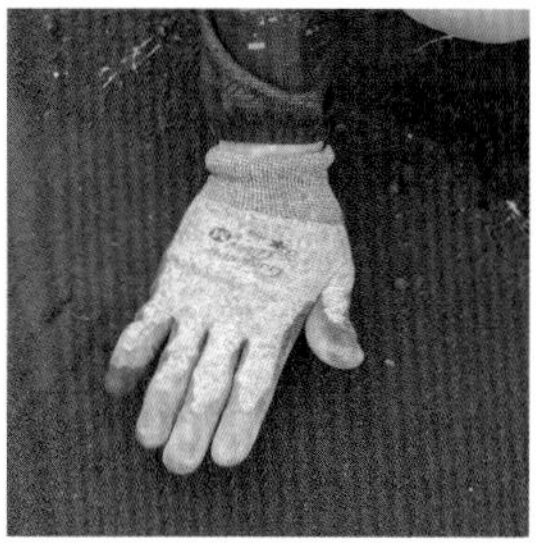

④ 手で軽く鎮圧する。

⑤ たっぷり水やりする。最後に防虫ネットをかけてもよい（P30）。

ポイント！

土を中性にする

土壌が酸性に傾いていると生育が悪くなる。酸度を調べ、必要に応じて石灰を入れて中性にする。

4 収穫

① 発芽したところ。収穫まで間引きや追肥は不要。

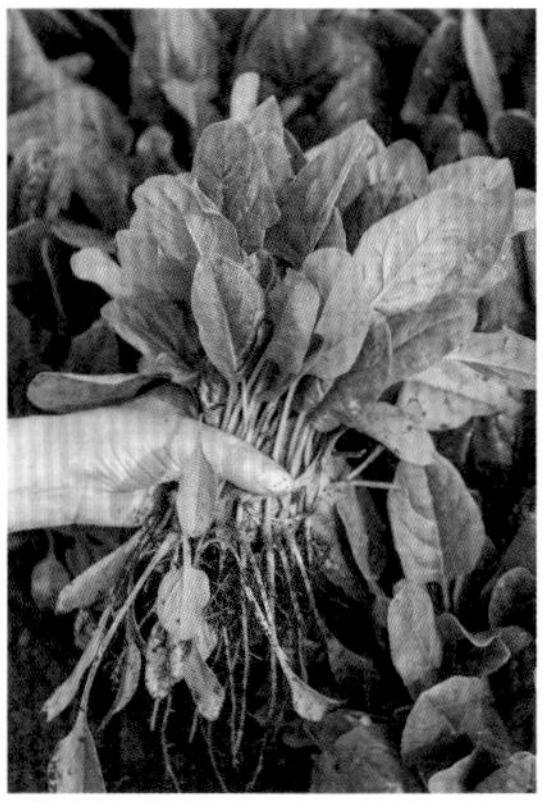

② 草丈20㎝を超えたくらいから順次収穫する。

③ ハサミを土の中に差し込んで地際で切ってもよい。

ホウレンソウの品種

赤茎ホウレンソウ

赤く色鮮やかな葉柄が特徴で、アクが少なくあっさりとした味わい。サラダの彩りとして活躍する。ゆでると色が落ちるので生食がおすすめ。

水菜・アブラナ科

ミズナ

栽培のしやすさ ★★★

栽培のポイント

・名前の通り水を好み、とくに生育初期は十分な水が必要。京菜とも呼ばれる。
・気温が高いうちは害虫がくるので、こまめにチェックするか、防虫ネットをかける。

栄養と食べ方

・クセがなく、色白だがビタミンA、C、Eを含み、カルシウム、鉄分などのミネラルも豊富な栄養価の高い野菜。
・生でサラダはもちろん、鶏団子などと一緒に鍋の具に。加熱しすぎると筋ばるので短時間で。

1 種まき

❶ミズナの種。ここでは「京みぞれ」（タキイ種苗）を使用。

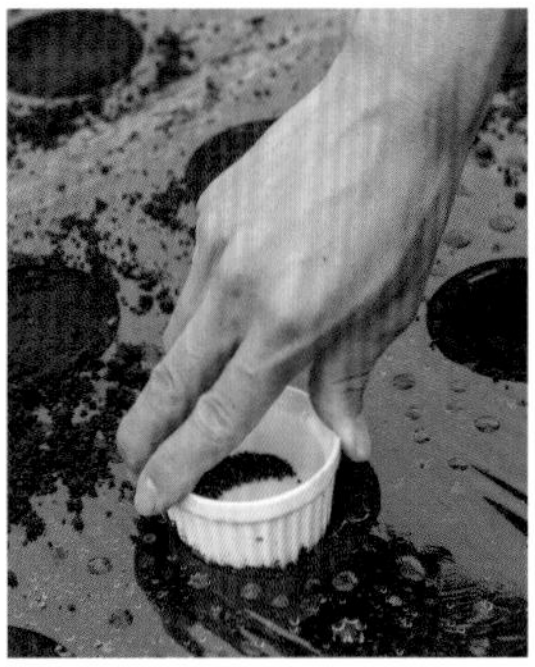

❷器などで深さ1㎝のまき穴をつくる。

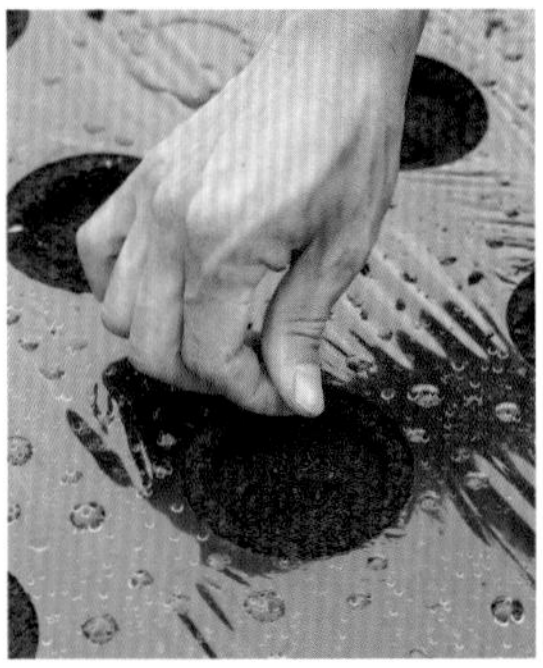

❸1か所に3～4粒ずつ種まきする。

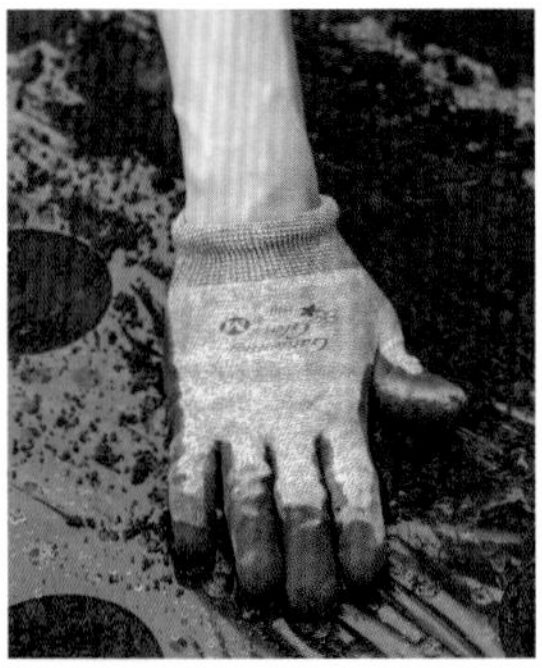

❹土をかけ、手で軽く押さえ、たっぷりと水やりする。

栽培カレンダー

●種まき ●収穫

月	1	2	3	4	5	6	7	8	9	10	11	12
中間地									●	●●	●	

栽培データ

原産地 日本
連作障害 あり（1～2年あける）
発芽適温 20～25°C
生育適温 18～22°C
おすすめの品種
京みぞれ、サラダ京水菜、千筋京菜など。
病害虫
アブラムシ、モンシロチョウ、ハモグリバエ、コナガ、白さび病など。

プランター栽培

サイズ50㎝×30㎝×深さ25㎝以上／1列につき
プランター栽培のコツ
すじまきし、間引きながら大きくしていく。間引き菜もサラダなどに利用できる。

畑の準備（全面施肥）

堆肥2kg／㎡・配合肥料150g／㎡を、植えつけの1～2週間前に入れて耕す（P18）。幅70㎝の平畝をたて（P20）、マルチをかけておく（P22）。
栽培スペース
畝幅70㎝、株間15㎝、条間15㎝

株の大きさ

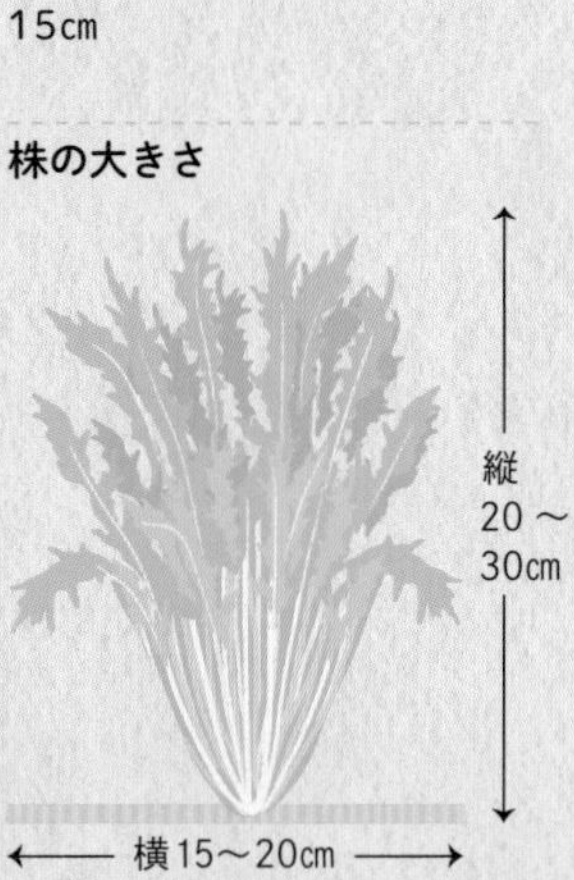

2 間引き

❶本葉2～3枚に成長した状態。

❸間引きが完了。追肥はとくに必要ない。

❷3～4本出ているところを2本に間引く。

3 収穫

草丈が30㎝程度に育ったら収穫適期。株ごと引き抜き、根の付け根をハサミで落とすとよい。寒さに強いが、冬を越すと硬くなるので、早めに収穫しよう。

茎の根元を持って収穫。

外葉から使う分だけ収獲してもよい。

Q　マルチやトンネルはかけたほうがよいですか？

A　どの野菜もマルチや防虫ネットはするのがおすすめです。そうすることで早く生育します。ゆっくり育てたいなら、マルチなしですじまきしてもよいでしょう。

ミズナの品種

ミブナ

京野菜として知られるミズナの1品種で、名前は京都府の壬生（みぶ）地区にちなむ。切れ込みのないツルっとした葉が特徴で、ピリッとした辛みがあり浅漬けや炒め物に向く。育て方はミズナと同じ。

紫系ミズナ

葉柄の赤紫色が見た目にも鮮やかな品種。葉柄が紫になる「紅法師」（タキイ種苗）という品種のほか、葉が紫になる種もある。育て方はミズナと同様。

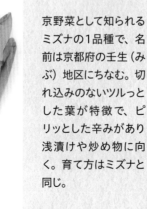

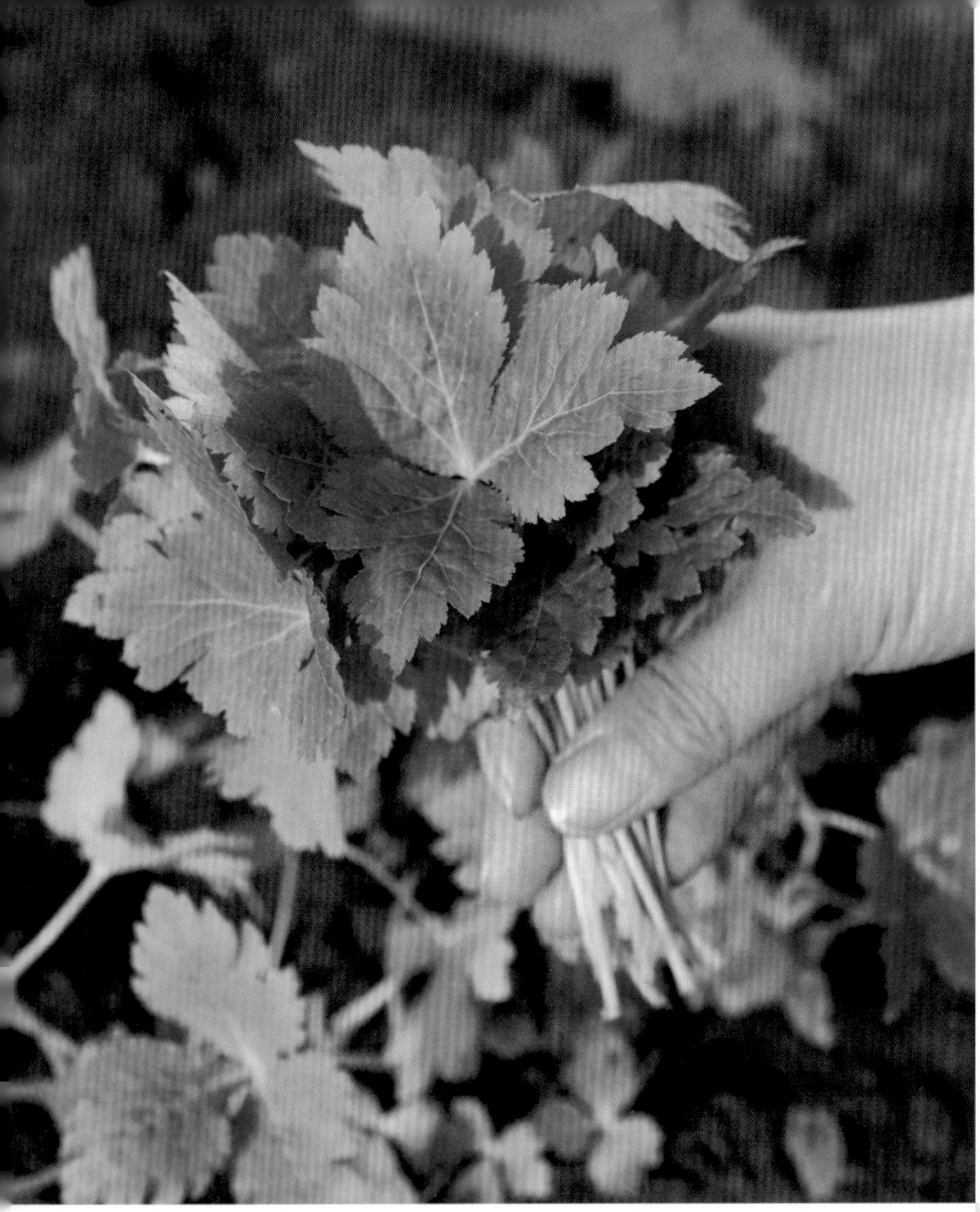

三つ葉・セリ科

ミツバ

栽培のポイント

栽培のしやすさ ★★☆

- 多年草なので、一度植えると長く収穫できる。
- 暑さや乾燥には弱く、日当たりがよくない湿った場所でも栽培できる。
- 根は耐寒性があり、翌年の春にはまた新芽が出る。

栄養と食べ方

- 香りが豊かで、体内の塩分濃度を正常に保つカリウムを豊富に含む。
- 軽く火を通して、おひたしや和え物に。練り物などと一緒に卵とじにしたり、鍋料理にも。

1 種まき

❶ミツバの種。ここでは白茎三ツ葉関西系（タキイ種苗）を使用。

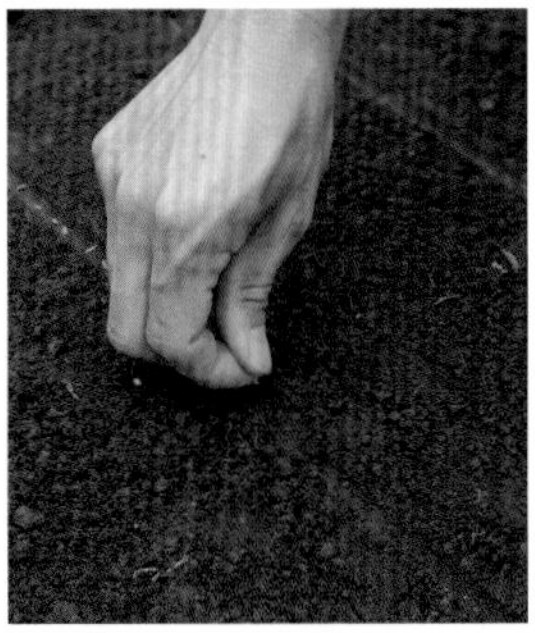

❷支柱などで深さ1cmのまき溝を作り、種を1～2cm間隔ですじまきする。

❸好光性種子なので、ふるいなどで土を薄くかぶせる。

❹土ならしや手で、土を鎮圧する。

栽培カレンダー

●種まき　●収穫

月	1	2	3	4	5	6	7	8	9	10	11	12
中間地												

栽培データ

原産地　日本

連作障害　あり（２～３年あける）

発芽適温　18～22℃

生育適温　13～17℃

おすすめの品種

みつば、東京白茎みつば、白茎三ツ葉関西系など。

病害虫

キアゲハ、ハダニ、ヨトウ類、立枯病など。

プランター栽培

サイズ55cm×20cm×深さ20cm以上／2列につき

プランター栽培のコツ

使う分だけつみ取れば、長く収穫できる。半日陰の場所でもOK。

畑の準備（全面施肥）

堆肥2kg／㎡・配合肥料100g／㎡を、植えつけの1～2週間前に入れて耕す（P18）。幅70cmの平畝をたてる（P20）。

栽培スペース

畝幅70cm、株間10～15cm

株の大きさ

2 間引き

❶発芽したミツバ。

❷株同士が密になっている場合は、株間3～4㎝に間引く。

3 収穫

❶本葉2～3枚の頃。

❷草丈20㎝以上になったら、ハサミで地上部を切って収穫する。

［プランターで育てる］場合

ミツバは日当たりがよくない場所でも育つので、ベランダで栽培しやすい。プランターが浅いと土が乾きやすいので、水切れに注意。

種まきから収穫まで

❶深さ1㎝くらいですじまきし、発芽して密になったら3～4㎝に間引く。

❷草丈が20㎝を超えたら葉をつんで収穫。冬になると枯れるが、水を切らさないように管理すると、春にまた新芽が出てくる。

キク科

ミックスレタス（ベビーリーフ）

栽培のポイント

栽培のしやすさ ★★★

・レタスは好光性種子なので、種を浅くまき、薄く土をかけると発芽率が上がる。
・発芽までの乾燥に注意して水やりする。
・葉が柔らかいうちに、早めに収穫しよう。

栄養と食べ方

・レタス類の幼葉で、ビタミンA、C、各種ミネラルが豊富。ベビーリーフの場合は数種類の野菜がミックスされているので栄養価が高い。
・生をたっぷりサラダで食べるのがおすすめ。

1 種まき

❶ミックスレタスの種。

❷支柱などで深さ約0.5㎝のまき溝を作り、すじまきする。

❸ふるいなどで薄く覆土する。

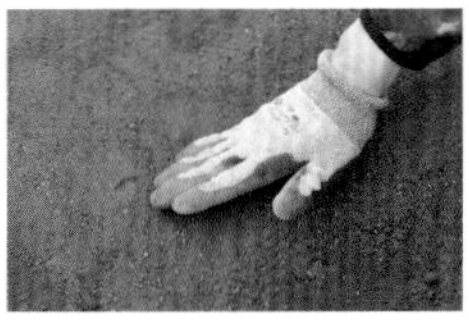
❹鎮圧し、最後に水やりする。

2 収穫

❶本葉4～5枚で小クマデなどで中耕する(P36)。

❷草丈5㎝くらいで収穫スタート。間引きながら収穫する。

プランターで栽培する場合

種をすじまきか、ばらまきし、水切れに注意して育てる。

栽培カレンダー

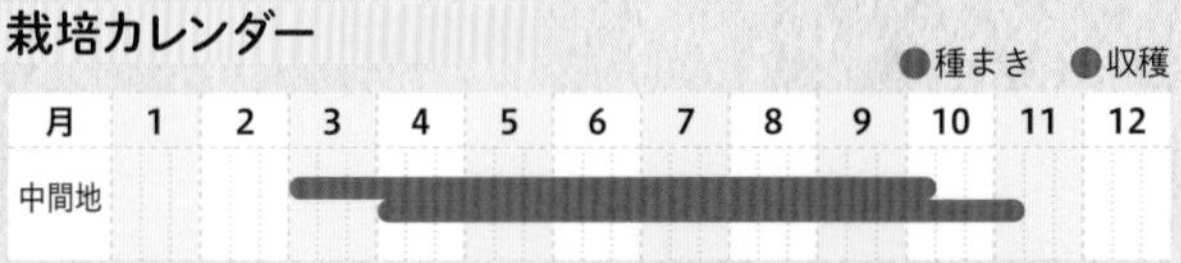

栽培データ

原産地 西アジア、地中海沿岸

連作障害 あり（1～2年あける）

発芽適温 15～20℃

生育適温 15～25℃

おすすめの品種
リーフミックス、ガーデンベビー、ガーデンレタスミックス、ベビーサラダミックスなど。

病害虫
アブラムシ、菌核《きんかく》病、灰色かび病、軟腐《なんぷ》病、べと病など。

プランター栽培

サイズ50㎝×25㎝×深さ25㎝以上／1列につき

プランター栽培のコツ
プランター向きの野菜。すじまきし、間引きしながら育てる。

畑の準備（全面施肥）

堆肥2kg／㎡・化成肥料100ｇ／㎡を、植えつけの1～2週間前に入れて耕す（P18）。幅70㎝の平畝をたてる(P20)。

栽培スペース
畝幅70㎝、条間15㎝

株の大きさ

薄荷・シソ科

ミント

栽培のしやすさ ★★★

栽培のポイント

・ミントとはシソ科ハッカ属の植物の総称。多くの種類があるので好みの品種を探そう。
・多年草で繁殖力が旺盛なので、植える場所に注意。プランター栽培もおすすめ。

栄養と食べ方

・ビタミンやミネラルはほとんどないが、特有の香り成分・メントールには抗菌、健胃、鎮痛などの作用がある。
・生のまま冷水や熱湯に加えてハーブティーに。エスニック料理ではカレーや麺類に、サラダなどにも。

1 植えつけ

❶ アップルミントの苗。

❷ ストロベリーミントの苗。

❸ 畑の準備をし、ポット苗を水につける。

❹ 植え穴を掘って植え、たっぷり水やりする。

2 収穫

葉を適宜、必要な分だけつんで収穫（上・アップルミント）。花を咲かせると株が疲れるのでつぼみが上がったらつむ。冬前に株元でバッサリ切り戻すと春にまた芽吹く。下はストロベリーミントの花。

栽培カレンダー

●植えつけ　●収穫

月	1	2	3	4	5	6	7	8	9	10	11	12
中間地			植えつけ	植えつけ	植えつけ	収穫	収穫	収穫	収穫	収穫		

栽培データ

原産地　日本、ユーラシア大陸、アフリカ北部など

連作障害　なし

発芽適温　20～25℃

生育適温　15～25℃

おすすめの品種
ペパーミント、スペアミント、ストロベリーミント、アップルミントなど。

病害虫
アブラムシ、ハダニ、ヨトウ類、うどんこ病など。

プランター栽培

サイズ30㎝×15㎝×深さ15㎝以上／1株につき

プランター栽培のコツ
半日陰でも育つのでベランダ栽培にも向く。根を張るのが早いので大きなサイズがおすすめ。

畑の準備（全面施肥）

堆肥2kg／㎡・配合肥料50ｇ／㎡を、植えつけの1～2週間前に入れて耕す（P18）。幅60㎝の平畝をたてる（P20）。

栽培スペース
畝幅60㎝、株間30㎝以上

株の大きさ

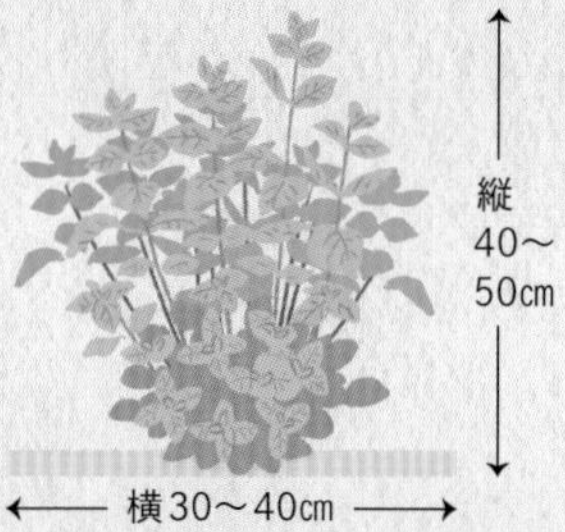

茗荷・ショウガ科

ミョウガ

栽培のポイント

栽培のしやすさ ★★☆

・日陰でも育つので、畑の隅などに植えるとよい。植えつけ後、数年は収穫できる。
・乾燥が苦手なので、日が当たる場所では敷きわらをする。
・数年に1回、掘り上げて植え替えるとよく生育する。

栄養と食べ方

・血液の循環をよくし、食欲アップの効果も。独特の香りはαピネンという成分によるもので、辛味はミョウガジアールという成分。
・生で刻んで薬味や汁物の具にするほか、甘酢漬けなどに。

1 植えつけ

❶ 畑に堆肥と配合肥料を植えつけの1～2週間以上前に入れて耕す。

❷ クワやスコップで15㎝ほど植え溝を掘り、苗を置く。

❸ 土を戻して植えつけ完了。

2 追肥

茎葉が伸びてきた頃、化成肥料50g／㎡を追肥して、土寄せする。

3 収穫

つぼみが出てきたら、咲く前につんで収穫。咲かせると風味が落ちる。

栽培カレンダー

栽培データ

原産地　東アジア

連作障害　あり
（3～4年ごとに植え替える）

発芽適温　15～25℃

生育適温　20～25℃

おすすめの品種
みょうが、早生みょうが、秋みょうが、晩生みょうがなど。

病害虫
葉枯病など。

プランター栽培

サイズ60㎝×30㎝×深さ30㎝以上／3株につき

プランター栽培のコツ
大きいプランターに2～3株で栽培する。直射日光を避け、水切れに注意する。

畑の準備（全面施肥）

堆肥2kg/㎡・配合肥料100g/㎡を植えつけ1～2週間前に入れて耕す(P18)。

栽培スペース
畝幅60㎝、株5～20㎝以上

株の大きさ

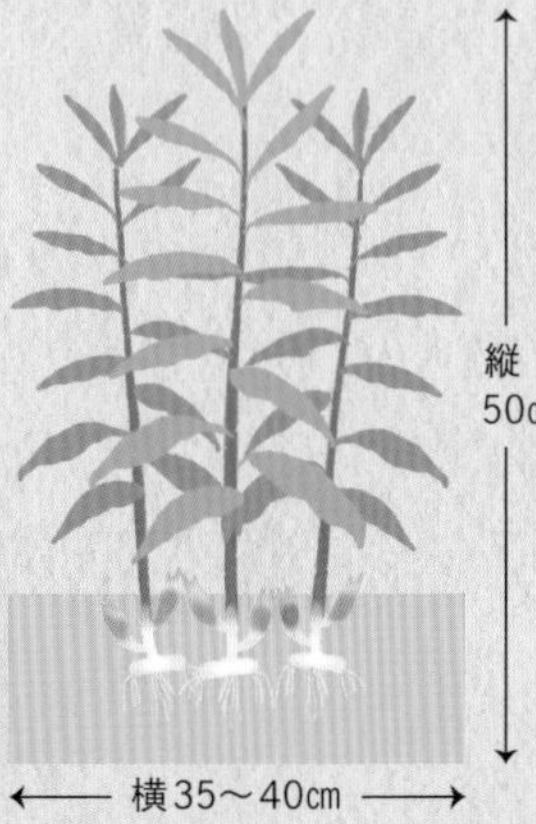

搾菜・アブラナ科

ザーサイ

栽培のしやすさ ★★☆

栽培のポイント

- 肥大した茎の部分を食べる中国野菜だが、葉もおいしく食べられる。
- 気温が高いうちは害虫が多いので、こまめにチェックする。
- 間引き後に追肥して、茎の肥大を促すとよい。

栄養と食べ方

- カリウムや鉄分、カルシウムのほか、食物繊維も豊富なヘルシー野菜。
- 家庭では、茎や葉を中華風の炒め物に利用するほか、肥大した茎の部分は薄切りにして浅漬けにも。

1 種まき・間引き

種を畑に1～2㎝間隔ですじまきする。2～3回に分けて間引き、最終的に株間40㎝にする。苗を植える場合は、本葉4～5枚の頃、株間40㎝で定植。

2 収穫

葉を使う場合は適宜、外葉からかきとって収穫する。茎を利用するときは株元の茎が肥大した頃、スコップなどで掘って収穫。

追肥

最後の間引きのタイミングで化成肥料50g／㎡を追肥する。苗を植えた場合は、植えつけ1か月後に追肥しよう。

栽培カレンダー

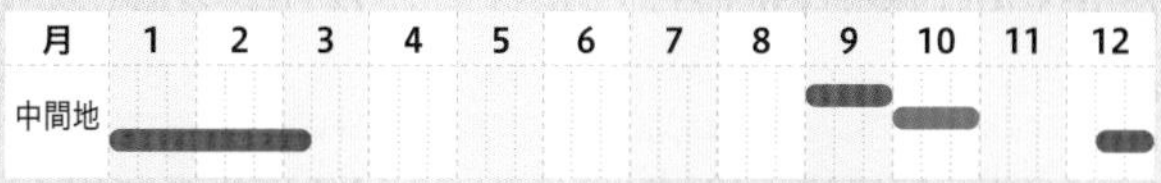

栽培データ

原産地　中国

連作障害　あり（1～2年あける）

発芽適温　15～25℃

生育適温　15～20℃

おすすめの品種
四川搾菜、ちからこぶザーサイなど。

病害虫
アブラムシ、モンシロチョウ、ヨトウ類、白さび病など。

プランター栽培

サイズ60㎝×30㎝×深さ30㎝以上／2株につき

プランター栽培のコツ
深さのある大きいプランターで栽培する。害虫に注意して育て、若どりするとよい。

畑の準備（全面施肥）

堆肥2kg/㎡・配合肥料100g/㎡を植えつけ1～2週間前に入れて耕し(P18)、平畝をたてる(P20)。

栽培スペース
畝幅70㎝、株間40㎝以上

株の大きさ

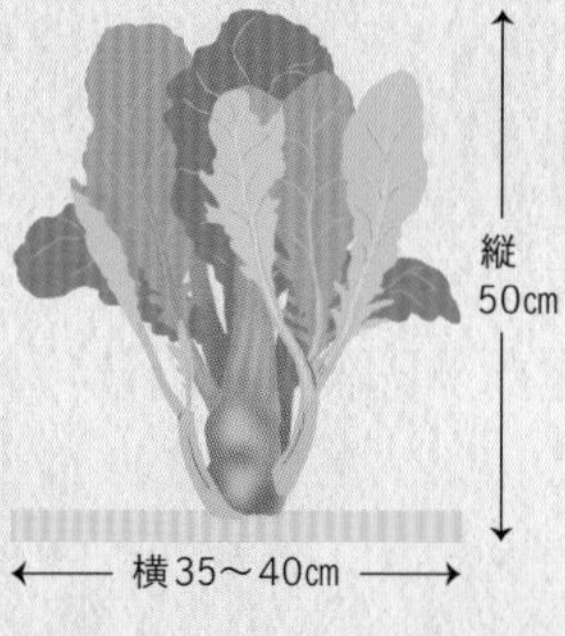

芽キャベツ

芽甘藍・アブラナ科

栽培のポイント

栽培のしやすさ ★☆☆

- 子持ちカンランとも呼ばれ、葉の付け根で結球した芽を、大きくなったものから収穫する。
- ハイマダラノメイガ、モンシロチョウ、ヨトウ類などの虫がつきやすいのでこまめにチェックする。

栄養と食べ方

- ほとんどの栄養成分についてキャベツより含有量が多い。風邪の予防や疲労回復などが期待できる。
- アクが強いので茎に十字に切り込みを入れ、下ゆでして使うとよい。漬け物やピクルス、ポトフなどの煮込みにも。

1 植えつけ

❶ 芽キャベツの苗。ここではセルトレイ苗を使用。

❷ 苗にしっかり水やりする。

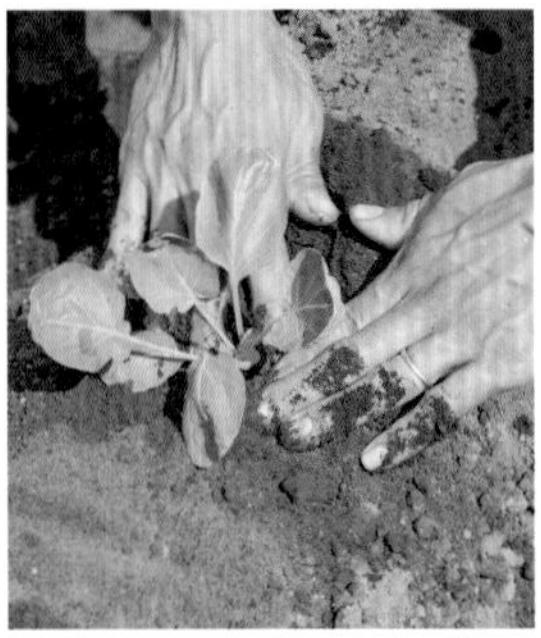

❸ 植え穴を作り、苗を植えつける。

❹ 株のまわりを少しくぼませ、たっぷり水やり。暑い時期の定植なので、夕方に植えると土が乾きにくい。

栽培カレンダー

●植えつけ ●収穫

月	1	2	3	4	5	6	7	8	9	10	11	12
中間地												

栽培データ

原産地 ベルギー

連作障害 あり（2～3年あける）

発芽適温 15～30℃

生育適温 15～20℃

おすすめの品種
早生子持、ファミリーセブン、パープルクイーンなど。

病害虫
アブラムシ、コナガ、モンシロチョウ、ヨトウ類など。

プランター栽培

サイズ50㎝×30㎝×深さ25㎝以上／2株につき

プランター栽培のコツ
日当たりのよい場所に置き、追肥をしながら育てる。

畑の準備（溝施肥）

堆肥2kg／㎡・配合肥料100ｇ／㎡を、植えつけの1～2週間前に入れて耕しておく(P18)。高さ20㎝、幅40㎝の高畝をたてる(P20)。

栽培スペース
畝幅40㎝、株間30～35㎝、畝の高さ20㎝

株の大きさ

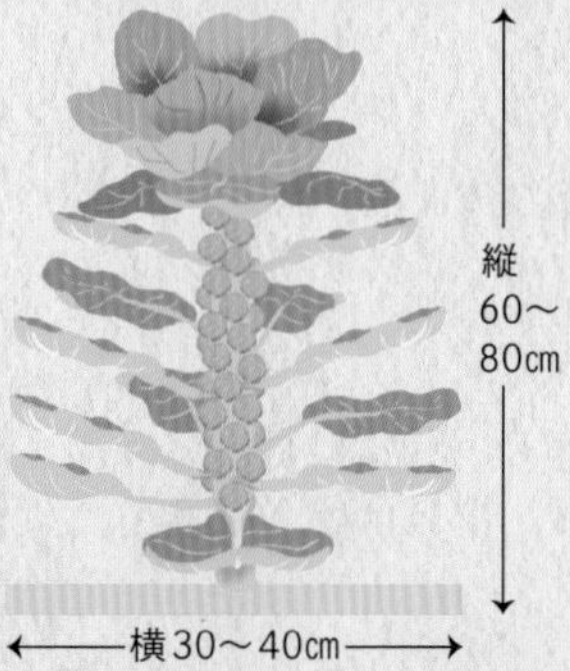

2 追肥・土寄せ

❶ 植えつけて2週間ほどで、1回目の追肥。畝の肩に化成肥料50g／㎡をまく。

❷ 追肥したら土寄せもセットで行う。高畝の補強にもなる。

❸ 葉の付け根に結球し始めたら、2回目の追肥。やり方は1回目と同様。

3 収穫

❶ 成長途中の芽キャベツ。葉1枚に1個できる。

❷ 直径が3～4㎝を超えたら収穫適期。1個ずつ手で強く押してもぐように収穫する。

芽キャベツの病害虫

いろいろな害虫がつくので、こまめにチェックを。写真はヨトウ類の若齢幼虫。集団行動しているうちに取り除くとよい。収穫する結球部分も被害にあうので要注意。

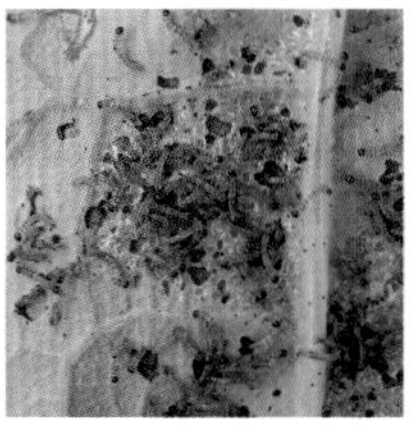

芽キャベツの品種

紫芽キャベツ

芽キャベツには結球する部分や茎が紫色になる品種もある。調理法は普通の芽キャベツと同じだが、長時間、加熱すると色が抜ける。写真はパープルクイーン（エムソン）という品種。

植えつけから収穫まで

❶ 育て方は普通の芽キャベツと同様。苗を植え、たっぷり水やりする。

❷ 緑の品種と同様に、収穫までに2回、追肥と土寄せを行う。

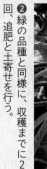

台湾綱麻・シナノキ科

モロヘイヤ

栽培のしやすさ ★★☆

栽培のポイント

- 暑さにとても強く、真夏の時期に貴重な葉物野菜。
- 主枝を摘芯して脇芽を伸ばし、収穫量を増やす。
- 花や種、茎には毒が含まれるので食べないこと、葉だけを食用にする。

栄養と食べ方

- 「王様の野菜」の異名を持つスーパーフード。抗酸化作用のあるクロロゲン酸やポリフェノールが豊富。
- 軽くゆでてアクを取り、刻んでおひたしやスープに。油と一緒に摂るとカロテンの吸収率がアップする。

1 植えつけ

❶ モロヘイヤの苗。

❷ 苗のポットを水につけて吸水させる。

❸ 植え穴を掘って苗を植え、しっかり土を寄せる。

❹ 最後にたっぷりと水やりする。

栽培カレンダー

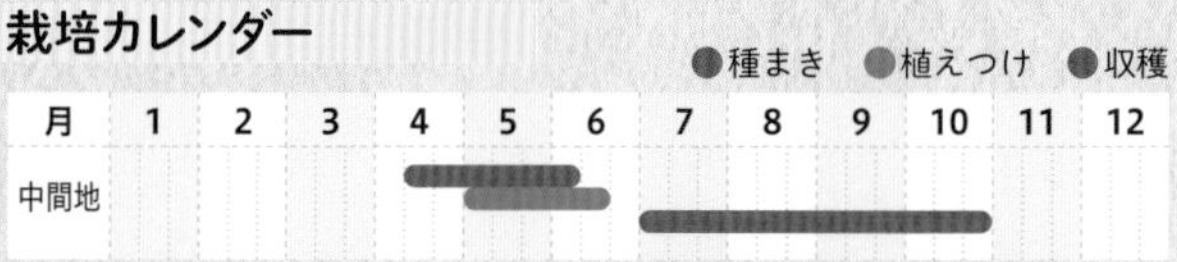
●種まき ●植えつけ ●収穫
月 1 2 3 4 5 6 7 8 9 10 11 12
中間地

栽培データ

原産地 中近東、エジプト北部

連作障害 あり（1～2年あける）

発芽適温 25～30℃

生育適温 25～30℃

おすすめの品種
モロヘイヤ1品種のみ。

病害虫
ハダニなど。病害虫には比較的強い。

プランター栽培

サイズ55㎝×20㎝×深さ20㎝以上／2株につき

プランター栽培のコツ
摘芯して育て、やわらかい若芽を収穫。しっかり日を当てる。

畑の準備（全面施肥）

堆肥2kg／㎡・配合肥料150g／㎡を植えつけの1～2週間前に入れて耕す（P18）。幅60㎝の平畝をたてる。（P20）。

栽培スペース
畝幅60㎝、株間40～50㎝

株の大きさ

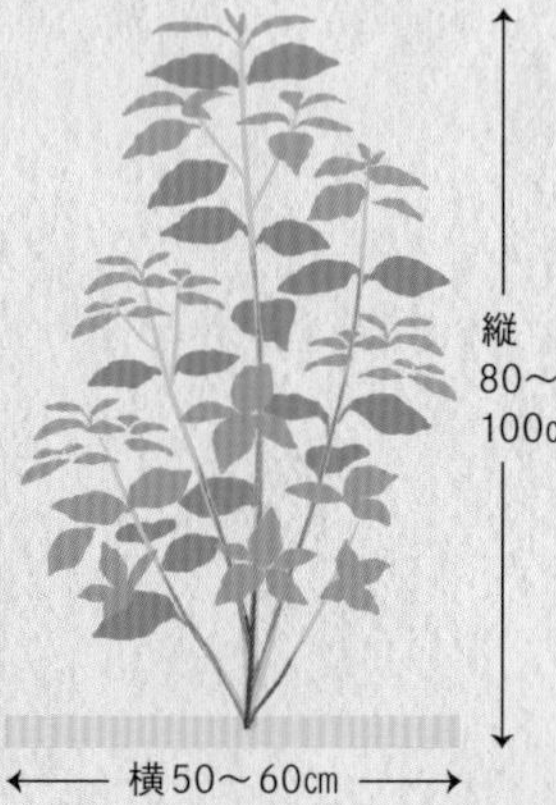
縦 80～100㎝
横50～60㎝

2 摘芯

草丈30㎝くらいで主枝を摘芯する。こうすることで、脇芽が旺盛に伸び、収穫量が上がる。

3 収穫

草丈が40～50㎝を超えた頃から、順次収穫する。芽先から15㎝ほどをつみ取って収穫。手で簡単に折れるくらいのところまでを目安にすると、柔らかい食感を楽しめる。

Q 追肥はしたほうがよいですか?

A しなくても大丈夫ですが、初夏から秋まで収穫するので、摘芯後、月1回を目安に化成肥料50ｇ／㎡を追肥してもよいでしょう。

花や種などに注意!

モロヘイヤの花・実・茎、とくに種にはストロファンチジンという毒が含まれているため、注意が必要。食用とする葉は安全だが、花や種、硬く太い茎の部分は絶対に食べないこと。

❶モロヘイヤの花。

❷花のあとに種の入ったサヤができる。

[種まきする] 場合

苗からだと育てやすいが、種からも栽培できる。直まきせずに育苗しよう。5～6月の種まきがおすすめ。

❶ポットに培養土を入れ、2～3粒ずつ種まき。

❷本葉4～5枚で定植。

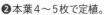

アブラナ科

ルッコラ

栽培のポイント

栽培のしやすさ ★★★

・ロケットとも呼ばれる。春まきと秋まきができる。
・花が咲くと葉が硬くなる。花茎が伸びたら早めにつむ。
・モンシロチョウ、ヨトウ類に注意。こまめにチェックするか、防虫ネットをかけるとよい。

栄養と食べ方

・ビタミンA、C、E、Kを豊富に含む。マグネシウム、鉄分などのミネラルも多く、栄養価の高い野菜。
・栄養を効率よく摂取するには生でサラダが最適。ほのかな苦味と香りがあり、肉料理と相性がよい。

栽培カレンダー

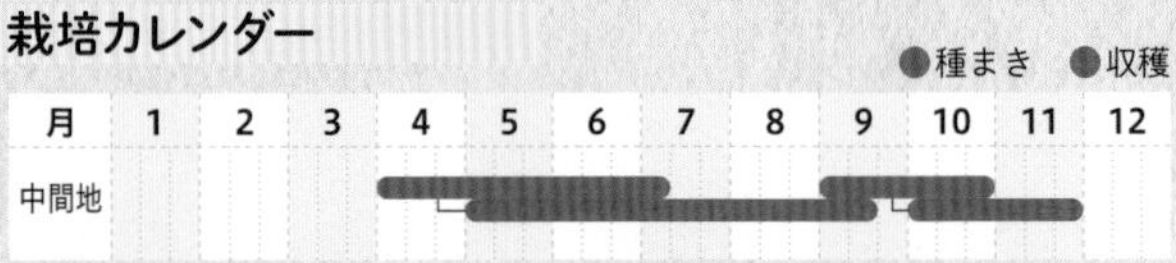
●種まき ●収穫
月 1 2 3 4 5 6 7 8 9 10 11 12
中間地

栽培データ

原産地 地中海沿岸

連作障害 あり（1～2年あける）

発芽適温 15～20℃

生育適温 15～20℃

おすすめの品種
ルッコラ、ロケット、ベビーロケットなど。

病害虫
アブラムシ、コナガ、モンシロチョウ、ヨトウ類、カブラヤガ（ネキリムシ）など。

プランター栽培

サイズ55cm×20cm×深さ20cm以上／1列にすじまき

プランター栽培のコツ
半日陰でも育てられる。すじまきし、間引きながら栽培する。

畑の準備（全面施肥）

堆肥2kg／㎡・化成肥料150g／㎡を植えつけ1～2週間前に入れて耕す（P18）。幅70cmの平畝をたてる（P20）。

栽培スペース
畝幅70cm、条間15cm

株の大きさ

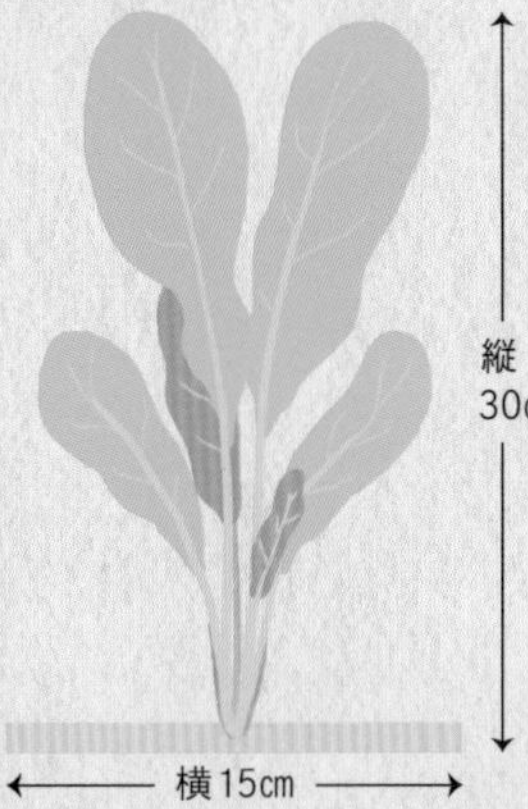
縦30cm
横15cm

1 種まき

❶ルッコラの種。

❷支柱などを使って深さ約1cmのまき溝をつくり、種を2～3cm間隔ですじまきする。

❸ふるいなどで薄く土をかぶせる。

❹手や土ならしで土を押さえ、水やりする。防虫ネットをかけるとよい(P30)。

2 間引き

❶ 本葉2〜3枚になったら間引きのタイミング。

❷ 5㎝ほどの間隔になるように間引く。

3 収穫

❶ 草丈15㎝くらいが収穫の目安。大きくなりすぎると葉が硬くなるので、適宜収穫する。

❷ 株ごと引き抜いて収穫する。

❸ 葉だけをつむと、新芽が育ち、長く収穫できる。

Q　**追肥は必要でしょうか？**

A　追肥はしなくてもよく育ちます。

ポイント！

花を咲かせると葉が硬くなる

花が咲くと葉が硬くなるので、花茎が伸びてきたらつみ取ろう。

ルッコラの病害虫

アブラナ科のルッコラは害虫が多いので、こまめにチェックして取り除くか、防虫ネットをかける。

❶害虫の被害に合って、欠株している。

❷土を掘ってみると…。

❸ネキリムシが出てきた。

萵苣・キク科

レタス（玉）

栽培のポイント

栽培のしやすさ ★★☆

- 春植えと秋植えができる。初心者は玉レタスより、リーフレタスのほうが育てやすい。
- 日当たり、水はけがよいことが大切。過湿になると株が腐りやすい。

栄養と食べ方

- ほとんどが水分だが、ビタミン、ミネラル、食物繊維などをバランスよく含む。12kcal／100gとダイエット向きの野菜。
- ビタミンCを逃さないようにさっと洗ってサラダに。スープや炒め物にした場合は汁ごと全部食べるとよい。

1 植えつけ

❶玉レタスの苗。写真はシスコ(タキイ種苗)。

❷畑の準備をし、植え穴をつくる。

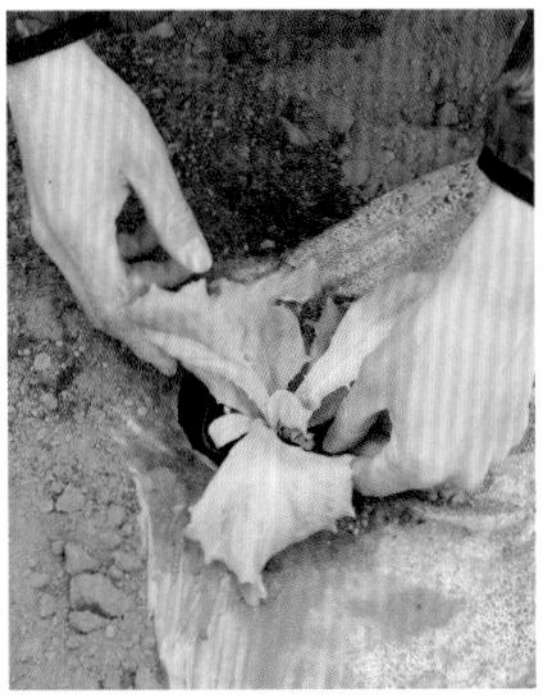

❸ポット苗を水につけてから、苗を植えつける。

❹たっぷり水やり。防虫ネットをかけるとよい。

栽培カレンダー

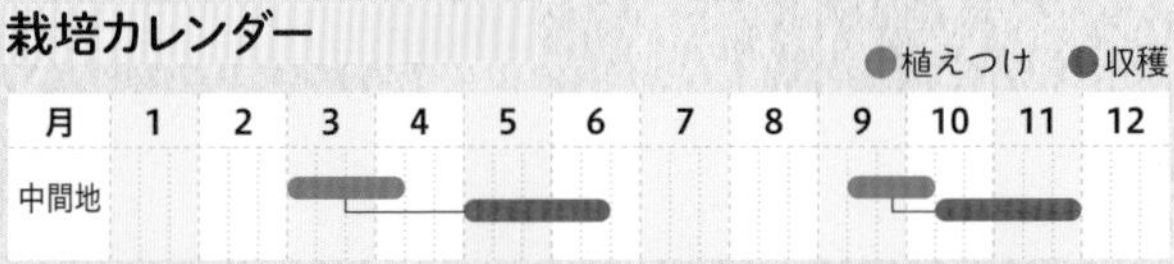

●植えつけ ●収穫
月 1 2 3 4 5 6 7 8 9 10 11 12
中間地

栽培データ

原産地 地中海沿岸

連作障害 あり（2年あける）

発芽適温 15～20°C

生育適温 15～20°C

おすすめの品種
シスコ、グリーンウェーブ、リーフレタスグリーン、サニーレタスレッドウェーブ、レッドファイヤー、チマサンチュ、ロメインレタスなど。

病害虫
アブラムシ、ヨトウ類、軟腐病など。

プランター栽培

サイズ50㎝×30㎝×深さ25㎝以上／2株につき

プランター栽培のコツ
日当たりのよい場所に置くと玉レタスは結球しやすい。リーフレタスが育てやすい。

畑の準備（全面施肥）

堆肥2kg／㎡・配合肥料150g／㎡を植えつけの1～2週間前に入れて耕す(P18)。幅70㎝の平畝をたて(P20)、マルチをかけておく(P22)。

栽培スペース
畝幅70㎝、株間30㎝以上

株の大きさ

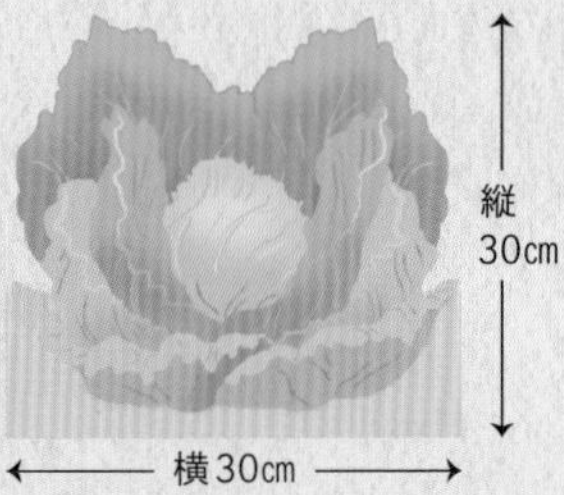

縦30㎝
横30㎝

2 追肥

結球し始めた頃、株元に化成肥料をひとつまみずつ追肥し、土を少しかける。追肥後にぐんぐん成長する。

3 収穫

直径15～20㎝くらいになったら収穫。玉を傾けながら包丁で根元を切り取る。

Q 切り口に白い液が出ていますが…。

A 新鮮な証拠で、まったく問題ありません。切り口の乳液は、サポニンという成分が含まれ苦味がありますが、食べても問題なし。レタスという名前も、ラテン語で「乳」を意味するLacに由来するといわれています。

レタスの品種

ロメインレタス

エーゲ海のコス島原産とされていることから「コスレタス」とも呼ばれ、イタリアなどで栽培が盛ん。長い葉がゆるく結球する。玉レタスよりパリッとした食感が特徴。

植えつけから収穫まで

❶育て方は普通のレタスと同じ。苗を植え、防虫ネットをかける。結球しはじめたら株元に化成肥料をひとつまみずつ追肥。

❷葉が重なってまとまり、上から手でおさえてみて弾力があれば収穫適期。株元を包丁で切る。

リーフレタス

結球しないレタスで、葉の端がちぢれていることから「チリメンチシャ」という名もある。赤紫色になるサニーレタスなどが代表的で、ちぎってサラダなどに。結球するレタスよりも栽培しやすいのでビギナー向き。

植えつけから収穫まで

❶ポット苗を水につけてから定植。上は緑系種、下が赤紫種。生育がゆっくりの場合は途中で追肥するとよい。

❷25㎝ほどで株元から切って収穫。外葉を1枚ずつ収穫してもよい。

❸赤紫系のリーフレタス。

チマサンチュ

「カッティングレタス」「カキチシャ」とも呼ばれる、外葉をかき取って収穫するタイプのレタス。韓国料理の定番で、焼肉では欠かせない食材。リーフレタス同様、育てやすい。

種まきと管理作業

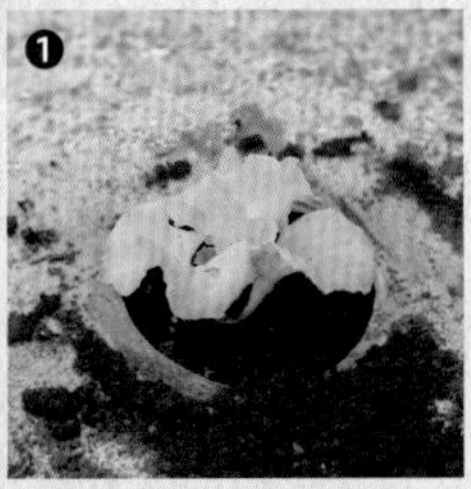

❶育て方はリーフレタスと同じ。定植後、防虫ネットをかけるとよい。

❷外葉からかき取って収穫すると、長く楽しめる。

❸株元を包丁で切って、丸ごと収穫してもよい。

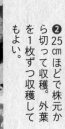

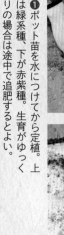

檸檬香草・イネ科

レモングラス

栽培のポイント

栽培のしやすさ ★★☆

・熱帯原産で、高温・多湿を好む多年草。
・夏によく生育し、刈っても次々に収穫できる。
・寒さに弱いので、地植えでは冬越しできない。秋の収穫後に鉢上げするとよい。

栄養と食べ方

・レモンの香りのするイネ科のハーブ。爽やかな香りの成分・シトラールには、消化促進や胃痛を和らげる効果が。
・葉の部分を刻んで、ハーブティーやスープなどの料理に。エスニック料理では肉、魚料理の風味づけに使う。

1 植えつけ

ポット苗からが育てやすい。日当たりがよい場所を確保し、植えつけたら水やりする。寒さは苦手なので、植えつけは5月くらいからがよい。写真は植えつけの約2か月後。

2 収穫

使いたい分だけ葉を株元でカットして収穫。

鉢上げして冬越しする

秋に葉を刈ったら、鉢に掘り上げ、日の当たる室内で管理する。春になったら畑に植える。

栽培カレンダー

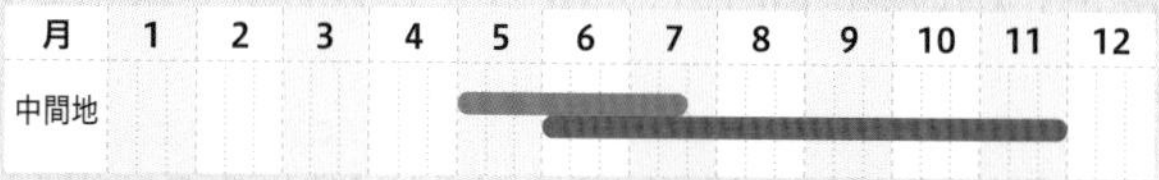
●植えつけ　●収穫
月
1
2
3
4
5
6
7
8
9
10
11
12
中間地

栽培データ

原産地	インド、熱帯アジア
連作障害	なし
発芽適温	20～30℃
生育適温	22～30℃

おすすめの品種
レモングラスなど。

病害虫
ナメクジなど。

プランター栽培

サイズ30cm×30cm×深さ30cm以上／1株につき

プランター栽培のコツ
大きな鉢で1株を育てる。水切れに注意し、よく日を当てる。

畑の準備（全面施肥）

堆肥2kg／㎡・配合肥料50g／㎡を植えつけの1～2週間前に入れて耕す（P18）。幅70cmの平畝をたてる（P20）。

栽培スペース
畝幅70cm、株間60cm以上

株の大きさ

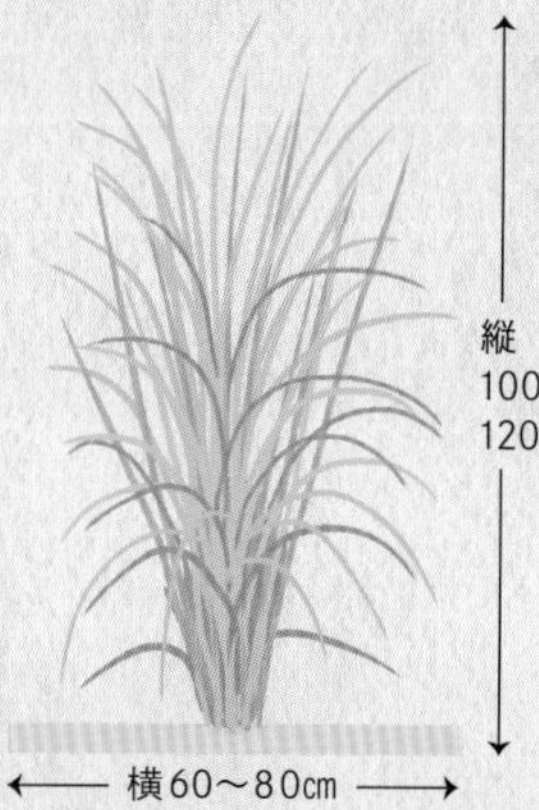
縦
100～
120cm
横60～80cm

香水薄荷・西洋山薄荷・シソ科

レモンバーム

栽培のポイント

栽培のしやすさ ★★★

・レモンに似た柑橘系の香りが楽しめるハーブ。
・繁殖力が旺盛で、多年草なので、植える場所に注意。
・多年草で冬越しが可能。地上部が枯れても、春になると新芽が出る。

栄養と食べ方

・ハーブティーにすると発汗作用があり、風邪の初期症状によいとされる。精油成分には鎮静作用がある。
・冷水や熱湯に入れて、ハーブティーに。お風呂に入れて香りを楽しむと、不眠症の改善やリラックス効果が。

1 植えつけ

❶レモンバームの苗。

❷畑の準備をして、ポット苗を水につける。

❸苗をやさしく抜き取り、植え穴に植える。

❹根のまわりに隙間ができないように土を寄せて、水やりする。

2 収穫

必要な分だけ葉をつみ取るか、茎をハサミで切り取って収穫する。追肥はとくに必要ない。寒さに強く冬越しできるので、冬前に株元でバッサリと切り戻せば、春にまた芽吹いてくる。

栽培カレンダー

●植えつけ　●収穫

月
1
2
3
4
5
6
7
8
9
10
11
12
中間地

栽培データ

原産地　南ヨーロッパ

連作障害　あり（1～2年あける）

発芽適温　18～22℃

生育適温　15～20℃

おすすめの品種

レモンバームなど。

病害虫

アブラムシ、ヨトウ類など。

プランター栽培

サイズ20cm×20cm×深さ15cm以上／1株につき

プランター栽培のコツ

半日陰の場所でも育つのでベランダ栽培向き。必要に応じて収獲しながら育てよう。

畑の準備（全面施肥）

堆肥2kg／㎡・配合肥料100g／㎡を植えつけ1～2週間前に入れて耕す（P18）。幅60cmの平畝をたてる（P20）。

栽培スペース

栽培スペース：畝幅60cm、株間30cm以上

株の大きさ

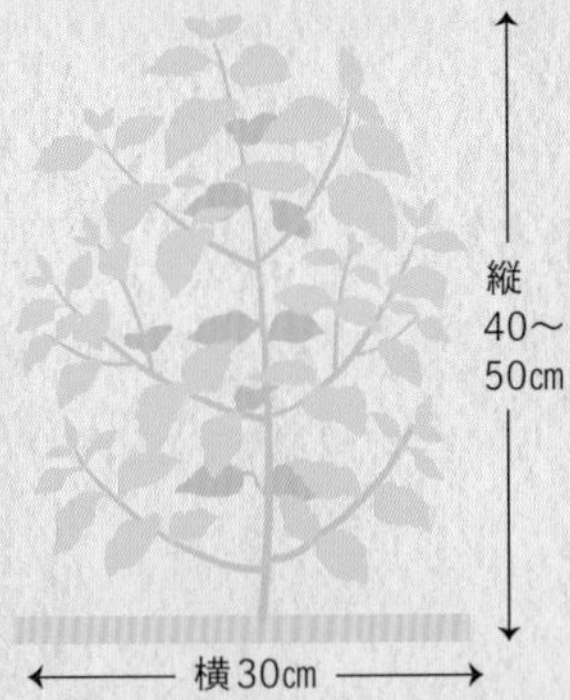

縦
40～
50cm
横30cm

ラッキョウ

辣韮・ヒガンバナ科

栽培のしやすさ ★★★

栽培のポイント

- 寒さに強く、病害虫も少ないため栽培しやすい。
- 収穫まで約1年と栽培期間が長い。
- 土寄せして栽培し、3～4月に若どりしたラッキョウは「エシャレット」と呼ばれ、生で食べたり葉も食用にできる。

栄養と食べ方

- 主にふくらんだ鱗茎を食べる。特有の辛味の成分・硫化アリルが豊富。ビタミンB_1の吸収を助け、血行を促し、疲労回復効果がある。
- ラッキョウは塩、甘酢、みそなどに漬けるとよい。

1 植えつけ

❶ ラッキョウの種球。1片ずつに分けて植えつける。

❷ 畝に植え溝を掘り、種球を置き、種球が隠れるくらい覆土して鎮圧し、水やりする。

2 管理作業・収穫

❶ 葉が伸びたところ。

❷ ラッキョウのつぼみ。秋にピンク色の花が咲く。そのままでもよいが、つぼみのうちにつむと種球が疲れない。

3

❸ エシャレットを収穫するなら3～4月に収穫。6月頃、葉が枯れ始めたらラッキョウを収穫する。

栽培カレンダー

●植えつけ ●収穫
月
1
2
3
4
5
6
7
8
9
10
11
12
中間地
翌年

栽培データ

原産地 中国

連作障害 あり（1～2年あける）

発芽適温 18～22℃

生育適温 18～22℃

おすすめの品種
ラッキョウ、エシャレットなど。

病害虫
アブラムシ、ネダニ、乾腐病《かんぷびょう》、さび病など。

プランター栽培

サイズ60㎝×25㎝×深さ25㎝以上／1列

プランター栽培のコツ
プランターの中央に株間10㎝で1列に種球を植えて育てる。

畑の準備（全面施肥）

堆肥2kg／㎡・配合肥料100g／㎡を植えつけの1～2週間前に入れて耕す（P18）。畝幅70cmの平畝をたてる（P20）。

栽培スペース
畝幅70㎝、株間10㎝以上、条間10cm以上

株の大きさ

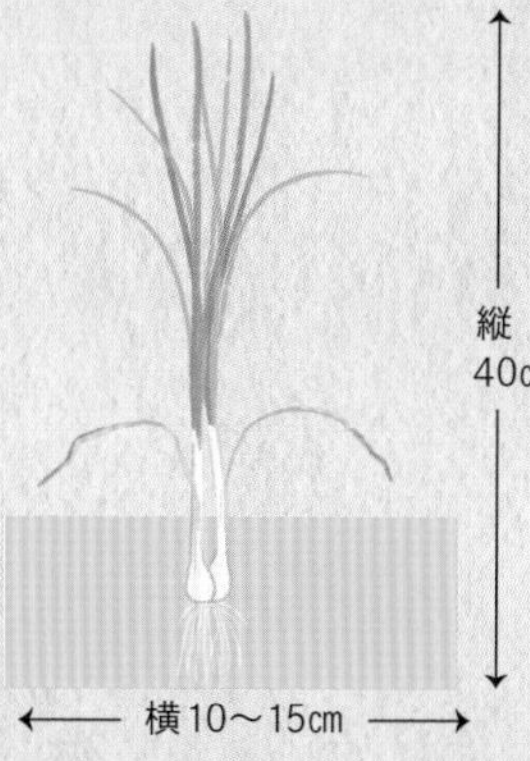
縦40㎝
横10～15㎝

分葱・ヒガンバナ科

ワケギ

栽培のポイント

栽培のしやすさ ★★★

- ワケギとアサツキは同じ仲間で、アサツキも同様に育てられる。種ができにくいので種球を植える。
- 葉を成長点より上で収穫すると、また新芽が伸びてきてくり返し収穫できる。

栄養と食べ方

- ビタミンA、B群、C、葉酸が豊富な緑黄色野菜。辛味の成分・硫《りゅう》化《か》アリルには血行促進、新陳代謝を高める効果が。
- さっとゆでてぬたの材料に。魚介と組み合わせると疲労回復に。生で刻んで薬味にしたり、炒め物やみそ汁にも。

1 植えつけ

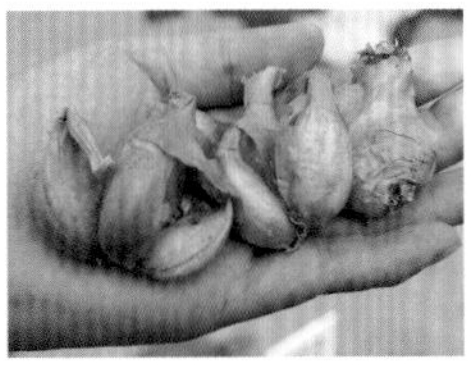

❶ ワケギの種球。1個ずつに分ける。

❷ マルチの穴ひとつに対して、1個ずつ種球を植える。球根の頭が少し出るくらいの深さに。

❸ たっぷり水やりし、防虫ネットをかぶせるとよい(P30)。

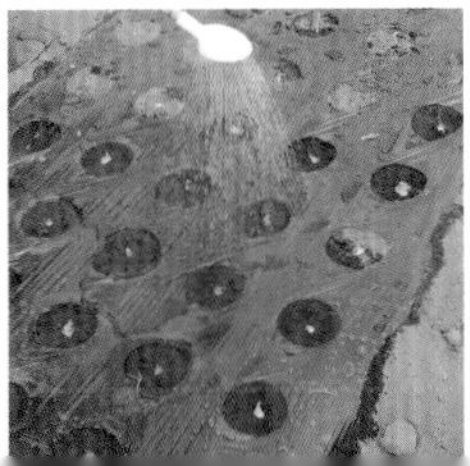

2 収穫

❶ 草丈20～30㎝で収穫。株元の分けつ部分より上で葉を切れば、また伸びてくるのでくり返し収穫できる。

❷ 株ごと引き抜いてもよい。こうすれば球根の部分も含めて全体を食べられる。

栽培カレンダー

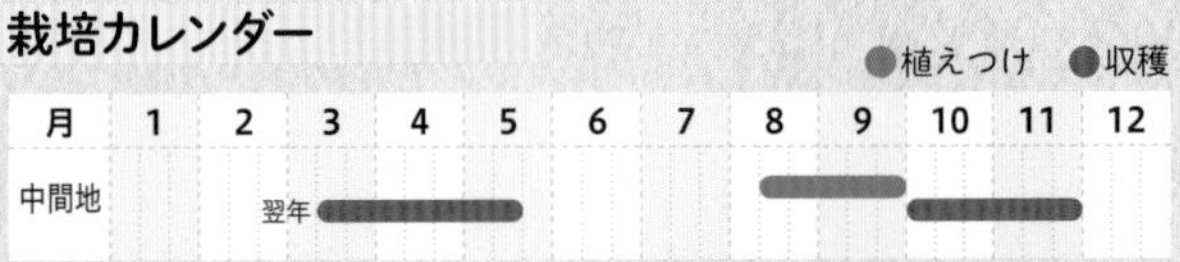

●植えつけ ●収穫
月 1 2 3 4 5 6 7 8 9 10 11 12
中間地
翌年

栽培データ

原産地 中国

連作障害 あり（2～3年あける）

発芽適温 15～20℃

生育適温 15～20℃

おすすめの品種
ワケギ、アサツキなど。

病害虫
アブラムシ、アザミウマ、ネギハモグリバエなど。

プランター栽培

サイズ60㎝×20㎝×深さ25㎝以上／1列につき

プランター栽培のコツ
プランターの中央に株間15㎝で1列に植える。くり返し収穫できて手近にあると便利。

畑の準備（全面施肥）

堆肥2kg／㎡・配合肥料150g／㎡を、植えつけの1～2週間前に入れて耕す（P18）。幅70㎝の平畝をたて（P20）、マルチをかけておく（P22）。

栽培スペース
畝幅70㎝、株間15㎝、条間15㎝

株の大きさ

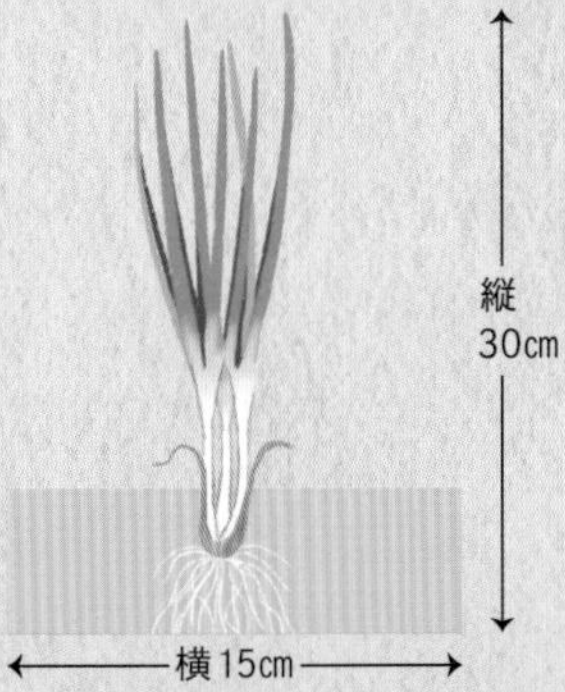

縦30㎝
横15㎝

4章

根もの野菜

根菜類の育て方

根もの野菜
栽培ポイントと栽培カレンダー

**ダイコンやカブなどの根もの野菜は、日本各地にいろいろな品種があるので、
好みの種類を見つけて栽培しましょう。ほかにニンジンやショウガの仲間も含まれます。**

地下に伸びるので畑をよく耕しておく

ダイコンやニンジンなど、肥大した根を利用する根もの野菜。長さの差はありますが、どれも地中に根を伸ばして成長していくので、あらかじめ、畑の土をよく耕しておくのが栽培の基本です。

ダイコンやカブなどのアブラナ科は、日本で古くから栽培されてきたため、各地にいろいろな在来種があります。長いものや短いもの、ずんぐりしたもの、細いものなど、形もいろいろ。さらに、皮が赤や紫がかったもの、切ると中が赤いものなど、色もさまざま。このような品種は、都会のスーパーではなかなかお目にかかれません。そういったためずらしい品種の栽培に挑戦してみるのも、家庭菜園ならではの楽しみです。

・害虫に注意しよう

根もの野菜の害虫には、根をかじるコガネムシ類の幼虫や、根から栄養をとるセンチュウ類などのほか、地上部の葉を食害するアブラムシやハバチ類、モンシロチョウやヨトウ類の幼虫などにも注意が必要です。これらの害虫は見つけたら取り除くこと。

センチュウ類は連作を避けることが予防につながります。

畑の土壌をしっかり耕してから種まきしよう。

ダイコンやニンジンの二股はなぜできる？

股根《またね》とも呼ばれる二股や三股のダイコンやニンジン。なぜ、そのようになるのでしょうか？　原因のひとつは、畑の土に塊が残ってたり、石が入っていたりすること。そこに根が当たると根先が分かれやすいのです。また、完熟堆肥を施すことも大切です。作物の根先が未熟堆肥や高濃度の肥料に当たると、二股になることも。

予防のためには、畑の土をよく耕しておくことと、堆肥は種まきの2～3週間前に入れて土になじませておきましょう。

堆肥はあらかじめ畑に入れておき、土となじませてから種まきして二股を予防しよう。

何を育てる？ 根もの野菜編

育てやすい品種が多いので、好みの品種を選びましょう。

まずはこれから育てよう

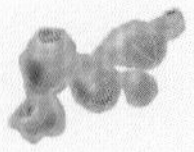

カブ(小カブ)
ショウガ
ダイコン(青首)
ニンジン
ラディッシュ

プランターでもOK

カブ(小カブ)
ラディッシュ

珍しい品種を作りたい

ウコン
カブ(もものすけ・あやめ雪)
ダイコン(紅しぐれ・紅芯《こうしん》・燕京赤長《えんきょうあかなが》)
ビーツ　チョロギ

伝統品種をつくりたい

カブ(聖護院)
ダイコン(練馬・三浦・打木源助)

根もの野菜・栽培カレンダー

●種まき ●植えつけ ●収穫

	品種名	科	輪作年限	掲載ページ
春まき&秋まき野菜	カブ	アブラナ科	2〜3年	P200
	ゴボウ	キク科	5年	P204
	ダイコン	アブラナ科	1〜2年	P208
	ニンジン	セリ科	2〜3年	P212
	ビーツ	ヒユ科	1〜2年	P214
	ラディッシュ	アブラナ科	1〜2年	P216
春植え野菜	ウコン	ショウガ科	1〜2年	P198
	ショウガ	ショウガ科	4〜5年	P206

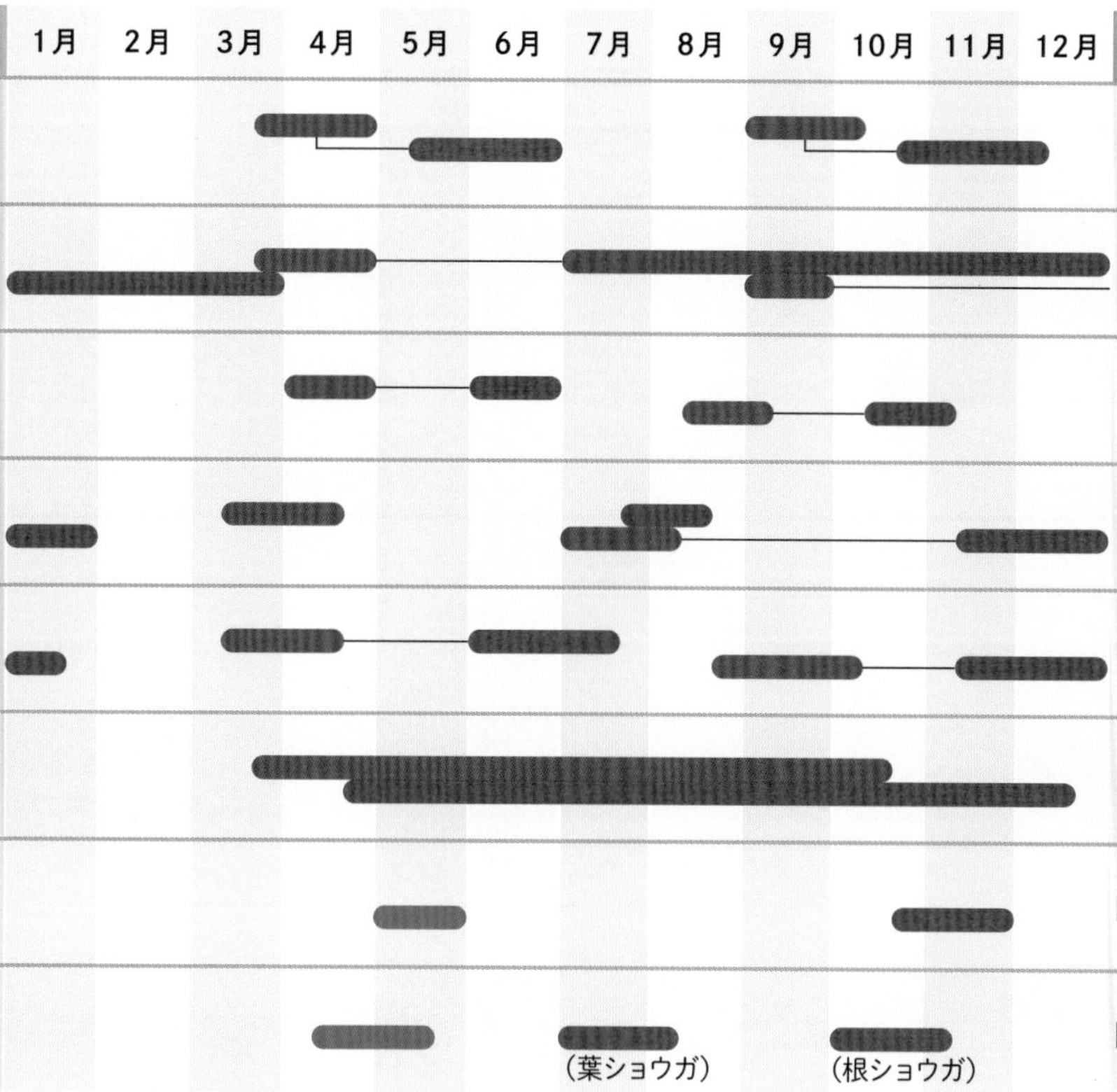
1月
2月
3月
4月
5月
6月
7月
8月
9月
10月
11月
12月
(葉ショウガ)
(根ショウガ)

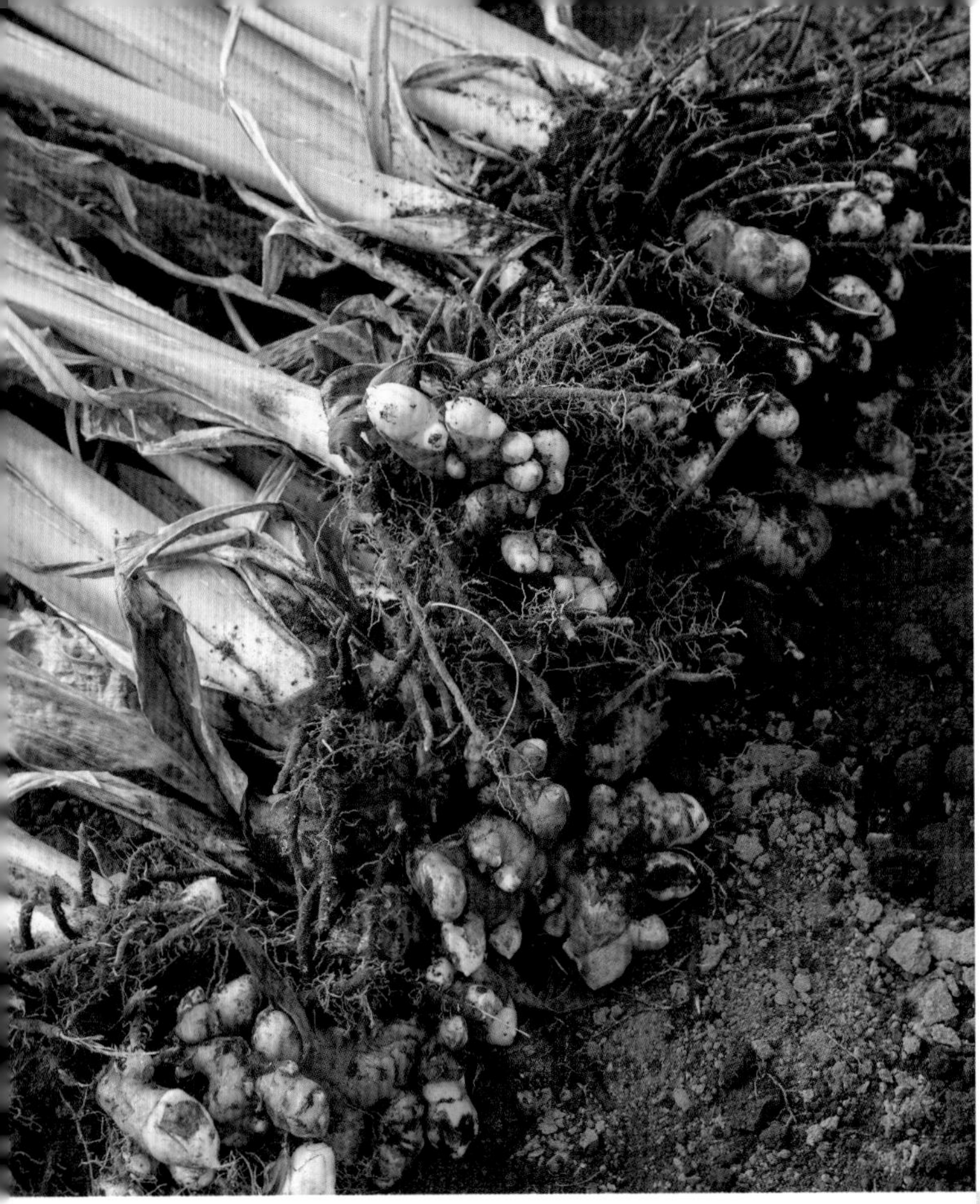

ウコン

鬱金・ショウガ科

栽培のポイント

栽培のしやすさ ★★☆

・乾燥に弱いので、雨が少ない時期は水やりをする。敷きわらをするのもおすすめ。

・11月頃、葉が枯れてきたら収穫のタイミング。寒さに弱いので霜が降りる前に収穫する。

栄養と食べ方

・秋ウコンに含まれるクルクミンは肝機能を強化し、消化促進などのほか、高い抗酸化力を持ち、生活習慣病の予防に。

・スライスして天日干しにし、お湯で煮出すほか、はちみつ漬け、ホワイトリカー漬けにして割って飲むなど。

1 植えつけの準備（溝施肥）

❶ 深さ20cm、幅20cmくらいの溝を掘る。

❷ 堆肥を2kg／㎡をまく。

❸ 配合肥料100g／㎡を入れる。

❹ 7～8cmくらい土を埋め戻す。

栽培カレンダー（秋ウコン）

●植えつけ ●収穫

月	1	2	3	4	5	6	7	8	9	10	11	12
中間地					植えつけ					収穫	収穫	

栽培データ

原産地 熱帯アジア

連作障害 あり（1～2年あける）

発芽適温 20～30℃

生育適温 20～30℃

おすすめの品種
秋ウコン、春ウコン、紫ウコンなど。

病害虫
青枯病、ウイルス病など。

プランター栽培

大きく成長するのでプランター栽培には向かない。

畑の準備（溝施肥）

堆肥2kg／㎡・配合肥料100g／㎡を入れて耕す（左記参照）。

栽培スペース
畝幅70cm、株間30cm

株の大きさ

2 植えつけ

❶種ウコン。大きすぎるものは、10㎝くらいずつになるよう割っておく。

❷芽が上向きになるように置く。株間は約30㎝。

❸ウコンの上に土が10㎝乗るくらい、埋め戻す。

ポイント！

乾燥防止のため、ショウガ（P207）のように、芽が出たら敷きわらを敷くとよい。

3 追肥

❶芽が出た頃、1回目の追肥。化成肥料50g／㎡を株の周囲にまく。

❷土寄せしながら軽く肥料をすき込む。

❸株が成長した8月下旬～9月上旬頃、2回目の追肥。やり方は1回目と同様。

❹再び土寄せをしておく。

4 収穫

株が枯れてきたら収穫期。クワやスコップで株のそばを掘って収穫する。ショウガ科の仲間なので、収穫するとショウガに似た香りが広がる。

品種のこと

ウコンの種類は大きく3つに分かれる。一般的なのは、今回育てた「秋ウコン」で、英語ではターメリックと呼ばれる。ほかには、黄色っぽくて苦味が強い「春ウコン」、紫がかった色味が特徴の「紫ウコン」がある。

ウコン酒をつくる

ウコンはよく洗い、丸ごとまたはスライスして、ホワイトリカーに漬ける。好みで氷砂糖を加えてもよい。約3か月後から飲めるので、お湯割りやソーダ割りなどに。

ターメリックをつくる

スパイスとして使う場合、ウコンをよく洗って皮をむき、薄くスライスし、干して乾燥させる。完全に乾燥させたあと、ミルサーなどで粉末にする。

カブ

蕪・アブラナ科

栽培のポイント

栽培のしやすさ ★★★

・春と秋にまけるが、暑さに弱いので秋まきが育てやすい。
・日当たりのよい場所、水はけのよい土で育てる。
・種まきしたら防虫ネットをかけるとよい。秋まきではハイマダラノメイガにも注意。

栄養と食べ方

・根はビタミンC、カリウムのほか、デンプンを分解する消化酵素のジアスターゼを含む。葉は栄養豊富な緑黄色野菜。
・アクがなく、クセのない味なので生で浅漬けやサラダに。カロテン豊富な葉と一緒に炒め物や煮物にしても。

1 種まき

❶小カブの種。ここでは白馬（武蔵野種苗園）という品種を使用。

❷深さ1～2㎝のまき穴をつくる。

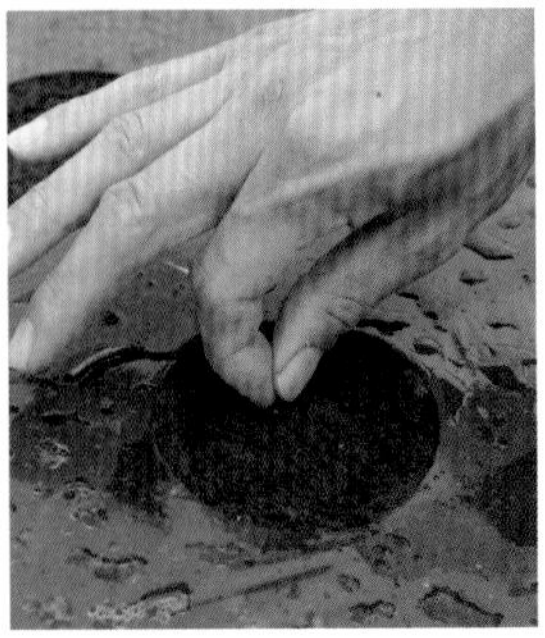

❸1か所に4～5粒の種を均等にまく。

❹土をかけ、軽く手で押さえつけ、水やりをする。

栽培カレンダー

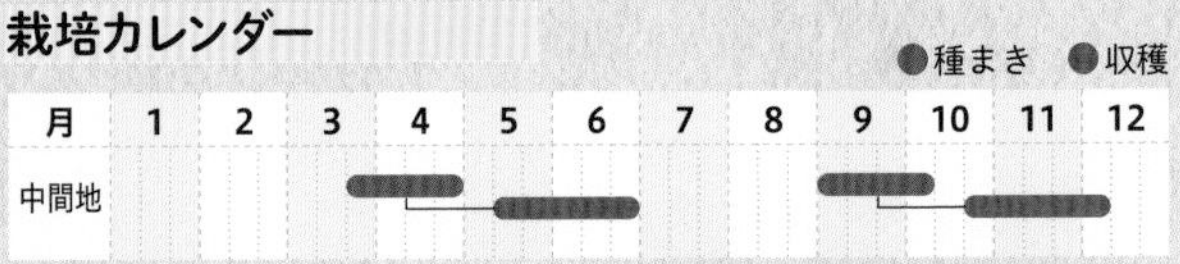
●種まき ●収穫
月 1 2 3 4 5 6 7 8 9 10 11 12
中間地

栽培データ

原産地 地中海沿岸

連作障害 あり（2～3年あける）

発芽適温 20～25℃

生育適温 18～22℃

おすすめの品種
白馬、スワン、あやめ雪、赤かぶ、聖護院大丸かぶ、もものすけなど。

病害虫
アブラムシ、モンシロチョウ、ハイマダラノメイガ、カブラヤガ、ヨトウ類、根こぶ病、白さび病など。

プランター栽培

サイズ55㎝×20㎝×深さ25㎝以上／1列につき

プランター栽培のコツ
中央にすじまきし、間引きしながら育てる。

畑の準備（全面施肥）

堆肥2kg／㎡・配合肥料150ｇ／㎡を植えつけ1～2週間前に入れて耕す（P18）。幅70㎝の平畝をたて（P20）、マルチをかけておく（P22）。

栽培スペース
畝幅70㎝、株間15㎝、条間15㎝

株の大きさ

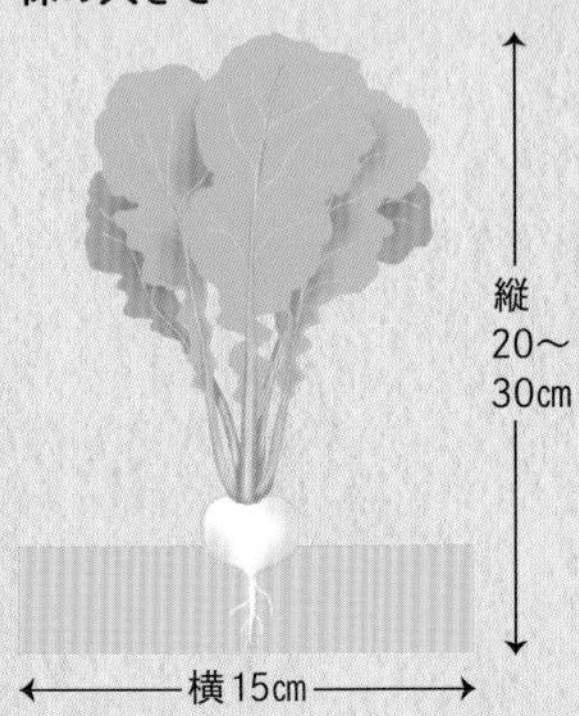
縦20～30㎝
横15㎝

Q　追肥は必要ですか？

A　小カブで収穫する品種は元肥だけで追肥は必要ありません。中カブや大カブは栽培期間が長いので、間引き後のタイミングで化成肥料50ｇ／㎡を施肥するとよいでしょう。

3 収穫

小カブは直径5～6㎝を目安に、大きくなったものから抜いて収穫する。

［ トンネルをかける ］

種まき後、防虫ネットをかける(P30)。とくに気温が高い時期は、生育初期の株を食害されないためにかけるのがおすすめ。収獲までかけっぱなしでよい。

2 間引き

❶ 本葉2～3枚で1回目の間引き。2本を残して間引く。

❷ 元気な株を2株残したところ。

❸ 本葉4～5枚になったら2回目の間引き。株1本を残して間引く(写真は中カブの赤カブ)。

❹ 小カブは収穫まで2本残しにして、大きくなったほうから収穫してもよい。

聖護院カブ

江戸時代に京都市聖護院の農家が改良して誕生したことから、その名がついたといわれる。直径15㎝を超える大きな品種で、京都の名産品である千枚漬けが有名。かぶら蒸しや煮物などにも。

1 種まき

❶聖護院カブの種。9月上旬頃がまきどき。

❷深さ1～2㎝のまき穴を作り、3～4粒ずつ種まき。大きくなるので株間は40㎝とる。

❸覆土する。

❹鎮圧して水やりする。

2 間引き・収穫

❶本葉2～3枚になったら2本に、本葉4～5枚に成長したら1本に間引く。

❷間引いて1本にした状態。間引き後に化成肥料50g／㎡をマルチ穴に追肥して土をかける。

❸直径15㎝を超えたら収穫。葉の根元を持って引き抜くとよい。

あやめ雪

株の上側が紫色になる小カブで、サカタのタネから発売されている品種。直径6㎝くらいが収穫どきで、甘くみっしりと詰まった肉質が特徴。

小カブと同様、4～5粒ずつ種まき。本葉2～3枚で1本残しにする。直径6㎝を目安に収穫する。

もものすけ

ジューシーで甘い肉質が特徴で、サラダ向けの中カブ（ナント種苗）。赤い外皮に切れ込みを入れると、桃のように手でむくことができる。

株間15㎝で4～5粒ずつ種まきする。本葉2～3枚で2本に、本葉4～5枚で1本に間引く。間引き後に化成肥料50g／㎡を追肥する。直径8～12㎝が収穫適期。

赤カブ

皮が赤いカブの総称でいろいろな品種がある。写真は中カブの赤カブ。煮物やシチューなどに入れると赤い色素が溶け出てしまうため、漬け物やサラダで楽しむのがおすすめ。

株間は20㎝ほどで、4～5粒ずつ種まきし、本葉2～3枚で2本に、本葉4～5枚で1本残し間引く。間引き後に化成肥料50g／㎡を追肥する。中カブの品種は直径10～12㎝くらいで収穫。

牛蒡・キク科

ゴボウ

栽培のポイント

栽培のしやすさ ★☆☆

- 家庭菜園では、収穫しやすいミニ品種がおすすめ。
- 種まきの前に、あらかじめ深くまで土を耕しておく。
- 連作するとセンチュウの被害や病気が起きやすくなるので注意。

栄養と食べ方

- 食物繊維のイヌリン、セルロースは、乳酸菌の働きを促し、腸内環境を整える。動脈硬化や糖尿病の予防に。
- 千切りやささがきにし、さっとゆでたり炒めて。サラダごぼうは柔らかく色白。

栽培カレンダー

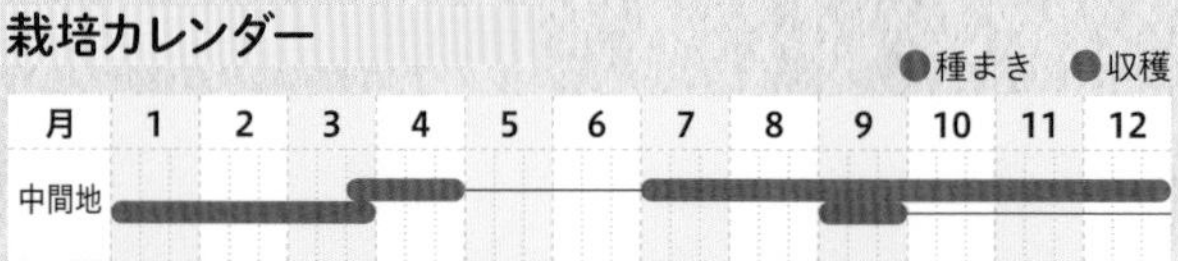

●種まき ●収穫
月
1
2
3
4
5
6
7
8
9
10
11
12
中間地

栽培データ

原産地　ユーラシア大陸北部、ヨーロッパ、中国

連作障害　あり（5年あける）

発芽適温　20～25℃

生育適温　20～25℃

おすすめの品種
うまいごぼう、サラダごぼう、サラダむすめ、山田早生など。

病害虫
アブラムシ、ネキリムシ（カブラヤガ）、ネコブセンチュウ、ヨトウ類、うどんこ病など。

プランター栽培

サイズ55㎝×20㎝×深さ30㎝以上／3株につき

プランター栽培のコツ
サラダゴボウなどと呼ばれるミニ品種を、できるだけ深さがあるプランターで栽培する。

畑の準備（全面施肥）

堆肥2kg／㎡・配合肥料150g／㎡を、植えつけの1～2週間前に入れて耕す（P18）。幅70㎝の平畝をたてる（P20）。

栽培スペース
畝幅75㎝、条間30～40㎝以上

株の大きさ

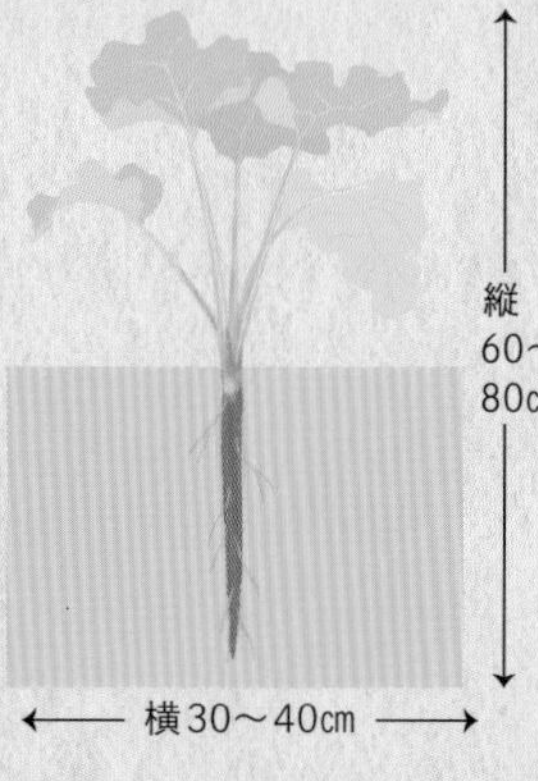

縦
60～
80㎝
横30～40㎝

1 種まき

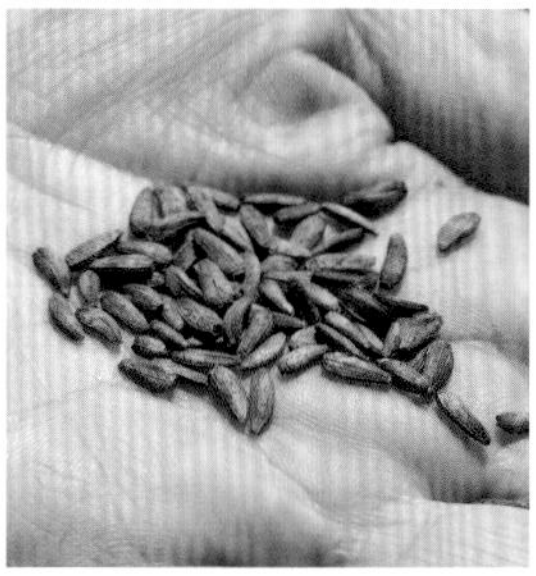

❶ゴボウの種。布に包んで一晩水につけてからまくと発芽率が上がる。ここでは「うまいごぼう」（トーホク）という品種を使用。

❷好光性種子なので、ごく浅く、深さ1㎝未満でまき穴をつくる。

❸1か所につき3～4粒ずつ種まきし、薄く土をかぶせる。すじまきでもよい。

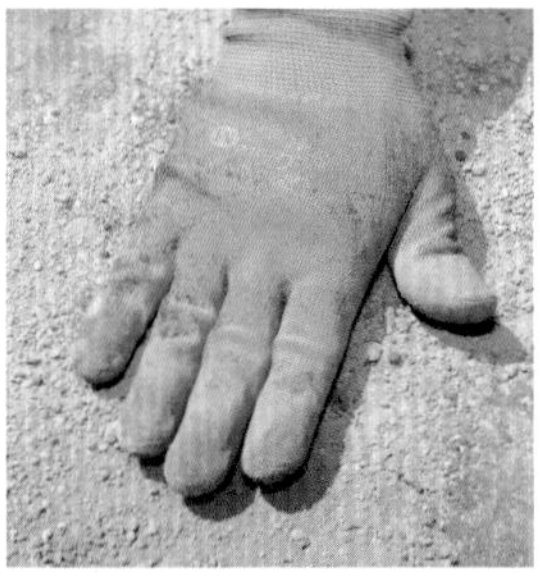

❹手で軽く押さえて鎮圧する。

2 不織布かけ・間引き

❶種まき後、たっぷり水やりをする。

❷乾燥防止のため、不織布を畝にベタがけし、周囲を土で固定(P30)。

❸発芽がそろったら不織布を外す。

❹本葉2～3枚で、1本を残して間引く。追肥はとくに必要ない。

3 収穫

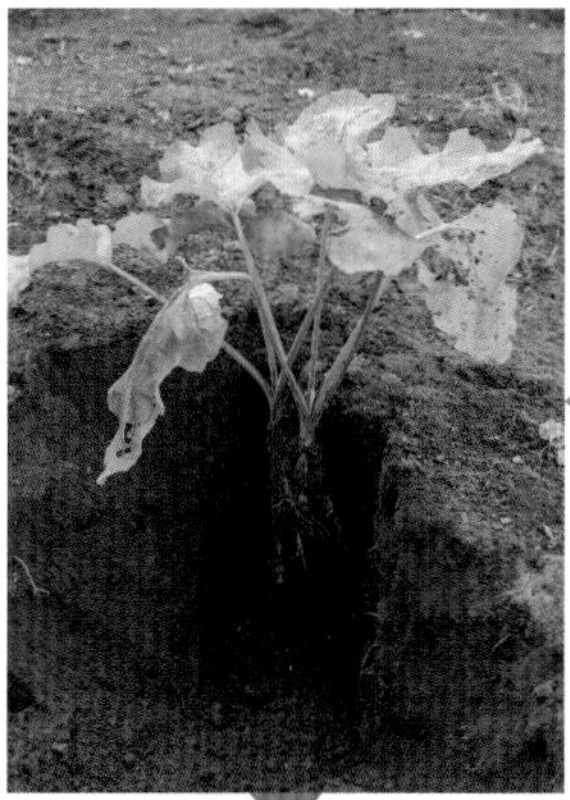

葉がしっかり茂った7月以降に収穫。ゴボウは地中深くに伸びているので、引っ張って抜くのは困難。周囲の土をスコップなどで掘り、折れないように収穫しよう。

ゴボウの品種

ミニゴボウ

長さが35～40㎝の短いゴボウ。収穫がラクなため家庭菜園で栽培しやすい。サラダむすめ(タキイ種苗)、新ゴボウ(中原採種場) などの品種がある。

1 種まき

❶ミニゴボウの種（青い種子消毒あり）。

❷畝幅70㎝の平畝を作り、支柱などを使って深さ0.5～1㎝でまき溝を作る。条間は30～40㎝に。

❸種を1～2㎝間隔ですじまきする。

❹手でまき溝の両端からつまむように覆土し、鎮圧し、水やりする。

2 間引き・収穫

❶発芽したら、2～3㎝間隔に間引く。

❷本葉2～3枚で、葉が重ならないように間引いて7～8㎝間隔に。

❸株の周囲の土をスコップで掘り、折れないように収穫する。

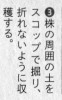

ショウガ

生姜・ショウガ科

栽培のポイント

栽培のしやすさ ★★☆

・霜の心配のなくなった4～5月に植えつけする。
・乾燥を嫌うので、敷きわらや水やりをして乾燥を防ぐ。
・連作障害が発生しやすい。4～5年はショウガを栽培していない畑で育てる。

栄養と食べ方

・辛味成分・ジンゲロールには抗菌、殺菌などの作用が。香りの成分には血行促進や脂肪燃焼が期待できる。
・千切りやすりおろして料理に加え、香りづけに。はちみつ漬けにしてお湯や炭酸水で割って飲んでもOK。

1 種ショウガの準備

❶ 種ショウガ。写真は三州という品種。

❷ 芽がある部分を確認する。

❸ 7～8㎝になるよう種ショウガを折る。芽はそれぞれのかたまりに残るようにし、切り口から病気になりやすいので1日乾かす。

栽培カレンダー

●植えつけ　●収穫

月	1	2	3	4	5	6	7	8	9	10	11	12
中間地				植えつけ	植えつけ		収穫（葉ショウガ）	収穫（葉ショウガ）		収穫（根ショウガ）	収穫（根ショウガ）	

栽培データ

原産地　熱帯アジア

連作障害　あり（4～5年あける）

発芽適温　25～30°C

生育適温　25～30°C

おすすめの品種
三州、土佐一、近江など。

病害虫
ネコブセンチュウ、アワノメイガ、ヨトウ類、根茎腐敗病など。

プランター栽培

サイズ55㎝×20㎝×深さ25㎝以上／3株につき

プランター栽培のコツ
多湿を好むので、水切れしないように注意。

畑の準備（溝施肥）

堆肥2kg／㎡・配合肥料100g／㎡を入れて耕す（左記参照）。

栽培スペース
畝幅70㎝、株間30㎝以上

株の大きさ

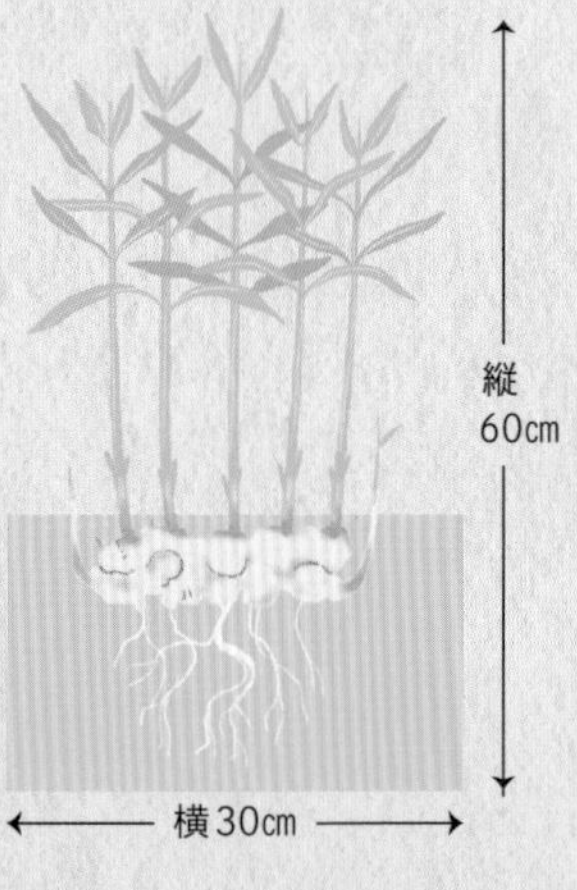

2 植えつけ

❶ 深さ20㎝、幅20㎝の溝を掘る。乾燥を嫌うので、やや日陰になるような場所がおすすめ。

❷ 堆肥を2kg／㎡をまき、約10㎝、土を埋め戻す。種ショウガの上に7～8㎝覆土されるイメージ。

❸ 芽を上向きにして種ショウガを株間30㎝で置く。

❹ 土を戻して平らにならして植えつけ完了。

ポイント！

植えた場所をわかるようにしておく

シショウガは地上に芽が出てくるまで時間がかかるので、そのままだと植えた場所がわからなくなりがち。支柱を立てるなどして、目印をつけておこう。

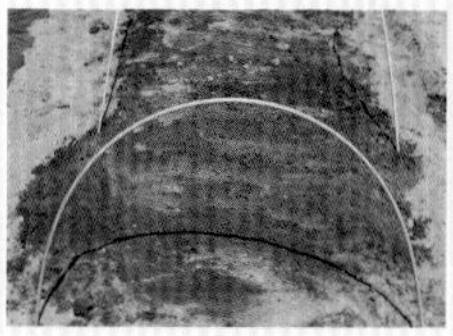

3 敷きわらをする

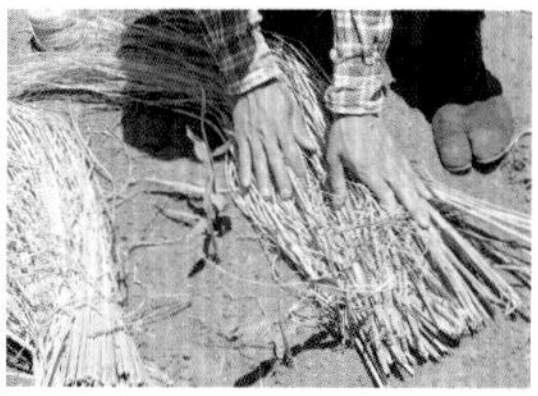

❶ 芽が地上に出てきたら、乾燥防止のため、わらを敷くとよい。

❷ わらの周囲にピンなどを打ち込み、麻ヒモをわらの上に渡して風で飛ばないようにする。

❸ 敷きわらの設置が完了。

4 追肥

❶ 草丈20㎝くらいになったら、化成肥料50g／㎡を追肥する。

❷ 株元には、わらをめくって施肥する。

❸ 追肥後、水やりするとよい。

5 収穫

❶ 新ショウガとして食べたいときは、草丈20～30㎝、茎の太さ7～8㎜で夏に収穫する。

❷ 秋は根ショウガの収穫。葉が枯れはじめた頃が収穫のタイミング。スコップなどを使って掘り上げる。

Q 水やりは必要ですか？

A シショウガは高温多湿を好むので、乾燥しないように注意し、積極的に水やりを。水をたくさん与えると柔らかいショウガになります。

大根・アブラナ科

ダイコン

栽培のしやすさ ★★★

栽培のポイント

- 土を深く耕し、小石や土のかたまりを取り除く。
- 春まきもできるが、本来の旬の秋まきがおすすめ。
- 収穫が遅れるとスが入ったり、割れることが多いので適期に収穫する。

栄養と食べ方

- 根にはビタミンC、消化酵素のジアスターゼ、プロアテーゼが豊富。葉はビタミンA豊富な緑黄色野菜。
- 生で浅漬けやサラダに。おろして焼き魚に添えたり、餅にからめて。煮込み料理ではおでんやブリ大根が定番。

1 種まき

❶ダイコンの種。青首ダイコンの耐病総太り（タキイ種苗）という品種を使用。

❷マルチ穴ひとつに3か所、深さ1㎝のまき穴を開け、種を1つずつまく。

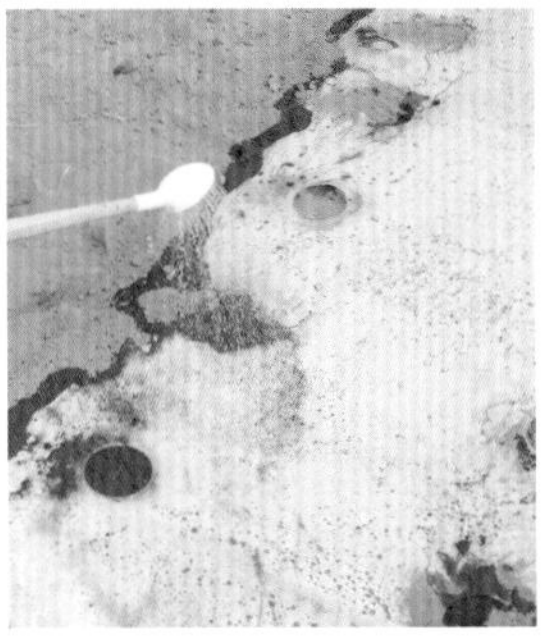

❸土をかけて手で軽く押さえ、たっぷり水やりする。

❹防虫ネットをかけて土で固定する（P30）。気温が下がり害虫が減ったら外す。

栽培カレンダー

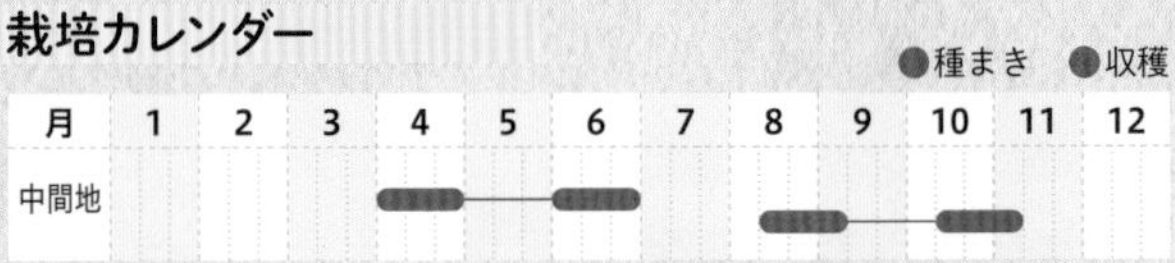

●種まき ●収穫
月 1 2 3 4 5 6 7 8 9 10 11 12
中間地

栽培データ

原産地 地中海沿岸、中国

連作障害 あり（1～2年あける）

発芽適温 24～28℃

生育適温 17～21℃

おすすめの品種
耐病総太り、大蔵、練馬、三浦、打木源助など。

病害虫
アブラムシ、ハイマダラノメイガ、モンシロチョウ、ヨトウ類、カブラハバチ、ダイコンサルハムシ、根こぶ病など。

プランター栽培

サイズ50㎝×30㎝×深さ30㎝以上／3株につき（ミニダイコンの場合）

プランター栽培のコツ
青首ダイコンなど長い品種ではなく、短い種類を栽培しよう。

畑の準備（全面施肥）

堆肥2kg／㎡・配合肥料150g／㎡を、植えつけの1～2週間前に入れて耕す（P18）。幅70㎝の平畝をたて（P20）、マルチをかけておく（P22）。

栽培スペース
畝幅70㎝、株間30㎝

株の大きさ

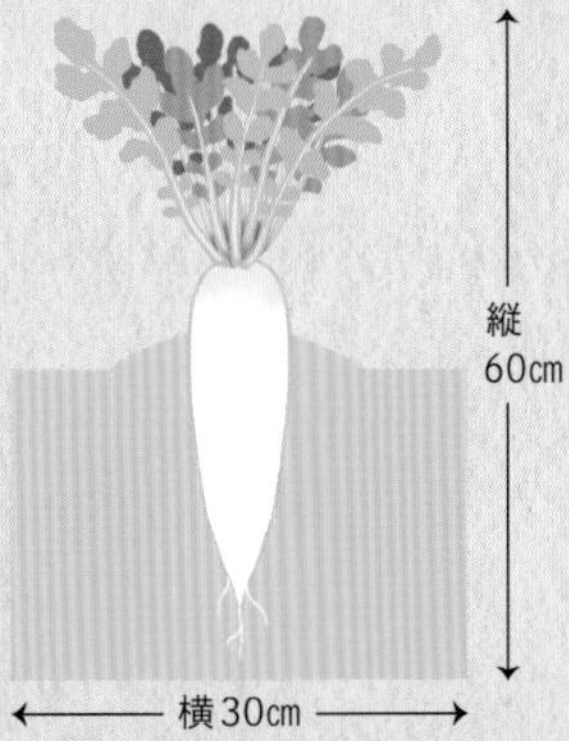

縦60㎝
横30㎝

2 間引き

❶ 発芽した青首ダイコン。

❷ 本葉4～5枚になったら、1本を残して間引く。残す1本の株元をおさえながら、ほかの株を引き抜く。

間引き菜も食べよう

ダイコンの柔らかい葉を楽しめるのも家庭菜園ならでは。間引き菜は、炒め物や味噌汁、菜飯などに活用しよう。

3 追肥・土寄せ

❶ 間引きしたら追肥する。化成肥料50g／㎡を畝の周囲にまく。

❷ 追肥後はクワで土寄せする。

4 収穫

本種は、首の太さが10㎝くらいから収穫できる。根の上の方を持ち、慎重に収穫。長いものはまわりの土をスコップで掘るとよい。

ダイコンの保存

大量に収穫できるダイコンは上手に保存しよう。

冬越しさせたいときは、穴を掘ってダイコンを入れ、土をかけると初春まで保存できる。使うときに掘り上げる。

丸ごと干してたくあん漬けに。

細切りにして「切り干し大根」に。

ダイコンの病害虫

さまざまな害虫がつくので、こまめにチェックして取り除くこと。防虫ネットをかけるのがおすすめ。

モンシロチョウの幼虫。アブラナ科の野菜を好んで食べる。

練馬ダイコン

江戸時代の元禄期に栽培が盛んになった白首ダイコンで、東京都練馬区の伝統野菜。根は70～100㎝と細長く、しっかりと締まった肉質が特徴。

育て方は青首ダイコンと同様。1mになることもあるので、根のまわりをスコップで掘って折らないように収穫する。

三浦ダイコン

神奈川県三浦市特産の品種だが、三浦市でも青首ダイコンにくらべると出荷量が少ない貴重なダイコン。真ん中の部分がふくらむ砲弾型で、長さは60㎝くらいになる。

栽培は青首ダイコンと同じ。写真右は種。直径約12㎝で収穫。根の中ほどがふくらんでいるため、周囲をスコップで掘ると収穫しやすい。

打木源助ダイコン
（うつぎげんすけ）

石川県金沢市打木町で作出された品種で、長さ25㎝くらいのずんぐりとしたダイコン。繊維質が少なく甘みがあり、おでんやふろふき大根などの煮食に最適。

育て方は青首ダイコンと同じ。根の直径が8㎝くらいになったら収穫する。短いので手で簡単に引き抜ける。

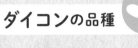

ダイコンの品種

紅しぐれダイコン

長さは25㎝くらいと小ぶりで、下半分がうすい紫色、上半分が濃紫色になる。根の内部も、中心に紫色が入る美しいダイコン。酢漬けにすると、より鮮やかな紅色に変化する。トーホクが発売。

育て方は青首ダイコンと同じ。写真右は間引いて1本にしているところ。根の直径8～9㎝くらいで、引き抜いて収穫。

紅芯ダイコン
（こうしん）

丸っこい形が特徴的な大根で、皮の内側は鮮やかな紅色。辛味は少なく、サラダや甘酢漬けなどに向く。中国生まれの品種といわれ、現地ではお祝い事にも用いられる。

写真右は種。育て方は青首ダイコンと同じ。直径7～10㎝くらいが収穫の目安。簡単に手で引き抜ける。

燕京赤長ダイコン
（えんきょうあかなが）

「燕京」とは北京の古い名で、比較的最近、中国から日本に入ってきた品種。根は外側が紅色で、中は真っ白。丈夫で作りやすい。

育て方はほかのダイコンと同じ。直径5～6㎝くらいで収穫。色が美しいので漬け物やサラダなどに。

人参・セリ科

ニンジン

栽培のポイント

栽培のしやすさ ★★☆

・発芽に光が必要なので、種まき後はごく薄く覆土する。

・発芽させるまでの湿り気が大切。乾燥させないように注意。

・春まきできるがトウ立ちや病気が発生しやすいので、夏まきがおすすめ。早まきせず、7月下旬以降にまく。

栄養と食べ方

・「カロテン」の名前の由来になるほど、ビタミンA（カロテン）が豊富。免疫力をアップさせ、生活習慣病の予防に。

・生で、炒めて、煮てと和洋中の料理に活躍。ビタミンAの吸収を高めるには油と組み合わせるとよい。

1 種まき

❶ 平畝をたて、条間20㎝で深さ1㎝未満のまき溝を作る。1〜2㎝間隔ですじまき。

❷ 好光性種子なので、ふるいを使って土を薄くかぶせる。

❸ 手や土ならしで土を押さえる。

❹ たっぷり水やりする。7月下旬ごろがまき時だが、乾燥すると発芽しづらいので注意。

❺ 防虫ネットをかけ、気温が下がって害虫が減ってきたら外す。

栽培カレンダー

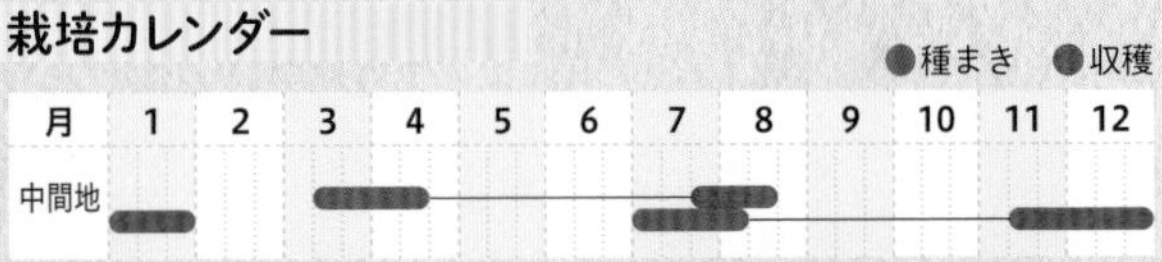
●種まき ●収穫
月 1 2 3 4 5 6 7 8 9 10 11 12
中間地

栽培データ

原産地 アフガニスタン周辺

連作障害 あり（2〜3年あける）

発芽適温 15〜25℃

生育適温 18〜21℃

おすすめの品種
アロマレッド、陽州五寸、金時ニンジン、黒田五寸など。

病害虫
アブラムシ、キアゲハ、キクキンウワバ、黒葉枯病など。

プランター栽培

サイズ55㎝×20㎝×深さ20㎝／2列につき

プランター栽培のコツ
プランターではミニ品種がおすすめ。すじまきし、発芽までしっかり水を与える。

畑の準備（全面施肥）

堆肥2kg／㎡・配合肥料150g／㎡を、植えつけの1〜2週間前に入れて耕す（P18）。幅60㎝の平畝をたてる（P20）。

栽培スペース
畝幅60㎝、条間20㎝

株の大きさ

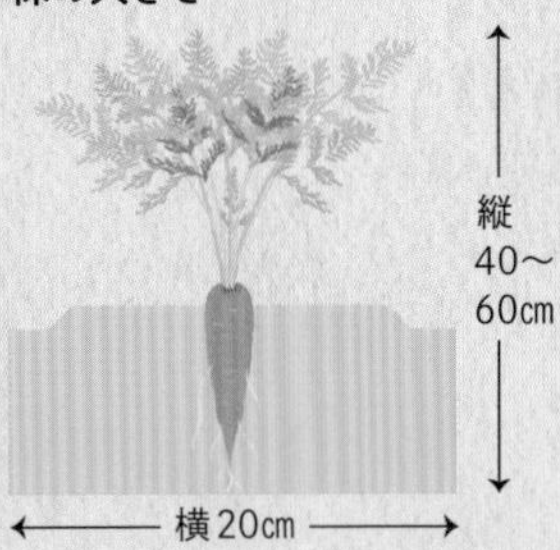
縦40〜60㎝
横20㎝

2 間引き・中耕・土寄せ

❶双葉が出たら、1回目の間引きで3㎝間隔に。

❷間引き後、株のまわりの土を中耕し、株元に寄せる。

❸1回目の間引きと中耕ができた状態。

❹本葉3〜4枚で2回目の間引きを行い6㎝間隔に。草丈20㎝ほどで3回目の間引きを行い12㎝間隔に。

❺間引きをかねて収穫したニンジンも利用できる。

3 追肥

❶3回目の間引き後、化成肥料50g／㎡を株元に追肥する。

❷株元に向かって土寄せする。

4 収穫

株元の根が太くなってきたら抜いて収穫する。写真はアロマレッド（トーホク）。

トウ立ちしたニンジン

花芽が発育して伸びることをトウ立ちと呼び、これが起きると根が太らずスカスカになる。ニンジンの場合、ある程度の大きさになってから低温や高温が続くと、花芽分化してトウ立ちのきっかけになるので、種まきの時期を工夫したり、トンネル栽培で保温して防ぐ。

［ プランターで栽培する ］場合

品種はミニニンジンを選び、深めの容器を用意。発芽まで乾燥させないように注意し、間引きながら育てる。

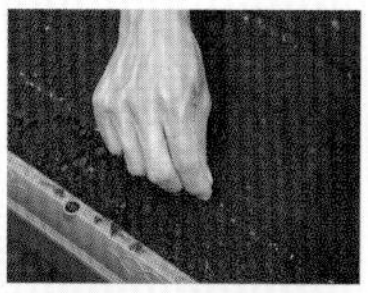

❶深さ1㎝でまき溝を作り、1〜2㎝間隔ですじまきする。

❷覆土、鎮圧し、たっぷり水やりする。発芽まで乾燥させないこと。

❸発芽したニンジン。葉が重ならないように2〜3回に分けて間引きながら収穫。

ニンジンの病害虫

キアゲハの幼虫がよくつく。

産卵中の成虫。

キアゲハの終齢幼虫。

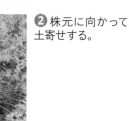

甜菜・ヒユ科

ビーツ

栽培のポイント

栽培のしやすさ ★☆☆

・春まき、秋まきの2シーズン栽培できる。
・酸性土壌に弱いので、必要に応じて石灰を入れて弱酸性に調整する。
・低温でトウ立ちするので、種まきの時期に注意。

栄養と食べ方

・赤い色素は抗酸化作用のあるポリフェノール・ベタシアニン。さらにカリウム、リン、葉酸などが豊富。
・根はスライスしてサラダに。ロシア料理のボルシチでは肉、野菜と一緒に煮て、鮮やかな赤いスープごと楽しむ。

1 種まき

❶ビーツの種。皮が硬いので、布に包んで一晩吸水させると発芽しやすい。

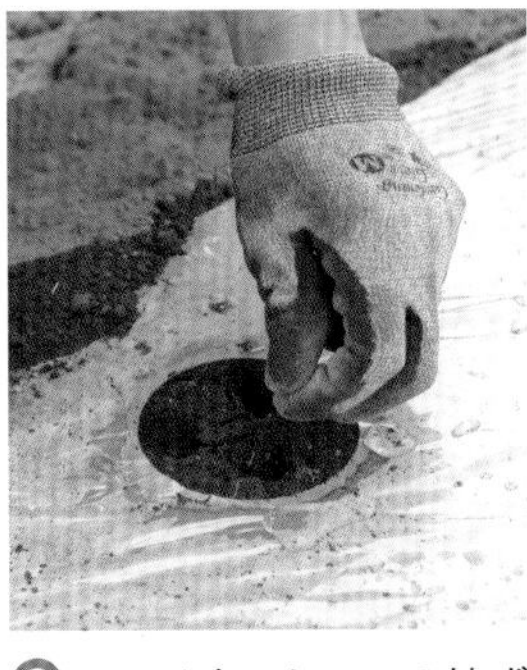

❷マルチ穴ひとつに3粒ずつ、それぞれ少し離してまく。深さは1cm程度。

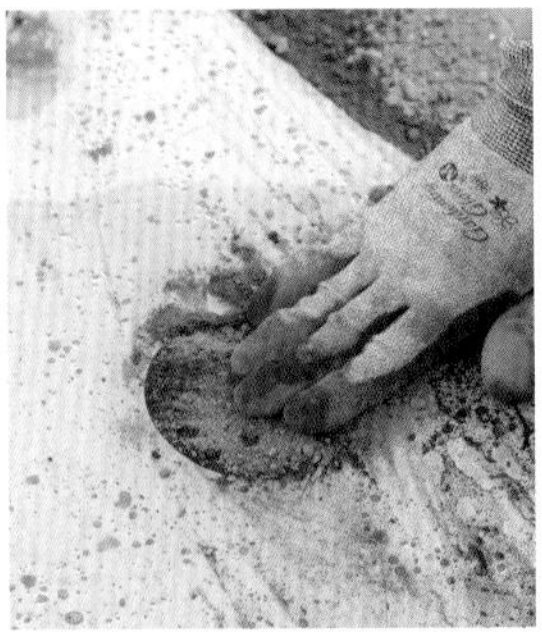

❸土をかぶせ、手で軽く押さえる。

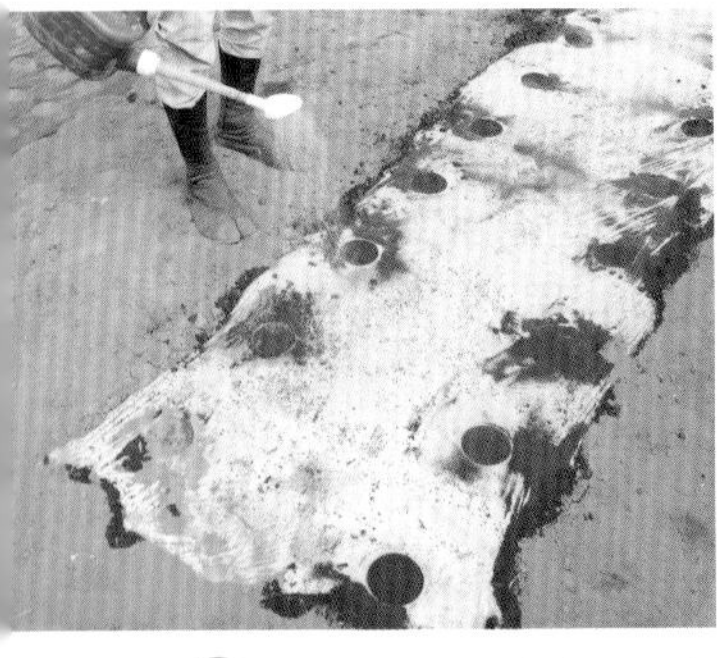

❹水やりし、防虫ネットをかける（P30）。収穫までかけておくとよい。

栽培カレンダー

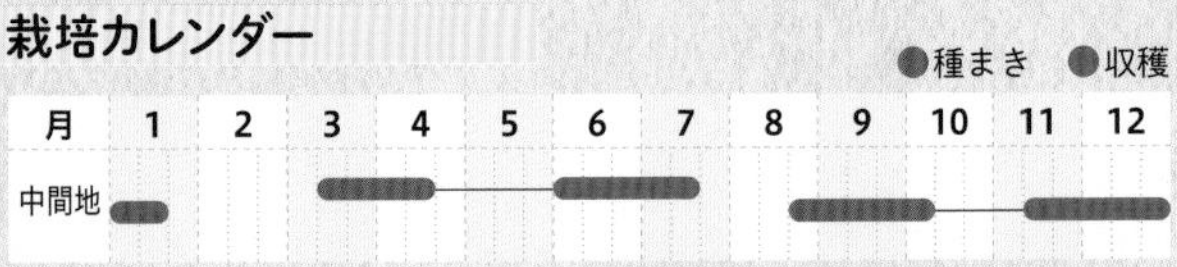

●種まき　●収穫
月　1　2　3　4　5　6　7　8　9　10　11　12
中間地

栽培データ

原産地　地中海沿岸
連作障害　あり（1～2年あける）
発芽適温　22～25℃
生育適温　15～25℃
おすすめの品種
サラダビーツ、デトロイトダークレッドなど。
病害虫
アブラムシ、ヨトウ類など。

プランター栽培

サイズ60cm×25cm×深さ30cm以上／1列につき
プランター栽培のコツ
深さのある容器を用意。プランターの中央にすじまきし、間引きながら育てる。

畑の準備（全面施肥）

堆肥2kg／㎡・配合肥料150g／㎡を、植えつけの1～2週間前に入れて耕す（P18）。幅70cmの平畝をたて（P20）、マルチをかけておく（P22）。

栽培スペース
畝幅70cm、株間15cm、条間35cm

株の大きさ

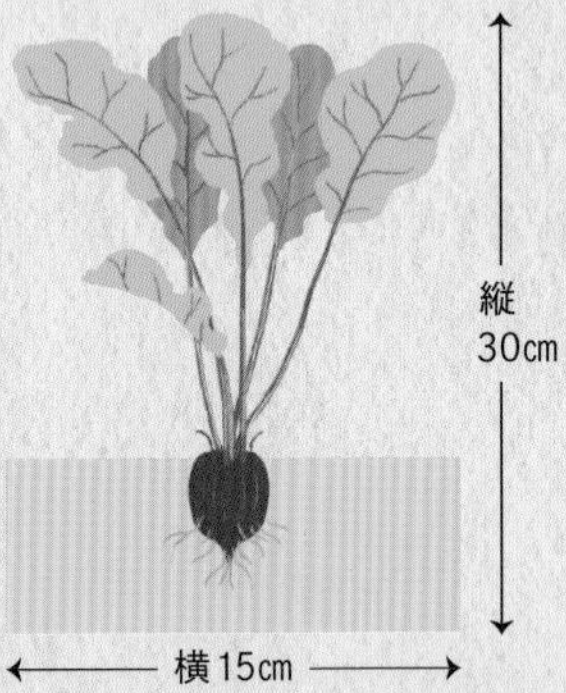

縦30cm
横15cm

2 間引き

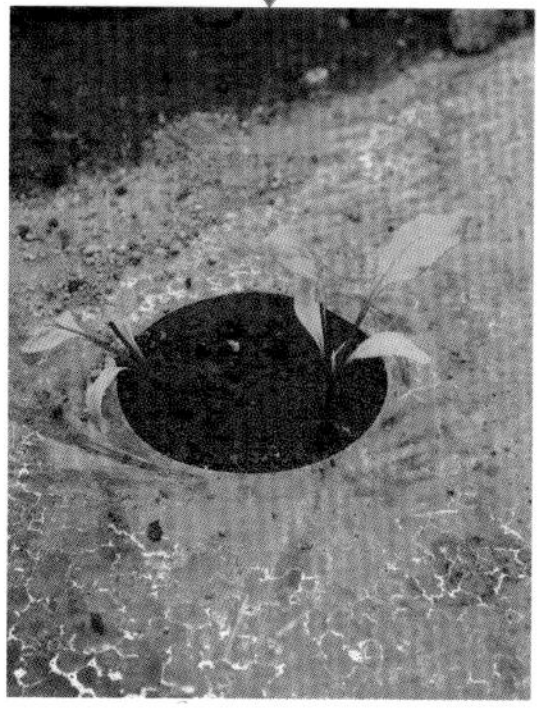

❶ 本葉2〜3枚になったら、2本を残して間引く。

❷ 本葉4〜5枚に育った頃、2回目の間引きをして1本にする。

3 収穫

❶ 根の直径が5〜7㎝になったら収穫。

❷ 株元を持てば簡単に引き抜ける。写真はサラダビーツという品種。

Q 追肥は必要ですか？

A 2回目の間引きをしたタイミングで、マルチ穴に化成肥料をひとつまみずつ追肥し、肥大を促しましょう。

ビーツの品種

デトロイトダークレッド

ビーツの中でも非常に深い紅色で、サラダはもちろん、ボルシチやポタージュに用いるとより鮮やかな色味が楽しめる。ビーツの中でも丈夫で育てやすい。タキイ種苗から販売。

育て方は普通のビーツと同じ。根の直径が5〜7㎝になったら引き抜いて収穫する。

二十日大根・アブラナ科

ラディッシュ

栽培のしやすさ ★★★

栽培のポイント

・種まきから約20～30日で収穫できる育てやすい野菜。
・成長に応じて間引いて育てる。栽培期間が短いので追肥も必要ない。
・大きくしすぎると割れたり、味が落ちる。早めに収穫を。

栄養と食べ方

・ダイコンと同様にビタミンCのほか、消化酵素のジアスターゼが豊富。葉はビタミンAが豊富な緑黄色野菜。
・スライスしてサラダの彩りに。丸い形を生かしてディップをつけて。浅漬けやピクルスにしても。

1 種まきの準備

❶ラディッシュの種。ニューコメット（タキイ種苗）という品種。

❷畑の準備をし、畝幅70cmの平畝をたてる。

❸支柱などを使って、深さ1cmのまき溝をつくる。

❹今回は条間15cmで2列準備。

栽培カレンダー

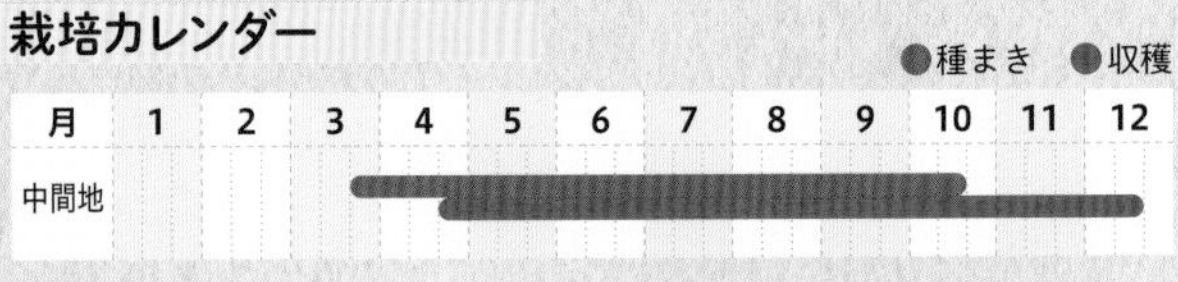

●種まき ●収穫
月 1 2 3 4 5 6 7 8 9 10 11 12
中間地

栽培データ

原産地 地中海沿岸

連作障害 あり（1～2年あける）

発芽適温 15～30℃

生育適温 15～25℃

おすすめの品種
ニューコメット、フレンチブレックファスト、はつか大根、赤丸はつかなど。

病害虫
アブラムシ、モンシロチョウ、ネキリムシ（カブラヤガ）など。

プランター栽培

サイズ45cm×20cm×深さ20cm以上／1列につき

プランター栽培のコツ
プランター向きの野菜。深さ1cmですじまきし、間引きながら育てる。

畑の準備（全面施肥）

堆肥2kg／㎡・化成肥料150g／㎡を、植えつけの1～2週間前に入れて耕す（P18）。幅70cmの平畝をたてる（P20）。

栽培スペース
畝幅70cm、条間15cm

株の大きさ

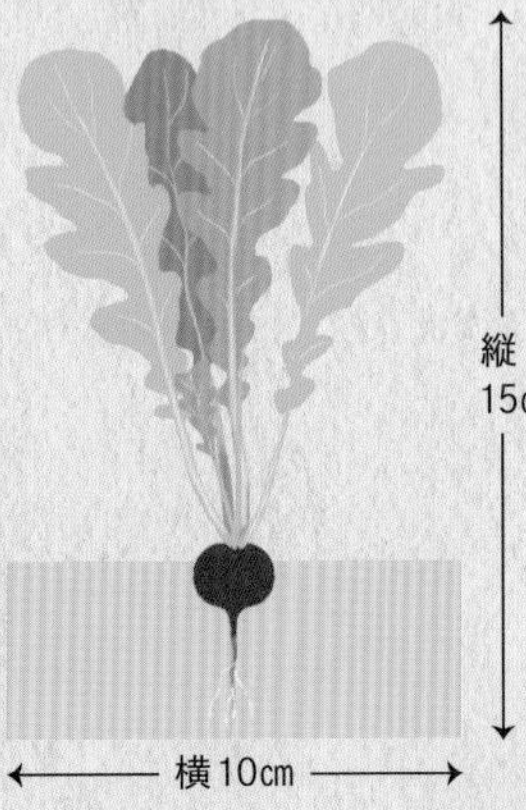

縦15cm
横10cm

2 種まき

❶まき溝に、1〜2㎝間隔ですじまきする。

❷指でまき溝の両端をつまんで覆土する。

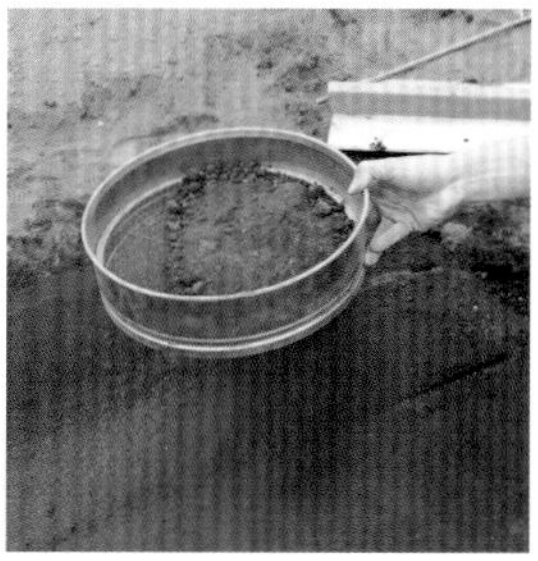

❸ふるいを使って土をかぶせてもよい。

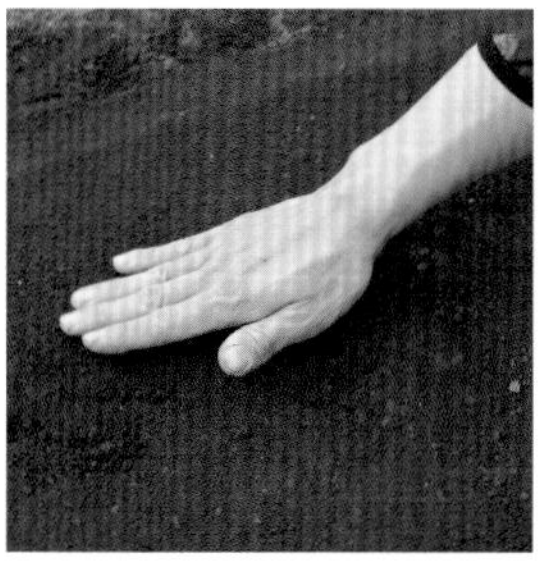

❹覆土したところを、手で軽く押さえる。

❺土ならしがある場合は使ってもOK。最後に水やり。

3 間引き

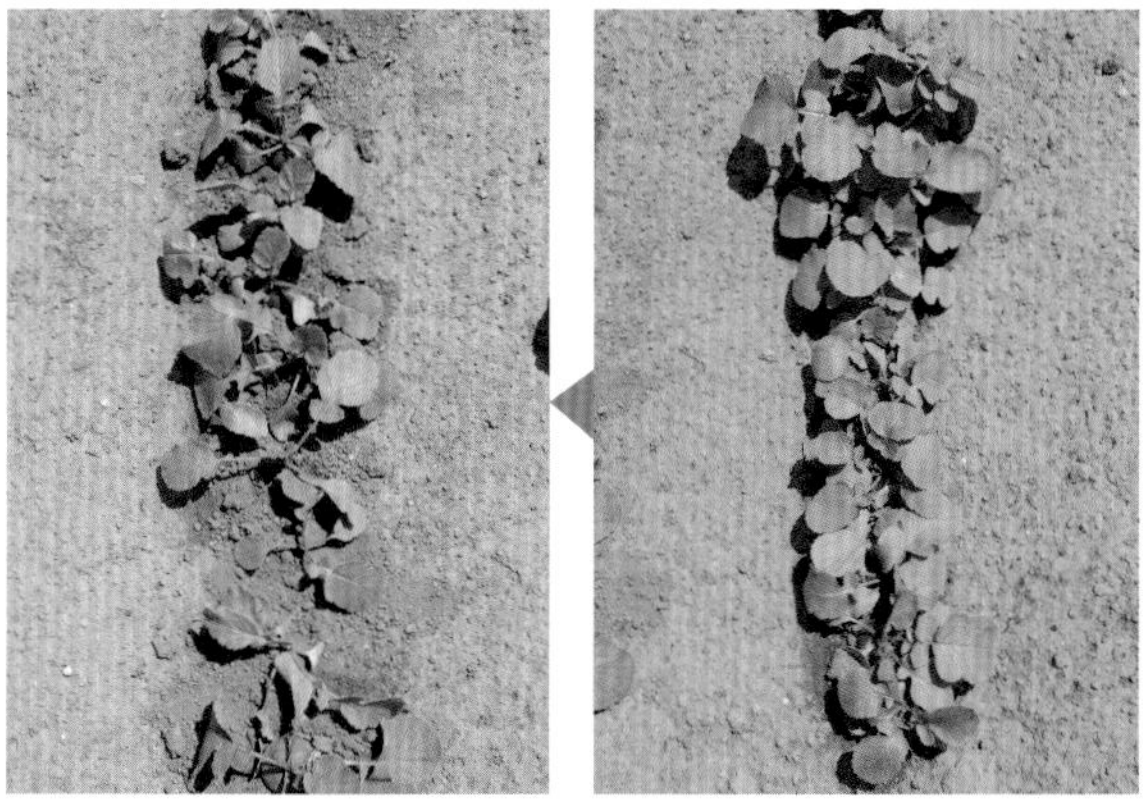

❶根がふくらみ始めたら、株間5㎝くらいになるように間引く。

❷収穫をかねながら、間引いていくとよい。

4 収穫

ピンポン球大くらいになったら収穫適期。大きくしすぎると割れたり、スが入って硬くなるので、早めに収獲しよう。

トンネルかけ

防虫ネットをかけるとよい（P30）。収獲までかけておいてOK。

Q 追肥は必要でしょうか？

A 二十日ダイコンと呼ばれるほど、短期で収穫できるのが特徴。追肥は不要です。元肥だけで十分育ちます。

チョロギ

丁呂木・長老木・シソ科

栽培のしやすさ ★★☆

栽培のポイント

- 中国原産の多年草で巻き貝のような形の地下茎を食べる。正月料理では黒豆に梅酢で赤く染められたチョロギが入る。
- 種球を植えて育てる。栽培期間が長いので、追肥をして肥大させるとよい。

栄養と食べ方

- 強い抗酸化作用を持つアクテイオサイドを含む。腸内環境を整えるオリゴ糖も豊富。
- サクサクとした歯ごたえで、みそ漬け、梅酢漬け、白しょうゆ漬けなどの漬物に。素揚げにしても食感が楽しめる。

1 植えつけ

❶チョロギの苗。畝に植え穴を掘り、植えつけて水やりする。

❷種球から育苗する場合は、ポットに種球を植えて育苗し、本葉4～5枚に育ったら定植する。

❸草丈20cmほどで1回目の追肥。化成肥料50g／㎡を株元にまいて土寄せ。以降も月1回、同様に。

2 収穫

❶ピンク色の花が7月頃に咲く。

❷秋、地上部が枯れてきたら収穫。

❸スコップなどでていねいに掘り上げる。

栽培カレンダー

●植えつけ ●収穫

月	1	2	3	4	5	6	7	8	9	10	11	12
中間地				●	●						●	●

栽培データ

原産地 中国

連作障害 あり（2～3年あける）

発芽適温 20～25℃

生育適温 20～25℃

おすすめの品種
チョロギ、ジャンボチョロギなど。

病害虫
とくになし。

プランター栽培

サイズ30cm×30cm×深さ30cm以上／1株につき

プランター栽培のコツ
根野菜なので、深さのある容器で栽培する。

畑の準備（全面施肥）

堆肥2kg／㎡・配合肥料100g／㎡を植えつけ1～2週間前に入れて耕し(P18)、平畝をたて(P20)、マルチをかけておく(P22)。

栽培スペース
畝幅70cm、株間30cm以上

株の大きさ

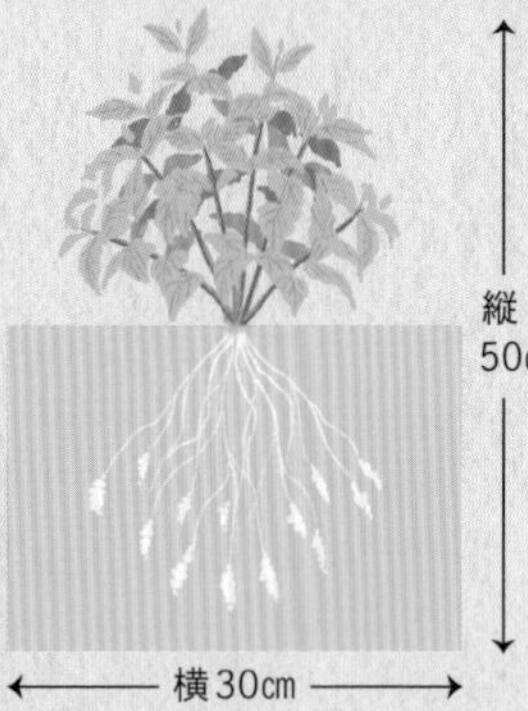

5章 イモ類・マメ類

イモ類とマメ類の育て方

イモ類・マメ類
栽培ポイントと栽培カレンダー

野菜づくりの1年は初春のジャガイモの植えつけから始まります。ジャガイモやサツマイモなどはいろいろな品種があるので、めずらしい品種を育てるのも家庭菜園ならではの楽しみです。

イモ類をたくさん収獲するコツは？

家庭菜園でジャガイモやサツマイモなどのイモ類を育てたいという人も多いでしょう。同じイモ類でも、品種によって栽培法はいろいろ。ジャガイモやサトイモ、ナガイモは種イモを植えつけますが、サツマイモは葉がついた「さし苗」を植えて育てます。

ジャガイモやサトイモは、「土寄せ」（P36）といってクワで株元に土を寄せる作業が必要です。土寄せをすることで、イモが肥大するスペースができ、収穫量が上がります。また、ジャガイモはイモが日に当たると緑化して有毒物質ができるため、それを予防する上でも土寄せが重要です。

サツマイモは肥料が多いと葉ばかりが茂り、イモが小さくなってしまいます。それを防ぐためには元肥を控えめに施すのがポイントです。

サツマイモは肥料を与えすぎないようにして栽培する。

マメ類は肥料を少なめにしよう

マメ類は、サヤエンドウやインゲンなど、未熟なマメをサヤごと利用するものと、エダマメやソラマメなど、未熟な種子を食べるものがあります。

マメ科の野菜を育てるときは、「根粒菌」について知っておきましょう。根粒菌とは、マメ科の根などに共生している菌のこと。根粒菌は空気中のチッ素を固定し、必要な栄養を植物に送り届けてくれます。そのため、マメ類の栽培では、元肥を少なめにするだけでなく、基本的に追肥も必要ありません。マメ科を栽培したあとは、土壌にチッ素が増えるため、「マメ科を育てると土が肥える」ともいわれます。マメ科に肥料を与えすぎると、かえって実つきが悪くなるので注意しましょう。

ジャガイモやサトイモは土寄せして育てる。

ラッカセイの根。根についている粒々が根粒菌。

何を育てる？ イモ類・マメ類編

イモ類はプランター栽培向きではありませんが、プランターで育てたい場合は、とにかく大きな容器を用意しましょう。

まずはこれから育てよう

- インゲン　エダマメ
- エンドウ
- ジャガイモ（キタアカリ・男爵）
- サトイモ
- ラッカセイ

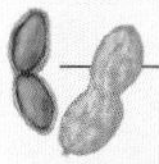

プランターでもＯＫ

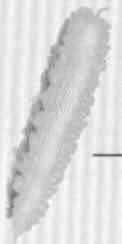

- インゲン
- エダマメ
- シカクマメ

広い&深い栽培スペースでつくる

- サツマイモ
- キクイモ
- ナガイモ

めずらしい品種をつくりたい

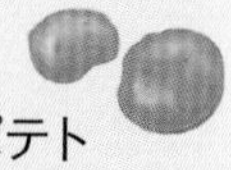

- エアーポテト
- キクイモ　シカクマメ
- ジャガイモ（ノーザンルビー）

イモ類・マメ類・栽培カレンダー

●種まき　●植えつけ　●収穫

	品種名	科	輪作年限	1月	2月	3月	4月	5月	6月	7月	8月	9月	10月	11月	12月	掲載ページ
春植え&秋植え野菜	ジャガイモ	ナス科	2〜3年													P236
春まき&春植え野菜	インゲン	マメ科	2〜3年													P222
	エアーポテト	ヤマノイモ科	3〜4年													P224
	エダマメ・ダイズ	マメ科	3〜4年													P226
	サツマイモ	ヒルガオ科	1〜2年													P231
	サトイモ	サトイモ科	4〜5年													P234
	キクイモ	キク科	2〜3年													P239
	シカクマメ	マメ科	3〜4年													P239
	ナガイモ	ヤマノイモ科	3〜4年													P242
	ラッカセイ	マメ科	2〜3年													P244
秋まき野菜	エンドウ	マメ科	5年													P228
	ソラマメ	マメ科	5年					翌年								P240

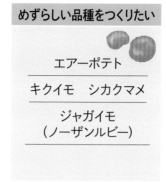

隠元・マメ科

インゲン

栽培のしやすさ ★★★

栽培のポイント

・つるあり種とつるなし種がある。つるあり種は栽培期間が長く支柱を立てて栽培する。
・追肥はしなくてもよいが、花が咲いた頃に追肥すると長く収穫できる。

栄養と食べ方

・抗酸化作用のあるビタミンAや、むくみの改善に役立つカリウムを含有。疲労回復効果のあるアスパラギン酸も含む。
・軽くゆでてから歯ごたえを楽しむ料理に。サラダや和え物、炒め物に。形状を活かし、肉巻きの芯にしても。

1 種まき・間引き

❶インゲン（つるあり）の種。畑の準備をし、深さ2～3㎝のまき穴を作る。

❷2～3粒ずつ種まき。土をかけて鎮圧し、水やり後、防虫ネットをかけるとよい(P30)。

❸本葉2～3枚になったら、1～2本を残して間引く。

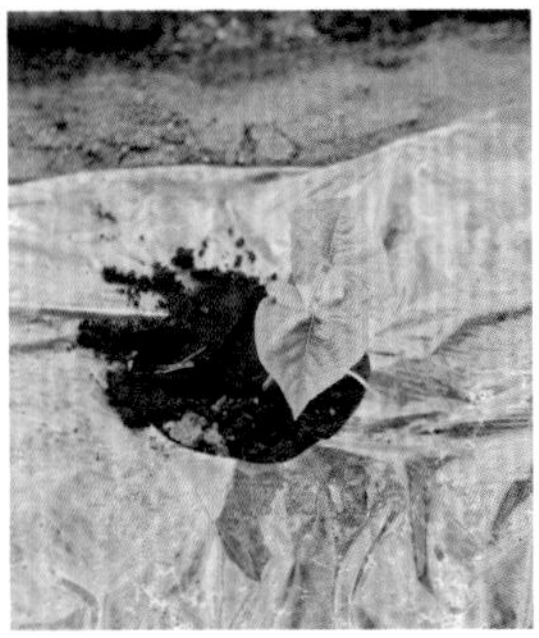

❹間引きが完了。

栽培カレンダー

●種まき ●収穫

月	1	2	3	4	5	6	7	8	9	10	11	12
中間地				種まき	種まき	収穫	収穫	収穫				

栽培データ

原産地 中央アメリカ

連作障害 あり（2～3年あける）

発芽適温 23～25℃

生育適温 18～25℃

おすすめの品種
さつきみどり2号、モロッコ、ケンタッキー101など。

病害虫
アブラムシ、コガネムシ、ハモグリバエ類、コナジラミ、褐斑《かっぱん》病など。

プランター栽培

サイズ30㎝×30㎝×深さ25㎝以上／1株ずつ2か所（2株）につき

プランター栽培のコツ
つるあり種、つるなし種、どちらもおすすめ。2粒ずつまき、間引いて1か所1株にする。

畑の準備（全面施肥）

堆肥2kg／㎡・配合肥料80g／㎡を、植えつけの1～2週間前に入れて耕す(P18)。幅70㎝の平畝をたて(P20)、マルチをかける(P22)。

栽培スペース
畝幅70㎝、株間30㎝、条間50㎝

株の大きさ

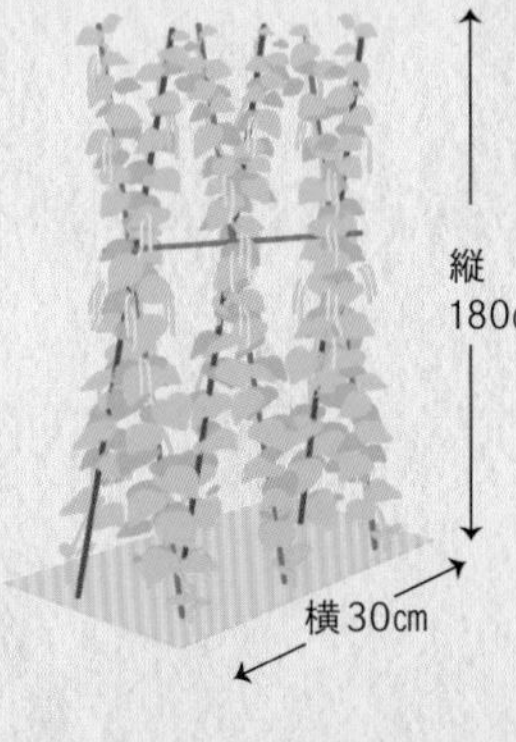

2 支柱立て

草丈15cmくらいになったら防虫ネットを外して支柱を立てる。畝の両側から支柱（240cm）を斜めに挿し、作業しやすい高さで交差させる。交差した上部に1本支柱を渡し、ヒモでしっかり結ぶ。さらに地面と水平に麻ヒモを3段くらい張ると、つるが広がりやすい。

3 摘芯・収穫

❶つるありインゲンは、手が届く高さまで伸びたら親づるを摘芯する。

❷インゲンの花。

❸ハサミで切って収穫。大きくなりすぎると固くなり、株も疲れるので、若どりがおすすめ。

インゲンの病害虫

アブラムシやコガネムシがつきやすい。とくに風通しが悪いとつきやすいので、下葉や枯れた葉は取り除いておくとよい。

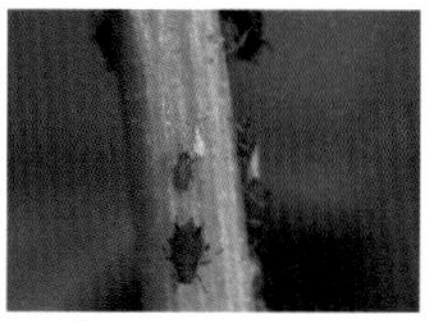

アブラムシ

追肥

インゲンの追肥は花が咲いたら行うとよい。畝の横に化成肥料50g／㎡をまき、土をかぶせる。マメ科は追肥しなくても育てられるが、インゲンは追肥すると長く収穫できる。

インゲンの品種

つるなしインゲン

つるが伸びない品種で、大きな支柱は必要なく、狭いスペースでも作りやすい。

2～3粒ずつ種まきし、本葉2～3枚になったら2本残しにする。株が傾いてサヤに土がつくのを防ぐため、畝の端に短い支柱を立て、麻ヒモを地面と水平に張るとよい。手のひら大で収穫。

モロッコインゲン

平たく長いサヤが特徴で、肉厚でほっくりとした食感がありおいしい。スジが入りにくく、大きくなっても固くなりにくい。タキイ種苗などから販売されている。

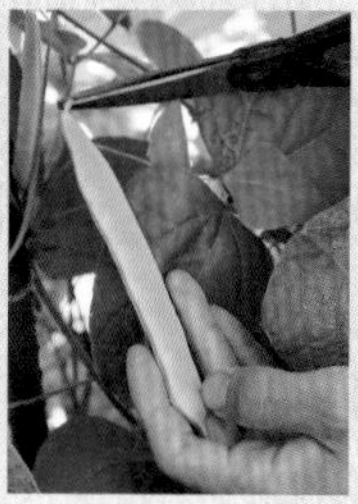

育て方はつるありインゲンと同様で、支柱を立てて育てる。大きくなってもおいしいが、14cmくらいが収穫の目安。

ヤマノイモ科

エアーポテト

栽培のポイント

栽培のしやすさ ★★☆

・ヤマイモの仲間で、巨大なムカゴ（葉の付け根にできる芽）の収穫を楽しむ。
・つるを伸ばして旺盛に茂るので、緑のカーテンにも向く。
・春植えと秋植えがあるが、春植えが育てやすい。

栄養と食べ方

・ムカゴ同様にねばりがあり、その成分は新陳代謝を促し、高コレステロールや高血圧によいとされる。
・ヤマイモのような味と食感なので、スライスして天ぷらに。ソテーすると表面はカリッと、中はもっちりとした食感に。

1 植えつけ

❶エアーポテトの種いも。

❷畑の準備をし、深さ10㎝くらいの穴を作る。

❸芽を上にして、種いもを植えつける。

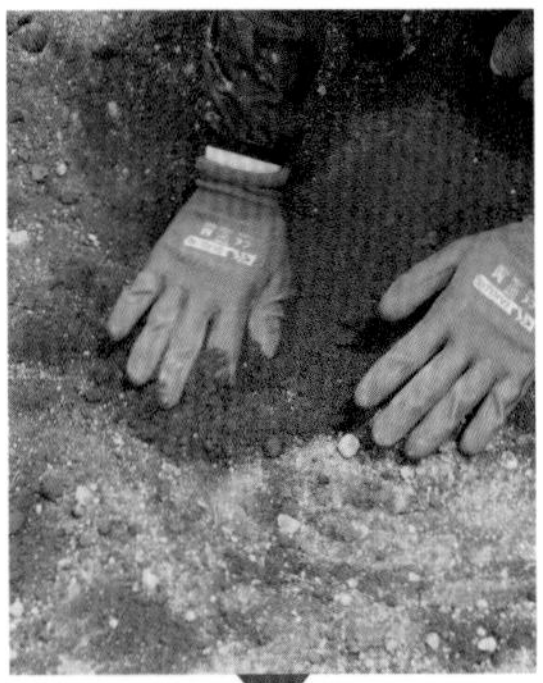

❹土をかぶせて軽く鎮圧。芽が出るまでは植えた場所がわかるように、目印として支柱などを立てるとよい。

栽培カレンダー

●植えつけ ●収穫

月	1	2	3	4	5	6	7	8	9	10	11	12
中間地												

栽培データ

原産地 熱帯アジア、フィリピン
連作障害 あり（3～4年あける）
発芽適温 18～28℃
生育適温 18～28℃
おすすめの品種
宇宙いも（日光種苗）など。
病害虫
アブラムシ、ハダニ、炭疽病など。

プランター栽培

サイズ50㎝×35㎝×深さ35㎝以上／2株につき
プランター栽培のコツ
大きくつるが伸びるので、大きなプランターで支柱やネットを立てて育てる。

畑の準備（全面施肥）

堆肥2㎏／㎡・配合肥料50g／㎡を植えつけ1～2週間前に入れて耕し(P18)、平畝をたてる(P20)。

栽培スペース
畝幅70㎝、株間40～50㎝以上

株の大きさ

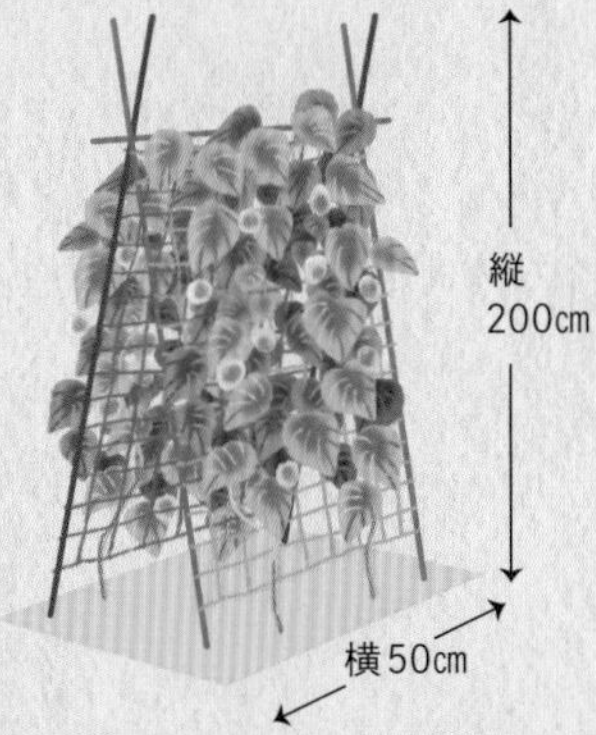

2 支柱立て

❶つるが15～20㎝くらいになったら、支柱を張るネットの幅に合わせて合掌型にする(P34)。

❷キュウリ用のネットなど、つるを這わせるためのネットを張る。

❸つるをネットにやさしく誘引する。

❹支柱立てが完了。

3 収穫

❶つきはじめたムカゴ。8～10月にかけて肥大していく。

❷ムカゴが大きくなったら収穫。寒さに弱いので霜が下りる前に収獲する。

追肥

ムカゴがつき始めたタイミングで化成肥料50ｇ／㎡を畝の肩にまき、土寄せすると、大きなムカゴを収獲できる。

エアーポテトの病害虫

コガネムシなどがつくので注意。

ウイルス病の一種に侵された葉。病気が出た株は、株ごと処分する。

枝豆・大豆　マメ科

エダマメ・ダイズ

栽培のポイント

栽培のしやすさ ★★☆

- やせた土地でもよく育ち、基本的に追肥はしなくてよい。
- 育苗してから植えつけると成功率がアップする。
- 主枝を摘芯して脇芽を伸ばす。
- 肥料が多いとかえって実つきが悪くなる。

栄養と食べ方

- エダマメは未熟なダイズで、ビタミンA、Cを含有。完熟したダイズは『畑の肉』のいわれるほどたんぱく質が豊富。
- エダマメはゆでておつまみや和え物、スープに。ダイズは柔らかく蒸すかゆで、煮物にしたり、みその材料に。

1 種まき

❶エダマメの種（青い種子消毒あり）。

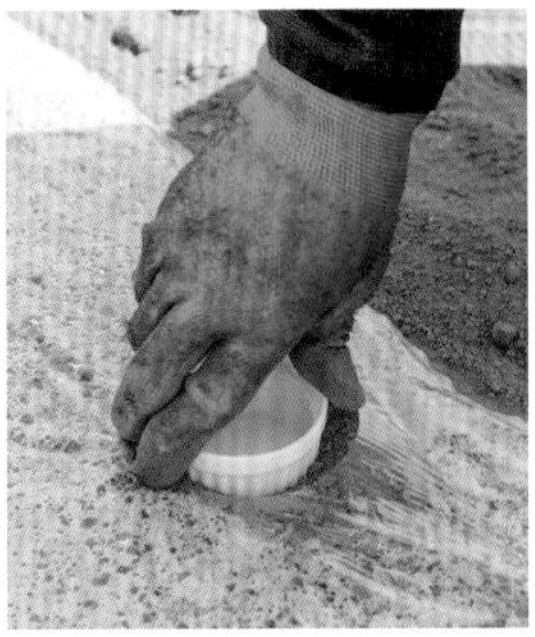

❷深さ２㎝のまき穴を作る。

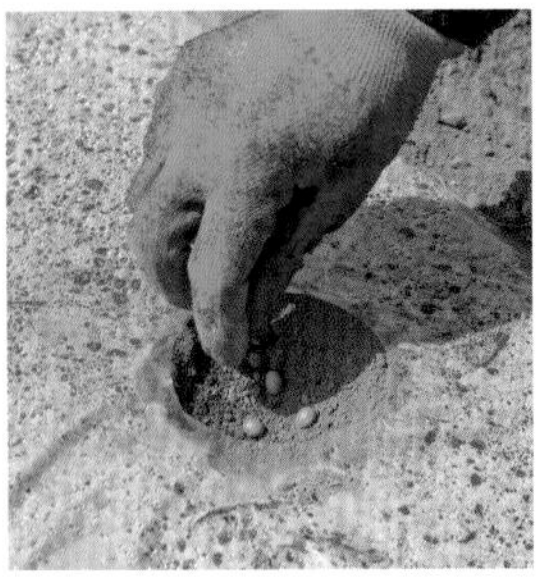

❸３粒ずつ種まきする。写真は湯あがり娘（カネコ種苗）という品種。

❹覆土、鎮圧して水やりをし、防虫ネットをかける（P30）。収穫までかけておいてもよい。

栽培カレンダー

●種まき　●収穫

月	1	2	3	4	5	6	7	8	9	10	11	12
中間地				●	●	●	●	●				

栽培データ

原産地　中国

連作障害　あり（３～４年あける）

発芽適温　20～30℃

生育適温　20～30℃

おすすめの品種
湯あがり娘、ゆかた娘、茶豆など。

病害虫
アブラムシ、カメムシ、マメシンクイガ、ネコブセンチュウ、コガネムシなど。

プランター栽培

サイズ50㎝×30㎝×深さ25㎝以上／2株ずつ2か所

プランター栽培のコツ
水が好きなので、水切れに注意して、日当たりのよい場所で育てる。

畑の準備（全面施肥）

堆肥2kg／㎡・配合肥料50ｇ／㎡を、植えつけの1～2週間前に入れて耕す（P18）。幅70㎝の平畝をたて（P20）、マルチをかけておく（P22）。

栽培スペース
畝幅70㎝、株間25～30㎝以上

株の大きさ

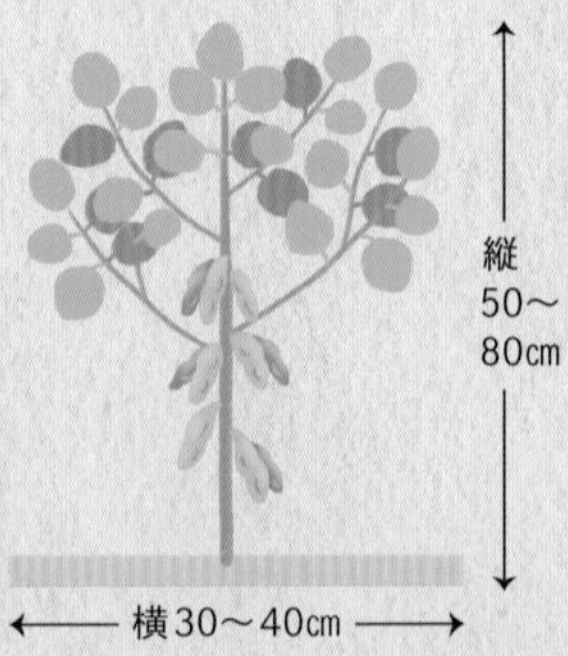

2 間引き・摘芯

❶ 3株成長していたら、本葉3～4枚のとき、地際で茎を切って2本にする。エダマメは複葉なので3枚の葉っぱを本葉1枚として数える。

❷ 草丈30㎝で主枝を摘芯し、脇芽が伸びるようにすると収穫量が増える。

3 収穫

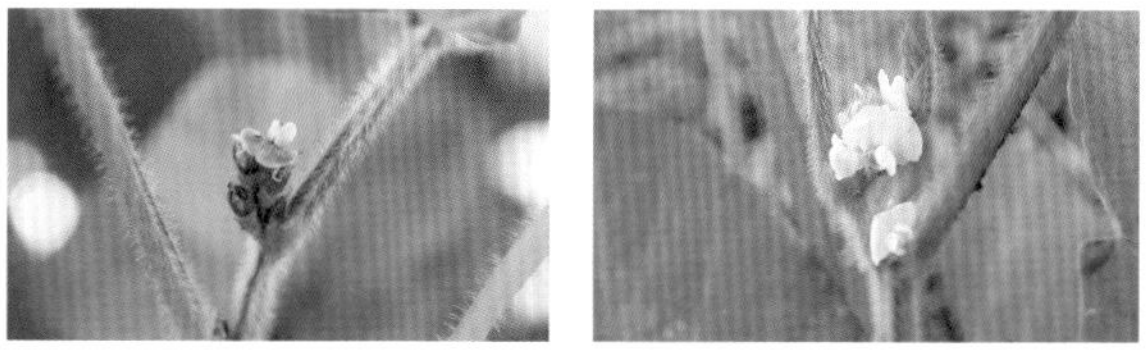

❶ 花の色は主に白とピンクで品種によって異なるが、同じ品種でも両方の花色が咲くときがある。

❷ サヤが大きくなり、実がふっくらとしてきたら収穫どき。株元にスコップを入れるなどして株ごと引き抜く。ほどよい大きさになったサヤを切り取って収穫してもよい。

エダマメの病害虫

カメムシによる被害を受けやすく、汁を吸われるとサヤの成長が悪くなる。コガネムシ類の成虫も葉を食害する。

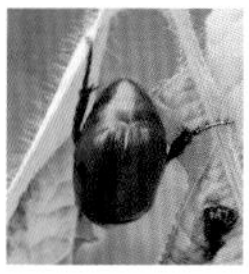

コガネムシ

カメムシ

ダイズとして収穫する

畑でマメを完熟させ、葉や茎が枯れるまで待てば、ダイズとして収獲できる。

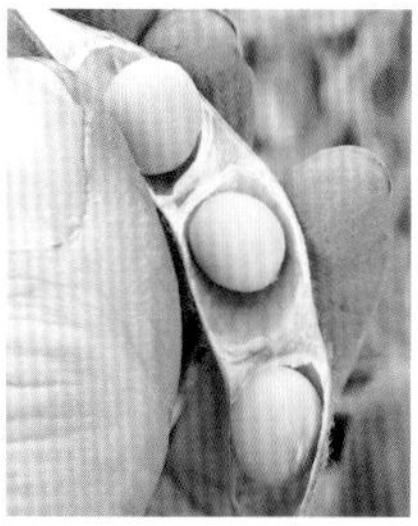

育苗するとき

育苗してから植えると、直まきより成功率がアップする。ポットに培養土を入れ、2～3粒まきし、本葉3～4枚で定植する。

Q 追肥は必要でしょうか？

A マメ科の野菜は、根の根粒菌が空中のチッ素を固定するので、やせた土地でもよく育ちます。基本的には追肥は不要。生育が悪いときは、化成肥料30g／㎡を追肥してもよいでしょう。

エンドウ

豌豆・マメ科

栽培のしやすさ ★★☆

栽培のポイント

・いろいろな品種があるので好みのものを選ぼう。
・連作を嫌うので、5年以上マメ科の作物を栽培していない場所で育てる。肥料が多いとつるボケするので注意。
・過湿に弱いので、水はけよく育てる。

栄養と食べ方

・ビタミンA、Cや食物繊維が豊富な緑黄色野菜。カリウム、カルシウムなどのミネラルも多い。
・さっと下ゆでしてからサラダや炒め物に。煮物やちらし寿司などの和食の彩りに欠かせない存在。

1 種まき

❶ キヌサヤエンドウの種（水色の種子消毒あり）。

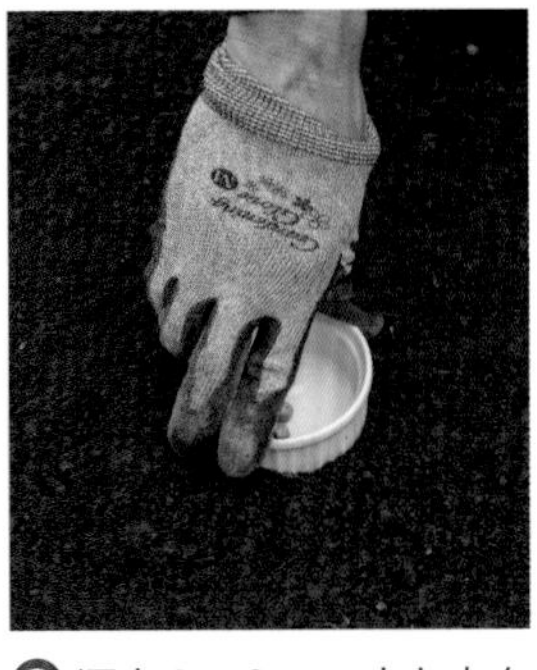

❷ 深さ2～3㎝のまき穴をつくる。

❸ 3～4粒ずつ種まきし、土をかけて手で軽く押さえる。

❹ たっぷりと水やりする。防虫ネットをかけるとよい(P30)。

栽培カレンダー

●種まき ●植えつけ ●収穫

月	1	2	3	4	5	6	7	8	9	10	11	12
中間地			━	━	━						━	

栽培データ

原産地	中央アジアから中近東
連作障害	あり（5年あける）
発芽適温	18～22℃
生育適温	15～20℃

おすすめの品種
キヌサヤエンドウ、スナップエンドウ、グリーンピースなど。

病害虫
アブラムシ、ハモグリバエ類、ヨトウ類、うどんこ病など。

プランター栽培

サイズ50㎝×30㎝×深さ30㎝以上／2株ずつ2か所につき

プランター栽培のコツ
つるが伸びるので大きなプランターを用意。支柱を立ててつるを誘引しながら育てる。

畑の準備（全面施肥）

堆肥2kg／㎡・配合肥料80g／㎡を植えつけの1～2週間前に入れて耕す(P18)。幅70㎝の平畝をたてる(P20)。

栽培スペース
畝幅70㎝、株間30㎝

株の大きさ

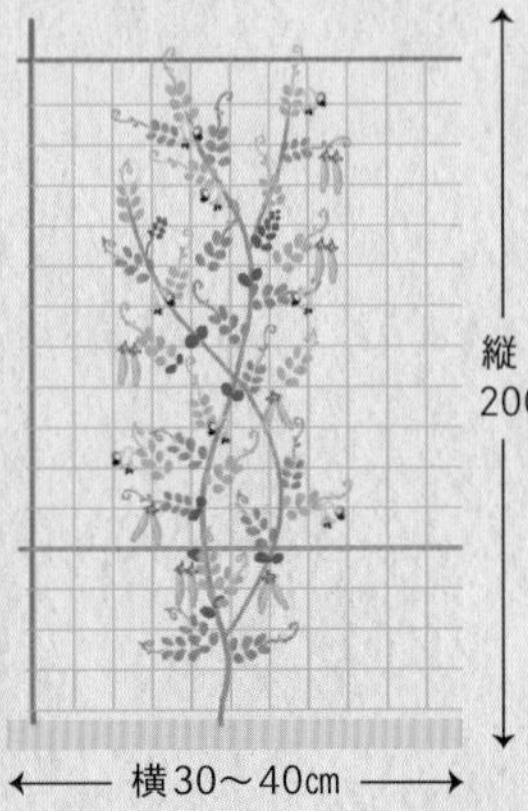

2 間引き

❶ 発芽したキヌサヤエンドウ。

❷ 本葉4～5枚のときに間引いて、2本残しにする。

3 支柱立て・追肥

❶ 春、トンネルを外し、つるを這わせるため、マルチの両脇に支柱を立ててスクリーン型にネットを張る(P34)。つるを誘引し、麻ヒモなどで結ぶ。

❷ 3月上旬頃、開花したら化成肥料50g／㎡をまく。エンドウ類はそれほど根が張らないので、株元に追肥するのがポイント。

4 収穫

サヤに実のふくらみがわずかに出てきた頃が収穫適期。ハサミで切って収穫する。

エンドウの病害虫

うどんこ病が発生しやすい。つるが伸びて茂ってきたら整枝して風通しをよくする。乾燥していると発生しやすくなる。

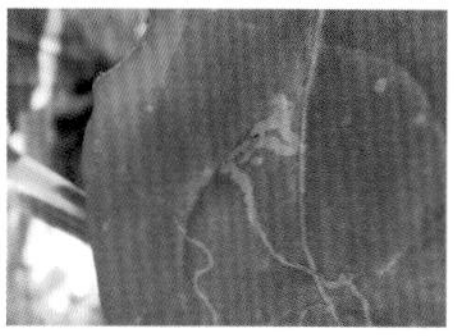

ハモグリバエの食害痕。

うどんこ病に侵された葉。

［ 苗を植える ］場合

春に苗を定植する方法もある。秋の種まきを逃してしまったら試してみよう。

❶キヌサヤエンドウのポット苗。

❷畑の準備をし、植え穴をつくる。

❸苗のポットを水につける。

❹植えつけてたっぷり水やりする。

スナップエンドウ

アメリカから入ってきた比較的新しい品種で、肉厚なサヤごとを食用にして楽しむ。下ごしらえで、サヤの両方の側面にあるスジを、ヘタ側から取ってゆでると食べやすくなる。

育て方はキヌサヤエンドウと同様。実が充実し、サヤがきれいな緑色をしているときに収穫。大きく成長したマメはグリーンピースのように利用できる。

グリーンピース

未熟の種子を食べる品種で、実エンドウとも呼ばれる。連作障害には弱いので、植える場所は計画的に考えておく。採りたては風味が格別なので、ぜひ育ててみよう。

写真はグリーンピースの花。育て方はキヌサヤエンドウと同じ。実が十分に太って、サヤの表面にしわが出はじめたら収穫する。

サツマイモ

薩摩芋・ヒルガオ科

栽培のしやすさ ★★☆

栽培のポイント

・高温や乾燥に強い。水はけのよいやせた土地で育てる。
・肥料が多いと葉ばかりが茂ってイモが小さい「つるボケ」になるので元肥は控えめに。
・つる取り用の親株から苗を自分で作ることもできる。

栄養と食べ方

・実の色が紫、黄、オレンジなどがあるが、いずれもビタミンA、ポリフェノールが豊富。食物繊維も多い。
・蒸したり、焼いておやつに。皮をむいてマッシュにし、スイートポテトなどのお菓子の材料にしても。

1 植えつけの準備

さし苗を入手し植えるのが一般的。苗の下部だけを濡れた新聞紙で包み、1日1回水をさっとかけ、風通しのよいところに2～3日置き、節から根を出させてから植えると活着しやすい。苗の植え方は、主に3パターンある。

▶▶垂直植え

できるイモの数は少ないが、ひとつひとつが大きくなる。

▶▶斜め植え

ポピュラーな植え方で、活着しやすい。

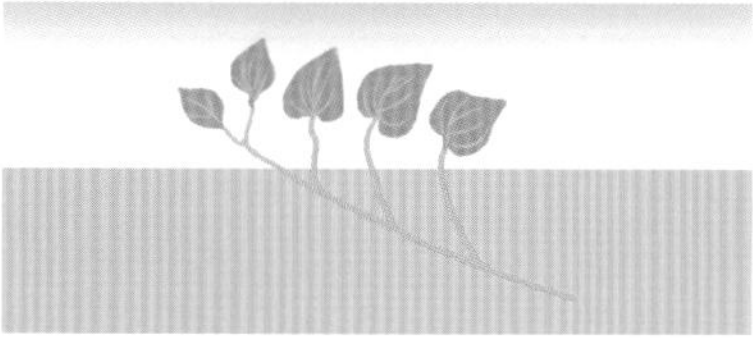

▶▶舟型植え

イモの数が多く、収量が増える。

栽培カレンダー

●植えつけ　●収穫

月	1	2	3	4	5	6	7	8	9	10	11	12
中間地					植えつけ	植えつけ				収穫	収穫	

栽培データ

原産地　中央アメリカ
連作障害　少ない（1～2年あける）
発芽適温　20～30℃
生育適温　35～30℃
おすすめの品種
紅はるか、紅あずま、なると金時、シルクスイート、安納いもなど。
病害虫
ナカジロシタバ、エビガラスズメ、コガネムシ、ヨトウ類、ネコブセンチュウ、黒斑病など。

畑の準備（全面施肥）

堆肥2kg／㎡・配合肥料50ｇ／㎡を、植えつけの1～2週間前に入れて耕す（P18）。高さ30㎝、幅60㎝の高畝をたてる（P20）。

栽培スペース
畝幅60㎝、畝の高さ30㎝、株間40～50㎝

プランター栽培

サイズ65㎝×40㎝×深さ30㎝以上／2株につき

プランター栽培のコツ
深さ30㎝以上の特大コンテナで育てる。

株の大きさ

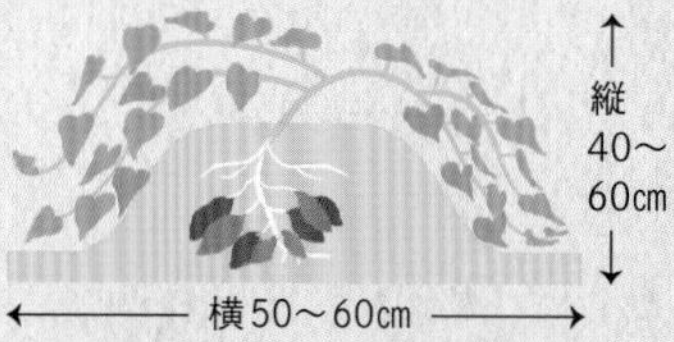

2 植えつけ①

❶支柱などで畝に植え穴を作る。ここでは斜め植えにしたので、20㎝ほどの深さで斜めに挿した。

❷苗を植える。苗の先端から3～4節が地中に埋まるようにする。

❸株間は40～50㎝が目安。

❹しっかり水やりする。

3 植えつけ②

❶ポット苗から育てる方法もある。根が張っていて活着しやすいため、一番かんたんに育てられる。

❷ポットを水につける。

❸苗を植え穴に植える。根のまわりに隙間ができないようにする。

❹最後にたっぷり水やりする。

4 つる返し

❶さし苗を植えつけ後、徐々に葉茎が伸びて旺盛に茂っていく。

❷つるが繁茂すると、葉のつけ根の節から根を伸ばそうとする。そのままにすると養分が分散してイモが大きくならない。畝間に伸びたつるを土からはがしてひっくり返す「つる返し」を行う。夏に2～3回やるとよい。

[苗づくりをする場合] 場合

つる取り用に販売されている親株苗を育てると、伸びたつるを切ってさし苗をつくることができる。

❶つる取り用の親株。

❷畑やプランターなどに植えつける。

❸つるの葉が7～8枚になったら株元から葉1～2枚を残して切る。P231の方法で発根させてから植える。親株からは何回かさし苗を取ることができる。

サツマイモの病害虫

葉を食害するガの幼虫が多い。葉に食害痕があったり、周囲にフンが落ちているときは幼虫がいるしるし。こまめにチェックして取り除く。

エビガラスズメの幼虫
夏季の雨が少ないときに発生しやすい。

ナカジロシタバの幼虫
若齢幼虫はつる先の若い葉を、大きくなると広範囲に葉を食い尽くす。

ポイント！

サツマイモは寒さに弱いので、霜が降りる前に収穫を終えるようにしよう。収穫後2週間以上おくと糖度がアップする。

5 収穫

10月中旬頃から試し掘りをして、イモが太っていたら収穫の適期。つるが茂っているので、鎌でつるを刈って整理しながら、株の大元を見つけ、掘り上げる。

サツマイモの品種

焼きイモなどでもホクホク系、ねっとり系などといわれるように、さまざまな品種がある。個性的な品種を育ててみるのも、家庭菜園ならではの楽しみだ。

白皮系イモ
主に焼酎の原料になる黄金千貫や、でんぷんの原料用になるシロユタカ、干しイモ用の玉豊など。普通に食べられる。

安納いも
黄金色の身質と驚くほどの甘さで、ねっとり系の代表格。鹿児島県・種子島で作られていたサツマイモから生まれた品種。

紅はるか・紅あずま・シルクスイートなど
昔ながらの紫色の皮の品種。しっとりした食感で甘く、いろいろな料理に向く。焼きイモ用にも人気。

里芋・サトイモ科

サトイモ

栽培のポイント

栽培のしやすさ ★★☆

- 10㎝ほどの穴を掘って種イモを植えつけ、土寄せをしながら育てる。乾燥が続くときは水やりする。
- 高温多湿を好み、乾燥に弱いので敷きわらをするとよい。
- 子イモの芽が出てきたらかき取る。

栄養と食べ方

- 特有のぬめり成分はガラクタンという水溶性食物繊維。高血圧に効果があるカリウムも豊富。
- 皮をむき、水にさらしてアクを抜いてから料理に。筑前煮やそぼろ煮などのほか、マッシュしてコロッケにしても。

1 種イモの植えつけ

❶ サトイモ（石川早生）の種イモ。固くしまっている種イモを選ぶ。こちらが上。

❷ マルチに穴をあけ、植え穴を掘る。種イモの上に土が7～8㎝乗るくらいの深さにする。

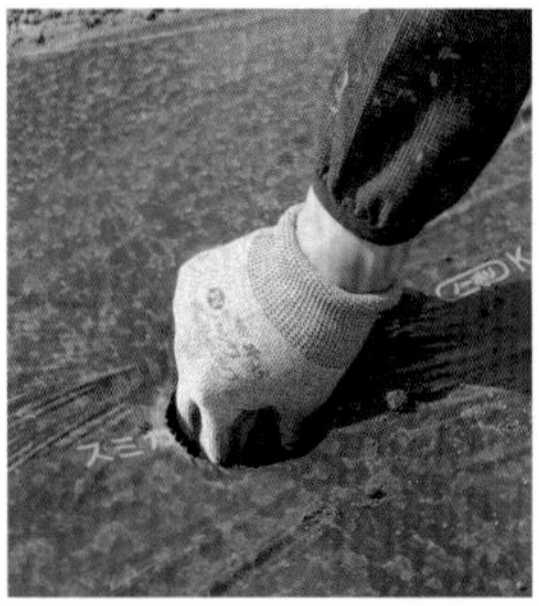

❸ 1か所の穴につき1つ、芽が出る方を上にして種イモを置く。

❹ 土をかけて鎮圧する。土が乾いているときは水やりする。

栽培カレンダー

●植えつけ ●収穫

月	1	2	3	4	5	6	7	8	9	10	11	12
中間地				●植えつけ	●植えつけ					●収穫	●収穫	

栽培データ

原産地 熱帯アジア

連作障害 あり（4～5年あける）

発芽適温 15～30℃

生育適温 25～30℃

おすすめの品種
土垂《どだれ》、石川早生、セレベス、八つ頭など。

病害虫
アブラムシ、セスジスズメ、ハスモンヨトウ、モザイク病など。

プランター栽培

サイズ35㎝×35㎝×深さ30㎝以上／1株につき

プランター栽培のコツ
深さ30㎝以上の大きなプランターで、日当たりのよいところに置く。

畑の準備（全面施肥）

堆肥2kg／㎡・配合肥料150g／㎡を、植えつけの1～2週間前に入れて耕す（P18）。幅60～70㎝の平畝をたて（P20）、マルチをかけておく（P22）。

栽培スペース
畝幅60～70㎝、株間50㎝

株の大きさ

2 芽かき

株のまわりに、増えた子イモの芽が出てくることがある。親芋が増えてしまうことになるので、見つけたら早めにかき取る。

サトイモの病害虫

サトイモの葉を食べる害虫がいる。こまめにチェックしよう。

セスジスズメの中齢幼虫（左2点）と終齢幼虫（右）。大食漢であっという間に葉っぱを丸坊主にしてしまう。

3 追肥・土寄せ

❶ 種イモ定植の約1か月後、1回目の追肥。まずマルチを外す。

❷ 畝の肩あたりを中心に、化成肥料50g／㎡をまく。

❸ 株元に向かって土寄せする。

❹ さらに1か月後、2回目の追肥・土寄せをする。やり方は1回目と同様。

4 収穫

葉が枯れてきたころに収穫する。イモを傷つけない位置から、スコップでてこの原理を活かしながら掘り起こす。

イモガラを使う

サトイモの茎は「ずいき」と呼ばれ食用になる。アクをよく抜いて煮物や和え物にしたり、乾燥させてから用いてもよい。写真はセレベスのイモガラ。

いろいろなサトイモ

サトイモには、個性豊かな品種が数多くある。家庭菜園ではサトイモの代表品種で煮崩れしにくい「土垂《どだれ》」、茎や芽が赤っぽくホクホク食感の「セレベス」、しっかりした肉質の「八《や》つっ子（八《や》つ頭《がしら》）」などがおすすめ。

土垂

セレベス

八つっ子（八つ頭）

馬鈴薯・ナス科

ジャガイモ

栽培のしやすさ ★★★

栽培のポイント

- 春植えと夏植えがあるが、春植えが育てやすい。
- 酸性の土壌を好む。
- 芽かきを行って大きなイモをつけさせる。
- 種イモの上に子イモができるので、土寄せして育てる。

栄養と食べ方

- 『畑のリンゴ』と呼ばれるほど、ビタミンCが豊富。デンプンで包まれているため、加熱しても壊れにくい。
- 加熱調理して使う。ゆでればホクホク食感、さっとゆでたり、炒めるとシャキシャキした歯ごたえが楽しめる。

1 種イモの準備

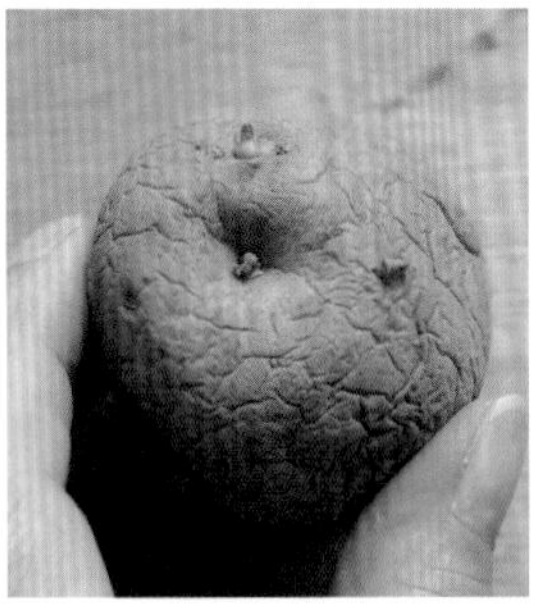

❶ 種イモのくぼんでいる「へそ」と呼ばれる部分は、親イモとつながっていたところ。

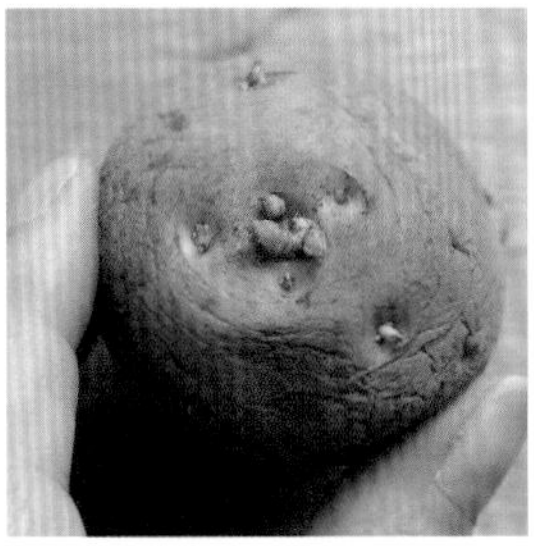

❷ 種イモの芽が出るところ。

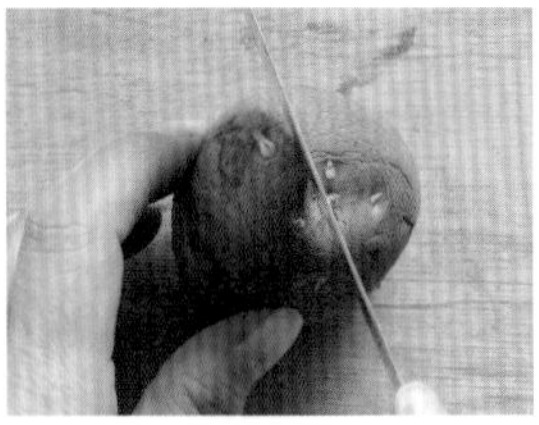

❸ M玉サイズの場合は半分に、L玉の場合は3分の1から4分の1にカットする。へその部分を下にして、芽の数が分散するように切る。小さいS玉はそのまま植える。

❹ 切った種イモは1〜2日乾かして腐敗を防ぐ。すぐ植えるときは、切り口に薄く草木灰をつけるとよい。

栽培カレンダー

●植えつけ ●収穫

月	1	2	3	4	5	6	7	8	9	10	11	12
中間地			植えつけ			収穫	収穫	植えつけ			収穫	収穫

栽培データ

原産地 南アメリカのアンデス高地

連作障害 あり（2〜3年あける）

発芽適温 15〜20℃

生育適温 15〜20℃

おすすめの品種
キタアカリ、男爵、メークイン、デジマ、アンデス赤、ノーザンルビーなど。

病害虫
アブラムシ、ニジュウヤホシテントウ、そうか病など。

プランター栽培

サイズ50cm×30cm×深さ25cm以上／2株につき

プランター栽培のコツ
深めのプランターを使い、種イモの上にもイモができるので、あとから増し土して育てる。

畑の準備（溝施肥）

堆肥2kg／㎡・配合肥料150g／㎡を入れる（P237参照）。

栽培スペース
畝幅60cm、株間30cm

株の大きさ

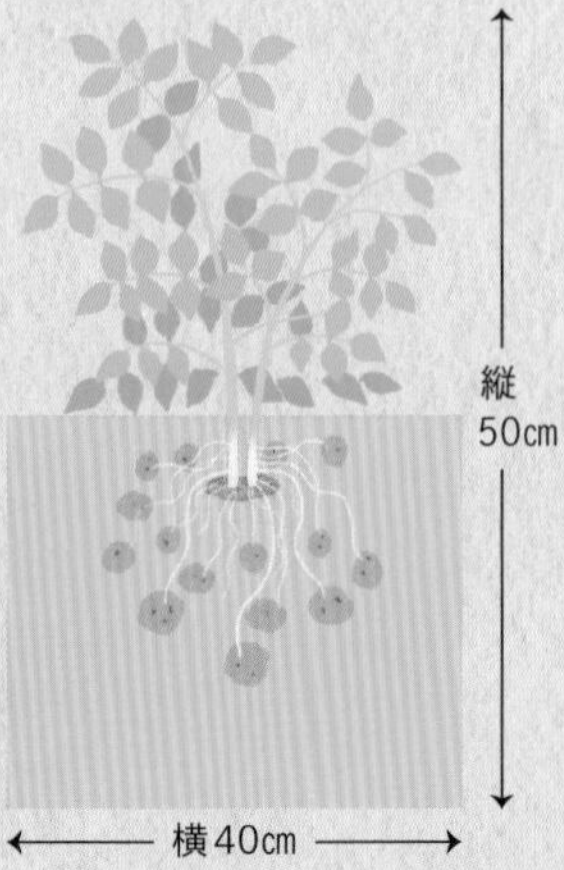

2 植えつけ

❶クワで、深さ20㎝、幅20㎝程度の溝を掘る。

❷種イモを30㎝おきに置く。種イモを切った場合は、切り口を下にするとよい。

❸イモに5～10㎝土をかぶせる。肥料が直接あたって、芽が痛むのを防ぐため。

❹堆肥2kg／㎡と配合肥料150g／㎡を合わせ、それぞれの種イモの間に施肥する。

❺土を埋め戻してならす。

❻地上部に葉が出てきたところ。

3 芽かき

❶草丈15㎝くらいで葉が出そろったら、1株から3本以上芽が出ている場合は、弱々しいものをかき取り、2本にする。

❷この作業でイモの数が多くなりすぎることを防ぎ、大きいイモができる。

ジャガイモの病害虫

よくみられる病気に「そうか病」があり、連作をしないことや、土壌のpHが高くならないようにすることで対策する。害虫ではニジュウヤホシテントウ(テントウムシダマシ)がよく見られる。

そうか病
イモの表面にかさぶたのような跡ができる。皮をむけば普通に食べられる。

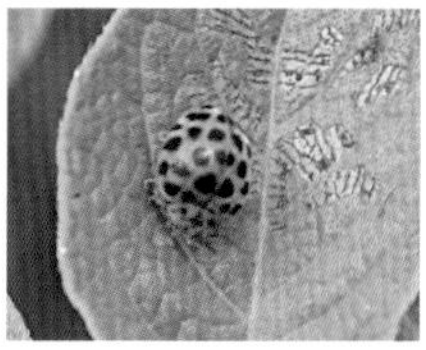

ニジュウヤホシテントウ
ナス科の植物の葉を食害する。見つけ次第捕殺しよう。

ポイント！

種イモの伸びすぎた芽は取る

種イモの植えつけが遅くなり、長い芽が伸びてしまったら、その芽は病気になりやすいので取り除く。種イモは芽が伸びないよう、冷暗所で段ボールなどに入れて保管しよう。

5 追肥・土寄せ

❶ 芽かきを行ったタイミングで追肥。化成肥料50g／㎡を、株元から少し離れたあたりにまく。

❷ 追肥した外側の土をクワで起こし、株元に寄せる。

❸ 成長に合わせて、合計2～3回ほど土寄せする。土寄せの際、アブラムシなどの害虫がついていないかもチェック。

6 収穫

❶ ジャガイモの花。

❷ 種イモの植えつけから3か月ほど経ち、地上部が枯れてきたら収穫適期。

❸ 手で株元を探りながら試し堀りをし、イモのでき具合を確かめながら収穫する。写真はキタアカリ。

ポイント!

ジャガイモの土寄せ

新しいイモは親イモの上にできるので、定期的な土寄せが大切。また、できたイモが土から顔を出して日に当たると緑化してソラニンという有毒物質ができる。それを予防するためにも土寄せは欠かせない。

ジャガイモの品種

品種によって肉質や芽の深さ、甘味など、さまざまな個性がある。近年は特に、いろいろな種類の種イモが販売されているので、好みの品種を育ててみよう。

花

白花だけではなく、品種によって花の色もさまざま。

シャドークイーン

2018年に作出されたアントシアニンを豊富に含むイモ。皮は黒っぽく、中身は紫色。揚げても焼いてもおいしいねっとり系。

ノーザンルビー

表皮、中身ともに赤みがあるカラフルなジャガイモ。煮崩れしにくく、あっさり系の味わいで、煮物やポテトサラダに。

キタアカリ

男爵を親に作出された品種でビタミンCを多く含む。粉質系で煮崩れやすいが、いろいろな料理に向き、育てやすい。

男爵

全国でもっとも作づけされている品種。やや粉質のホクホク食感で、煮崩れやすいが、長期間の貯蔵にも向く。

菊芋・キク科

キクイモ

栽培のしやすさ ★★★

栽培法と食べ方など

- 生育力が強く栽培しやすいが、根づきやすいので注意。
- イヌリンが豊富。炒め物や揚げ物のほか漬け物にも。

1 植えつけから収穫まで

❶ 深さ約10㎝の植え穴を掘り、株間60㎝で種イモを置き埋め戻す。1個のイモから4本以上の芽が出ている場合は2～3本を残す。

❷ 高さ200㎝以上に成長し、晩夏に黄色い花を咲かせる。

❸ 秋に地上部が枯れたら、スコップなどで掘り上げる。

栽培カレンダー

●植えつけ　●収穫

月	1	2	3	4	5	6	7	8	9	10	11	12
中間地				━						━	━	━

栽培データ

原産地　北アメリカ

連作障害　あり（2～3年あける）

発芽適温　15～30℃

生育適温　20～30℃

おすすめの品種
白系と赤系がある。

病害虫
病害虫には強い。

プランター栽培

大きく成長するのでプランター栽培には向かない。

畑の準備（全面施肥）

堆肥2kg／㎡・配合肥料100g／㎡を植えつけ1～2週間前に入れて耕しておく（P18）。

栽培スペース
幅80㎝、株間60㎝以上

株の大きさ

縦
200㎝
横60~80㎝

四角豆・マメ科

シカクマメ

栽培のしやすさ ★★☆

栽培法と食べ方など

- 高温を好む。草丈が高くなるので支柱を立てて栽培する。
- ビタミンが豊富。丸ごと炒め物や、ゆでてサラダに。

1 植えつけから収穫まで

❶ まき穴を作り、3～4粒ずつ種まきする。

❷ 本葉3～4枚で1～2本に間引く。

❸ シカクマメの花。サヤを約15㎝で収穫。

栽培カレンダー

●種まき　●収穫

月	1	2	3	4	5	6	7	8	9	10	11	12
中間地					━			━	━			

栽培データ

原産地　熱帯アジア

連作障害　あり（3～4年あける）

発芽適温　20～25℃

生育適温　15～25℃

おすすめの品種
シカクマメ、うりずんなど。

病害虫
アブラムシ、ハダニなど。

プランター栽培

サイズ60㎝×25㎝×深さ25㎝以上／2株につき

プランター栽培のコツ
大きなプランターに点まきし、1か所1株にして支柱を立てて育てる。

畑の準備（全面施肥）

堆肥2kg／㎡・配合肥料50g／㎡を植えつけ1～2週間前に入れて耕し（P18）、平畝をたてておく（P20）。

栽培スペース
畝幅70㎝、株間50㎝以上

株の大きさ

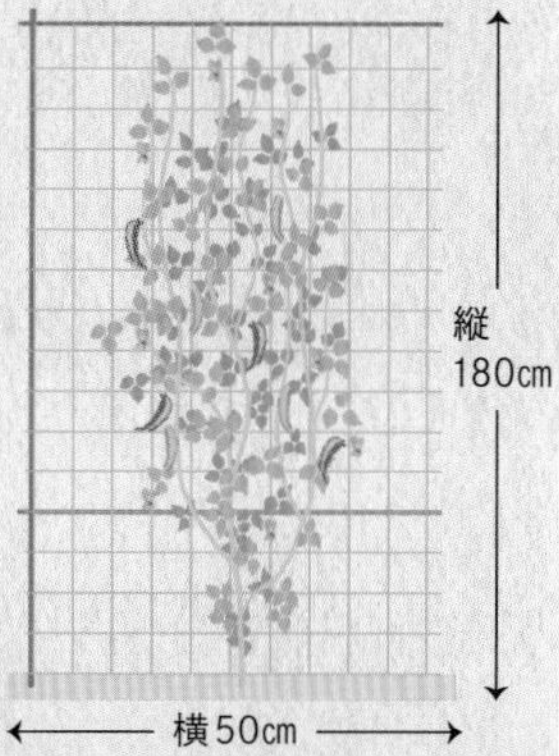
縦
180㎝
横50㎝

ソラマメ

空豆・蚕豆・マメ科

栽培のしやすさ ★☆☆

栽培のポイント

・もっともアブラムシがつきやすい作物のひとつで、こまめなチェックが欠かせない。
・生育につれて倒れないように支柱を立てるか、周囲にヒモを張るなどする。

栄養と食べ方

・マメ類特有のたんぱく質、糖質をはじめ、ビタミンB群、C、カリウム、カルシウムなどが豊富。
・サヤから出してゆでるか、さやごと焼いてもよい。薄皮を取り除き、豆ご飯に加えたり、パスタやリゾットにも。

1 種まき

❶ソラマメの種。写真は早生そらまめ（サカタのタネ）という品種。

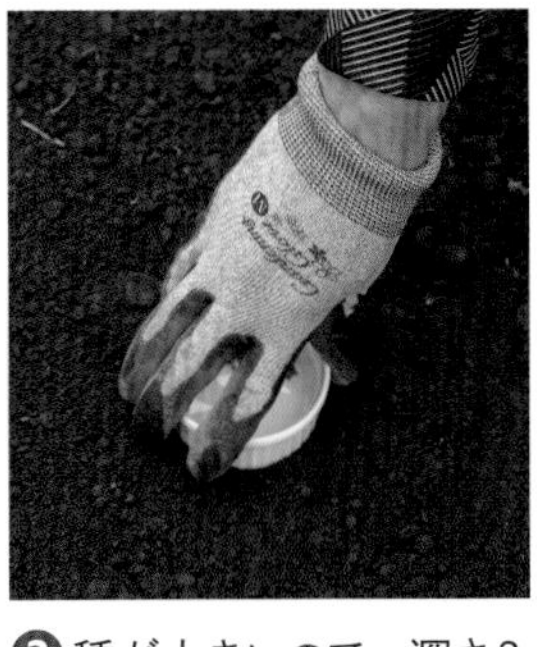

❷種が大きいので、深さ3～4㎝でまき穴をつくる。

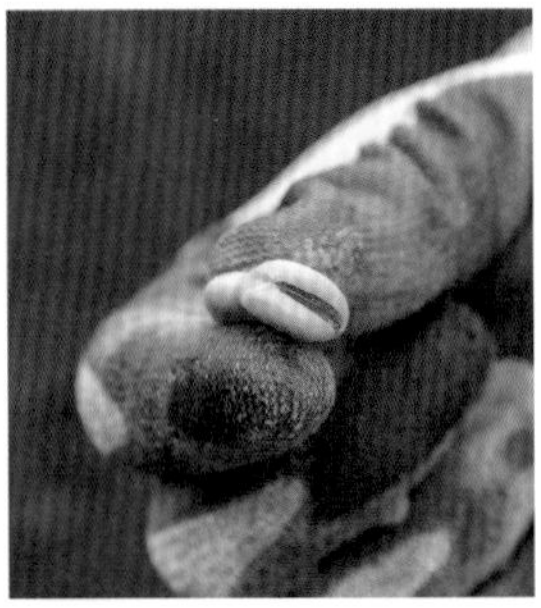

❸"オハグロ"の部分を斜め下にして1粒ずつ種まき。覆土、鎮圧し、たっぷり水やりする。

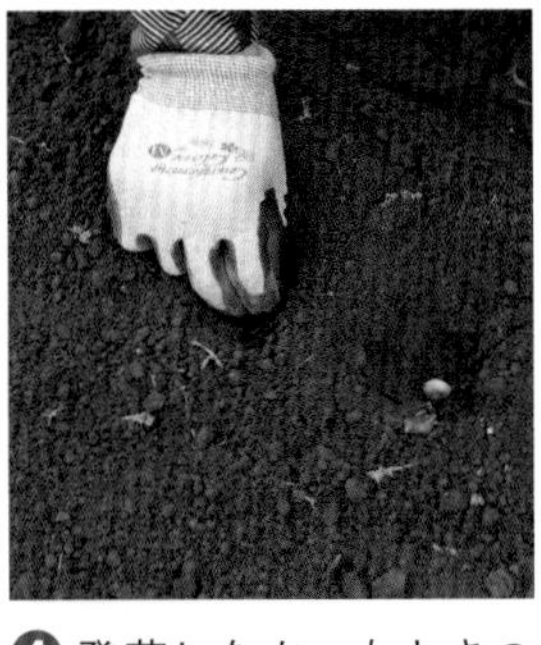

❹発芽しなかったときのため、予備に種まきしておくと安心。

栽培カレンダー

●種まき ●収穫

月	1	2	3	4	5	6	7	8	9	10	11	12
中間地					翌年━	━				━	━	

栽培データ

原産地 北アフリカまたは南西アジア

連作障害 あり（5年あける）

発芽適温 18～20℃

生育適温 15～22℃

おすすめの品種
早生そらまめ、打越一寸、仁徳一寸、初姫など。

病害虫
アブラムシ、ウイルス病など。

プランター栽培

サイズ30㎝×30㎝×深さ30㎝以上／1株につき

プランター栽培のコツ
大きいプランターを用意し、春の生育後は支柱を立てて倒れないようにして育てる。

畑の準備（全面施肥）

堆肥2kg／㎡・配合肥料80g／㎡を、植えつけの1～2週間前に入れて耕す（P18）。幅70㎝の平畝をたてる（P20）。

栽培スペース
畝幅70㎝、株間30～35㎝

株の大きさ

2 トンネルかけ

❶ 種まきをしたら防虫ネットをかけるとよい(P30)。

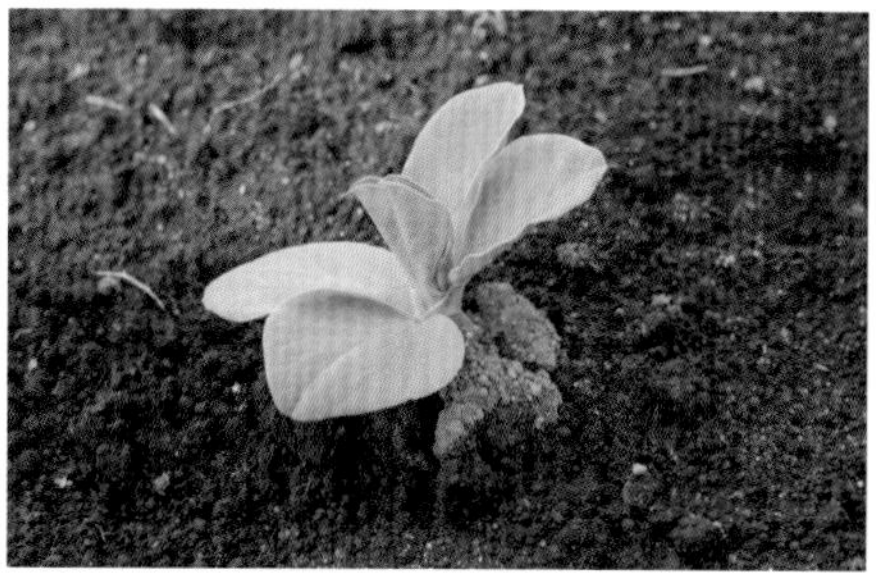

❷ 発芽したソラマメ。

3 追肥・土寄せ

春になり、新しい葉が伸びて成長しはじめたタイミングで追肥。化成肥料50 g／㎡を株元にまき、土寄せする。

4 支柱立て

春になり、草丈が伸びてきたらトンネルを外し、周囲に支柱を立て、ヒモを渡し、株が倒れないように支える。

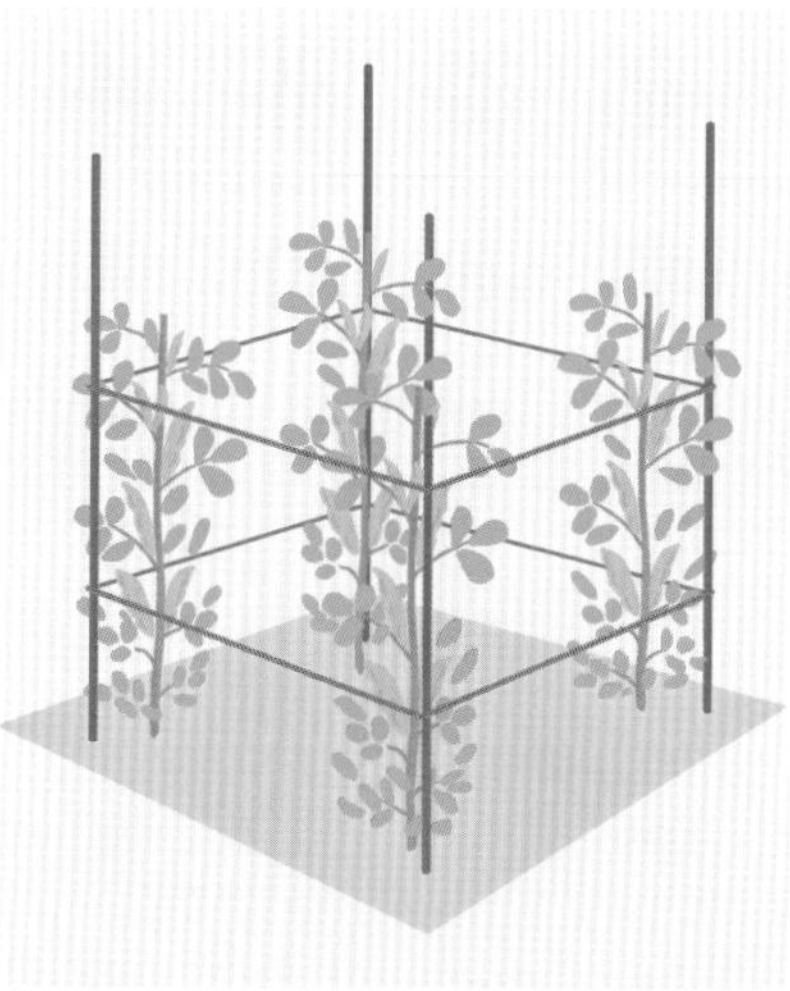

5 収穫

❶ ソラマメの花。

❷ サヤの背スジが色濃くなり、サヤが下に下がってきたら収穫の適期。ハサミで切って収獲する。

ソラマメの品種

初姫

外側のさやは緑色だが、中の豆は赤茶系。甘みが強く、ほくほくした食感を楽しめる(みかど協和)。

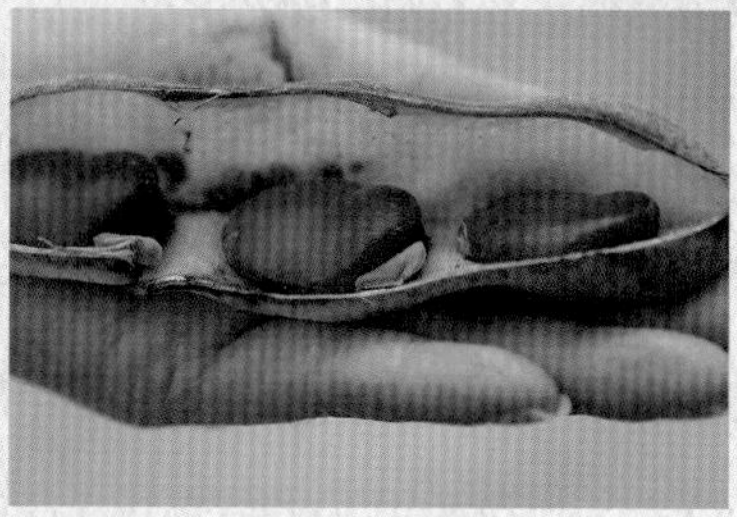

ソラマメの病害虫

アブラムシが最大の強敵。こまめにチェックして取り除く。防虫テープを周囲に張るのも防虫になる。

長芋・ヤマノイモ科

ナガイモ

栽培のポイント

栽培のしやすさ ★★☆

・地中に伸びていくので、あらかじめ土を深くよく耕しておくことが大切。
・溝施肥で土作りして、種イモを植える。
・地上にできるムカゴも収穫して楽しめる。

栄養と食べ方

・消化酵素のアミラーゼを含み、血糖値の上昇を抑える効果も。滋養強壮や疲労回復におすすめ。
・すりおろしてとろろにしたり、短冊に切ってシャキシャキ感を楽しむ和え物に。焼き物、煮物、揚げ物にも。

1 種イモの植えつけ

❶ナガイモの種イモ。

❷溝施肥で土づくりをする。深さ30㎝、幅20㎝の溝を掘り、堆肥2kg／㎡、配合肥料100g／㎡をまき、10㎝くらい土を埋め戻す。

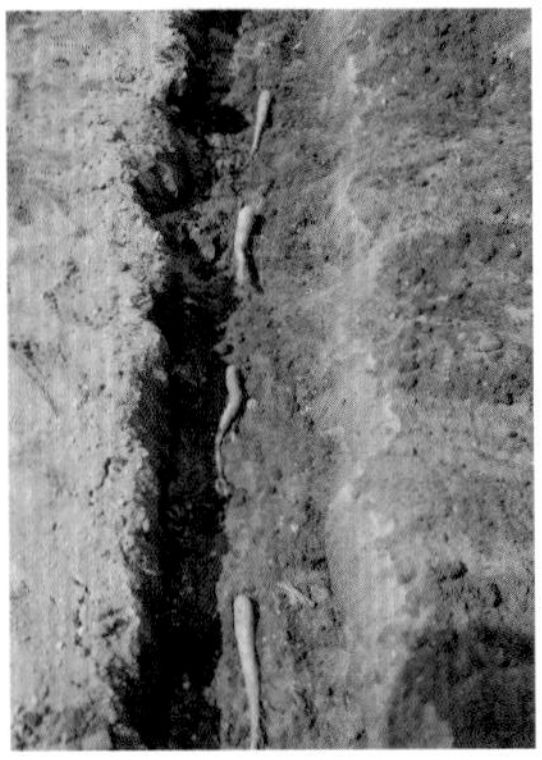

❸種イモを株間50㎝（芽がでる場所同士の距離）で横向きに置く。

❹土をさらに埋め戻して平らにする。

栽培カレンダー

●植えつけ ●収穫

月	1	2	3	4	5	6	7	8	9	10	11	12
中間地				植えつけ	植えつけ					収穫	収穫	収穫

栽培データ

原産地 中国
連作障害 あり（3～4年あける）
発芽適温 18～25℃
生育適温 20～25℃
おすすめの品種
ナガイモ、ヤマトイモ、イチョウイモ、ツクネイモなど。
病害虫
アブラムシ、ハダニ類、コガネムシ類、ヤマノイモコガ、炭疽病など。

プランター栽培

イモが地中で成長するためプランター栽培には向かない。

畑の準備（溝施肥）

堆肥2kg／㎡・配合肥料100g／㎡を入れる（左記参照）。

栽培スペース
溝の深さ30㎝、株間50㎝

株の大きさ

2 支柱立て

つるが地上に伸びてきたら、株の上に3本の支柱を交差するように立て、クロスしたところを麻ヒモで固定する。つるを螺旋《らせん》状に誘引するイメージで仕立てる。

追肥・土寄せ

草丈50～60㎝を超えたタイミングで追肥。配合肥料50g／㎡を株元にまき、土寄せする。

3 収穫

❶初夏から秋にかけて、葉の付け根にできる芽であるムカゴも食用として楽しめる。ムカゴご飯などに。

❷秋、地上の葉が枯れたら収穫期。ある程度スコップで土を掘り、イモを折らないように収穫する。

ナガイモの品種

ヤマトイモ

ヤマノイモの仲間の中でも、球形をしたイモの形で、奈良県在来の品種。ツクネイモとも呼ばれ、強い粘り気が特徴。

植えつけから収穫まで

❶育て方はナガイモと同様。溝施肥をしたところに、株間50㎝で種イモを植える。

❷ナガイモ同様、支柱を立てて、つるを這わせる。地上の葉が枯れたら収穫する。

ラッカセイ

落花生・マメ科

栽培のしやすさ ★★☆

栽培のポイント

- 種まき後、カラスよけのため畝に不織布をかけるとよい。
- しっかり株元に土寄せし、実ができるのを助ける。
- マメ科は肥料が少なくてよいが、とくにチッ素肥料は少なめにする。

栄養と食べ方

- 老化防止によいとされるビタミンE、レシチンが豊富。オレイン酸、リノール酸などの不飽和脂肪酸も含有。
- 40～50分かけて塩ゆでするか、殻から出して弱火で20分ほど炒るか、低温で4～5分揚げてもよい。軽く塩をふる。

栽培カレンダー

●種まき ●収穫

月	1	2	3	4	5	6	7	8	9	10	11	12
中間地				種まき	種まき				収穫	収穫		

栽培データ

原産地 南アメリカのアンデス山脈

連作障害 あり（2～3年あける）

発芽適温 18～22℃

生育適温 25～30℃

おすすめの品種
おおまさり、千葉半立、ナカテユタカなど。

病害虫
アブラムシ、カメムシ、ヨトウ類、そうか病、褐斑病など。

プランター栽培

地中にマメができるので、プランター栽培には向かない。

畑の準備（全面施肥）

堆肥2kg／㎡・配合肥料100g／㎡を、植えつけの1～2週間前に入れて耕す（P18）。幅60～70㎝の平畝をたて（P20）、マルチをかけておく（P22）。

栽培スペース
畝幅60～70㎝、株間40㎝以上

株の大きさ

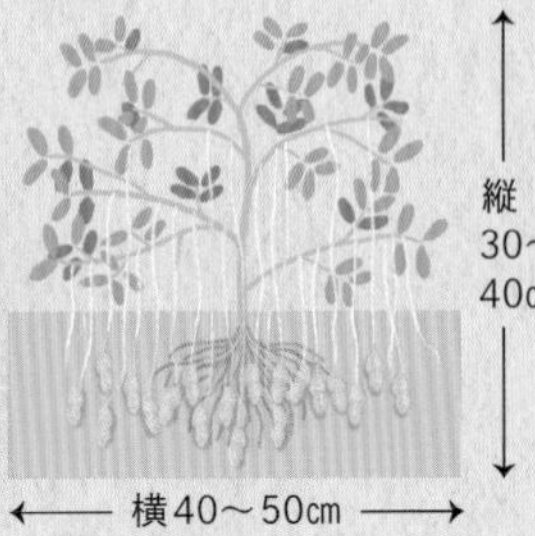

1 種まき

❶ラッカセイの種。写真はおおまさりという品種。

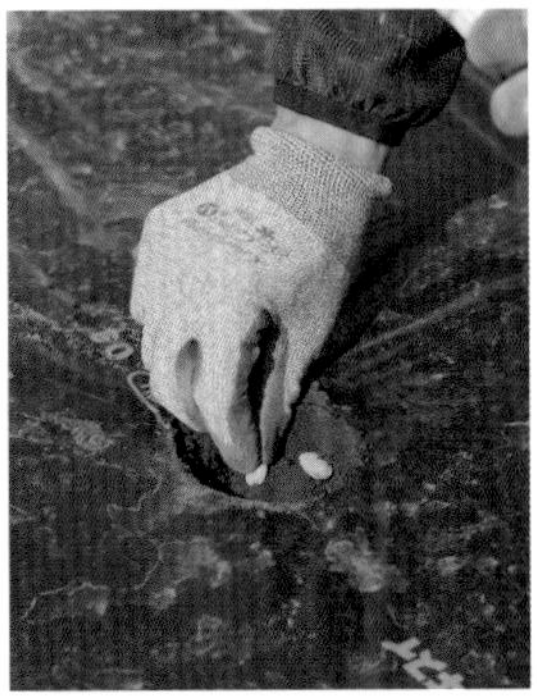

❷深さ2～3㎝のまき穴をつくり、2～3粒ずつ種まき。

❸土をかけて、手で軽く押さえる。

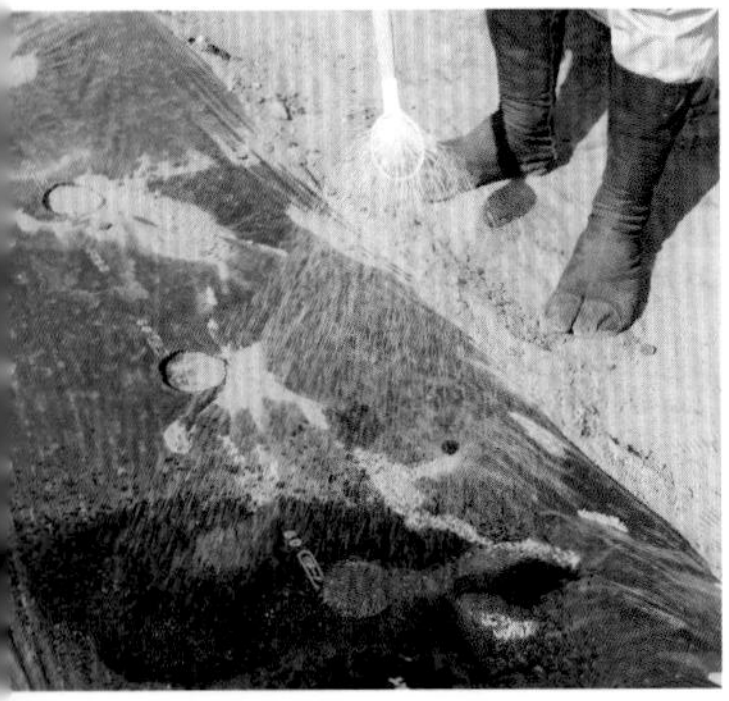

❹たっぷりと水やりする。

ポイント！

土寄せで子房柄《しぼうへい》を潜りやすくする

「落花生」という名の通り、花は1日で脱落する。そこから子房柄というヒモのようなものを地中に伸ばし、その先端が肥大して実ができる。しっかり土寄せして、実ができるのをサポートしよう。

不織布をかける

種まきをしたら、間引きをするまでの間、カラスよけのために、発芽がそろうまで不織布や防虫ネットをかけておくとよい(P30)。

2 間引き

本葉3～4枚になったら、2本を残して間引く。

3 追肥・土寄せ

❶花が咲いたら、追肥と土寄せを行う。

❷追肥の前に、マルチをはがして取り除く。

❸化成肥料30g／㎡を株のまわりにまく。

❹株元に向けて土寄せする。

4 収穫

❶葉が枯れ始めた頃が収穫の目安。枯れすぎると収穫時にサヤが外れてしまうので、適期に収獲しよう。

❷株元をつかんで掘り上げる。サヤは土の方にも残っているので手で探ってくまなく収獲する。

根粒菌

マメ科の根には根粒菌と呼ばれる球状のかたまりがたくさんつく。空気中のチッ素を固定する働きがあるので、チッ素肥料は少なめにする。

病害虫を防ぐ8つのポイント

野菜づくりをする上で悩まされるのが、病害虫の発生です。まずは、
病害虫が出にくい環境をつくることが大切。8つのポイントをご紹介します。

1 よい土をつくる

野菜栽培に適したよい土づくりは、すべての基本。微生物が豊富なふかふかの団粒構造（P12）の土は野菜がよく育ちます。堆肥や腐葉土をすきこんで土づくりを。

ふかふかの土をつくろう。

2 輪作をする

病害虫発生の原因となる連作障害（P9）を起こさないよう、輪作をします。ひとつの作物だけを育てると、特定の病害虫が発生する恐れがあるため、多品目を育てるのもおすすめ。

同じ科の野菜を続けて栽培しないのが基本。

3 間引きや脇芽かきをする

株が大きくなると茎や葉が茂り、日当たりや風通しが悪くなり、病害虫が発生しやすい環境に。間引きして株間をあけたり、脇芽をかきます。枯れた下葉を取ることも忘れずに。

込んでるところは間引いて風通しよく。

4 施肥は適量を使う

肥料不足は生育不良を起こし、病害虫に侵されやすくなります。逆に肥料過多も土の中の成分バランスが崩れ、病害虫発生の原因に。肥料は適期に適量を施しましょう。

多すぎても少なくてもダメ。適量を施す。

5 マルチやトンネルを使う

地面をマルチで覆うと、泥はねが予防でき、細菌や糸《し》状《じょう》菌《きん》の広がりを抑えられます。防虫ネットは虫の侵入を防げます。種まき後の鳥害を防ぐには、畝に不織布をかけると効果的。

トンネルで害虫を予防する。

6 害虫を取り除く

病気も害虫も早めに発見して対処すれば、被害は最小限に抑えられます。害虫は、見つけ次第捕殺し、細菌やウイルスによる病気は、感染した株を早めに処分しましょう。

見つけたらすぐに取り除くこと。

7 害虫の天敵を生かす

畑の虫すべてが害虫というわけではありません。テントウムシやクモ、ハチ、カマキリ、カエルなどは、害虫を捕食します。天敵が多い畑は害虫の被害があまり出ません。

テントウムシはアブラムシを捕食する。

8 道具や資材を清潔に保つ

土の中に病原菌やセンチュウ類がいた場合、道具や資材につくことがあります。そのまま使用すると、感染を広げてしまう可能性が。使用後は必ず水で洗い、乾かしましょう。

使い終わったら洗って乾燥させよう。

農薬の安全な使い方

**農薬を使う場合は、目的に合ったものを選ぶことが大切です。
注意事項をしっかり守り、安全に使用しましょう。**

農薬選びと使い方のポイント

農薬の種類は大きく分けて2つ。病気には殺菌剤、害虫には殺虫剤を使用します。農薬はいろいろな種類がありますが、家庭菜園では多種類の野菜に使えるものがおすすめ。使用時期や方法、量、回数は、必ず説明書の内容に従いましょう。

病害虫被害のごく初期に使うと効果があり、蔓延してからでは手遅れ。農薬に頼る前に、日々の観察がなによりも大切です。

有機栽培で使える農薬

天然成分を使用し、有機JAS規格で使える薬剤。一般的な農薬より効果は穏やかだが、収穫前日まで使用可能。環境への影響も少なく、家庭菜園にぴったり。

ヤシ油由来の液体タイプの殺虫殺菌剤。水で希釈して使用する。

アオムシやヨトウムシ退治に効果のある、顆粒タイプの殺虫剤。

散布グッズ

農薬を散布するのに便利なのが蓄圧式の噴霧器。家庭菜園なら、容量は5〜10L程度あれば十分。ロングノズルで噴霧したいところをダイレクトに狙う。

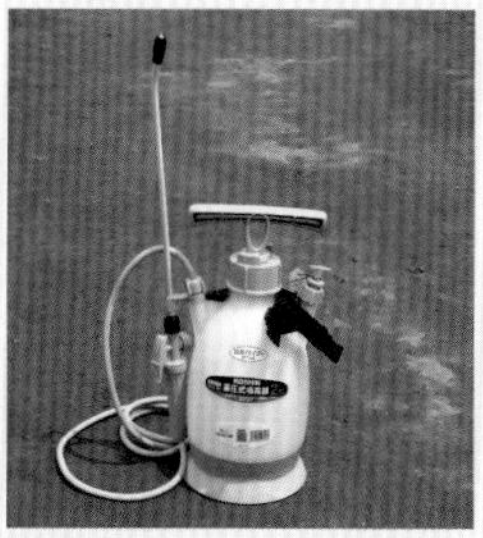

散布時の注意

ゴーグルや手袋、マスク、長そで、長ズボンを着用。風に背を向け、後ろ向きに下がりながら行う。病気は葉裏に発生するため、葉裏側からの散布が大事。

薬剤の例

殺虫剤は、いまそこにいる虫に対して効果を発揮する。一方、殺菌剤は病気の予防に使うため、進行を止めることは可能だが、すでに症状が出ている病気を治療することはできない。また、粒剤など有効期間が長い薬剤を使用すると、間引き菜は食用に適さない場合がある。農薬を使用する際は、それぞれの表示をよく確認しておくことが重要だ。

粒剤タイプ
植えつけ時や生育中に土に散布して使用する殺虫剤。使用回数は作物によって異なる。

スプレータイプ
希釈する手間がなく、そのまま使用できるため使い勝手がよい。小規模な畑に。写真は殺虫殺菌剤。

粒剤タイプ
防除が難しいネキリムシの老齢幼虫や、コオロギに効果のある誘殺剤。

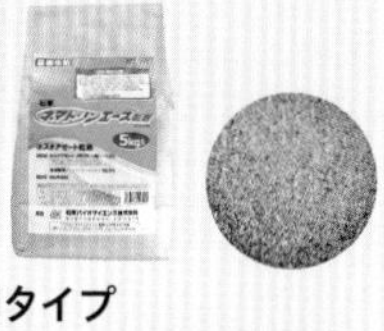

粒剤タイプ
ホスチアゼート粒材は植えつけ前に散布。土の中にすむセンチュウ類を退治。

野菜の主な害虫

野菜にはさまざまな害虫がつくが、種類によって好む作物は異なる。
それぞれの害虫の特徴を知って、対策を立てながら栽培を楽しもう。
防虫ネットで飛来を防ぐこと、見つけたら早めに取り除くことが大切だ。

コガネムシ類（成虫・幼虫）

コガネムシ類の成虫と幼虫。

●発生時期　幼虫は通年

●主な野菜　イチゴ、サツマイモ、エダマメ、ナス、ラッカセイなど。

●特徴と対策　成虫は、葉脈を残して網目状に葉を食べる。幼虫は土の中で根を食害し、生育不良の原因になる。栄養分の高い土に多発する。土を耕す際などに幼虫を見つけたら取り除く。

カブラヤガ・タマヤナガ（ネキリムシ）

カブラヤガの成虫（上）と幼虫（下）。

●発生時期　4～11月

●主な野菜　ブロッコリー、カリフラワー、キャベツ、ダイコン、レタスなど。

●特徴と対策　成長した幼虫は土中にいて、夜間に地上に出て若い苗を地際でかみ切る。株元から折れるため被害が大きい。被害を受けた株まわりを少し掘れば見つかるので、捕殺。

アザミウマ類

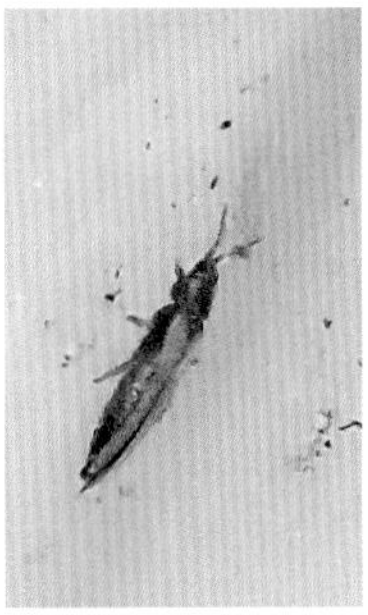

ネギアザミウマと食痕。

●発生時期　4～10月

●主な野菜　イチゴ、ピーマン、ネギなど多くの野菜。

●特徴と対策　体長1～3㎜のとても小さな害虫で、幼虫・成虫が葉や果実を吸汁するほか、各種ウイルス病も媒介する。葉裏から薬剤散布をしたり、青色の粘着テープを張るなどして捕獲する。

コナガ

●発生時期　3～11月

●主な野菜　キャベツ、ダイコン、ハクサイなどアブラナ科の野菜。

●特徴と対策　ガの仲間で、成虫も幼虫も、体長は1㎝ほどと小さい。春から秋に発生し、薄皮を残して葉を食害する。防虫ネットなどで成虫の産卵を防ぐほか、葉裏をよく観察して、幼虫がいれば取り除く。薬剤抵抗性の発達がとても早いといわれていて、薬剤を使う場合は、同一系統のものは連用しないほうがよい。

カメムシ類

カメムシの仲間。

●発生時期　5～10月

●主な野菜　エダマメ、ピーマン、ジャガイモ、ダイコンなど。

●特徴と対策　口吻を植物に突き刺して汁を吸い、果実の奇形や、葉の萎縮につながる。幼虫・成虫とも見つけたら捕殺し、畝のまわりに落ち葉があればカメムシが越冬しないよう片づける。

アブラムシ類

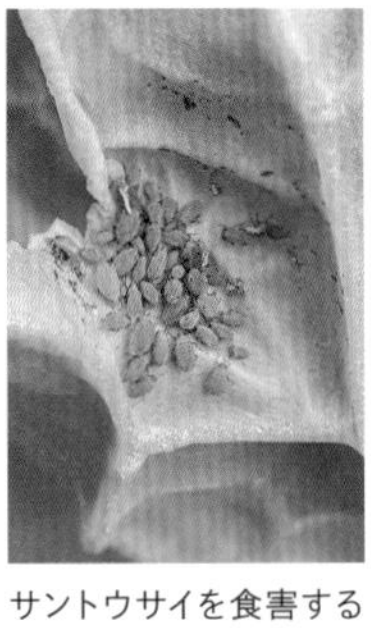

サントウサイを食害するアブラムシ類。

●発生時期　3～10月

●主な野菜　ほとんどの作物。

●特徴と対策　主に葉や茎などに寄生して汁を吸う。作物の生育が悪くなるほか、多くのウイルス病を媒介する。窒素成分が多いと、アブラムシが発生しやすいので肥料を控えめにしたり、風通しをよくすると繁殖しにくい。

コナジラミ類

コナジラミの一種。

●発生時期　4～11月

●主な野菜　トマト、キュウリなど。

●特徴と対策　成虫・幼虫とも植物に寄生して吸汁する。また、すす病が発生する原因となるほか、ウイルス病も媒介。黄色いものに引き寄せられる性質があるので、黄色粘着板を作物のまわりに設置することで対策できる。

キアゲハ

キアゲハの3齢幼虫と終齢幼虫。

●発生時期　4～9月

●主な野菜　ニンジン、セロリ、フェンネル、ミツバなどセリ科の野菜。

●特徴と対策　セリ科の葉を食害。被害が大きくなると生育不良となる。遅い時期に生まれた幼虫は、さなぎで越冬する。防虫ネットで成虫の飛来を防ぎ、幼虫は見つけ次第捕殺する。

カブラハバチ類

カブラハバチの幼虫。

●発生時期　5～10月

●主な野菜　カブ、ダイコン、キャベツ、コマツナなどアブラナ科の野菜。

●特徴と対策　幼虫は10～20㎜ほどの黒いイモムシで、葉を縁の方から食害する。この幼虫は、日中に葉の上で活動しているので、見つけ次第取り除く。薬剤で対処する方法もある。

ハムシ類

クロウリハムシ

ウリハムシ

●発生時期　4〜9月

●主な野菜　エダマメ、ダイコン、カボチャ、キュウリ、コマツナなど。

●特徴と対策　甲虫の仲間で、幼虫が根を食べて生育不良の原因になる。ウリハムシやキスジノミハムシの成虫は、葉を円形に食害することでも知られる。成虫を見つけたら捕殺する。

ニジュウヤホシテントウ（テントウムシダマシ）

ニジュウヤホシテントウ

●発生時期　6〜10月

●主な野菜　エダマメ、キュウリ、ジャガイモ、トマト、ナス、ピーマンなど。

●特徴と対策　テントウムシダマシとも呼ばれる。とくにナス科の作物を好む。葉裏から食害し、葉は褐色になって枯れてしまう。見つけ次第取り除く。幼虫はジャガイモの葉で育つので注意して見つける。

センチュウ類

●発生時期　5〜11月

●主な野菜　イチゴ、サツマイモ、ニンジンなど多くの野菜。

●特徴と対策　土中にいる吸汁性の害虫で、植物から栄養をとって生活している。細い根に病斑を作って成長を阻害するミナミネグサレセンチュウや、根の中心部から栄養を得て根こぶを作るサツマイモネコブセンチュウなど、さまざまな種類がいる。薬剤は効きにくく、作物を植え替えるたびに土壌を消毒したり、連作を避けることが有効。

ハモグリバエ類

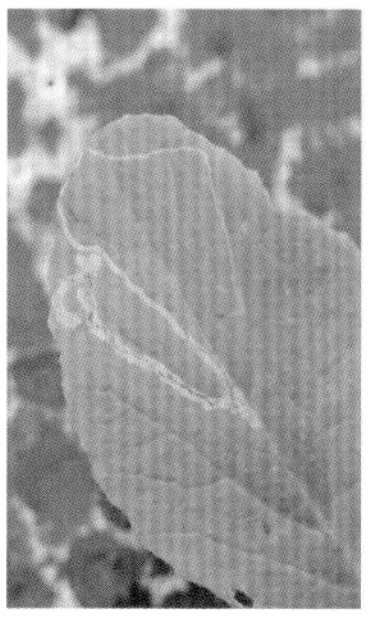
ハモグリバエ類の食跡。

●発生時期　4〜11月

●主な野菜　エンドウ、オクラ、カボチャ、キュウリ、トマト、ナスなど。

●特徴と対策　ハエの仲間。「絵描き虫」と呼ばれるように、幼虫は葉に潜行して食害し、くねった線のような跡をつける。薬剤は効きにくく、被害を見つけたら葉ごと切り取って処分する。

ネダニ類

●発生時期　通年

●主な野菜　タマネギ、ネギ、ニラ、ニンニクなど。

●特徴と対策　ダニの仲間で、幼虫・成虫が根や球根にから吸汁して害を与える。生育が止まって枯れてしまうこともある。連作で増えるので、一度ネダニが発生した場所では球根類を植えないようにする。植えつける球根にもともとついていたネダニが増殖してしまうことが多く、土の中で長く生きるので、土壌の消毒が必要になることも。

スズメガ類（エビガラスズメ・セスジスズメ）

セスジスズメの幼虫。

●発生時期　6〜10月

●主な野菜　インゲン、サツマイモ、サトイモ、ヤマノイモなど。

●特徴と対策　幼虫が葉を食害する。サトイモにつくセスジスズメ、サツマイモやマメ類につくエビガラスズメなどがいる。粒状の大きなフンがあれば幼虫がいるので、見つけて捕殺する。

モンシロチョウ（アオムシ）

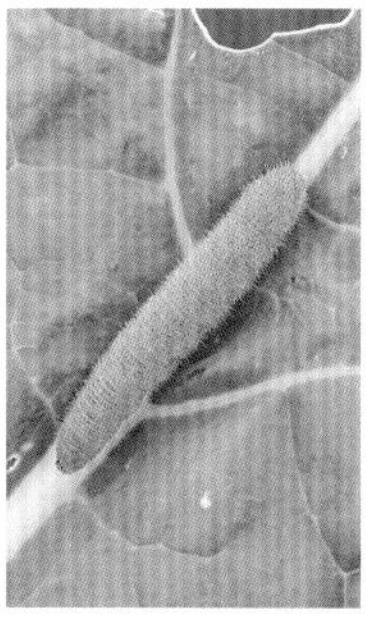
モンシロチョウの幼虫。

●発生時期　4〜9月

●主な野菜　キャベツ、ブロッコリー、コマツナなどアブラナ科の野菜。

●特徴と対策　アオムシとも呼ばれるモンシロチョウの幼虫は、アブラナ科を好む緑色のイモムシ。葉脈を残して葉を食害し、収穫量に大きな影響を及ぼす。幼虫は見つけ次第捕殺する。

メイガ類（シンクイムシ）

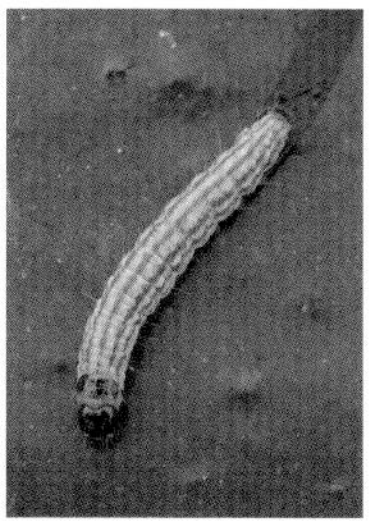
俗にシンクイムシと呼ばれるハイマダラノメイガの幼虫。

●発生時期　5〜10月

●主な野菜　カブ、オクラ、キャベツ、キュウリ、コマツナ、スイカなど。

●特徴と対策　アブラナ科の作物につくハイマダラノメイガ、ウリ科の作物などにつくワタヘリクロノメイガなどが代表的。被害部ごと切り取って処分するほか、防虫ネットで飛来を防ぐ。

タバコガ類（タバコガ・オオタバコガ）

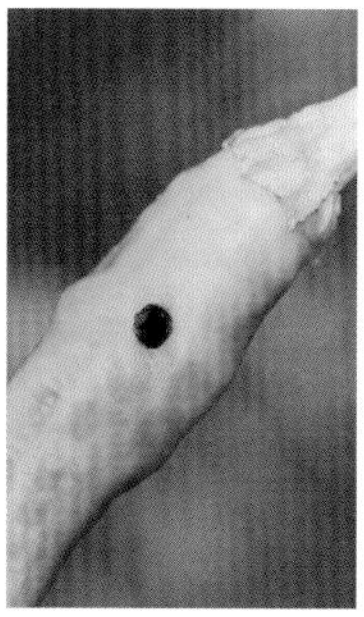
タバコガ幼虫の食跡。

●発生時期　6〜10月

●主な野菜　ブロッコリー、ズッキーニ、キャベツ、ピーマン、レタスなど。

●特徴と対策　ガの仲間で、幼虫がさまざまな作物の葉や果実を食害する。とくに果実の内部に入り込むため、薬剤が効きにくい。幼虫がいたら捕殺するほか、防虫ネットを張ることも効果的。

ヨトウ類

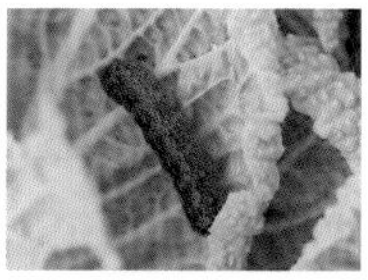

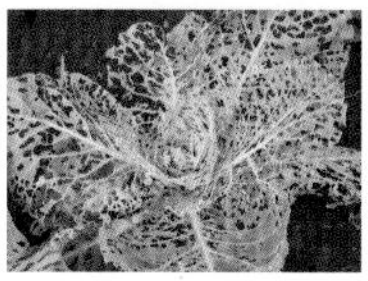
ハスモンヨトウの幼虫と食害痕。

●発生時期　5〜11月

●主な野菜　エンドウ、カリフラワー、ピーマン、トマトなど多くの作物。

●特徴と対策　ヨトウガの幼虫で、多くの作物の葉を食い尽くす重要害虫。ふ化したばかりの、葉裏で群生している幼虫をまとめて駆除すると効率がよい。大きい幼虫も見つけ次第捕殺する。

ハダニ類

●発生時期　5〜10月

●主な野菜　イチゴ、インゲン、キュウリ、トマト、ホウレンソウなど。

●特徴と対策　ダニの仲間でとても小さく、見つけにくい。梅雨明けから9月ごろまでに多く、高温で乾燥した環境を好む。主に葉に取りついて口を差し込んで吸汁するほか、種類によっては果実にも寄生する。被害にあった葉は、白く色が抜けてしまう。被害箇所があればテープを使って取り除くか、水に弱いので水をかけてもよい。

ホコリダニ類

●発生時期　6〜10月

●主な野菜　イチゴ、キュウリ、シソ、ナス、ピーマン、モロヘイヤなど。

●特徴と対策　非常に小さなダニの仲間で、肉眼で見つけるのは難しい。高温多湿の環境を好み、特に夏に多い。ナス科やウリ科の作物に被害を与えるチャノホコリダニが代表的。芽の中や新葉などのやわらかい部分に寄生し、被害を受けた場所は萎縮したり、奇形になったりする。発生初期の梅雨ごろ、薬剤を散布すると対策できる。

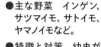

野菜の主な病気

収穫量に大きな影響を与える野菜の病気。
どんな環境になると病気が起きやすいか知っておけば、予防できる可能性も高い。
病気が起きてしまった場合も、早めの対処が大切だ。

菌核《きんかく》病

●発生時期　3～10月

●主な野菜　ナス、ニンジン、キャベツ、キュウリなど。

●特徴と対策　地際付近の茎などに水浸状の病斑ができ、やがてわた状の白いカビが覆うようになる。最後はねずみの糞状の黒い菌核ができる。キュウリやナスでは実にも発生する。風通しをよくし、発病した作物はすぐに処分する。一度起きた場所では連作をしたり、菌核病になりやすい作物は作らないようにしよう。

うどんこ病

カボチャのうどんこ病。

●発生時期　6～11月

●主な野菜　エンドウ、ナス、イチゴ、キュウリ、カボチャなど多くの野菜。

●特徴と対策　カビの一種による病気で、乾燥すると多発する。名前のとおり、葉や茎が粉をまぶしたように白くなり、生育が悪くなる。見つけたらすぐに摘み取り、茂りすぎていたら剪定する。

青枯《あおがれ》病

●発生時期　6～10月

●主な野菜　イチゴ、カボチャ、シソ、ピーマン、ジャガイモ、トマトなど。

●特徴と対策　葉が青々としたまましおれて枯れてしまう病気で、ナス科の作物によく発生する。細菌の一種が原因で、収穫量が大きく落ちるので、トマトの産地などでも恐れられている。土壌の水はけをよくして、水やりはしすぎないようにする。被害にあった株は、抜き取って処分する。連作すると発生しやすい。使った道具は太陽熱で消毒すること。

黒斑《こくはん》病

ネギの黒斑病。

●発生時期　4～10月

●主な野菜　キャベツ、サツマイモ、ネギ、ハクサイなど。

●特徴と対策　葉に褐色の同心円状の病斑ができ、黒っぽくなりながら拡大する。進行すると下葉から枯れていく。胞子で菌が飛散するので、病葉は取り除き、葉が茂りすぎないようにする。

疫《えき》病

トマトの疫病。

●発生時期　5～10月

●主な野菜　キュウリ、ジャガイモ、スイカ、トマト、カボチャなど。

●特徴と対策　地中にすむカビが原因で、葉や茎に斑点ができ、やがて枯れていく。とくにトマトで多発。泥はねしないよう土をポリフィルムで覆ったり、長雨に当てないことで対策する。

萎《い》ちょう病

●発生時期　5～9月

●主な野菜　シュンギク、エダマメ、トウガラシ・ピーマン、トマトなど。

●特徴と対策　植物が下葉のほうから黄変して、だんだんとしおれていく。土壌中の病原菌が、根から入り込んで根や茎の導管部を侵し、茎や葉に養分・水分を供給できなくなることが原因になる。地温が高いときに起きやすく、何年もくり返し発生するので注意が必要。病気の株は抜き取り、ゴミに出して処分する。

さび病

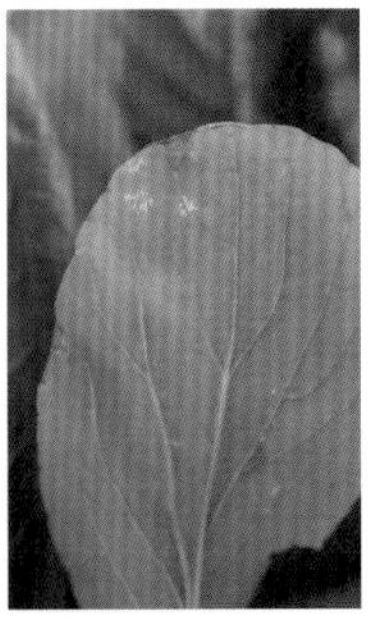

白さび病のコマツナ

●発生時期　3～11月

●主な野菜　ダイコン、ミズナ、インゲン、ラッカセイ、シソ、タマネギなど。

●特徴と対策　カビの一種が原因で、葉の表面にやや盛り上がるような病斑ができ、生育が阻害される。白さび病、黒さび病なども含まれる。発生時期に薬剤を散布して対策する。

かいよう病

●発生時期　2～7月

●主な野菜　サツマイモ、トマトなど。

●特徴と対策　果実に多い病気で、低温で発生しやすい。サツマイモではイモの表面に円形で暗褐色の病斑ができる。トマトでは茎が裂けて葉にコルク状の斑点ができる。茎の内部まで菌におかされると、葉の全体が枯死し、茎の内部はオガクズ状化してしまうことも。雨や風に乗って感染が広がるので、作物が強い雨風にさらされないようにする。また連作を避けることも大切。

ウイルス病（モザイク病）

オクラのモザイク病。

●発生時期　3～10月

●主な野菜　インゲン、キュウリ、トウガラシ・ピーマンなど多くの野菜。

●特徴と対策　ウイルス性の病気で、主にアブラムシが媒介する。葉にモザイク病の病斑ができ、生育が阻害される。株ごと抜き取って処分する。防虫ネットをすることも対策になる。

半身《はんしん》萎《い》ちょう病

ナスの半身萎ちょう病。葉の右側が枯れている。

- 発生時期　6～9月
- 主な野菜　トマト、ナス、オクラなど。
- 特徴と対策　ナス科の作物に発生しやすい。カビの一種が根から侵入し、はじめは葉や株の半分が枯れていく。進行すると、やがて株全体も枯れる。発病した株は抜き取って処分し、一度発病した場所では連作を避ける。

軟腐《なんぷ》病

- 発生時期　6～10月
- 主な野菜　ダイコン、キャベツ、ズッキーニ、ニンジン、ネギなど。
- 特徴と対策　土の中にいる細菌が、作物の傷口などから入り込んで、組織内で繁殖する。地際の茎などに病斑ができ、そこが柔らかくなって腐敗し、悪臭を放つようになる。雑草や害虫が媒介するので、除草や害虫の防除を行うほか、水はけや日当たりのよい環境になるよう気をつけるとよい。一度病気が起きた土は使わないようにする。

白絹《しらきぬ》病

- 発生時期　5～8月
- 主な野菜　エダマメ・ダイズ、トウガラシ・ピーマン、ネギなど。
- 特徴と対策　茎の地際部などに水浸状で褐色の病変ができて腐り、白い絹のようなカビが生えてくる。やがて菜種粒状の菌核がたくさんできる。風通しが悪かったり、くり返し同じ土を使うと発生しやすくなる。地表近くに病原菌がすむので、発病した株は10㎝くらいの深さで土壌ごと堀り取り、別の場所で地中深くに埋めておく。

斑点《はんてん》病

- 発生時期　4～11月
- 主な野菜　アスパラガス、セロリ、ピーマン、ニガウリ、ナスなど。
- 特徴と対策　多くの植物の葉や茎で発生し、褐色の斑点ができてお互いに融合しながら大きくなっていく。葉の表面が濡れていると斑点病にかかりやすくなり、梅雨どきなどに大きな被害がでることがある。風通しよく、日当たりのよい場所で育てる。被害が出た葉や枝は切り取って、落ち葉と一緒にゴミに出すか地中深くに埋める。

根こぶ病

- 発生時期　4月～収穫期
- 主な野菜　カブ、ブロッコリー、コマツナ、キャベツ、ハクサイなど。
- 特徴と対策　カビの一種が原因で、高温多湿の環境や、酸性の土壌で発生しやすい。アブラナ科の作物によく見られる。発病すると根にこぶができ、地上部はしおれたり回復したりをくり返す。水はけをよくしたり、土が酸性に傾かないように気をつける。発病した株は、根を残さないように掘り上げて処分する。

立枯性病害《たちがれせいびょうがい》

- 発生時期　4～11月
- 主な野菜　サツマイモ、ホウレンソウ、エンドウなど。
- 特徴と対策　立枯病、苗立枯病などがあり、立ったまま枯れる病気の総称。地際部の茎から病原菌が侵入し、茎が褐色になって腐敗する。進行すると下葉のほうから黄化し、枯死してしまう。発病した株は抜き取って処分する。また、病原菌は土壌中で繁殖するので、発病の多い場所では栽培しないようにする。

斑点細菌《はんてんさいきん》病

- 発生時期　5～11月
- 主な野菜　レタス、トウガラシ、キュウリ、ピーマン、カブ、ダイコンなど。
- 特徴と対策　とくにキュウリなどのウリ科の作物や、トマトなどでよく見られる。葉に、はじめ暗褐色の水浸状で、まわりが淡黄色の斑点ができる。病斑は拡大して葉を腐らせたり、枯らせてしまう。湿度が高い環境で発生しやすいので、日当たりや風通しよく育てるようにするとよい。発病した葉は取り除き、ゴミに出すか地中に深く埋める。

灰色かび病

- 発生時期　通年
- 主な野菜　イチゴ、レタス、タマネギなど多くの野菜。
- 特徴と対策　作物が溶けるような状態になり、やがて褐色になって腐敗する。やがてその部分が、灰色のカビで覆われる。比較的高温を好み、湿度が高い環境では多発する。発病して枯れた葉から感染が広がることもあるので、落ち葉はこまめに取り除く。野菜を植える間隔を広めにとったり、風通しをよくすることも大切。

炭《たん》そ病

- 発生時期　4～11月
- 主な野菜　イチゴ、コマツナ、スイカなど。
- 特徴と対策　昆虫によって媒介されることが多く、昆虫の食跡にカビの胞子が侵入したりして発病する。葉に褐色や黒褐色の病斑ができて、生育が悪くなる。病斑の中に小さな黒い粒が現れることも。多くの植物に伝染するので、発見したらできれば株ごと除去し、ゴミに出すか地中に深く埋める。周囲の植物も、感染していないか確認する。

べと病

- 発生時期　4～9月
- 主な野菜　カボチャ、キュウリ、キャベツ、ネギなど多くの野菜。
- 特徴と対策　カビの一種が原因で、ウリ科やアブラナ科、ホウレンソウ、ネギ類など幅広い作物で発生。葉に黄色い病斑が生じ、やがて褐色になり拡大する。葉裏を見るとすす状や汚白色のカビが発生している。高湿の環境で発病するので、葉が茂りすぎたら整理し、密植は避ける。被害にあった葉はゴミに出すか、地中深くに埋めて処分する。

葉枯《はがれ》病

- 発生時期　4～10月
- 主な野菜　ミョウガ、トウモロコシ、ネギなど。
- 特徴と対策　作物によって症状は異なるが、ミョウガでは展開中の新葉に小さい白点が発生し、徐々に拡大して大きな褐色の病斑となる。症状が進むと、病斑上に微小な黒点ができ、ここから胞子が押し出される。雨によって胞子が飛散するので、風通しをよくして濡れてもすぐ乾くようにし、病気の葉は取り除いてゴミに出すか、地中に深く埋める。

つる割《われ》病

- 発生時期　5～10月
- 主な野菜　キュウリ、サツマイモ、スイカ、メロンなど。
- 特徴と対策　ウリ科の作物によく見られ、気温が高くなる時期につるがだんだんとしおれていく。土中のカビの一種が原因で、根や種子から感染する。病気が発生すると、地際の茎が褐色になって縦に亀裂が入る。治療は難しく、発病した株を見つけたら、抜き取ってゴミに出す。同じ場所では栽培を数年以上避けるようにする。

野菜づくり用語ガイド

あ

育苗（いくびょう）
ポットやセルトレイなどに種をまき、畑やプランターに植えつけできる大きさになるまで、管理して育てること。

一番花（果）（いちばんか）
その株での一番初めの花（実）のこと。

ウイルス病（ういるすびょう）
ウイルス感染により発生する病気の総称。モザイク病、黄化病、えそ萎縮病などがある（P250）。

畝（うね）
野菜を育てるため、耕した土を盛り上げたもの。形、長さ、盛り上げる高さは、野菜の種類などで異なる（P20）。

液体肥料（えきたいひりょう）
液体状の肥料のことで、水で希釈して使用。速効性があり、短期間で収穫するものやプランター栽培に効果的。

F1種（えふわんしゅ）
異なる性質をもつ、純粋な親同士のかけ合わせで生まれた雑種1代目のこと。（P24）。

親づる（おやづる）
ウリ科などのつる性植物で、双葉のあと、最初に伸びたつる。

お礼肥え（おれいごえ）
収穫後や休眠期の前に、翌年の生育のために与える堆肥のこと。

か

塊茎（かいけい）
地下茎の先端などが肥大し、養分を蓄えたもの。ジャガイモ、サトイモなどの食用部分がこれに当たる。

塊根（かいこん）
根が肥大して養分を蓄えたもの。サツマイモ、ゴボウなどの食用部分。

害虫（がいちゅう）
葉や茎、実、根を食べたり汁を吸うなどして、株に被害を与える虫（P248）。

化学肥料（かがくひりょう）
化学的につくられた肥料。1種の成分のみの単肥と、複数の成分を含む化成肥料がある。無機質肥料ともいう（P17）。

花茎（かけい）
葉をつけず、花を咲かせるために伸びる茎。タマネギなどで見られる。

果菜（かさい）
エダマメ、トマト、ナス、ピーマンなど、果実や若いサヤなどを食べる野菜。

活着（かっちゃく）
挿し木や接ぎ木をした株、植えつけをした株が、根づいて成長を始めること。

株間（かぶま）
野菜を栽培するときの株と株の間。

株分け（かぶわけ）
多年草の野菜で、根つきの状態の株を2つ以上に分割すること。株数を増やし、リフレッシュさせることを目的に、数年に一度行う。

花房（かぼう）
房状についた花の集合体のこと。房状に実がついた集合体は果房という。

花蕾（からい）
花のつぼみ。ブロッコリー、カリフラワーの食用部分は花蕾で、花蕾球ともいう。

緩効性肥料（かんこうせいひりょう）
効き方がおだやかで、効果が長期間に渡る肥料のこと（P16）。

寒冷紗（かんれいしゃ）
メッシュ状の布で、作物の上にトンネル状にかけ、暑さや直射日光、大雨、強風などを避ける目的で使用（P30）。

樹ボケ・つるボケ（きぼけ・つるぼけ）
茎やつる、葉ばかりが茂り、実つきが悪くなる状態のこと。肥料分のチッ素が過多になった場合などに起こる。

切り戻し（きりもどし）
伸びすぎた茎や、大きくなりすぎた株を途中まで短く切り詰めること。

結球（けっきゅう）
葉が内側から巻きながら成長し、球状になること。キャベツやハクサイなどがこれにあたり、結球野菜と呼ぶ。

嫌光性種子（けんこうせいしゅし）
光が当たると発芽しにくい種のこと。種をまいたらたっぷり覆土する。

好光性種子（こうこうせいしゅし）
光が当たることで発芽しやすくなる種。種まき時の覆土はごく薄くする。

交雑（こうざつ）
花が開いたときに、違う品種同士で受粉し、種が雑種になること。

硬実種子（こうじつしゅし）
ゴーヤーやオクラなど、皮が硬くそのまままいても、発芽しにくい種（P26）。

更新剪定（こうしんせんてい）
生育や実つきが衰えた株を若返らせるために行う、主枝や側枝の剪定。ナスなどで行うと効果的。

子づる（こづる）
親づるの葉の脇から伸びたつる。

固定種（こていしゅ）
同じ特徴を代々受け継ぐ種のこと（P24）。

根菜（こんさい）
肥大した地下茎や根を食用とする野菜のこと。ダイコン、ニンジンなど。

根粒菌（こんりゅうきん）
土中の微生物の一種。マメ科の植物の根に見られ、粒状の根粒を形成（P220・245）。

さ

酸度調整（さんどちょうせい）
育てる野菜に合わせ、石灰で土壌の酸度を調整すること（P13）。

直まき（じかまき）
プランターや畑の土に、直接種をまくこと。栽培期間が短い葉物野菜や、ダイコン、ニンジン、ゴボウなど、根が地中深く伸びる野菜は、直まきする。

地際（じぎわ）
植物の地上部の、地面からギリギリのところ。

敷きわら（しきわら）
畝全体や株元にわらを敷き詰めること。目的は地温の保持、乾燥や雑草の防止、病害虫防止、土のはね返り防止。

支柱（しちゅう）
株が風で倒れないよう支える棒。

地這い（じばい）
つる性の野菜を地面に這わせて育てる方法。カボチャ、スイカのように重量のある野菜に有効。つるを旺盛に伸ばすため、広い栽培スペースが必要に。

子房（しぼう）
雌花の付け根の膨らみ部分。キュウリ、ゴーヤー、ズッキーニなどは、受粉後この部分が大きくなり、実をつける。

雌雄異花（しゆういか）
1つの株に雄花と雌花がつくこと。キュウリ、スイカ、ズッキーニ、カボチャなどウリ科の野菜に多く見られる。

雌雄異株（しゆういしゅ）
アスパラガス、ホウレンソウなど、雄花だけがつく雄株、雌花だけがつく雌株に分かれる植物のこと。

主枝・主茎（しゅし・しゅけい）
双葉の間から伸びた最初の枝（茎）で、その株の中心になる。

種子消毒（しゅししょうどく）
ウイルスや細菌の感染を防ぐため、種に殺菌剤を付着させること（P25）。

条間（じょうかん）
すじまきした種やすじ状に植えつけた苗の、すじとすじの間隔。

人工授粉（じんこうじゅふん）
確実に着果させるため、人工的に授粉させること（P40）。

スが入る（すがはいる）
カブ、ダイコン、ニンジンなど根もの類で、内部の細胞が壊れ、空洞ができてしまうこと。

すじまき（すじまき）
種のまき方のひとつ。棒などを土に押しあてて溝をつくり、種をまく（P26・45）。

整枝（せいし）
枝や葉をすいたり、脇芽をつんだりして株の形を整えること。

節間（せつかん）
節と節の間。

施肥（せひ）
肥料を施すこと。

剪定（せんてい）
枝や茎を切り詰め、株の形や大きさを整えること。

全面施肥（ぜんめんせひ）
植えつけ前に、畝全体に堆肥や肥料を施しておくこと（P18）。

早晩性（そうばんせい）
作物の開花や収穫までの、期間の長さを基準とした性質のこと（P25）。

側枝（そくし）
主茎と葉の間から伸びる茎のこと。

速効性肥料（そっこうせいひりょう）
液体肥料など、施すとすぐに根から吸収され、効果が現れる肥料（P16）。

た

耐寒性（たいかんせい）
寒さに耐えて生育する性質。

耐暑性（たいしょせい）
暑さに耐えて生育する性質のこと。

堆肥（たいひ）
牛ふんや鶏ふん、稲わら、落ち葉、もみ殻などの有機物を発酵させたもの。土壌改良剤として使用する。

耐病性（たいびょうせい）
病気に対する強さの程度（P24）。

高畝（たかうね）
20～30cmの高さに土を盛り上げた畝（P21）。

他家受粉（たかじゅふん）
雄しべの花粉が同一の個体ではなく、別の個体または別株の花の雌しべについたときに受精できること。

単粒構造（たんりゅうこうぞう）
単一の粒子でできている土の状態（P12）。

団粒構造（だんりゅうこうぞう）
土の粒子が集合した状態。通気性がよく、野菜の栽培に適している（P12）。

中耕（ちゅうこう）
硬くなった土を耕して空気を送り、やわらかくすること（P36）。

直根性（ちょっこんせい）
ダイコンやニンジン、ゴボウなど、根がほとんど枝分かれせずに、地中深くにまっすぐ伸びて太る性質。

鎮圧（ちんあつ）
種をまき、覆土したあと、手や土ならしで押さえ、種と土を密着させること。

追熟（ついじゅく）
収穫後の果実などを一定期間おくこと。カボチャやサツマイモなどでんぷんが糖に変わるのに時間がかかるもので行う。

追肥（ついひ）
栽培の途中で、足りなくなった栄養分を補うために施す肥料（P36）。

接ぎ木苗（つぎきなえ）
台木に穂木を継ぐ、接ぎ木によってつくられた苗。種まきでつくられた苗よりも病気に強くなる。

土寄せ（つちよせ）
株元に土を寄せること（P36）。

つるボケ（つるぼけ）
→樹ボケ

定植（ていしょく）
ポット苗やセルトレイ苗を、栽培する場所に本格的に植え替えること。植えつけ（P28）。

摘果（てきか）
実が小さいうちに取り除き、実の数を制限すること。目的は残した実に栄養分を行き渡らせ、実の大きさと品質を上げること。花をつむことは摘花という（P39）。

摘芯（てきしん）
枝や茎の先端をつみ取って成長を止めること。脇芽の成長が促され、側枝の数を増やすことができる。

摘葉（てきよう）
枯れた葉や病気の葉をつみ取ること。風通しをよくして病気を予防。葉が重なり合い光合成しにくい場合にも行う。

点まき（てんまき）
種のまき方のひとつ。穴を一定の間隔であけ、1か所に数粒ずつまく（Ｐ26）。

トウ立ち（とうだち）
花芽がついて花茎が伸び出すこと。気温や日の長さなど、一定の条件のもとで起きる。抽《ちゅう》だいともいう。

土壌改良（どじょうかいりょう）
作物を栽培する土に、堆肥や腐葉土などを混ぜて耕し、通気性や保水性、保肥力を高め、土壌の状態を改善すること。

徒長（とちょう）
密植や日照不足などが原因で、葉茎がひょろひょろと伸びてしまうこと。

トンネル（とんねる）
苗を植えた畝の上に支柱をアーチ状に設置し、寒冷紗などで覆うこと（Ｐ30）。

な

軟白化（なんぱくか）
本来は緑色になる食用部分に、光を当てず退色させて育てること。ネギ、アスパラガスなどで行われる。

根株（ねかぶ）
アスパラガスやミョウガなど、株の上部を取り除いた後の地下に残った部分。根株を株分けして移植できる。

根鉢（ねばち）
ポットなどで育てた苗を出した際、根と土がポットの形で塊になった状態。植えつけの際、これを崩さずに行う。

は

培養土（ばいようど）
プランターや鉢などで野菜を育てる際に使用する土。赤玉土や腐葉土、堆肥、肥料などが混ぜ合わせられ、酸度調整がされているものが多い。

配合肥料（はいごうひりょう）
有機肥料に化成肥料を混ぜ合わせた肥料。主に元肥として使用（Ｐ17）。

平畝（ひらうね）
地面より10㎝程度土を盛り上げた畝（Ｐ21）。

肥料（ひりょう）
植物の生育に必要な栄養分のこと（Ｐ16）。

肥料切れ（ひりょうぎれ）
雨や水やりの影響で肥料分が流されたり、植物に吸収されたりすることで、土中の栄養分が少なくなること。

肥料焼け（ひりょうやけ）
高濃度の肥料が直接、茎や葉、根に触れることで傷み、葉の先端が枯れたり、しおれるなどの障害が起きること。

覆土（ふくど）
種をまいた際、種に土をかぶせること。

腐葉土（ふようど）
落ち葉を発酵腐熟させたもので、土壌改良に使われる（Ｐ17）。

ベタがけ（べたがけ）
畝に直接、不織布などをかけること（Ｐ31）。

ペレット種子（ぺれっとしゅし）
粒が小さい種に被覆材を施して大きくし、まきやすくしたもの。

防虫ネット（ぼうちゅうねっと）
虫除けや霜よけなどの目的で、畝の上にトンネル状にかけるネット（Ｐ30）。

ポットまき（ぽっとまき）
ポリポットなどに種をまき、苗を育てること（Ｐ27）。

ま

孫づる（まごづる）
つる性植物で、親づるから発生した子づるから、さらに発生したつる。

間引き（まびき）
発芽した株から、生育の悪いものを抜き、よい株を残すこと（Ｐ32）。

マルチ・マルチング（まるち・まるちんぐ）
畝をシートなどで覆うこと（Ｐ22）。

溝施肥（みぞせひ）
植えつけ前に、畝の中央に溝を掘り、堆肥や肥料を施しておくこと（Ｐ19）。

芽かき（めかき）
不要な芽を、小さいうちに取り除くこと（Ｐ38）。

ムカゴ（むかご）
ヤマイモやエアーポテトなど、葉のつけ根に発生する脇芽の一種で、食用になる。放っておくと地面に落ち、次の世代の個体が発生する。

元肥（もとひ・もとごえ）
作物の栽培前に、あらかじめ施しておく肥料のこと（Ｐ16）。

や

誘引（ゆういん）
枝、茎、つるを支柱やネットに、ヒモなどで固定すること（Ｐ34）。

葉菜（ようさい）
葉の部分や茎、花などを食用とする野菜。キャベツやコマツナなど。

葉柄（ようへい）
茎と葉をつないでいる部分。

ら

ランナー（らんなー）
親株から発生する、子株をつける茎。ある程度伸びると根が出て子株ができる。イチゴなどで見られる。

鱗茎（りんけい）
タマネギ、ニンニクなどの食用部分。葉が球状に重なって肥大する。

輪作（りんさく）
連作障害が出ないよう、異なる科の野菜をローテーションで育てること（Ｐ9）。

輪作年限（りんさくねんげん）
どの程度の休栽期間をもてば、再び同じ場所で同じ種類の作物を作つけできるかの目安（Ｐ9）。

裂果（れっか）
トマトなど、果実が熟して割れてしまうこと。実が熟す時期、過度な乾燥と過湿が続くと起こりやすい。

連作障害（れんさくしょうがい）
同じ場所に同じ種類の作物を繰り返して作つけすることで、病気や生育不良が起こる障害のこと（Ｐ9）。

わ

矮性種（わいせいしゅ）
標準的なものより、小型の品種。

脇芽（わきめ）
葉のつけ根から出てくる芽のこと。成長すると側枝になる。

野菜名さくいん

あ

か

さ

た

な

は

ま

や

ら

わ

【監修者】

加藤義貴（かとう　よしたか）

江戸時代から続く農家の13代目。「加藤トマトファーム」ファーム長。「井頭体験農園」園主。東京農業大学で土壌学を学び、JAで営農指導員として勤務したのち、家業の農業に就農。トマト栽培に興味を持ち、2017年から加藤トマトファームでトマトの養液栽培を始める。サイエンスに基づいた栽培技術で、良質なトマトを栽培。甘くておいしいトマトとして知られ、行列ができるトマトファームとしても有名。2019年、農業の楽しさ、豊かさ、また、新鮮な野菜のおいしさを伝えるため、東京都練馬区農業体験農園「井頭体験農園」を開園。野菜づくりの基礎から栽培のコツを教えている。わかりやすく、ていねいな指導には定評がある。

【STAFF】

構成：小沢映子〈GARDEN〉

本文デザイン：蔦見初枝／臼杵法子／平山実希

撮影：平沢千秋／草柳佳昭／小沢映子

写真協力：中村宣一

原稿：草柳佳昭／平沢千秋／小沢映子／竹川有子

本文イラスト：千原櫻子

編集担当：田丸智子〈ナツメ出版企画〉

【協力】

井頭体験農園のみなさん

ベジファームかのん 高橋範行

本書に関するお問い合わせは、書名・発行日・該当ページを明記の上、下記のいずれかの方法にてお送りください。電話でのお問い合わせはお受けしておりません。

・ナツメ社webサイトの問い合わせフォーム
https://www.natsume.co.jp/contact

・FAX(03-3291-1305)

・郵送（下記、ナツメ出版企画株式会社宛て）

なお、回答までに日にちをいただく場合があります。正誤のお問い合わせ以外の書籍内容に関する解説・個別の相談は行っておりません。あらかじめご了承ください。

はじめてでも失敗《しっぱい》しない！
いちばんていねいな野菜《やさい》づくり図鑑《ずかん》

2021年3月30日　初版発行
2023年6月20日　第4刷発行

監修者　加藤義貴《かとうよしたか》　　Kato Yoshitaka, 2021

発行者　田村正隆

発行所　株式会社ナツメ社
東京都千代田区神田神保町1-52　ナツメ社ビル1F（〒101-0051）
電話　03(3291) 1257（代表）　FAX　03(3291) 5761
振替　00130-1-58661

制　作　ナツメ出版企画株式会社
東京都千代田区神田神保町1-52　ナツメ社ビル3F（〒101-0051）
電話　03(3295) 3921（代表）

印刷所　図書印刷株式会社

ISBN978-4-8163-6992-6　　Printed in Japan

【種や苗を扱う主な種苗会社】

カネコ種苗
TEL：027-251-1611
http://www.kanekoseeds.jp/

サカタのタネ
TEL：045-949-8145
https://www.sakataseed.co.jp/

サントリーフラワーズ
TEL：0570-550-087
https://www.suntory.co.jp/flower/

タキイ種苗
TEL：075-365-0140
https://www.takii.co.jp/

トーホク
TEL：028-661-2020
https://www.tohokuseed.co.jp/

トキタ種苗
TEL：048-685-3190
http://www.tokitaseed.co.jp/

ナント種苗
TEL：0744-22-3351
http://www.nanto-seed.com/

中原採種場
TEL：092-591-0310
https://www.nakahara-seed.co.jp/

日光種苗
TEL：028-662-1313
http://nikkoseed.com/

野口種苗研究所
TEL：042-972-2478
https://noguchiseed.com/

野崎採種場
TEL：052-301-8507
https://nozakiseed.co.jp/

みかど協和
TEL：043-311-6100
http://www.mikadokyowa.com/

渡辺採種場
TEL：0229-32-2221
http://watanabe-seed.com/